Das „kalte" Delisting börsennotierter Aktiengesellschaften

Europäische Hochschulschriften

Publications Universitaires Européennes
European University Studies

Reihe II
Rechtswissenschaft

Série II Series II
Droit
Law

Bd./Vol. 3679

PETER LANG
Frankfurt am Main · Berlin · Bern · Bruxelles · New York · Oxford · Wien

Tobias Kruse

Das „kalte" Delisting börsennotierter Aktiengesellschaften

PETER LANG
Europäischer Verlag der Wissenschaften

Bibliografische Information Der Deutschen Bibliothek
Die Deutsche Bibliothek verzeichnet diese Publikation in der Deutschen Nationalbibliografie; detaillierte bibliografische Daten sind im Internet über <http://dnb.ddb.de> abrufbar.

Zugl.: Köln, Univ., Diss., 2002

D 38
ISSN 0531-7312
ISBN 3-631-51009-8

www.peterlang.de

Meiner Mutter

Vorwort

Die vorliegende Arbeit hat im Wintersemester 2002/2003 der rechtswissenschaftlichen Fakultät der Universität zu Köln als Dissertation vorgelegen. Rechtsprechung und Literatur konnten für die Veröffentlichung noch bis Mitte Februar 2003 eingearbeitet werden.

Mein besonderer Dank gilt zunächst meinem Doktorvater, Herrn Prof. em. Dr. Manfred Lieb, der dem von mir vorgeschlagenen Thema von Anfang an offen gegenüber stand und das gesamte Promotionsverfahren zügig vorangetrieben hat. Besonders zu danken habe ich auch Herrn Rechtsanwalt Hans-Ulrich Wilsing, der das Thema angeregt und meine Arbeit in vielfältiger Weise unterstützt hat. Herrn Prof. Dr. Klaus Peter Berger bin ich für die zügige Erstellung des Zweitgutachtens zu Dank verpflichtet.

Gedankt sei schließlich auch meinem Kollegen Sebastian von Lossow, der mir in zahlreichen Diskussionen durch wertvolle Anregungen sowie durch seine konstruktive Kritik bei der Durchsicht der Arbeit sehr geholfen hat.

Köln, im Februar 2003 Tobias Kruse

Inhaltsverzeichnis

A. Einleitung

Lange Zeit führte die rechtliche Diskussion um den Rückzug von der Börse in Deutschland ein Schattendasein. Im Zuge einer Gegenbewegung zu den zahlreichen Börsengängen in den vergangenen Jahren rückte jedoch zuletzt "als logische Konsequenz"[1] das sog. *going private*[2] mehr und mehr in den Vordergrund. Eine besondere Dynamik gewann das Thema durch die zunehmenden Aktivitäten sog. Private Equity-Gesellschaften in Deutschland, die aus ihrer Sicht unterbewertete Unternehmen erwerben, um sie umzustrukturieren oder zu zerschlagen[3]. Der Börsenrückzug ist in diesen Fällen meist nur ein – wenn auch durchaus willkommenes – Nebenprodukt. Ziel solcher Finanzinvestoren sind vor allem Unternehmen der sog. *old economy*, teilweise sogar in der Größenordnung von MDAX-Werten[4], deren Bewertung nicht ihrem tatsächlichen Potential entspricht oder in denen ein hoher Restrukturierungs- und damit Kapitalbedarf besteht, der angesichts niedriger Börsenkurse über die Börse nicht gedeckt werden kann[5]. Mehr und mehr rückt jedoch auch der Neue Markt in den Mittelpunkt des Interesses, der in den vergangenen Jahren mit Abstand die meisten Börsengänge zu verzeichnen hatte[6]. Investmentbanken gingen dabei schon im Frühjahr 2001 von insgesamt „deutlich mehr als 50 ernsthaft in Frage kommenden Kandidaten" der insgesamt ca. 900 börsennotierten deutschen Aktiengesellschaften für einen Börsenrückzug aus[7], eine Zahl, die sich nach dem Inkrafttreten des *Gesetzes zur Regelung von öffentlichen Angeboten zum Erwerb von Wertpapieren und von Unternehmensübernahmen (WpÜG)* und aufgrund der derzeitigen Börsenschwäche weiter erhöht haben dürfte.

Bis 1998 war völlig ungeklärt, ob und wie eine börsennotierte Aktiengesellschaft die Zulassung ihrer Aktien zum Börsenhandel rückgängig machen konnte. Das Kapitalmarktrecht sah einen Widerruf der Börsenzulassung auf Wunsch der betroffenen Gesellschaft nicht vor. Einziger von seinen Voraussetzungen her klar umrissener Weg für

---

[1] *Köhler*, Wenn die Börsennotiz zur Last wird, Handelsblatt vom 9.10.2000, Seite 39.

[2] Vergleiche zum Begriff sogleich nachfolgende Ziffer A.I.

[3] Darüber hinaus treten in jüngster Zeit zunehmend auch nicht börsennotierte Familienunternehmen als Übernehmer börsennotierter Aktiengesellschaften auf. So hat die *INA-Holding Scheffler KG* im Wege einer sog. feindlichen Übernahme die Mehrheit an der im MDAX notierten *FAG Kugelfischer AG* übernommen. Ein ähnliches Szenario bahnt sich zwischenzeitlich auch bei der ebenfalls im MDAX notierten *Buderus AG* wieder an, um deren Übernahme sich die *Robert Bosch GmbH* bemüht. Auch in Fällen wie diesen wird erwartet, dass die übernehmenden Unternehmen im Erfolgsfall einen Börsenrückzug anstreben werden. Vgl. ausführlich dazu *Hofer/Heilmann*, Familienunternehmen greifen nach Börsenverlierern, Handelsblatt vom 20.9.2001, Seite 11.

[4] *Dunzendorfer*, Schwund an Nebenwerten, Börsen-Zeitung vom 20.2.2001, Seite 8, nennt als weitere Beispiele die *IWKA AG*, die *Krones AG* und die *Bilfinger + Berger AG*.

[5] *Droege/Noe*, Rückzug von der Börse, FAZ vom 27.11.2000, Seite 32. Investmentbanken beschreiben den typischen Börsenrückzugskandidat dabei als ein Unternehmen, dessen Aktie im Vergleich zum Gesamtmarkt über einen längeren Zeitraum unterbewertet ist, das über einen hohen Zahlungsmittelüberfluss *(cash-flow)* verfügt und einen oder mehrere Aktionäre hat, die einen größeren Anteil an der Gesellschaft halten (vgl. FAZ vom 14.3.2001, Seite 33).

[6] Als eines der ersten Unternehmen aus dem Neuen Markt trat die *Systematics AG* Anfang 2002 nach der Übernahme durch das US-Unternehmen *Electronic Data System (EDS)* ihren Börsenrückzug an, und zwar mittels des Squeeze-out. Vgl. dazu *Plank/Kröger/Koenen*, Kleinaktionären droht der Rausschmiss, Handelsblatt vom 10.9.2001, Seite 11.

[7] *Jung*, Mehr als 50 Kandidaten für ein Going Private, Börsen-Zeitung vom 14.3.2001, Seite 10, der Managing Director bei der deutschen Tochter der UBS Warburg ist.

einen Börsenrückzug war bis dato die Instrumentalisierung von umwandlungs- und aktienrechtlichen Gestaltungsmodellen, deren Durchführung im Ergebnis zwingend zu einem Wegfall der Börsenzulassung führt. In Betracht kommen diesbezüglich die umwandlungsrechtlichen Instrumente der formwechselnden Umwandlung einer börsennotierten Aktiengesellschaft in eine nicht börsenfähige Rechtsform[8], die auf ein nicht börsenfähiges oder börsennotiertes Unternehmen (sog. *going private merger)* und die Aufspaltung zur Übertragung auf eine nicht börsennotierte Gesellschaft bzw. zur Neugründung zweier oder mehrerer nicht börsennotierter Unternehmen. Praktisch gebräuchlichstes Mittel war dabei bis Ende 2000 die formwechselnde Umwandlung einer Aktiengesellschaft in eine (AG/GmbH & Co) KG.
Daneben stehen die aktienrechtlichen Instrumente der sog. "übertragenden Auflösung" und der Mehrheitseingliederung zur Verfügung[9]. Ergänzt werden diese seit kurzem durch die im Zuge des *WpÜG* eingeführte sog. Squeeze-out-Regelung[10]. Vor allem letztere hat seit Beginn 2002 zu einem weiteren Schub für das Börsenrückzugsgeschäft geführt.

Im Rahmen des *III. Finanzmarktförderungsgesetzes (FMFG)* hat der Gesetzgeber im Jahre 1998 rückzugswilligen Unternehmen durch Einfügung des § 43 Abs. 4 BörsG, der 2002 durch das IV. FFMG zu § 38 Abs. 4 BörsG wurde, einen weiteren Weg für den Rückzug von der Börse geschaffen. Laut diesem kann der Widerruf der Börsenzulassung unter gewissen Voraussetzungen im Rahmen eines verwaltungsrechtlichen Widerrufsverfahrens erfolgen. Im Mittelpunkt dieses Verfahrens steht der Schutz der

---

[8] Entgegen *Groß*, Delisting, ZHR 165 (2001), 141, 160, gehört der Formwechsel einer Aktiengesellschaft in eine KGaA (oder umgekehrt) nicht zu den Modellen des kalten Delistings, da ein solcher Formwechsel auf die Börsenzulassung der Gesellschaft keinerlei Auswirkung hat. Vgl. auch *v. Braunschweig*, Going Private nach Mehrheitserwerb, M & A Review 4/99, 165, 171.

[9] Daneben wird zum Teil mit Blick auf die Börsenrückzugspraxis in den USA auch die Zusammenlegung von Aktien im Zuge einer Kapitalherabsetzung gem. §§ 222 ff. AktG (sog. „Reverse Stock Split") als Modell des kalten Delistings bezeichnet (vgl. etwa *Richard/Weinheimer*, Going private, BB 1999, 1613, 1615; *Richard* in Hdb. Going Private, Seite 36; *Land/Hasselbach*, Going Private und Squeeze-out, DB 2000, 557, 560; *Kemper/Schiereck*, Going Privates, WISU 2002, 217, 221). Bei diesem Modell wird der aufgrund der Kapitalherabsetzung notwendige Umtausch der alten Aktien in neue derart gestaltet, dass die Minderheitsaktionäre keine ganze neue Aktie für ihre Altanteile erhalten können und ohne ausreichende Zukaufsmöglichkeit von der Gesellschaft für ihre Aktienfraktile abgefunden werden, wodurch es zu einem unfreiwilligen Ausscheiden aus der Gesellschaft kommen kann.
Anders als in den USA ist die Zulassung zum Börsenhandel jedoch nicht von einer Mindestzahl von Aktionären abhängig, bei deren Unterschreiten es zu einem automatischen Delisting kommen würde. Schon aus diesem Grund kommt die Kapitalherabsetzung in Deutschland als Modell des Börsenrückzugs kaum in Betracht. Hinzu kommt, dass die Zusammenlegung von Aktien nur dann zulässig ist, wenn eine Herabsetzung des Aktiennennbetrags nicht möglich ist (§ 222 Abs. 4 Satz 2 AktG). Im Übrigen stellt der BGH strenge Anforderungen an die Ausgestaltung einer Kapitalherabsetzung und will damit insbesondere vermeiden, dass Minderheitsaktionäre auf diese Weise aus der Gesellschaft gedrängt werden (vgl. BGH II ZR 278/96 vom 9.2.1998, BB 1998, 810, 811, wo die Zusammenlegung ausdrücklich als „ultima ratio" bezeichnet wird).

[10] BGBl. 2001 I, 3822 ff. Anders jedoch *Even/Vera*, Going Private, DStR 2002, 1315, 1316, die – im Ergebnis allerdings kaum nachvollziehbar – zwar die Mehrheitseingliederung als Modell des kalten Delistings einordnen, den Squeeze-out dagegen ebenso wie eine Kapitalherabsetzung, einen Aktienrückkauf und den Abschluss eines Beherrschungsvertrags nur als „Begleitmaßnahme" eines Börsenrückzugs bezeichnen.

Interessen der durch den Wegfall der Börsenzulassung betroffenen Minderheitsaktionäre[11].

Aus verschiedenen Gründen hat die Praxis jedoch bisher weiterhin vor allem von den Möglichkeiten des UmwG und des AktG Gebrauch gemacht. Die folgende Bearbeitung widmet sich aus diesem Grund unter anderem der Frage, inwiefern nach Einfügung des § 38 Abs. 4 BörsG ein Börsenrückzug über UmwG und AktG überhaupt noch zulässig ist, eine Problematik, die sich stellt, weil das Verhältnis des Börsenrechts zum Gesellschafts- und Umwandlungsrecht in § 38 Abs. 4 BörsG nicht geregelt wird. Im Anschluss daran wird untersucht, inwiefern sich gerade unter dem Gesichtspunkt des Börsenrückzugs möglicherweise Besonderheiten gegenüber einer „normalen" formwechselnden Umwandlung, Verschmelzung, Aufspaltung oder Eingliederung ergeben. Abschließend wird auf die neue Squeeze-out-Regelung und die übertragende Auflösung eingegangen, die – anders als die übrigen Modelle des kalten Delistings – nicht nur zu einem Börsenrückzug, sondern zudem auch zu einem vollständigen Verlust ihrer Mitgliedschaft bei den Minderheitsaktionären führen.

Besondere Beachtung im Rahmen der Bearbeitung kommt zwei Entscheidungen des *BVerfG* zuteil, die beide die Frage der Vereinbarkeit von aktienrechtlichen Maßnahmen mit Art. 14 GG zum Gegenstand hatten: *DAT/Altana*[12] und *Bosch/Moto Meter*[13]. In *DAT/Altana* hat das *BVerfG* zudem umfangreiche Ausführungen zum wirtschaftlichen Wert der Börsennotierung einer Aktie getroffen. Die Frage des vermögensrechtlichen Schutzes der durch einen Börsenrückzug betroffenen Anleger ist daher Kernstück der folgenden Bearbeitung. Berücksichtigt wird schließlich auch die Ende 2002 verkündete und bislang nicht veröffentlichte Entscheidung des *BGH* zum Börsenrückzug der *Macrotron AG*, die als eine der ersten börsennotierten Aktiengesellschaften überhaupt die 1998 neu geschaffenen börsenrechtlichen Möglichkeiten zum Börsenrückzug nutzte[14].

I. Begriffe

1. Going private

Mit dem Begriff des *„going private"* bezeichnet die ganz überwiegende deutsche Rechtsliteratur die Überführung einer „öffentlichen", börsennotierten Aktiengesellschaft *(public company)* in eine „private", nicht an den öffentlichen Aktienmärkten gehandelte Unternehmung *(private company)*[15], also den vollständigen Rückzug einer börsennotierten Aktiengesellschaft von sämtlichen in- und ausländischen Börsenplätzen.

---

[11] *Wirth/Arnold*, Anlegerschutz beim Delisting, ZIP 2000, 111, 113.

[12] BVerfG 1 BvR 1613/94 vom 27.4.1999, DB 1999, 1693 ff.; vgl. auch die konkretisierende Entscheidung des BGH II ZB 15/00 vom 12.3.2001, DStR 2001, 754.

[13] BVerfG 1 BvR 68/95 und 1 BvR 147/97 vom 23.8.2000, BB 2000, 2011 ff.

[14] BGH II ZR 133/01 vom 25.11.2002, abrufbar unter www.bundesgerichtshof.de.

[15] *Grupp*, Börseneintritt und Börsenaustritt, Seite 100; *Beermann/Masucci*, Motive eines Going private, FB 2000, 705; *Richard/Weinheimer* (Fn. 9), 1613; *Land/Hasselbach* (Fn. 9), 557; *U. Hamann* in Schäfer/WpHG, § 43 BörsG Rn. 27; *Klenke*, Rückzug von Regionalbörsen, WM 1995, 1089, 1098; *Hohn*, Going Private, Seite 5; *Richard* in Hdb. Going Private, Seite 25; ähnlich auch *Inderbitzin*, Going Private, Seite 6, der diesbezüglich von einem *going private* im weiteren Sinne spricht.

Vereinzelt wurde der Begriff des *going private* auch in anderen Zusammenhängen genannt. So bezeichnen *Lutter/Drygala* mit ihm Maßnahmen, die die Öffentlichkeit aus einer vormaligen Publikumsaktiengesellschaft ausschließen, also solche, bei denen den (Minderheits)Aktionären ihre Aktionärsstellung vollständig entzogen wird[16]. Weitergehend wurde mit dem Begriff des *going private* auch der Prozess bezeichnet, „bei dem Management oder Aktionäre einer börsennotierten Aktiengesellschaft im Wege eines öffentlichen Angebots Aktien kaufen“[17]. Andere bezeichnen ein *going private* als die vollständige Übernahme eines börsennotierten Unternehmens durch einen Finanzinvestor oder einen nicht gelisteten strategischen Investor mit anschließender Einstellung der Börsennotiz[18]. Wiederum andere verwenden den Begriff des *going private* auch für die „Herauslösung“ einer selbständigen oder unselbständigen Teileinheit (zB einer Tochtergesellschaft) aus einem börsennotierten Unternehmen und ihre Einbringung in eine nicht an der Börse notierte Gesellschaft[19]. Im angelsächsischen Recht schließlich wird der Begriff stellenweise auch für den Eigentümerwechsel eines Unternehmens von staatlichem Unternehmensbesitz in die Hände privater Investoren genutzt[20].

Im Hinblick auf die hier anzustellende Untersuchung soll der Begriff des *going private* getreu dem überwiegenden Gebrauch im folgenden ausschließlich synonym für den "Rückzug von der Börse" verwandt werden.

2. Delisting

Ein Unterfall des *going private* ist das sog. (vollständige) *Delisting*. Allgemein umschrieben bedeutet Delisting die Beendigung der Zulassung eines Wertpapiers zur Börsennotierung[21]. Unter systematischen Gesichtspunkten lässt sich zwischen einem Delisting von Amts wegen[22], geregelt vor allem in § 38 Abs. 3 BörsG, und einem Delisting auf Initiative des Emittenten unterscheiden[23]. Im Rahmen dieser Bearbeitung interessiert im Wesentlichen die zweite, in § 38 Abs. 4 BörsG geregelte Variante. Auch das Delisting von Amts wegen ist jedoch vorliegend von Bedeutung, beispielsweise dann, wenn sich nach einer durchgeführten Eingliederung oder eines Squeeze-out alle Aktien einer Gesellschaft in einer Hand befinden und aus diesem Grunde ein Börsenhandel nicht mehr stattfindet. Der Begriff des Delisting umfasst dabei sowohl den Rückzug nur von einzelnen Börsenplätzen unter Beibehaltung der Notierung an mehreren anderen oder zumindest einer inländischen Börse, als auch den hier nur inte-

---

[16] *Lutter/Drygala*, Übertragende Auflösung, Festschrift Kropff, 191, 197; ähnlich auch *v. Braunschweig* (Fn. 8), 165, und *Kemper/Schiereck* (Fn. 9), 88 f.; vgl. auch *Inderbitzin* (Fn. 15), Seite 5, der in diesem Zusammenhang von einem *going private* im engeren Sinne spricht.
[17] So *Jung* (Fn. 7), Seite 10.
[18] *Even/Vera* (Fn. 10), 1316.
[19] *Richard/Weinheimer* (Fn. 9), 1613; *Land/Hasselbach* (Fn. 9), 557.
[20] *Richard/Weinheimer* (Fn. 9), 1613.
[21] *Schwark/Geiser*, Delisting, ZHR 161 (1997), 739.
[22] Die Zulassungsstelle der Börse kann die Zulassung zum amtlichen oder geregelten Markt außer nach den Vorschriften des VwVfG auch dann widerrufen, wenn ein dauerhafter ordnungsgemäßer Handel an der Börse nicht mehr gewährleistet ist und die Notiz zuvor bereits eingestellt worden war (§ 38 Abs. 1 Nr. 2 BörsG). Da die Zulassung auch dann von Amts wegen widerrufen werden kann, zB wenn der Emittent seine Verpflichtungen aus der Börsenzulassung nicht erfüllt (§ 43 Satz 2 BörsG), ist nicht zu verkennen, dass auch ein solches Delisting letztlich auf dem Verhalten des Emittenten beruht.
[23] *Groß*, Delisting (Fn. 8), 145.

ressierenden vollständigen Rückzug von sämtlichen in- und ausländischen Börsenplätzen.
Ebenfalls unter dem Begriff des Delistings werden regelmäßig die – hier nicht weiter interessierenden – Fälle des sog. *Downgrading* genannt, in denen börsennotierte Gesellschaften von einem höheren in ein niedrigeres Marktsegment wechseln. Da die Börsenzulassung immer nur zu einem bestimmten Marktsegment beantragt wird, ist das Downgrading rechtlich der Widerruf der Zulassung zu einem Marktsegment und der Antrag auf Zulassung zu einem anderen Marktsegment[24]. Unzutreffend ist allerdings, auch im Zusammenhang mit einem Ausschluss aus dem Neuen Markt von einem Delisting zu sprechen[25]. Am privatrechtlich organisierten Neuen Markt notierte Unternehmen sind öffentlich-rechtlich zum geregelten Markt zugelassen. Diese Zulassung bliebe von einem Ausschluss aus dem Neuen Markt jedoch unberührt, sodass mit dem Ausschluss kein Widerruf der Börsenzulassung verbunden ist.
Im folgenden werden mit dem Begriff des Delistings ausschließlich die Fälle der vollständigen Beendigung der Börsenzulassung einer Aktiengesellschaft bezeichnet.

3. Kaltes Delisting

Zweiter Unterfall des *going private* ist das sog. *kalte Delisting*[26]. Der Begriff des kalten Delistings wird in der Rechtsliteratur bislang eher uneinheitlich verwandt. So wurde zum Teil mit dem kalten Delisting nur das *going private* über die umwandlungsrechtlichen Instrumente der Verschmelzung und des Formwechsels bezeichnet[27]. Wie oben ausgeführt, stehen für das kalte Delisting neben Formwechsel und Verschmelzung jedoch auch Eingliederung, übertragende Auflösung, Aufspaltung und Squeeze-out zur Verfügung. Unscharf ist auch, das kalte Delisting in Abgrenzung zum börsenrechtlichen Delisting als Modell zu bezeichnen, das darauf abziele, die Ermessensentscheidung der Zulassungsstelle nach dem BörsG auf null zu reduzieren[28]. Denn erlischt eine Aktiengesellschaft als Folge eines *going private*, so steht der Börsenzulassungsstelle in aller Regel von vornherein keinerlei Ermessensspielraum zu; die Börsenzulassung erlischt in den meisten Fällen vielmehr von selbst[29].
Es bedarf daher einer allgemeineren Definition des Begriffs des kalten Delistings. In Anlehnung an *Beermann/Masucci* soll er daher im Rahmen der folgenden Bearbeitung für die Bezeichnung eines Rückzugs von der Börse verwandt werden, der sich aus dem Wegfall der Voraussetzungen für eine Börsennotiz ergibt[30]. Mit dieser Definition werden all diejenigen Vorgänge erfasst, an deren Ende die börsennotierte Aktiengesellschaft entweder erlischt, in einer anderen, nicht börsenfähigen Rechtsform wei-

---

[24] *Groß*, Delisting (Fn. 8), 153; *Harrer/Wilsing*, Delisting, DZWIR 2002, 485, 487.
[25] So aber beispielsweise *Hofmann*, Spielregeln, Handelsblatt vom 23.7.2001, Seite 2.
[26] Wohl in dem Bemühen, der deutschen Sprache einen weiteren Anglizismus hinzuzufügen, sprach *Mülbert*, Delisting, ZHR 165 (2001), 104, 105, kürzlich erstmals auch von einem *„cold delisting"*.
[27] *Steck*, "Going private" über das UmwG, Die AG 1998, 460; *Kleppe*, Anlegerschutz beim Rückzug von der Börse, Seite 6; *Sohbi*, Delisting und Going Private, Venture Capital 2001, 105; wohl auch *Hellwig*, Börsenreform, ZGR 1999, 781, 799 (dort in Fn. 89), der unter Bezugnahme auf *Steck* von „Umwandlung in eine nicht börsenfähige Rechtsform" spricht.
[28] So aber *Ph. Baums*, Ausschluss, Seite 17.
[29] Vgl. zu den Auswirkungen der verschiedenen Modelle des kalten Delistings auf die Börsenzulassung ausführlich Ziffern E.II, F.II, H.II, I.II und J.II.
[30] *Beermann/Masucci* (Fn. 15), 709, die im Zusammenhang mit dieser Definition jedoch nur Verschmelzung, Formwechsel, Eingliederung, übertragende Auflösung und Squeeze-out, nicht aber die Aufspaltung nennen.

terbesteht, oder bei der sich alle Anteile in der Hand eines Aktionärs befinden, sodass ein Börsenhandel nicht mehr stattfinden kann.

4. Sonstiges

Schließlich wird in Börsenrückzugskonstellationen regelmäßig auch eine Reihe von weiteren Begriffen, wie zB „Owner-Buy-out“ (OBO), „Management-Buy-out“ (MBO), „Employee-Buy-out“ (EBO), „Third-Party-Buy-out“, „Management-Buy-in“ (MBI) oder auch „Leveraged-Buy-out“ (LBO) als „Erscheinungsformen“ eines *going private* genannt[31]. Mit den verschiedenen Buy-out- bzw. Buy-in-Formen werden allerdings nur die verschiedenen in Betracht kommenden Initiatoren eines Börsenrückzugs bzw. dessen Finanzierungsformen bezeichnet. Sie als Erscheinungsformen eines *going private* zu bezeichnen, ist daher zumindest unscharf.

Da es für die hier anzustellende Untersuchung ohne Bedeutung ist, ob es die Alteigentümer, das Management oder die Angestellten eines Unternehmens sind, die den Börsenrückzug betreiben, und auch die Frage der Finanzierung einer Börsenrückzugstransaktion ohne Belang ist, sollen sie im folgenden nicht weiter beachtet werden.

II. Die Motive für den Rückzug von der Börse

Für den Rückzug von der Börse kann es eine Reihe von Motiven geben[32]. Zu unterscheiden ist dabei danach, ob der Börsenrückzug Hauptziel oder nur Reflex gesellschaftsrechtlicher Veränderungen ist.

1. Der Börsenrückzug als Selbstzweck

Zunächst kann der Rückzug von der Börse durch ein Unternehmen bloß um seiner selbst wegen betrieben werden, dh. es geht dem rückzugswilligen Unternehmen bei seinem Vorgehen allein darum, den Widerruf seiner Börsenzulassung zu erreichen. Für ein solches Bestreben lassen sich vor allem zwei Gründe nennen.

a) Der Börsenrückzug aufgrund der "Nutzlosigkeit" der Börse

So kann ein Grund für den Börsenrückzug sein, dass die Börse für die rückzugswillige Gesellschaft nutzlos geworden ist. Nach den zahlreichen Börsengängen zum Ende der 90er Jahre ist heute immer häufiger zu beobachten, dass Unternehmen die Enttäuschung ihrer Erwartungen beklagen, die sie mit dem Gang an die Börse verbunden hatten. Vor allem kleinere, aber überwiegend sehr ertragsstarke Werte der sog. *old economy*, die in traditionellen Branchen wie dem Maschinenbau oder der Autozulieferindustrie tätig sind, fühlen sich von den Anlegern oft nicht ausreichend beachtet. Obwohl sie über Jahre hinweg solide Gewinne erwirtschaften, gelten sie als „langweilig“, kurz: Es fehlt eine die Fantasie der Anleger weckende „Story“[33]. Zwar war in den

---

[31] Vgl. dazu etwa *Kemper/Schiereck* (Fn. 9), 91 f.; *Richard/Weinheimer* (Fn. 9), 1614 f.; *Richard* in Hdb. Going Private, Seite 31 ff.; *Kleppe* (Fn. 27), Seite 9 f.

[32] Vgl. ausführlich hierzu auch die von *Hohn* (Fn. 15), Seite 16 ff., erstellte Vorteilhaftigkeitsanalyse, die auf die verschiedenen rechtlichen und betriebswirtschaftlichen Vor- und Nachteile eines Börsenrückzugs eingeht. Vgl. im Übrigen – speziell zu den Vorteilen eines Squeeze-out – auch die empirische Untersuchung von *Moser/Prüher*, Vorteilhaftigkeit von Squeeze-outs, FB 2002, 361 ff.

[33] Mit der Begründung, gegen die Newcomer der Boom-Branchen Biotechnik und Internet habe man zur Zeit keine Chance, rechtfertigte der Vorstandsvorsitzende der *Rolf Benz AG* den Börsenrückzug, deren Hauptversammlung im August 2000 die formwechselnde Umwandlung in eine AG & Co KG be-

letzten beiden Jahren des Börsenabschwungs eine gewisse Akzentverschiebung im Anlageverhalten weg von der *new economy* zurück zur *old economy* zu beobachten; nach wie vor setzen die meisten Anleger jedoch eher auf die jüngeren Unternehmen der Hightechbranchen, von denen ein höheres Wachstum erwartet wird.
Notiert der Aktienkurs eines solchermaßen betroffenen Unternehmens auf einem dauerhaft als zu niedrig empfundenen Niveau, so kommt die Börse als Mittel der Eigenkapitalbeschaffung nicht mehr in Betracht. Sie verliert damit zwar ihren Hauptnutzen[34]; die mit einer Börsenzulassung verbundenen Zulassungsfolgepflichten[35] und die damit korrespondierenden tatsächlichen und finanziellen Belastungen bleiben jedoch bestehen[36]. Insofern ist insbesondere der im Vergleich zu einer nicht börsennotierten Aktiengesellschaft deutlich erhöhte Aufwand für Vorbereitung und Durchführung der Hauptversammlung, für die „üblichen Informations- und Serviceleistungen" für private und institutionelle Investoren sowie für die Erstellung der nach WpHG und BörsG erforderlichen Berichts- und Informationspflichten zu nennen[37]. Pflichten wie diese belasten ein Unternehmen vor allem in personeller Hinsicht, halten sie doch die Unternehmensleitung und andere qualifizierte Mitarbeiter davon ab, sich den gewöhnlichen Unternehmensgeschäften zu widmen[38]. Vor allem finanzielle Belastungen ergeben sich für ein börsennotiertes Unternehmen auch aus der Pflicht zur Unterhaltung von Zahl- und Hinterlegungspflichten sowie für etwaige Kurspflegemaßnahmen der Banken.
Für wie belastend die mit einer Börsennotiz verbundenen Pflichten von einem Unternehmen zum Teil empfunden werden, zeigt das Beispiel der *Dr. Ing. h.c. F. Porsche AG*, die bis September 2001 einen der gemessen an der Marktkapitalisierung schwersten Titel im MDAX darstellte. Da die *Porsche AG* nicht bereit war, die von der Deutschen Börse AG seit Anfang 2001 für in DAX und MDAX vertretene Unternehmen geforderten Quartalsberichte zu erstellen, wurde sie aus dem MDAX ausgeschlossen[39], obwohl die Mitgliedschaft in einem Aktienindex in der Regel einen nicht unerheblichen Prestigegewinn bedeutet. Mit Blick auf die „hohen Aufwendungen und einem dem gegenüber zu geringen Nutzen" hat sich im Januar 2002 auch die

---

schlossen hat (zitiert von *Liebrich*, Aschenputtel sind ihre Rolle leid, Süddeutsche Zeitung vom 25.8.2000, Seite 26).

[34] Auch die positive Wirkung einer Börsennotierung in der Öffentlichkeit, bei Lieferanten und Kunden wird bei einem dauerhaft unterbewerteten Aktienkurs entsprechend eingeschränkt sein (vgl. *Mutter*, Kurzkommentar zu OLG München 7 U 6019/99, EWiR 2001, 459, der diesbezüglich von „weichen" Gesichtspunkten spricht).

[35] Vgl. zum Begriff der Zulassungsfolgepflichten ausführlich sogleich nachfolgende Ziffer A.III.

[36] Die *Macrotron AG* bezifferte die Kosten der Börsennotiz auf 16 % des Bilanzgewinns und 77 % der Dividendenzahlungen (vgl. *Mutter* (Fn. 34), 459). Die *Rolf Benz AG* sprach diesbezüglich von jährlich ca. DM 150.000 Kostenaufwand. *Richard* in Hdb. Going Private, Seite 30, beziffert die jährlichen Gesamtkosten einer Börsennotiz für ein kleines oder mittleres Unternehmen auf bis zu € 0,5 Mio.

[37] Vgl. *Schwichtenberg*, Going Private und Squeezeouts, DStR 2001, 2075; vgl. ausführlich *Kleppe* (Fn. 27), Seite 16 ff.

[38] *Grupp* (Fn. 15), Seite 110; in der Presse war teilweise zu lesen, dass mancher Vorstand bis zu 50 % seiner Arbeitszeit für die Erfüllung der Zulassungsfolgepflichten aufbringen müsse (vgl. FAZ vom 26.10.2000, Seite 29).

[39] Porsche selbst begründete seine Weigerung zur Quartalsberichterstattung allerdings nicht mit dem hohen Aufwand, sondern mit der „Zyklik des Automobilgeschäfts". Je kürzer die Berichtszeiträume seien, desto größer sei die Gefahr, dass die Investoren falsche Schlüsse aus den Zahlen zögen (vgl. *Maisch*, Porsche gibt Platz im MDAX auf, Handelsblatt vom 5.6.2001, Seite 15).

Brau und Brunnen AG entschlossen, ihren Platz im Kleinwertesegment SDAX aufzugeben[40].

b) Der Börsenrückzug als "Flucht aus dem Rampenlicht"

Ein zweiter Grund für einen Börsenrückzug kann der Wunsch eines Unternehmens sein, sich durch den Rückzug von der Börse – zumindest vorübergehend – den kritischen Augen der Öffentlichkeit zu entziehen. Zu denken ist in diesem Zusammenhang namentlich an Umstrukturierungs- oder sogar Sanierungsfälle[41]. In Zeiten, in denen viele Investoren und Finanzanalysten nur einen kurz- bis mittelfristigen Betrachtungshorizont haben und der Kapitalmarkt eine auf kurzfristige Gewinne angelegte Strategie oftmals mehr belohnt als eine langfristige, vorausschauende Planung, lassen sich Maßnahmen, die sich erst längerfristig für ein Unternehmen und damit auch für den *shareholder value* auszahlen, nur schwer vermitteln[42]. Es kann für ein angeschlagenes Unternehmen daher von Vorteil sein, zumindest für den Zeitraum der Umstrukturierung/Sanierung die Börsenzulassung ruhen zu lassen, um nach erfolgreicher Durchführung wieder an den Kapitalmarkt zurückzukehren[43]. Noch weitergehend kann es sogar von Vorteil sein, vorübergehend die Rechtsform der Aktiengesellschaft zugunsten einer flexibleren Rechtsform – beispielsweise einer Kommanditgesellschaft – zu wechseln. Entscheidungsprozesse ließen sich damit wesentlich verkürzen. Vereinzelt wurde sogar die Behauptung aufgestellt, die aktienrechtlichen Vorschriften oder sonstige mit der Börsennotierung verbundene Vorgaben, die aufgrund von Publizitätswirksamkeit oder Zustimmungspflicht verzögernd, wenn nicht sogar blockierend wirkten, könnten im Zweifelsfall einen Sanierungsfall sogar zum Insolvenzfall werden lassen[44].

c) Sonstiges

Zum Teil wird darüber hinaus als Motiv für einen Börsenrückzug genannt, einer eventuellen Aufkaufgefahr und damit einer möglichen feindlichen Übernahme entgegenzutreten[45]. Angesichts dessen, dass ein Börsenrückzug in aller Regel nur dann möglich sein wird, wenn sich ein großer Teil der Aktien in der Hand eines oder mehrerer Großaktionäre befindet, dürfte es sich hierbei jedoch um eine eher theoretische Überlegung handeln. Bei übernahmegefährdeten Unternehmen befindet sich der überwiegende Teil der Aktien im Streubesitz. In diesem Fall werden Vorstand und Aufsichtsrat jedoch kaum in der Lage sein, die Aktionäre von den „Vorteilen" eines Börsenrückzug zu überzeugen.

---

[40] Vgl. die Ad-hoc-Meldung der *Brau und Brunnen AG* vom 24.1.2002, abrufbar unter www.deutsche-boerse.com.

[41] Vgl. etwa *Vollmer/Grupp*, Börsenein- und Börsenaustritt, ZGR 1995, 459, 476; ausführlich zum *going private* in Sanierungsfällen *Weber*, Sanierung, Denotierung, Delisting, ZInsO 2001, 385 ff.

[42] Vgl. *Droege/Noe* (Fn. 5), Seite 32; in dieser Richtung äußerte sich auch der Geschäftsführer der *BC Partner Beteiligungsberatung GmbH*, zitiert von *Köhler* (Fn. 1), Seite 39.

[43] Ähnlich *Beermann/Masucci* (Fn. 15), 707; vgl. auch *Radtke*, Delisting aus kapitalmarktrechtlicher Sicht, Seite 26.

[44] *Droege/Noe* (Fn. 5), Seite 32.

[45] *Steck* (Fn. 27), 460; *Land/Hasselbach* (Fn. 9), 557; *Vollmer/Grupp* (Fn. 41), 473; *Radtke* (Fn. 43), Seite 26; *Schindler*, Austrittsrecht aus Kapitalgesellschaften, Seite 216; *de Vries*, Delisting, Seite 17; *Oetker/Heise* in Hdb. Going Private, Seite 358.

Gleiches gilt für den Gedanken, ein Rückzug von der Börse könne zur Vorbereitung einer formwechselnden Umwandlung vollzogen werden[46]. Ein Unternehmen wird kaum zunächst ein (börsenrechtliches) Delistingverfahren durchführen und anschließend einen Formwechsel in eine (AG/GmbH & Co) KG, wenn das vorhergehende Delisting entbehrlich ist, weil der Börsenrückzug ohnehin eine unvermeidbare Nebenfolge des Formwechsels ist.

2. Der Börsenrückzug als Reflex gesellschaftsrechtlicher Veränderungen

Zumindest in der Vergangenheit war der Börsenrückzug jedoch nur selten Selbstzweck[47], sondern überwiegend Reflex gesellschaftsrechtlicher Veränderungen[48], stellte dabei aber durchaus einen willkommenen und auch beabsichtigten Nebenzweck dar. In diesem Zusammenhang lassen sich vor allem zwei Konstellationen nennen.

a) Der Börsenrückzug nach einer Mehrheitsübernahme

Wie bereits erwähnt, erlangte das *going private* in der Vergangenheit vor allem aufgrund der zunehmenden Aktivitäten sog. "Private Equity-Gesellschaften" an Bedeutung. Das Geschäft derartiger Finanzinvestoren besteht darin, aus ihrer Sicht unterbewertete, börsennotierte Gesellschaften zu erwerben und die von ihnen identifizierten Wertpotentiale zu realisieren.
Voraussetzung dafür ist zum einen die Möglichkeit möglichst unmittelbarer Einflussnahme auf die Organe der Aktiengesellschaft. Vorstand und Aufsichtsrat sind von Gesetzes wegen jedoch ausschließlich dem Wohl der Gesellschaft verpflichtet und unterliegen bei Ausübung ihrer Tätigkeit keinen Weisungen der Hauptversammlung geschweige denn solchen eines einzelnen (Groß)Aktionärs. Auch durch die Satzung kann gem. § 23 Abs. 5 AktG nichts anderes bestimmt werden. Verstöße gegen diese Pflichten durch dem Mehrheitsaktionär loyal gegenüberstehende Vorstände und Aufsichtsratsmitglieder sind stets mit der Gefahr persönlicher Inanspruchnahme verbunden (§ 93 bzw. §§ 93, 117 AktG)[49].
Zweite Voraussetzung ist ein möglichst uneingeschränkter und zügiger Zugriff auf den *cash flow* und das Vermögen der Gesellschaft, dies vor allem, weil der Investor zur Finanzierung seiner Investition oftmals auf das Gesellschaftsvermögen angewiesen ist[50]. Nicht nur das Grundkapital, sondern das gesamte Vermögen unterliegt in einer Aktiengesellschaft jedoch strengen Kapitalschutzvorschriften. Das AktG verbietet Leistungen aller Art an die Aktionäre; Ausnahmen gelten nur für die Verteilung ordnungsgemäß festgestellter Bilanzgewinne (§ 57 ff. AktG) sowie für Leistungen im

---

[46] So aber *Radtke* (Fn. 43), Seite 26).
[47] Vgl. die Ausführungen bei *Beermann/Masucci* (Fn. 15), 705 ff.
[48] *Zetzsche*, Reguläres Delisting, NZG 2000, 1065; anders aber *Weber* (Fn. 41), 390, der von einer „Funktionsadäquanz iSe. funktionellen Austauschbarkeit" des börsenrechtlichen und des kalten Delistings spricht.
[49] Vgl. auch die Ausführungen bei *v. Braunschweig* (Fn. 8), 165, der aus der Beratungspraxis berichtet, dass die Eigenverantwortlichkeit auch von „loyalen" Vorständen und Aufsichtsräten in der Praxis sehr viel ernster genommen werde, als oft vermutet würde.
[50] Vgl. *v. Braunschweig* (Fn. 8), 165; *Jung* (Fn. 7), Seite 10, werden in *going private*-Transaktionen durchschnittlich lediglich 20 bis 30 % Eigenkapital investiert.

Rahmen von Geschäften zwischen Aktionär und Gesellschaft zu marktüblichen Konditionen[51].
Um beide Ziele zu erreichen, stehen verschiedene Alternativen zur Wahl. So kommt zum einen der Abschluss eines Beherrschungs- und Gewinnabführungsvertrags in Betracht. Alternativ dazu steht die Durchführung eines der oben vorgestellten Modelle des kalten Delistings. Möglich ist darüber hinaus auch die formwechselnde Umwandlung in eine KGaA[52]. Letzteres führt dabei allerdings ebenso wenig wie der Abschluss eines Unternehmensvertrags zu einem "automatischen" Rückzug von der Börse. Aufgrund des vergleichbaren Aufwands fällt die Entscheidung angesichts des willkommenen Nebeneffekts des Börsenrückzugs dabei in zunehmendem Maße zugunsten eines der Modelle des kalten Delistings.
Ähnlich verhält es sich, wenn ein Unternehmen von einem strategischen Investor übernommen wird. Der Einstieg strategischer Investoren unterscheidet sich vom Einstieg reiner Finanzinvestoren im Wesentlichen nur durch den unterschiedlichen Anlagehorizont. Während Finanzinvestoren regelmäßig nur über einen Anlagehorizont von drei bis fünf Jahren verfügen[53], haben strategische Investoren in der Regel langfristige Interessen. In gleichem Maße sind sie jedoch auf eine möglichst umfassende Möglichkeit der Einflussnahme auf die Geschäftsführung und den Zugriff auf das Vermögen der Gesellschaft angewiesen. Wird eine börsennotierte Aktiengesellschaft von einem strategisch handelnden Investor übernommen, besteht zudem am Fortbestand einer eigenständigen Börsennotiz des übernommenen Unternehmens vielfach auch deswegen kein Interesse mehr, weil die Kapitalbeschaffung in Zukunft unmittelbar über die neue Muttergesellschaft laufen soll[54].

b) Der Börsenrückzug als Mittel des Freeze-out bzw. Squeeze-out

Eng verbunden mit dem Einstieg von strategischen oder Finanzinvestoren und den von ihnen geplanten Strukturmaßnahmen kann schließlich das Ziel sein, mittels eines sog. Squeeze-out oder auch Freeze-out Minderheitsaktionäre zum „freiwilligen" Verkauf ihrer Anteile zu bewegen bzw. sie gegen ihren Willen aus der gemeinsamen Gesellschaft auszuschließen[55]. Denn will ein Investor zur Durchsetzung der von ihm beabsichtigten Zwecke Struktur- oder Satzungsänderungen oder auch Kapitalmaßnahmen durchsetzen, ist stets die Zustimmung der Hauptversammlung erforderlich. Da in heutigen Zeiten sogenannte „räuberische Aktionäre"[56] gegen derartige Beschlüsse fast schon gewohnheitsmäßig Anfechtungsklage erheben, die regelmäßig einem schnellen Vollzug der beabsichtigten Maßnahme entgegenstehen, lassen sich Umstrukturierungen erheblich leichter verwirklichen, wenn weniger solcher Aktionäre vorhanden sind[57]. Aus diesem Grund wird es regelmäßig vorrangiges Ziel der Investoren

[51] Grundsatz des „at arm's length", vgl. *Hüffer*, AktG, § 57 Rn. 8 ff.
[52] Vgl. die Ausführungen bei *v. Braunschweig* (Fn. 8), 170 f.
[53] *Beermann/Masucci* (Fn. 15), 705.
[54] *Land/Hasselbach* (Fn. 9), 557.
[55] Vgl. *Beermann/Masucci* (Fn. 15), 706; *Land/Hasselbach* (Fn. 9), 561; *v. Braunschweig* (Fn. 8), 169, und *Schanz*, Feindliche Übernahmen, NZG 2000, 337, 340, sprechen von einer „erhöhten Bereitschaft" der Minderheitsaktionäre zur Annahme eines Barabfindungsangebots.
[56] So wörtlich *v. Braunschweig* (Fn. 8), 166.
[57] Vgl. auch Seite 75 der offiziellen Begründung im Allgemeinen Teil des RefE zum WpÜG. Dort heißt es, „dass es ökonomisch keinen Sinn mache, sehr kleine Minderheiten in Aktiengesellschaften zu belassen. Die Beteiligung von Minderheitsaktionären stelle einen erheblichen – kostspieligen – Formalaufwand dar, der sich aus der Beachtung zwingender minderheitsschützender Normen ergebe. Dieser

sein, Minderheitsaktionäre aus der Gesellschaft auszuschließen oder zu einem „freiwilligen" Verkauf ihrer Anteile zu bewegen[58].
Die Begriffe des Squeeze-out (wörtlich: hinausquetschen) und des Freeze-out (wörtlich: hinausfrieren) beschreiben eine Situation, in der ein Großaktionär oder eine Gruppe von Großaktionären sämtliche ausstehenden Aktien an einer Aktiengesellschaft mit oder ohne Zustimmung der betroffenen Minderheitsaktionäre regelmäßig gegen eine Barabfindung übernimmt[59]. Hierfür ist nicht notwendig, dass die auszuschließenden Aktionäre durch eigenes (pflichtwidriges) Verhalten oder in ihrer Person begründete Umstände einen Grund für einen Ausschluss gegeben haben[60]. Während die Begriffe des Freeze-out und des Squeeze-out teilweise synonym verwandt werden[61], wird von einem Freeze-out überwiegend dann gesprochen, wenn Minderheitsaktionäre unter Ausnutzung gesetzlich zulässiger Mittel aus der gemeinsamen Gesellschaft ausgeschlossen werden. Dagegen wird der Terminus des Squeeze-out überwiegend dann verwandt, wenn den Minderheitsaktionären der Verbleib in der Gesellschaft rein faktisch so uninteressant gemacht wird, dass sie mehr oder minder freiwillig auf ihre Mitgliedschaft verzichten[62].
Während sich mit der übertragenden Auflösung und der neuen Squeeze-out-Regelung ein echter Ausschluss aller Minderheitsaktionäre erreichen lässt, führen die übrigen vier Modelle des kalten Delistings (ebenso wie das börsengesetzliche Delistingverfahren) nicht zu einem automatischen Verlust der Mitgliedschaft der Minderheitsaktionäre, machen aber das Verbleiben in der Gesellschaft höchst unattraktiv. Insofern kommen alle Modelle des kalten Delistings, aber auch das börsenrechtliche Delisting als Mittel des Squeeze-out bzw. des Freeze-out in Betracht[63]. Im folgenden wird der Begriff des Squeeze-out synonym für den Ausschluss von Minderheitsaktionären nach den §§ 327 a ff. AktG verwandt.

Aufwand bleibe im Wesentlichen derselbe, auch wenn neben dem Mehrheitsaktionär nur ein Rest an Splitterbesitz vorhanden sei. Die Praxis zeige, dass Kleinstbeteiligungen oftmals missbraucht würden um den Mehrheitsaktionär bei der Unternehmensführung zu behindern und ihn zu finanziellen Zugeständnissen zu veranlassen. Eine Behinderung könne insbesondere durch Anfechtung von Hauptversammlungsbeschlüssen erfolgen. Daher ließen sich gegen den Willen einzelner Kleinaktionäre auch notwendige Umstrukturierungen oft nicht oder nur mit großer zeitlicher Verzögerung durchsetzen."

[58] Der Gedanke, zukünftige Gewinne mit möglichst wenigen außenstehenden Aktionären teilen zu müssen, wird dagegen regelmäßig wohl eher untergeordneter Natur sein. Anders aber *Kleppe* (Fn. 27), Seite 25.

[59] *Kossmann*, Ausschluss von Aktionären, NZG 1999, 1198, 1199.

[60] *Land/Hasselbach* (Fn. 9), 561 f., unter Verweis auf *Hopt*, Konzernrecht, ZGR 1998, 672, 733.

[61] *Inderbitzin* (Fn. 15), Seite 10.

[62] Vgl. *Ph. Baums*, Ausschluss (Fn. 28), Seite 12 ff.; vgl. im Übrigen die Nachweise bei *Kleppe* (Fn. 27), Seite 7 f.; die wörtliche Übersetzung der Begriffe legt allerdings eher die umgekehrte Benutzung nahe (so auch *Sieger/Hasselbach*, Ausschluss von Minderheitsaktionären, ZGR 2002, 120, 123). Auch der Gesetzgeber spricht in der Gesetzesbegründung zu der im Zuge des WpÜG eingefügten Regelung zum Ausschluss von Minderheitsaktionären von einem Squeeze-out (vgl. etwa Seite 103 des Besonderen Teils der Begründung zum RefE). Vgl. im Übrigen auch *Peters*, Übertragung von Gesellschaftsvermögen, BB 1999, 801, wonach sich ein Squeeze-out von dem grundsätzlichen Freeze-out dadurch unterscheide, dass ersterer „den zulässigen Rahmen" überschreite und „durch eine Verletzung der Treuepflicht des Gesellschafters gekennzeichnet" sei.

[63] Vgl. auch *Halm*, Squeeze-out heute und morgen, NZG 2000, 1162, 1163, der die verschiedenen Modelle des *going private* ausdrücklich als „Gestaltungsmöglichkeiten beim Hinausdrängen von Minderheitsaktionären" bezeichnet.

III. Die rechtlichen Folgen eines Börsenrückzugs

Der Rückzug von der Börse hat für eine Aktiengesellschaft sowie für ihre Aktionäre verschiedene rechtliche Konsequenzen. Zu unterscheiden ist dabei insbesondere zwischen kapitalmarktrechtlichen und gesellschaftsrechtlichen Konsequenzen, aber auch die handels- und steuerrechtlichen Folgen sind zu beachten. Die wesentlichsten dieser sog. Zulassungsfolgepflichten[64] sollen im folgenden kurz dargestellt werden.

1. Gesellschaftsrechtliche Konsequenzen

Bis zur Aktienrechtsnovelle von 1994[65] waren *going public* und *going private* für eine Aktiengesellschaft mit keiner Veränderung ihrer gesellschaftsrechtlichen Organisationsstruktur verbunden. Das bis dahin geltende Aktienrecht folgte streng dem Konzept einer Einheitsgesellschaft, ohne irgendwelche Differenzierungen danach vorzusehen, ob es sich bei der betreffenden Gesellschaft tatsächlich um eine normtypisch gedachte börsennotierte Gesellschaft mit einem großen, rasch wechselnden Mitgliederkreis handelt, die ein Großunternehmen trägt, oder ob nur eine kapitalmarktferne Gesellschaft mit einem kleinen, relativ geschlossenen Mitgliederkreis vorliegt, die ein mittelständisches Unternehmen betreibt[66]. Die Aktienrechtsnovelle änderte dies und stellte zur Differenzierung an mehreren Stellen auch auf das Vorhandensein oder Nichtvorhandensein einer Börsennotiz ab. Nach wie vor sind die rein gesellschaftsrechtlichen Konsequenzen eines Börsenrückzugs jedoch eher unbedeutend.
Die aus Aktionärssicht wohl wichtigste Regelung findet sich dabei in § 58 Abs. 2 Satz 2 AktG. Wird der Jahresabschluss wie im Regelfall durch Vorstand und Aufsichtsrat festgestellt und nicht durch die Hauptversammlung (§ 172 Abs. 1 Satz 1 AktG), so können sie dabei gem. § 58 Abs. 2 Satz 1 AktG höchstens die Hälfte des Jahresüberschusses in die Gewinnrücklagen einstellen. Hiervon kann gem. § 58 Abs. 2 Satz 2 AktG die Satzung eine Ausnahme machen, bei börsennotierten Gesellschaften kann sie jedoch nur zur Einstellung eines größeren Teils des Jahresabschlusses ermächtigen. Nicht börsennotierten Gesellschaften wird daher bei der Abwägung zwischen Ausschüttung und Rücklagendotierung mehr eigene Regelungsautonomie und damit Flexibilität zugestanden.
§ 130 Abs. 1 Satz 3 AktG macht für nicht börsennotierte Gesellschaften eine Ausnahme von der gem. Satz 1 bestehenden Pflicht, Beschlüsse der Hauptversammlung durch eine über die Verhandlung notariell aufgenommene Niederschrift beurkunden zu lassen, es sei denn, es werden Grundlagenbeschlüsse gefasst. Ausreichend ist statt dessen eine vom Aufsichtsratsvorsitzenden zu unterzeichnende Niederschrift. Aus Anlegersicht ohne Bedeutung ist dagegen § 110 Abs. 3 AktG, der für nicht börsennotierte Gesellschaften nur eine Pflichtsitzung des Aufsichtsrats im Kalenderhalbjahr vorsieht. Nur der Vollständigkeit halber erwähnt seien auch § 121 Abs. 5 Satz 2 AktG, wonach die Hauptversammlung einer im amtlichen Markt notierten Aktiengesellschaft auch ohne entsprechende Regelung in der Satzung am Ort der Börse stattfinden kann, § 125 Abs. 1 Satz 3 AktG, der besondere Informationspflichten bei der

[64] Der Begriff der Zulassungsfolgepflicht entstammt ursprünglich dem "Regelwerk Neuer Markt". Der Sache nach handelt es sich jedoch auch bei den für die zum amtlichen oder geregelten Markt zugelassenen Aktiengesellschaften geltenden börsengesetzlichen Unterrichtungs,- Berichts- und Auskunftserteilungspflichten um Zulassungsfolgepflichten, sodass der Begriff im folgenden umfassender verwandt werden soll.
[65] BGBl. 1994 I, 1961 ff.
[66] *Vollmer/Grupp* (Fn. 41), 461.

Wahl von Aufsichtsratsmitgliedern vorsieht, die Zulassung von Höchststimmrechten gem. § 134 Abs. 1 Satz 2 AktG, besondere Prüfungs- und Berichtspflichten des Aufsichtsrats § 171 Abs. 2 Satz 2 AktG sowie Stimmrechtsbeschränkungen bei wechselseitig beteiligten Aktiengesellschaften (§ 328 Abs. 3 AktG).

2. Kapitalmarktrechtliche Konsequenzen

Die wohl bedeutsamsten Rechtsfolgen einer Börsenzulassung ergeben sich aus dem Börsen- und Kapitalmarktrecht und unterliegen seit Jahren stetigen Veränderungen. Rechtsquellen sind dabei zum einen die öffentlich-rechtlichen Normen des WpÜG, des BörsG, der BörsZulVO sowie der einzelnen deutschen Börsenordnungen, in immer mehr zunehmendem Maße aber auch privat-rechtliche Vereinbarungen zwischen der Deutschen Börse AG und den einzelnen deutschen Aktiengesellschaften wie etwa dem Regelwerk Neuer Markt oder den Leitfäden zu den Aktienindizes der Deutschen Börse. Aus diesem Grund gelten nicht für alle börsennotierten Unternehmen dieselben Vorschriften; zu unterscheiden ist gegenwärtig vielmehr danach, ob eine Gesellschaft im amtlichen, im geregelten, als Unterfall des letzteren im Neuen Markt oder im Freiverkehr notiert ist[67]. Für die im amtlichen Markt notierten Unternehmen ist weiterhin danach zu differenzieren, ob ein Unternehmen Mitglied in einem der Aktienindizes der Deutschen Börse ist.

a) Insiderüberwachung

Unabhängig vom Marktsegment unterliegen börsennotierte Unternehmen allgemein der sog. Insiderüberwachung, §§ 12 – 20 WpHG. Potentiell betroffen sind gem. § 13 Abs. 1 Nr. 1 und 2 WpHG vor allem die Geschäftsführungs- und Aufsichtsorgane eines börsennotierten Unternehmens oder eines mit ihm verbundenen Unternehmens sowie die Anteilseigner. Ihnen ist es gem. § 14 WpHG verboten, unter Ausnutzung ihrer Kenntnis von einer Insidertatsache Anteile an ihrem Unternehmen zu erwerben oder zu veräußern, anderen eine Insidertatsache unbefugt mitzuteilen bzw. einem anderen aufgrund der Kenntnis der Insidertatsache den Erwerb oder die Veräußerung von Anteilen zu empfehlen. Insidertatsachen sind dabei alle nicht öffentlich bekannten Tatsachen, die sich auf das Unternehmen beziehen und geeignet sind, im Falle eines öffentlichen Bekanntwerdens den Kurs den Aktien erheblich zu beeinflussen (§ 13 Abs. 1 Satz 1 WpHG). Verstöße gegen dieses Verbot sind strafbar, § 38 WpHG.
Korrespondierend mit diesem Verbot von Insidergeschäften ist ein börsennotiertes Unternehmen gem. § 15 WpHG verpflichtet, alle nicht öffentlich bekannten kursbeeinflussenden Tatsachen, die sich auf die Vermögens- oder Finanzlage oder auf den allgemeinen Geschäftsverlauf auswirken und geeignet ist, den Börsenkurs der Aktien des Unternehmens erheblich zu beeinflussen, unverzüglich zu veröffentlichen (sog. "Ad-hoc-Publizität"[68]). Vom Wegfall dieser Ad-hoc-Publizitätspflicht profitieren insbesondere kleinere Aktiengesellschaften, da bei ihnen aufgrund der Marktenge in ihren

---

[67] Als Reaktion auf die gegenwärtige Börsenkrise und eine Reihe von Bilanzskandalen plant die Deutsche Börse derzeit einen „radikalen Umbau" ihrer Aktiensegmente, in dessen Ausführung der Neue Markt gänzlich aufgelöst werden soll. Statt dessen soll es in Zukunft nur noch zwei Aktiensegmente geben: Einen mit hohen Zugangsvoraussetzungen und verschärften Zulassungsfolgepflichten ausgestatteten „Prime Standard" und einen „Domestic Standard", in dem lediglich die gesetzlichen Mindestvoraussetzungen gelten sollen (vgl. ausführlich dazu Handelsblatt vom 27./28.9.2002, Seite 1).
[68] Vgl. *Kümpel* in Assmann/Uwe H. Schneider, § 15 Rn. 1.

Aktien ein pflichtauslösendes Merkmal deutlich schneller gegeben sein kann als bei einer größeren Gesellschaft.

b) Mitteilungs- und Veröffentlichungspflichten §§ 21 ff. WpHG

Im amtlichen Markt notierte Aktiengesellschaften unterliegen ebenso wie ihre Aktionäre den Mitteilungs- und Veröffentlichungspflichten nach §§ 21 ff. WpHG. Aktionäre, deren Stimmrechtsanteil an der Gesellschaft die in § 21 Abs. 1 Satz 1 WpHG aufgezählten Grenzwerte erreicht, überschreitet oder wieder unterschreitet, haben dies der Gesellschaft und dem Bundesaufsichtsamt für den Wertpapierhandel unverzüglich mitzuteilen. Unterlassen sie diese Mitteilung, können sie Rechte aus diesen Aktien grundsätzlich nicht geltend machen, § 28 Satz 1 WpHG.
Die betroffene Gesellschaft selbst ist verpflichtet, nach Empfang einer Mitteilung über das Überschreiten einer der in § 21 Abs. 1 Satz 1 WpHG genannten Schwellenwerte dies innerhalb von neun Tagen in einem überregionalen Börsenpflichtblatt zu veröffentlichen, § 25 Abs. 1 WpHG.

c) Informations- und Publikationspflichten

Neben diesen sich aus dem WpHG ergebenden Zulassungsfolgepflichten normiert vor allem das BörsG teils erhebliche Informations- und Publikationspflichten. So verpflichtet § 41 Abs. 1 BörsG die Gesellschaft, bei Bedarf alle Auskünfte zu erteilen, die für die Zulassungsstelle oder die Geschäftsführung der Börse zur Erfüllung ihrer Aufgaben erforderlich sind, Abs. 2 dazu, Auskünfte zu veröffentlichen, wenn dies zum Schutz des Publikums oder für einen ordnungsgemäßen Börsenhandel erforderlich ist. Gem. § 39 Abs. 1 Nr. 3 BörsG ist die Gesellschaft verpflichtet, Zulassungsstelle und Börsenpublikum über sich und die zugelassenen Aktien angemessen zu unterrichten. Gem. § 40 BörsG muss die Gesellschaft zu diesem Zweck pro Geschäftsjahr mindestens einen Zwischenbericht zu veröffentlichen, der ein den tatsächlichen Verhältnissen entsprechendes Bild ihrer Finanzanlage und ihres allgemeinen Geschäftsgangs vermittelt[69].
Für am Neuen Markt sowie in DAX, MDAX oder SDAX notierte Gesellschaften hat die Deutsche Börse AG darüber hinaus zum Teil recht weitgehende Zusatzpflichten aufgestellt[70]. Besonders hervorgehoben sei hier nur die Pflicht zur Abhaltung von Analystenveranstaltungen und zur Quartalsberichtserstattung[71]. Letzteres veranlasste, wie schon erwähnt, kürzlich die *Porsche AG* dazu, ihren Platz im MDAX aufzugeben.
Nur kurz erwähnt sei an dieser Stelle auch auf die im folgenden noch einmal zurückzukommende Pflicht zum Abschluss von Betreuungsverträgen mit sogenannten

---

[69] Konkretisiert werden diese aus §§ 39, 40 BörsG folgenden Pflichten durch die BörsZulVO, insbesondere die §§ 53 ff. BörsZulVO. Beispielhaft erwähnt seien hier nur Mitteilungen über die Ausschüttung von Dividenden (§ 63 Abs. 1 BörsZulVO), Satzungsänderungen (§ 64 Abs. 1 BörsZulVO), Jahresabschluss und Lagebericht (§ 65 BörsZulVO).
[70] Zwar handelt es sich bei diesen Pflichten nicht um Rechtspflichten vergleichbar denjenigen, die sich aus BörsG, BörsZulVO und WpHG ergeben, sondern um privatrechtliche Vereinbarungen. Da jedoch die Aufnahme in einen Aktienindex oder den Neuen Markt in der Regel mit einem hohen Reputationsgewinn für das betroffene Unternehmen verbunden ist und sich in der Regel auch positiv auf den Aktienkurs auswirkt, haben die Vorgaben der Deutschen Börse faktisch dieselbe Bindungswirkung wie BörsG, BörsZulVO und WpHG
[71] Ziffer 3.2.1 des Leitfadens zu den Aktienindizes der Deutschen Börse, abrufbar unter www.deutsche-boerse.com.

Designated Sponsors[72]. Letzteren obliegt es, für eine künstliche höhere Liquidität in einem Aktienwert zu sorgen, indem sie verbindliche Preise für den An- und Verkauf der Aktien stellen. Hierdurch steigt die Wahrscheinlichkeit, dass erteilte Orders auch tatsächlich ausgeführt werden, erheblich an.

3. Handels- und bilanzrechtliche Folgen

Von nicht unerheblicher Bedeutung für Gesellschaft und Aktionäre sind schließlich die sich aus einem Börsenaustritt ergebenden handelsrechtlichen Konsequenzen. Börsennotierte Aktiengesellschaften gelten unabhängig von ihrer Größe stets als "große Kapitalgesellschaften", § 267 Abs. 3 Satz 2 HGB. Wäre eine Aktiengesellschaft aufgrund ihrer Größe tatsächlich nur eine kleine (§ 267 Abs. 1 HGB) oder mittelgroße Kapitalgesellschaft (§ 267 Abs. 2 HGB), könnte sie nach einem Börsenrückzug alle handels- und bilanzrechtlichen Vergünstigungen in Anspruch nehmen, die kleinen und mittelgroßen Kapitalgesellschaften in bezug auf Bilanz (§§ 266 Abs. 1 Satz 3, 274 a HGB), Gewinn-und-Verlust-Rechnung (§ 276 HGB), Bilanzanhang (§ 288 HGB), Abschlussprüfung (§ 316 Abs. 1 HGB) und den Offenlegungspflichten im Zusammenhang mit dem Jahresabschluss (§§ 325 ff. HGB) gewährt werden.

IV. Die bei einem Börsenrückzug zu berücksichtigenden Interessen

Wie häufig in solchen Fällen stehen sich beim Börsenrückzug vor allem die Interessen eines Großaktionärs, der regelmäßig über eine satzungsändernde Mehrheit des stimmberechtigten Kapitals verfügt, und diejenigen der übrigen (Minderheits)Aktionäre gegenüber. Vor allem eine genaue Kenntnis über die Beeinträchtigung der Interessen letzterer ist von großer Bedeutung im Hinblick auf die nachstehend anzustellenden Überlegungen, inwiefern Kleinaktionäre bei einem Börsenrückzug über das kalte Delisting zu schützen sind. Auch die Interessen anderer können jedoch betroffen sein, beispielsweise die der Unternehmensverwaltungen, der betroffenen Wertpapierbörsen oder des Kapitalmarktes.

Für Kleinaktionäre ist der Rückzug von der Börse in aller Regel ausschließlich mit Nachteilen verbunden[73]. Der Wegfall der oben skizzierten Zulassungsfolgepflichten wirkt sich fast ausschließlich zu ihren Lasten aus, da die zusätzlichen börsen- und gesellschaftsrechtlichen Pflichten, die der Gesetzgeber mit einer Börsenzulassung verbunden hat, vor allem die Aktionärsminderheit in einer Aktiengesellschaft schützen sollen. Das *LG München I* bezeichnete die Börsennotierung einer Aktie daher ausdrücklich als das aus wirtschaftlicher Sicht ausschlaggebende Kriterium für eine In-

---

[72] Zum Teil ergibt sich für eine börsennotierte Aktiengesellschaft die Pflicht zur Betreuung ihre Aktie durch einen Designated Sponsor als Zulassungsfolgepflicht der Aufnahme in den Neuen Markt und den SMAX sowie beim Handel über das elektronische Handelssystem XETRA. Auch für die Aufnahme in den MDAX ist die Betreuung durch einen Designated Sponsor ein Kriterium. Darüber hinaus können Unternehmen jedoch auch auf freiwilliger Basis die Betreuung durch einen Designated Sponsor vereinbaren.

[73] Anders soweit ersichtlich nur *de Vries* (Fn. 45), Seite 118: „Vielmehr wird ein Delisting häufig eine ökonomisch sinnvolle Maßnahme darstellen, von der auch die Kleinaktionäre profitieren."

vestitionsentscheidung[74]. Die Kleinaktionäre sind dabei vor allem unter zwei Aspekten von einem Börsenrückzug betroffen[75].
Zum einen erleiden sie erhebliche Nachteile in bezug auf ihr Bedürfnis nach Informationen über die Entwicklung und den Geschäftsverlauf der Gesellschaft. Aufgrund des Wegfalls der dargestellten Publizitäts- und Informationspflichten können sie die Gewinnsituation und die Zukunftsaussichten der Gesellschaft nun erheblich schwerer beurteilen als zuvor. Bewertungsrelevante Informationen erhalten sie aufgrund des Wegfalls der Ad-hoc-Publizitätspflicht meist wesentlich später[76]. Eine effektive Überwachung der Großaktionäre und Unternehmensleitung durch die Kleinaktionäre ist kaum noch möglich, da sie in der Regel auf weniger umfangreiche und zudem nicht mehr so aktuelle Informationen zurückgreifen können. Im Übrigen fördert die fehlende Transparenz des Unternehmens Insidergeschäfte der gut informierten Großaktionäre zu Lasten der ahnungslosen Kleinanleger[77].
Auch ist zu bedenken, dass Kleinaktionäre bei einer von unternehmerisch engagierten Großaktionären verfolgten übermäßigen Thesaurierungspolitik unter Umständen überhaupt nur durch Anteilsveräußerung (kurzfristig) ihren Anteil am Gewinn der Gesellschaft realisieren können. Ein Börsenrückzug erhöht deshalb die Gefahr, dass Großaktionäre den Minderheitsaktionären ausschüttungsfähige Gewinne in der Absicht vorenthalten, sie zur Liquidierung ihrer Anteile zu bewegen.
Schwerer noch wiegen jedoch die Fungibilitätseinbußen, die die Minderheitsaktionäre aufgrund des Börsenrückzugs erleiden. Nach dem Börsenrückzug ist ein schneller und unkomplizierter Ausstieg aus der gemeinsamen Gesellschaft durch einen Verkauf der Aktien über die Börse nicht mehr möglich. Ein Aktienverkauf außerhalb der Börse stellt sich in mehrfacher Hinsicht deutlich umständlicher dar als über die Börse. Zum einen wird es regelmäßig zu länger andauernden Preisverhandlungen zwischen Käufer und Verkäufer kommen, weil aktuelle Börsenkurse als Verhandlungsgrundlage fehlen. Hinzu kommt, dass als Käufer häufig nur der Großaktionär zur Verfügung steht, der aufgrund seiner Insiderkenntnisse einen Verhandlungsvorteil genießt. Zudem werden Aktienkaufverträge außerhalb der Börse regelmäßig schriftlich geschlossen. Unter Umständen werden auch die Transaktionskosten so hoch sein, dass sich ein Wertpapierkauf oder -verkauf für einen Kleinanleger überhaupt nicht mehr lohnt. Durch einen Börsenrückzug wird einem Kleinanleger aus diesem Grund eine äußerst langfristige Gewinnmaximierungsstrategie aufgezwungen, da sich häufige Transaktionen nicht nur als ökonomisch unsinnig, sondern in der Praxis auch nahezu unmöglich erweisen werden[78].

Großaktionäre sind dagegen durch die mit einem Börsenrückzug verringerte Veräußerungsfähigkeit ihrer Gesellschaftsanteile in der Regel weit weniger stark berührt als Kleinaktionäre. Unternehmerisch orientierte Großaktionäre verfolgen meist langfristige

---

[74] LG München I 5 HKO 10580/99 vom 4.11.1999, ZIP 1999, 2017, 2019.
[75] *Klenke* (Fn. 15), 1098, nennt darüber hinaus auch die eingeschränkte Beleihungsfähigkeit nicht (mehr) börsennotierter Aktien.
[76] Normzweck des § 15 WpHG ist allerdings nicht der Schutz der Individualinteressen der Anleger, sondern ausschließlich der Funktionsfähigkeit des Kapitalmarktes. § 15 WpHG dient damit nur dem Schutz des Anlegerpublikums als Gesamtheit der potentiellen Anleger, *Kümpel* in Assmann/Uwe H. Schneider, § 15 Rn. 15.
[77] Vgl. zu all dem die Ausführungen von *Grupp* (Fn. 15), Seite 107 f.
[78] Vgl. nochmals die Ausführungen bei *Grupp* (Fn. 15), Seite 107.

Anlagestrategien und wollen sich nur selten von ihren Beteiligungen trennen. Entscheiden sie sich beispielsweise im Rahmen von Umstrukturierungsmaßnahmen doch für eine Trennung, ist ihnen dies regelmäßig auch außerhalb der Börse ohne unverhältnismäßig hohe Transaktionskosten möglich[79].
Echte Nachteile für die Mehrheitsaktionäre bringt ein Börsenrückzug dagegen in der Regel nicht mit sich. Sofern in der Literatur darauf verwiesen wird, dass ein Großaktionär den künftigen Eigenkapitalbedarf des Unternehmens nach einem Börsenrückzug ausschließlich aus dem eigenen Vermögen finanzieren müsse[80], ist dem zwar vom Grundsatz her zuzustimmen. Einen echten Nachteil wird man darin jedoch angesichts dessen, dass der Ausfall der Börse als Mittel zur Eigenkapitalbeschaffung regelmäßig gerade einer der Hauptgründe für einen Börsenrückzug ist, kaum erblicken können.

Ein Börsenrückzug kann schließlich auch die Interessen der betroffenen Unternehmensleitungen, der Wertpapierbörsen sowie des allgemeinen Anlegerpublikums betreffen.
So kann es aus Sicht des Vorstands einer bislang börsennotierten Aktiengesellschaft positiv sein, sich einer als lästig empfundenen Kontrolle durch den Kapitalmarkt zu entziehen. Sofern man darüber hinaus annimmt, Ziel eines Börsenrückzugs könne es sein, sich möglichen Aufkaufgefahren und damit letztlich einer Übernahme der Gesellschaft zu entziehen, kann die Unternehmensleitung durch den Börsenrückzug möglicherweise auch ihre eigene Managerposition sichern[81].
Naturgemäß werden durch den Rückzug eines börsennotierten Unternehmens auch die Interessen der Wertpapierbörsen beeinträchtigt, an denen die Aktie vor dem Rückzug gehandelt wurde. Je weniger Wertpapiere an einem Börsenplatz gehandelt werden können, desto geringer sind der Handelsumsatz und damit die Einnahmen der Börsen.
In geringerem Umfang kann der Börsenrückzug eines Unternehmens schließlich auch die Interessen des allgemeinen Anlegerpublikums beeinträchtigen, die jedoch zum Zeitpunkt des Börsenrückzugs nicht Aktionäre der betroffenen Gesellschaft sind. Denn verlässt ein Unternehmen den Kapitalmarkt, verringern sich für potentielle Investoren dadurch die Auswahlmöglichkeiten, ihr Kapital zu investieren.
Nach soweit ersichtlich allgemeiner Ansicht sind sämtlicher dieser Interessen jedoch rechtlich unbeachtlich und im Zusammenhang mit der Durchführung eines Börsenrückzugs nicht zu berücksichtigen[82]. Bezüglich der Interessen der Börsen ergibt sich dies schon aus der Überlegung, dass die Börse als Kapitalmarkt eine Dienstleistung für Emittenten und Anleger erbringt und insofern dem Wettbewerb von Angebot und Nachfrage unterliegt, die Börse als Selbstzweck mithin keine Rechtfertigung besitzt[83].

---

[79] *Vollmer/Grupp* (Fn. 41), 474.
[80] *Grupp* (Fn. 15), Seite 105.
[81] *Vollmer/Grupp* (Fn. 41), 473.
[82] Vgl. jeweils bezüglich des börsenrechtlichen Delistingverfahrens *Pötzsch*, Das Dritte Finanzmarktförderungsgesetz, WM 1998, 949, 952; und *Groß*, Kapitalmarktrecht, §§ 42, 43 BörsG Rn. 16; *Richard/Weinheimer* (Fn. 9), 1618; *de Vries* (Fn. 45), Seite 30; *U. Hamann* in Schäfer/WpHG, § 43 BörsG Rn. 26; *Fluck*, Verzicht, WM 1995, 553, 560; wohl auch *Klenke* (Fn. 15), 1100.
[83] *Pötzsch* (Fn. 82), 952, bringt dies auf den Punkt wenn er sagt: "Die Börse ist für die Anleger und Emittenten da, nicht die Anleger und Emittenten für die Börse"; aus dem gleichen Grund sind auch die Interessen der Kursmakler oder Freimakler unbeachtlich, vgl. *Baumbach/Hopt*, HGB, § 43 BörsG Rn. 3.

Ähnliches gilt für die Interessen des Anlagepublikums. Das potentielle Investitionsinteresse eines Anlegers, der bislang noch nicht an der rückzugswilligen Gesellschaft beteiligt ist, kann einem Börsenrückzug schlechterdings nicht entgegenstehen.

Für die folgende Bearbeitung bleibt demnach festzuhalten, dass im Zusammenhang mit allen Transaktionen, die zu einem Rückzug von der Börse führen, unter dem Börsenrückzugsaspekt *ausschließlich* die Interessen der Aktionäre von Bedeutung sind. Sonstige Interessen – insbesondere der einzelner Wertpapierbörsen – sind dagegen rechtlich unbeachtlich. Im Hinblick auf die Aktionäre besteht dabei das übliche aktienrechtliche Spannungsverhältnis zwischen den Interessen der Mehrheitsaktionäre, die sich von einem Börsenrückzug teils bedeutende Vorteile versprechen, und denen der Minderheit, für die ein Börsenrückzug in der Regel ausschließlich mit Nachteilen behaftet ist. Mit Blick auf diese Interessenlage ist im folgenden zu prüfen, ob UmwG und AktG den Interessen der Minderheitsaktionäre bei einem Börsenrückzug mit Hilfe eines der Modelle des kalten Delistings ausreichend Rechnung tragen, oder ob die gesetzlichen Vorschriften unter Berücksichtigung des Börsenrückzugsaspekts im ganzen oder an einzelnen Stellen der Modifikation bedürfen.

V. Gang der folgenden Bearbeitung

Im folgenden soll zunächst der sowohl das börsenrechtliche als auch das kalte Delisting betreffenden Frage nachgegangen werden, welche wirtschaftliche Bedeutung die Börsennotiz einer Aktie hat und welche Konsequenzen sich hieraus – insbesondere im Hinblick auf Art. 14 GG – bei einem Börsenrückzug ergeben[84].
Im Anschluss daran ist zunächst zu prüfen, inwiefern nach der Schaffung eines börsenrechtlichen Delistingverfahrens der Rückzug von der Börse über die verschiedenen in Frage kommenden Modelle des UmwG und AktG noch zulässig ist[85]. Da im Mittelpunkt des Delistingverfahrens nach § 38 Abs. 4 BörsG die Gewährleistung des Schutzes der durch ein Delisting betroffenen Anleger steht, ist zu diesem Zweck zunächst der durch das börsenrechtliche Delisting vermittelte Umfang des Anlegerschutzes in materieller als auch in verfahrensrechtlicher Hinsicht herauszuarbeiten[86]. Eine eigene fundierte Auseinandersetzung mit in diesem Zusammenhang strittigen Fragen kann dabei jedoch nur insofern erfolgen, als die Entscheidung einzelner Streitfragen präjudizierende Bedeutung für die später anzusprechenden Modelle des kalten Delistings hat. Im Anschluss daran werden schließlich die einzelnen Modelle des kalten Delistings dargestellt[87]. Einen weiteren Schwerpunkt der Arbeit bilden dabei die Besonderheiten, die aufgrund des Börsenrückzugseffekts bei Formwechsel, Verschmelzung, Aufspaltung, Eingliederung, Squeeze-out und übertragender Auflösung zu beachten sind.

---

[84] Ziffer B.
[85] Ziffer D.
[86] Ziffer C.
[87] Ziffern E bis J.

B. Die wirtschaftliche Bedeutung der Börsennotierung einer Aktie

Wie schon angedeutet, steht der vermögensrechtliche Schutz der von einem Börsenrückzug betroffenen Minderheitsaktionäre im Mittelpunkt der gesamten Diskussion um den Rückzug von der Börse. Von besonderer Relevanz – sowohl für das börsenrechtliche Delisting als auch für die verschiedenen Modelle des kalten Delistings – ist in diesem Zusammenhang die *wirtschaftliche Bedeutung*, die der Börsennotierung einer Aktie zukommt.

I. Grundlagen

Steht ein investitionsgeneigter Anleger vor der Wahl zwischen einer Investition in ein börsennotiertes und ein nicht börsennotiertes, ansonsten aber identisches Unternehmen, so wird er nicht ohne weiteres bereit sein, für beide Gesellschaften den gleichen Preis zu bezahlen[88]. Denn angesichts der fehlenden Handelbarkeit nicht börsennotierter oder nicht börsenfähiger Unternehmensanteile an einem organisierten Markt und des damit verbundenen Risikos, sich bei einer unvorhergesehenen Entwicklung der Investition nicht oder nur unter erschwerten Bedingungen wieder von einmal erworbenen Gesellschaftsanteilen trennen zu können[89], wird sich der Anleger grundsätzlich stets für das börsennotierte Unternehmen entscheiden. Für das nicht börsennotierte Unternehmen wird er sich nur unter der Voraussetzung entscheiden, dass die entsprechende Investition zu *besseren Konditionen* möglich ist. In Anlehnung an angelsächsische Quellen wird insofern auch von einem *Marktfähigkeitszuschlag* bzw. – je nach Sichtweise – von einem *Marktfähigkeitsabschlag* gesprochen[90].
Derjenige, der sein Kapital in eine börsennotierte Aktiengesellschaft investiert, ist also grundsätzlich bereit, einen höheren Preis in Kauf zu nehmen, um sich für den Fall, dass sich sein Investment nicht in der von ihm erhofften Weise entwickelt, die Möglichkeit zu sichern, kurzfristig reagieren und sich über die Börse schnell wieder von der erworbenen Unternehmensbeteiligung trennen zu können[91]. Entfernt vergleichbar ließe sich diesbezüglich von einer Art *Put-Option* sprechen[92].

---

[88] Die Literatur zur Unternehmensbewertung behandelt diesen Aspekt einer Investitionsentscheidung unter dem Stichwort des Entscheidungswertes. Darunter versteht man denjenigen (Unternehmens)-Wert, den die Beteiligten im Rahmen von Vertragsverhandlungen – beispielsweise und vornehmlich über den Kauf eines Unternehmens – aus ihrer Sicht äußerstenfalls konzedieren können. Während der Käufer eines Unternehmens sich fragt: „Was darf ich höchstens bezahlen?“, steht der Verkäufer vor der Frage: „Was muss ich mindestens verlangen?“ Vgl. dazu *Piltz*, Unternehmensbewertung, Seite 9.

[89] *Steck* (Fn. 27), 464, spricht von der Gefahr einer „Einkerkerung“.

[90] Im US-amerikanischen Recht wird diese Thematik unter dem Stichwort *„marketability discount“* bzw. *„marketability surcharge“* erörtert. Vgl. im einzelnen die zahlreichen Nachweise – auch zu US-amerikanischen Quellen – bei *Steck* (Fn. 27), 464; ähnlich auch *Kleppe* (Fn. 27), Seite 115, *Hohn* (Fn. 15), Seite 57, und *Grupp* (Fn. 15), 123: „Es ist offensichtlich, dass die Börsennotierung des Emittenten und die hohe Fungibilität kotierter Titel für sich bereits einen Wert darstellen.“

[91] Zum Teil wurde in der Literatur versucht, den Preis für die jederzeitige und unbürokratische Liquidierbarkeit von Anteilen durch einen Vergleich vinkulierter Namensaktien und frei handelbarer Inhaberaktien zu belegen. *Grupp* (Fn. 15), 106 f., führte in diesem Zusammenhang die Aktien der *Aachener und Münchener Beteiligungs-AG (AMB)* an, die heute unter *AMB Generali* firmiert. Während die Inhaberaktien von AMB Ende 1992 mit DM 865 notierten, wurde die ebenfalls zum Börsenhandel zugelassene vinkulierte Namensaktie von AMB nur mit DM 740 gehandelt. Derartige Vergleiche wird man allerdings mit Zurückhaltung betrachten müssen, ist ihre Aussagekraft doch eher zweifelhaft. Zwar ist die von *Grupp* festgestellte Preisdifferenz zwischen vinkulierten Namens- und frei handelbaren Inhaberaktien

Diese Besonderheit des Aktieneigentums hat 1999 auch das *BVerfG* erkannt und machte sie zur Grundlage seiner *DAT/Altana*-Entscheidung. Es führte dazu in der Entscheidungsbegründung aus,

> das Aktieneigentum ermögliche in finanzieller Hinsicht eine Sphäre individueller Freiheit. Dieser Freiraum fuße auf der besonders ausgeprägten Verkehrsfähigkeit von Aktien. Darin unterscheide sich die Beteiligung an einer Aktiengesellschaft von anderen Unternehmensbeteiligungen. Vor allem treffe dies auf die Beteiligung an börsennotierten Aktiengesellschaften zu, die es dem Gesellschafter – jedenfalls in Zeiten eines funktionierenden Kapitalmarkts – praktisch jederzeit erlaube, sein Kapital nach freiem Belieben zu investieren oder zu deinvestieren. Die Aktie sei aus Sicht des Kleinaktionärs gerade deshalb so attraktiv, weil er sein Kapital nicht auf längere Zeit binde, sondern sie fast ständig wieder veräußern könne. Aus diesem Grund dürfe die Verkehrsfähigkeit als Eigenschaft des Aktieneigentums bei der Wertbestimmung eines Eigentumsobjekts nicht außer Betracht bleiben[93].

Kurz nach *DAT/Altana* und ohne sich in irgendeiner Form mit den Ausführungen des *BVerfG* auseinander zu setzen, stellte auch der *BGH* in seiner *Macrotron*-Entscheidung fest, dass der Marktwert einer Aktie von der Börsenzulassung abhänge und ein Delisting den Verkehrswert beinträchtige[94]. Das *LG Hanau* ging kürzlich sogar soweit, den Wegfall der Börsennotierung als einen Schaden iSd. § 243 Abs. 2 AktG zu bezeichnen, dem ein Sondervorteil des Großaktionärs gegenüberstehe und erklärte aus diesem Grund den angefochtenen Verschmelzungsbeschluss für nichtig[95].

---

bei AMB vor allem vor dem Hintergrund, dass die Namensaktien bis Mitte 1999 im prestigeträchtigen MDAX notiert waren, durchaus bemerkenswert. Allerdings ist auch festzustellen, dass sich die Kursdifferenz zwischen Namens- und Stammaktien in der Zeit von 1993 bis 1997 stetig verkleinert hat und Ende 1997 fast vollständig verschwunden war. Ende 1998 notierte die Namensaktie kurzweilig sogar 25 % über dem Kurs der Inhaberaktien. Am 15.3.1999 gab AMB den Umtausch der Namensaktien in Inhaberaktien bekannt; von diesem Zeitpunkt an notierten beide Aktien bis zum Zeitpunkt des Umtauschs Mitte 1999 nahezu gleichlaufend. Diese Entwicklung zeigt, dass eine niedrigere Börsenbewertung vinkulierter Namensaktien im Vergleich zu nicht vinkulierten Inhaber- (oder auch Namens-)Aktien keinesfalls zwingend ist. Kursdifferenzen zwischen zwei diesen beiden Aktiengattungen können verschiedene Gründe haben und sind keinesfalls ohne weiteres mit der Vinkulierung der Aktien zu erklären. Vgl. im Übrigen zu den tatsächlichen Auswirkungen der Vinkulierung börsennotierter Aktien unten Ziffer F.V.3.

[92] Dies gilt in besonderem Maße in solchen Fällen, in denen eine Aktie durch einen *designated sponsor* betreut wird, dessen Aufgabe darin besteht, für zusätzliche Liquidität zu sorgen. Hierzu heißt es auf der Homepage der Deutschen Börse (www.deutsche-boerse.com) unter dem Stichwort Designated Sponsor wörtlich: „Die Investoren können darauf vertrauen, betreute Aktien jederzeit zu angemessenen Preisen kaufen oder verkaufen und ihre Wertpapierpositionen marktgerecht bewerten zu können." Allerdings ist freilich nicht zu verkennen, dass dem Aktionär zwar die grundsätzliche Möglichkeit der Veräußerung seiner Aktien über die Börse zusteht, ihm anders als bei einer echten Put-Option allerdings weder ein fester Käufer und vor allem auch kein fester Preis garantiert wird.

[93] BVerfG 1 BvR 1613/94 (Fn. 12), 1695.

[94] BGH II ZR 133/01 (Fn. 14), 14; ähnlich zuvor schon LG München I 5 HKO 10580/99 (Fn. 74), 2019. Seltsam widersprüchlich führt es allerdings im selben Zug aus, dass der Wert des Anteils des einzelnen Aktionärs an der Gesellschaft durch einen Börsenrückzug nicht geschmälert werde.

[95] LG Hanau 5 O 63/01 vom 2.5.2002, DB 2002, 2261; vgl. auch OLG Oldenburg 6 U 66/02 vom 6.9.2002 (abrufbar unter www.oberlandesgericht-oldenburg.niedersachsen.de), das einen Anlageberater zum Schadensersatz verurteilte, weil dieser nicht auf die erschwerte Handelbarkeit nicht börsennotierter Aktien hingewiesen hatte.

In der deutschen Rechtsliteratur – insbesondere die zur Unternehmensbewertung – wurde die Frage des Einflusses einer Börsennotierung auf den Wert einer Aktie bis *DAT/Altana* kaum thematisiert. Eher vereinzelt fanden sich im Zusammenhang mit der heute fast ausschließlich zur Unternehmensbewertung verwandten Ertragswertmethode[96] Ansätze zur Berücksichtigung des Einflusses einer unterschiedlich hohen Fungibilität bei der Wertbestimmung eines Unternehmens[97]. In diesem Zusammenhang wird der – regelmäßig – geringeren Fungibilität einer Unternehmensbeteiligung im Vergleich zu einer alternativen Geldanlage in öffentlichen Anleihen durch einen *Wertabschlag* Rechnung getragen[98]. Ohne dass dies in der zitierten Literatur zumeist weiter erörtert wird, lässt sich hieraus in seiner Konsequenz folgern, dass der anzusetzende Wertabschlag bei der Berechnung des Wertes einer börsennotierten Aktiengesellschaft entweder vollständig wegfallen, zumindest aber geringer ausfallen müsste als bei einem nicht börsennotierten Unternehmen[99].

Die Feststellung, dass die Börsennotierung einer Aktie einen Faktor bei der Wertbestimmung eines Unternehmens bzw. eines Unternehmensanteils darstellt[100], wirft zwei Fragen auf, die auch in Börsenrückzugskonstellationen von Bedeutung sind. Zum einen ist zu klären, inwieweit die Börsennotiz einer Aktie Auswirkungen auf die Höhe gesetzlicher Abfindungsansprüche hat. Zum anderen stellt sich die Frage, ob und inwieweit der Wegfall der Börsennotiz und die damit verbundene deutliche Einschränkung der Fungibilität einer Aktie bei einem Börsenrückzug wirtschaftlich zu entschädigen ist.

---

[96] Der Ertragswertmethode liegt – ebenso wie dem aus ihr hervorgegangenen Discounted-Cash-Flow-Verfahren – die heute unstrittige Auffassung zugrunde, dass der Wert eines Unternehmens in erster Linie von den zukünftig erzielbaren Gewinnen abhängt. Dem entsprechend basiert die Ertragswertmethode auf der Schätzung der zukünftigen Erträge des zu bewertenden Unternehmens. Die Ableitung des Unternehmenswerts aus den zugrunde gelegten zukünftigen Erträgen erfolgt mit Hilfe des sog. *Kapitalisierungszinses*. Diesem kommt neben der Aufgabe der Diskontierung der erwarteten künftigen Unternehmenserträge auch die Aufgabe zu, die Kapitalanlage in einem Unternehmen mit anderen Investitionen vergleichbar machen (vgl. *Bilda* in MünchKomm/AktG, § 305 Rn. 77, und die Grundsätze zur Durchführung von Unternehmensbewertungen des IDW, Die Wpg. 2000, 825, 836). Ausgangspunkt ist dabei der Vergleich des zu bewertenden Unternehmens mit einer öffentlichen Anleihe.

[97] Vgl. *Piltz*, Unternehmensbewertung, Seite 177; *Siepe* in Wirtschaftsprüfer-Handbuch, Seite 99; *Moxter*, Unternehmensbewertung, Seite 159 ff.; *Münstermann*, Bewertung der Unternehmen, Seite 77; *Schmalenbach*, Die Beteiligungsfinanzierung, Seite 50 f.; *Steck* (Fn. 27), 464; unter Bezugnahme auf *Steck* auch *Richard/Weinheimer* (Fn. 9), 1617; jüngst auch *Hellwig/Bormann*, Abfindungsregeln, ZGR 2002, 465, 475.

[98] *Siepe* in Wirtschaftsprüfer-Handbuch, Seite 99; *Münstermann* (Fn. 97), Seite 77, spricht von einem Immobilitätszuschlag; ähnlich *Schmalenbach* (Fn. 97), Seite 50 f.; vgl. auch *Piltz*, Unternehmensbewertung, Seite 177, unter Verweis auf LG Frankfurt 3/3AktE 104/79 vom 8.12.1982, Die AG 1983, 136, 138; ablehnend sowohl gegenüber einem Immobilitätszuschlag als auch gegenüber der Berücksichtigung eines Zugangs zum Kapitalmarkt jüngst *Großfeld*, Unternehmens- und Anteilsbewertung, Seite 132 ff.

[99] Ähnlich *Schmalenbach* (Fn. 97), Seite 51: „Für den Besitzer einer börsenmäßig gehandelten Aktie ist deren leichte Verkäuflichkeit ein so in die Augen fallender Vorteil, dass er mit einer wesentlich geringeren Verzinsung sich begnügen kann als z.B. bei einer stillen Beteiligung."; tendenziell ebenso auch *Münstermann* (Fn. 97), Seite 78.

[100] So ausdrücklich auch *Mülbert*, Delisting (Fn. 26), 115.

II. Die Berücksichtigung des Börsenkurses bei der Festlegung gesetzlicher Abfindungsansprüche

Die erste Frage kann mittlerweile – zumindest vorerst – als geklärt angesehen werden, seit kürzlich der *BGH* aufgerufen war, die *DAT/Altana*-Grundsatzentscheidung des *BVerfG* zu konkretisieren[101]. Am Beispiel des Abschlusses eines Unternehmensvertrags und einer Eingliederung entschieden *BVerfG* und *BGH*, dass die den Aktionären in diesen Fällen von Gesetzes wegen anzubietende Abfindung (§§ 305 bzw. 320 b AktG) so bemessen sein muss, dass die Aktionäre jedenfalls nicht weniger erhalten, als sie bei einer freien Desinvestitionsentscheidung zum Zeitpunkt des Ausscheidens erhalten hätten. Eine geringere Abfindung trage der Dispositionsfreiheit über den Eigentumsgegenstand nicht hinreichend Rechnung und sei mit Art. 14 GG nicht vereinbar. Aus diesem Grund dürfe ein existierender Börsenkurs bei der Ermittlung der Abfindungshöhe nicht unberücksichtigt bleiben[102]. Übersteigt allerdings der im Wege der Schätzung (§ 287 Abs. 2 ZPO), regelmäßig also der auf Grundlage der Ertragswertmethode ermittelte Unternehmenswert den Börsenwert, so soll dieser und nicht der niedrigere Börsenwert maßgeblich für die Berechnung der Abfindung sein[103]. Konkret bedeutet dies, dass der Börsenwert eines Unternehmens regelmäßig die *Untergrenze* einer von Gesetzes wegen anzubietenden Abfindung darstellt. Eine Ausnahme von diesem Grundsatz soll nur in den Fällen gelten, in denen der Börsenwert den Verkehrswert eines Unternehmens ausnahmsweise nicht widerspiegelt[104].

Diese von *BVerfG* und *BGH* zur Frage der Abfindungsberechnung bei Abschluss eines Unternehmensvertrags und einer Eingliederung aufgestellten Grundsätze sind nach soweit ersichtlich einhelliger Auffassung auf alle Fälle gesetzlicher Abfindungsansprüche zu übertragen[105]. Sofern demnach im Zusammenhang mit Maßnahmen zum Zwecke des Börsenrückzugs gesetzliche Abfindungsansprüche anfallen, ist ihre Höhe in gleicher Weise wie beim Abschluss eines Unternehmensvertrags oder einer Eingliederung zu bestimmen.

Zweifelhaft scheint allerdings, ob auch die von einem Börsenrückzug betroffenen Aktionäre von dieser neuen Rechtsprechung profitieren werden. Wie schon erwähnt, zeichnet sich ein typischer Börsenrückzugskandidat vor allem dadurch aus, dass er

---

[101] BGH II ZB 15/00 (Fn. 12), 754 ff.

[102] BVerfG 1 BvR 1613/94 (Fn. 12), 1695.

[103] BGH II ZB 15/00 (Fn. 12), 754 ff.; vor allem aus diesem Grund ist die Entscheidung des *BGH*, die stark an die von der Rechtsprechung zu § 15 HGB entwickelte Rosinentheorie erinnert, in der Literatur scharf kritisiert worden. Vgl. ausführlich *Wilsing/Kruse*, Maßgeblichkeit der Börsenkurse bei Verschmelzungen?, DStR 2001, 991, 992.

[104] Beispielhaft nennt der BGH (II ZB 15/00 (Fn. 12), 756) hier, dass über einen längeren Zeitraum praktisch kein Handel mit Aktien der betroffenen Gesellschaft stattgefunden habe, aufgrund einer Marktenge der einzelne außenstehende Aktionär nicht in der Lage sei, seine Aktien zum Börsenpreis zu veräußern oder der Börsenkurs manipuliert worden sei.

[105] Vgl. *Neye*, Kurzkommentar zu BVerfG 1 BvR 1613/94, EWiR 1999, 751, 752, der von einer Übertragung auf alle Verfahren nach § 305 UmwG spricht; für eine Übertragung auf den Squeeze-out: *Bungert/Eckert*, Unternehmensbewertung nach Börsenwert, BB 2000, 1845, 1849, und *Krieger*, Squeeze-out, BB 2002, 53, 55; *Ehricke/Roth*, Squeeze-out, DStR 2001, 1120, 1122 f.; *Sieger/Hasselbach* (Fn. 62), 147 f.; ebenso auch die Begründung zum RegE des WpÜG (Seite 185); für eine Übertragung auf die formwechselnde Umwandlung: *Piltz*, Unternehmensbewertung und Börsenkurs, ZGR 2001, 185, 212; für eine Übertragung auf § 29 UmwG: *Behnke*, Anmerkung zu BVerfG 1 BvR 1613/94, NZG 1999, 934; für eine Übertragung auf §§ 29, 207 UmwG: *Wilm*, Abfindung zum Börsenkurs, NZG 2000, 234, 237; vgl. zur Frage der Berücksichtigung des Börsenkurses bei umwandlungsrechtlichen Verschmelzungen ausführlich unten Ziffer F.III.

*unter*bewertet ist, dass sich also der tatsächliche Wert des Unternehmens nicht im Aktienkurs widerspiegelt. Aus diesem Grund wird der geschätzte Ertragswert den Börsenwert eines sich von der Börse zurückziehenden Unternehmens regelmäßig übersteigen.

III. Die (grundsätzliche) Pflicht zum Fungibilitätsausgleich

Von größerer Bedeutung im Zusammenhang mit Börsenrückzugstransaktionen ist aus diesem Grund die Frage, inwiefern der oben festgestellte Wert der Börsennotierung einer Aktie bei einem Börsenrückzug wirtschaftlich zu entschädigen ist.

1. Stand der Diskussion

Die Frage einer solchen Fungibilitätsausgleichspflicht ist vor allem in der Literatur höchst umstritten.

So wird zum Teil vorgetragen, der wirtschaftliche Ausgleich von Fungibilitätsverlusten finde im Gesetz keine Grundlage. Im Zuge eines Börsenrückzugs eintretende Fungibilitätsverluste stellten ein allgemeines Investmentrisiko dar, das alle Aktionäre gleich treffe und daher ohne Belang sei[106]. Nach anderer Meinung steht einer Ausgleichspflicht für im Zuge eines Börsenrückzugs eintretende Fungibilitätsverluste vor allem entgegen, dass die erschwerte Veräußerbarkeit alle Aktien, auch die des den Börsenrückzug betreibenden Großaktionärs treffe. Im Übrigen sei auch die exakte Bewertung eines Werts „Handelbarkeit" problematisch[107].
Mittelbar sprach sich – ohne allerdings diese Problematik zu erörtern und seinen Standpunkt zu begründen – auch das *LG München I* in seiner *Macrotron*-Entscheidung gegen eine Pflicht zum Fungibilitätsausgleich aus. Wenig nachvollziehbar führt es diesbezüglich aus, dass zwar der Marktwert einer Aktie von seiner Börsennotierung abhängen könne, der Anleger bei einem Börsenrückzug jedoch trotzdem keinen Wertverlust erleide. Anders äußerte sich dagegen das LG Hanau. Nach dessen Ansicht ist den Minderheitsaktionären bei einem Börsenrückzug ein Ausgleich für den Wegfall der Börsennotierung grundsätzlich zwingend zu gewähren, andernfalls liege ein Fall des § 243 Abs. 2 AktG vor[108], der in der Regel[109] zur Anfechtung des zugrundeliegenden Hauptversammlungsbeschlusses berechtigt.

Im Zusammenhang mit der formwechselnden Umwandlung einer börsennotierten Aktiengesellschaft in eine GmbH oder GmbH & Co KG wurde vorgetragen, in den praktisch relevanten Fällen des Formwechsels einer börsennotierten Aktiengesellschaft führe der mit dem Formwechsel verbundene Rückzug von der Börse nicht zu einer spürbaren Verschlechterung der Fungibilität der Anteile, wenn und weil ohnehin kein liquider Markt mehr vorhanden sei und als Käufer der Mehrheitsgesellschafter zur

---

[106] Vgl. *Land/Hasselbach* (Fn. 9), 559, die sich allerdings explizit nur zu den Fungibilitätsverlusten im Zusammenhang mit einem *going private merger* äußern.
[107] *Groß*, Delisting (Fn. 8), 161; *de Vries* (Fn. 45), Seite 129 ff.; ähnlich *Kleppe* (Fn. 27), Seite 174, der die Bezifferung des Wertes der Handelbarkeit kaum für möglich hält.
[108] Vgl. LG Hanau 5 O 63/01 (Fn. 95), 2261.
[109] Nicht auf § 243 Abs. 2 AktG gestützt werden kann die Anfechtung eines Hauptversammlungsbeschlusses jedoch bei der Eingliederung (§ 320 b Abs. 2 Satz 1 AktG) und beim Squeeze-out (§ 327 Abs. 1 Satz 1 AktG).

Verfügung stehe. Den Interessen der Anteilsinhaber werde bei einer insgesamt bestehenden Schlechterstellung dadurch Rechnung getragen, dass die Feststellung des Gesellschaftsvertrags gegebenenfalls im Wege einer Klage gegen die Wirksamkeit des Umwandlungsbeschlusses auf eine Überschreitung der Gestaltungsmöglichkeiten überprüft werden könne[110]. Die Mitgliedschaft in dem Rechtsträger alter Rechtsform als solche mit derjenigen in dem Rechtsträger neuer Rechtsform zu vergleichen und für nachteilige Veränderungen eine (bare) Zuzahlung zu verlangen, liefe darauf hinaus, die Grundentscheidung für oder gegen die Umwandlung noch einmal aufzuwerfen. Diese Grundentscheidung sei zum Zeitpunkt des Spruchverfahrens aber in Form des Umwandlungsbeschlusses bereits gefallen[111]. Im Übrigen sei die Anerkennung eines zusätzlichen Ausgleichsanspruchs auch deswegen problematisch, weil nicht jeder Aktionär eine bare Zuzahlung verlangen könne und eine Differenzierung nach Maßgabe des Aktienbesitzes stattzufinden habe, für welche jedoch keine Kriterien ersichtlich seien[112].

Aus der Praxis wurde bisher ein Fall bekannt, bei dem dem Wegfall der Börsennotierung durch einen Börsenrückzug wirtschaftlich Rechnung getragen worden ist. So wurde im Rahmen der Eingliederung der *Computer 2000 AG* in die nicht börsennotierte *Tech Data Germany AG* ein ausdrücklich als solcher bezeichneter „Ausgleich für die fehlende Börsenfungibilität" der als Abfindung angebotenen Aktien der nicht börsennotierten Hauptgesellschaft vereinbart[113]. Bei der 1999 vollzogenen Verschmelzung der börsennotierten *Mittelschwäbischen Überlandzentrale AG (MÜAG)* auf die *Ueberlandwerk Jagstkreis AG (UJAG AG)* hieß es dagegen im Verschmelzungsbericht noch ausdrücklich, aus der Tatsache, dass die Aktien der börsennotierten *MÜAG* durch die Verschmelzung auf die nicht börsennotierte *UJAG* ihre bisherige Fungibilität verlören, könne „keine unmittelbare Wertbeeinflussung auf künftige Gewinnbezugsrechte festgestellt werden"[114].

2. Eigener Ansatz

Geht man noch einmal auf den Ausgangspunkt der Annahme zurück, die Handelbarkeit eines Gesellschaftsanteils an einem organisierten Markt habe einen wirtschaftlichen Wert, so ist der Schluss, dass aufgrund eines Börsenrückzugs eintretende Fungibilitätsverluste in den Anteilen der betroffenen Aktionäre wirtschaftlich zu entschädigen sind, vor allem auch unter Berücksichtigung der Ausführungen des *BVerfG* in *DAT/Altana* und den Folgeentscheidungen im Ergebnis geradezu zwingend. Derjenige Aktionär, der zuvor unter Inkaufnahme eines Marktfähigkeitszuschlags Anteile an einem börsennotierten Unternehmen erworben hat, erleidet durch den Börsenrückzug

---

[110] *Decher* in Lutter/UmwG, § 196 Rn. 11.

[111] *Meyer-Landrut/Kiem*, Formwechsel einer Publikumsaktiengesellschaft, WM 1997, 1361, 1420.

[112] *Veil*, Umwandlung einer Aktiengesellschaft, Seite 182.

[113] Vgl. die Pressemitteilung der Deutschen Schutzvereinigung für Wertpapierbesitz vom 13.10.2000, FB 2000, 740. Auch anlässlich des Formwechsels der *Jute-Spinnerei und Weberei Bremen AG* in die *Jute Weberei und Handel GmbH & Co KG* erhielten die früheren außenstehenden Aktionäre im Rahmen eines gerichtlichen Vergleichs (LG Bremen 14 O 122/97, nv.) eine einmalige bare Zuzahlung gem. § 196 UmwG iHv. DM 120,--. Ohne dass dies aus dem Vergleichstext selbst hervorgeht, soll es sich auch hierbei vor allem um einen Ausgleich für die mangelnde Börsennotierung der KG-Anteile gehandelt haben. Vgl. dazu die Entscheidungsbegründung des LG Düsseldorf 31 O 106/97 vom 15.6.2000, Die AG 2001, 373, 374, in der auf den Vergleich beim LG Bremen Bezug genommen wird.

[114] Seite 75 des gemeinsamen Verschmelzungsberichts.

einen wirtschaftlichen Verlust, wenn sich durch den Wegfall der Börsenzulassung die zuvor erworbene erhöhte Anteilsfungibilität verringert. Da es sich bei einem Börsenrückzug jedoch nicht um eine Enteignung zum Wohle der Allgemeinheit handelt, erfordert es das Art. 14 GG entspringende Eigentumsgrundrecht, all das auszugleichen, was dem (Minderheits)Aktionär durch die (Konzernierungs)Maßnahme an Eigentum iSd. Art. 14 GG verloren geht[115]. Ein entschädigungsloser Verlust der zuvor erkauften höheren Anteilsfungibilität durch einen von einem Mehrheitsaktionär initiierten, nur in seinem Interesse liegenden Börsenrückzug stellte einen rechtswidrigen Eingriff in das grundgesetzlich geschützte Aktieneigentum dar.
Für dieses Ergebnis spricht im Übrigen auch eine Erst-recht-Überlegung: Wenn schon derjenige in den Genuss eines Abschlags für die mangelnde Fungibilität gelangt, der *freiwillig* in eine nicht börsennotierte oder nicht börsenfähige Gesellschaft eintritt, so muss dies *erst recht* für denjenigen Anteilseigner gelten, der aufgrund des Börsenrückzugs *un*freiwillig Gesellschafter einer nicht börsennotierten Gesellschaft wird[116]. Hierbei ist es gleichgültig, ob er – nach Widerruf der Börsenzulassung als Folge eines börsenrechtlichen Delistingverfahrens oder einem Formwechsel – Aktionär derselben Gesellschaft bleibt, oder – nach einer Verschmelzung, Aufspaltung oder Eingliederung – Aktionär einer anderen, jedoch nicht börsennotierten Gesellschaft wird[117].

Die gegen die Annahme einer Entschädigungspflicht vorgebrachten Argumente vermögen dagegen durchweg nicht zu überzeugen. Vor allem der Einwand, für einen Fungibilitätsausgleichsanspruch fehle es an einer gesetzlichen Grundlage, geht fehl. So sieht zB das UmwG in §§ 15 Abs. 1, 196 ausdrücklich einen Barzuzahlungsanspruch der von einer Verschmelzung oder einer formwechselnden Umwandlung betroffenen Aktionäre vor, wenn die Mitgliedschaft bei dem aufnehmenden/neuen Rechtsträger kein ausreichender Gegenwert für den Anteil oder die Mitgliedschaft bei dem übertragenden/formwechselnden Rechtsträger ist. Unter diese Anspruchsgrundlage ließe sich ein Anspruch auf Fungibilitätsausgleich durchaus subsumieren[118]. Im Übrigen handelt es sich bei der Frage des Fungibilitätsausgleichs letztlich um eine Bewertungsfrage; erkennt man – wie hier – den wirtschaftlichen Wert der durch eine Börsennotiz erhöhten Fungibilität einer Aktie als Bestandteil des Aktieneigentums an, so folgt die Entschädigungspflicht letztlich aus Art. 14 GG[119].

---

115 Vgl. BVerfG 1 BvR 301/89 vom 8.9.1999, DB 1999, 2049 („Hartmann & Braun"), 1 BvR 1613/94 (Fn. 12), 1694, sowie 1 BvL 16/60 vom 7.8.1962, BVerfGE 14, 263, 284 („Feldmühle").

116 Ebenso *Steck* (Fn. 27), 464, am Beispiel der Verschmelzung einer börsennotierten Aktiengesellschaft auf eine nicht börsennotierte; im Ergebnis auch *Richard/Weinheimer* (Fn. 9), 1617, und *Mewes*, Anlegerschutz beim Rückzug von der Börse, FAZ vom 18.8.2000, Seite 36; im Ergebnis wohl auch *Hellwig/Bormann* (Fn. 97), 488.

117 Vgl. zur Frage, ob eine Entschädigungspflicht auch in dem Fall besteht, in dem die Aktionäre durch ein *going private* mittels Squeeze-out oder übertragender Auflösung ihre Mitgliedschaft vollständig verlieren, sogleich nachfolgende Ziffer B.IV.

118 § 196 UmwG bedarf allerdings nach ganz herrschender Ansicht der teleologischen Reduktion, vgl. *Meyer-Landrut/Kiem* (Fn. 111), 1420; der Sache nach auch *Decher* in Lutter/UmwG, § 196 Rn. 11; *Veil* (Fn. 112), Seite 181 ff.; *Meister/Klöcker* in Kallmeyer/UmwG, § 196 Rn. 9; im Anschluss an *Meister/Klöcker* jetzt LG Düsseldorf 31 O 106/97 (Fn. 113), 374; vgl. dazu im Übrigen nachfolgende Ziffer B.IV.1.

119 Ähnlich auch *Groß*, Delisting (Fn. 8), 161; und die Regierungskommission Corporate Governance, Rn. 167 (Seite 186); ausdrücklich anders aber das LG München I 5 HKO 10580/99 (Fn. 74), 2021, das ausdrücklich hervorhebt, dass „das Delisting als solches keinen Eigentumseingriff darstellt", der zu einer Entschädigungspflicht führe.

Sofern vorgetragen wird, dass im Zuge eines Börsenrückzugs eintretende Fungibilitätsverluste ein allgemeines Investmentrisiko darstellten, ist dem zwar vom Grundsatz her zuzustimmen. Gleiches gilt jedoch auch für Formwechsel, Abschluss eines Unternehmensvertrags oder Mehrheitseingliederung. Aktionäre müssen stets mit dem Risiko rechnen, dass sich derartige „latente" Risiken in ihrem Aktieninvestment verwirklichen. Damit ist jedoch nicht gesagt, dass sie den Eintritt solcher Risiken auch *entschädigungslos* hinnehmen müssen. Im Gegenteil: Für bestimmte „allgemeine Investmentrisiken" hat der Gesetzgeber ausdrücklich einen Ausgleich vorgesehen, regelmäßig in Form von Barabfindungsangeboten. Allein daraus, dass ein Aktionär den Eintritt bestimmter Investmentrisiken hinnehmen muss, kann demnach nicht geschlossen werden, dass dies auch entschädigungslos geschehen muss.

Verfehlt ist es auch, die Frage des Bestehens oder Nichtbestehens eines Anspruchs auf Fungibilitätsausgleich mit der Frage zu verbinden, wann und wie dieser Anspruch gegebenenfalls gerichtlich geltend gemacht werden kann. Die – materiell-rechtliche – Frage, *ob* überhaupt ein Anspruch besteht, darf mit der – formell-rechtlichen – Frage, *wann* – ob vor Wirksamwerden des Formwechsels oder danach – und *wie* – ob im Rahmen einer Anfechtungsklage oder des Spruchverfahrens – er gegebenenfalls gerichtlich geltend gemacht und durchgesetzt werden kann, nicht verbunden werden. Aus diesem Grund vermag die gesamte Argumentation, die die Notwendigkeit einer teleologischen Reduktion des § 196 Satz 1 2. Alt. UmwG mit der gesetzgeberischen Ausgestaltung des Rechtsschutzes begründet, nicht zu überzeugen. Im Übrigen ist auch völlig unverständlich, wie den Interessen der von einem *going private*-Formwechsel betroffenen Aktionäre bei einer durch den Wegfall der Börsennotierung insgesamt bestehenden Schlechterstellung dadurch Rechnung getragen werden soll, dass die Feststellung des Gesellschaftsvertrags gegebenenfalls im Wege einer Klage gegen die Wirksamkeit des Umwandlungsbeschlusses auf eine Überschreitung der Gestaltungsmöglichkeiten überprüft werden kann.

Kaum überzeugend ist weiterhin das im Zusammenhang mit Formwechseln börsennotierter Aktiengesellschaften angeführte Argument, ein (Bar)Fungibilitätsausgleich sei überflüssig, da in den praktisch relevanten Fällen des Formwechsels einer börsennotierten Aktiengesellschaft der mit dem Formwechsel verbundene Rückzug von der Börse nicht zu einer spürbaren Verschlechterung der Fungibilität der Anteile führe, „wenn und weil ohnehin kein liquider Markt mehr vorhanden ist und als Käufer der Mehrheitsgesellschafter zur Verfügung steht".
Dem ist zwar insofern zuzustimmen, als dass bei den bisher vollzogenen Formwechseln börsennotierter Aktiengesellschaften, aber auch den anderen Modellen des kalten Delistings zumeist mehr als 95 % aller zum Börsenhandel zugelassenen Aktien fest in der Hand eines oder mehrerer Großaktionäre lagen und der Anteil der tatsächlich noch über die Börse gehandelten Aktien entsprechend gering war. Allein mit Hinweis auf die bisherige Praxis lässt sich die grundsätzliche Notwendigkeit eines Fungibilitätsausgleichs jedoch nicht verneinen. Denn *rechtlich* betrachtet kann schon ein Großaktionär, der nur Aktien in Höhe von 75 % des Grundkapitals hält, einen Börsenrückzugsbeschluss in der Hauptversammlung gegen den Willen aller anderen Aktionäre durchsetzen. In diesem Fall würden Aktien mit einer Beteiligung von fast 25 %

am Grundkapital der Gesellschaft von Minderheitsaktionären gehalten[120]. Berücksichtigt man zudem die niedrigen deutschen Hauptversammlungspräsenzzahlen, so kann ein Großaktionär einen Umwandlungs- oder anderen Börsenrückzugsbeschluss theoretisch sogar mit einer deutlich unter 75 % liegenden Beteiligung durchsetzen. Angesichts der rechtlichen Möglichkeit[121], einen Börsenrückzug auch dann durchzuführen, wenn an der Gesellschaft noch eine durchaus beachtliche Zahl von Minderheitsaktionären beteiligt ist, kann ein Anspruch auf Fungibilitätsausgleich somit nicht von vornherein mit dem Hinweis auf einen in der Praxis ohnehin illiquiden Aktienhandel verneint werden. Dem steht allerdings nicht entgegen, im jeweiligen Einzelfall einen Ausgleichsanspruch abzulehnen, wenn die durch die Börsennotierung formal noch erhöhte Fungibilität einer Aktie schon vor dem Börsenrückzug tatsächlich nicht mehr vorhanden war.

Nicht zu überzeugen vermag auch der Einwand, die durch den Wegfall des Börsenhandels bedingte erschwerte Veräußerbarkeit der Aktien treffe auch die Aktien des Großaktionärs. Zum einen ist es in aller Regel der Großaktionär und nicht die Minderheitsaktionäre, der den Börsenrückzug betreibt und damit die Fungibilitätsverluste zu verantworten hat. Zum anderen ist ein Großaktionär auf den Börsenhandel in einem weit geringeren Maße angewiesen als Kleinaktionäre. Selbst bei bestehender Börsennotiz werden größere Aktienpakete in vielen Fällen außerhalb der Börse veräußert, da ein Verkauf über die Börse oft nur unter Inkaufnahme erheblicher Kursverluste möglich wäre[122]. Die erschwerte Veräußerbarkeit der Aktien trifft einen Großaktionär daher in weit geringerem Maße als einen Kleinaktionär[123].
Vor allem aber sind in vielen Fällen, in denen AktG und UmwG Abfindungs- oder Ausgleichsansprüche vorsehen, formal alle Gesellschafter gleich betroffen, so etwa bei

[120] Vgl. auch *Lutter*, Gesellschaftsrecht und Kapitalmarkt, Festschrift Zöllner, 363, 380, der von der Möglichkeit spricht, dass 75 % der Aktionäre die anderen 25 % durch den Weggang von der Börse in der Gesellschaft „einmauern“ könnten.

[121] Im Falle der Verschmelzung und Aufspaltung kann einem Börsenrückzug gegen den Willen von Aktionären mit einer Beteiligung von mehr als 10 % am Grundkapital der Gesellschaft allerdings § 71 Abs. 2 Satz 1 AktG entgegenstehen, wonach die von einer Gesellschaft zum Zwecke der Abfindung nach § 29 Abs. 1 UmwG oder nach § 125 Satz 1 iVm. § 29 Abs. 1 UmwG zu erwerbenden eigenen Aktien 10 % des Grundkapitals nicht übersteigen dürfen. Ist damit zu rechnen, dass Aktionäre mit einer entsprechenden Beteiligung gegen den Umwandlungsbeschluss Widerspruch zu Protokoll erklären und gegen Barabfindung aus der Gesellschaft ausscheiden wollen, wäre die Verschmelzung oder Aufspaltung nicht durchführbar, gleichwohl gefasste Hauptversammlungsbeschlüsse als Vorbereitung eines Verstoßes gegen § 71 Abs. 2 AktG rechtswidrig und anfechtbar (vgl. *Grunewald* in Lutter/UmwG, § 29 Rn. 24). Der formwechselnden Umwandlung einer börsennotierten Aktiengesellschaft in eine Personengesellschaft setzt § 71 Abs. 2 Satz 2 AktG dagegen keine Grenzen. Zwar wird das Barabfindungsangebot noch vom formwechselnden Rechtsträger an seine Anteilsinhaber unterbreitet, *vollzogen* wird es jedoch erst nach Wirksamkeit des Formwechsels und zwar nach der für den Rechtsträger neuer Rechtsform maßgeblichen Rechtsordnung (*Decher* in Lutter/UmwG, § 207 Rn. 13).

[122] Die Folgen eines Verkaufs größerer Aktienpakete über die Börse in dem Fall, dass ein außerbörslicher Verkauf nicht möglich ist, lassen sich deutlich am Kursverfall der Aktie der *Deutschen Telekom AG* im Herbst 2001 ablesen. Nach der Übernahme der amerikanischen Mobilfunkgesellschaften *Voicestream Wireless* und *Powertel*, die zu einem großen Teil mit eigenen Aktien aus einer Kapitalerhöhung bezahlt wurde, und dem Auslaufen von beim Kauf vereinbarter Haltefristen für die ehemaligen Voicestream- und Powertel-Aktionäre warfen diese in größerem Umfang Telekomaktien auf den Markt, was den Kurs der Telekomaktie zeitweise sogar unter ihren Emissionskurs von € 14,32 drückte. Erst nach dem Auslaufen dieser Verkaufsorders konnte sich der Aktienkurs wieder erholen.

[123] Ähnlich auch jüngst BGH II ZR 133/01 (Fn. 14), 13.

der Verschmelzung auf einen Rechtsträger anderer Rechtsform, dem Formwechsel oder der Aufspaltung. Mit dem Argument der formalen Betroffenheit aller Aktionäre könnte man daher nicht nur die meisten Abfindungsansprüche, sondern auch nahezu alle übrigen Vorschriften streichen, die AktG und UmwG zum Schutze der Minderheit enthalten.
Zutreffend ist allerdings, dass – obwohl zwar alle Aktionäre durch den Börsenrückzug einen wirtschaftlichen Verlust erleiden – nicht auch alle Aktionäre einen wirtschaftlichen Ausgleich verlangen können. Deutlich wird dies bei einem Blick auf die Konsequenzen eines solchen Ausgleichsanspruchs für *alle* Aktionäre. Unterstellt man einmal, beim Formwechsel einer börsennotierten Aktiengesellschaft in eine (AG/GmbH & Co) KG könne *jeder* Aktionär nach Maßgabe seines Aktienbesitzes gem. § 196 UmwG einen Fungibilitätsausgleich verlangen, so hätte dies bei wirtschaftlicher Betrachtung lediglich den Charakter einer (vorweggenommenen) Gewinnverteilung. Denn entsprechend der gem. § 196 UmwG an alle Aktionäre zu verteilenden Summe würde sich das Gesellschaftsvermögen vermindern, sodass zum Schluss des Geschäftsjahrs weniger Vermögen für eine Dividendenausschüttung zur Verfügung steht. Es liegt auf der Hand, dass auf diese Weise nicht das ausgeglichen würde, was dem Minderheitsaktionär durch den Börsenrückzug an Eigentum verloren geht. Hieraus folgt, dass das Recht auf Fungibilitätsausgleich auf die Minderheitsaktionäre beschränkt werden muss. Nur diese können sich auf den Schutz des Art. 14 GG berufen, nur bei diesen Aktionären besteht die vom *BVerfG* schon 1962 normierte Pflicht zur vollen Entschädigung. Denn diese Entschädigungspflicht ist der Ausgleich dafür, dass der den Entschädigungsanspruch auslösende Sachverhalt im eigenen Interesse des Großaktionärs liegt und von ihm herbeigeführt wurde“[124]. Keine aus Art. 14 GG folgende Entschädigungspflicht besteht daher gegenüber denjenigen, die den Börsenrückzug selbst herbeigeführt haben[125]. Ob es sich dabei um *einen* Mehrheitsaktionär oder um *mehrere* Großaktionäre handelt, ist insofern bedeutungslos.

Schließlich könnte das Bestehen einer grundsätzlichen Fungibilitätsausgleichspflicht in Börsenrückzugskonstellationen auch nicht mit Hinweis darauf verneint werden, dass Aktionäre auch dann keinen Fungibilitätsausgleich erhalten, wenn ein Aktienwert durch den schrittweisen Aufkauf der Aktien durch längerfristig disponierende Investoren mit der Zeit illiquide wird, obwohl es auf diese Weise ebenfalls zu spürbaren Fungibilitätseinbußen kommen kann[126]. Zwar ist unstrittig, dass den betroffenen Aktionären in diesen Fällen ein Anspruch auf einen wirtschaftlichen Ausgleich dieser Fungibilitätsverluste weder gegen die Gesellschaft selbst noch gegen die die Fungibilitätseinschränkungen verursachenden Aktionäre zusteht. Dennoch lässt sich mit Hinweis auf diese Sachlage das Bestehen einer grundsätzlichen Fungibilitätsausgleichspflicht in Börsenrückzugskonstellationen nicht verneinen.
Zum einen hätte selbst eine weitestgehende „Austrocknung“ des Handels in einer Aktie nicht dieselbe Wirkung wie ein vollständiger Börsenrückzug. Solange die Börsen-

[124] BVerfG 1 BvL 16/60 (Fn. 115), 284.
[125] In diesem Sinne auch *Steck* (Fn. 27), 465.
[126] Im äußersten Fall könnte einer solchermaßen herbeigeführte vollständige Illiquidität die Börsenzulassungsstelle theoretisch sogar dazu veranlassen, die Zulassung zum Börsenhandel gem. § 38 Abs. 3 BörsG von Amts wegen zu widerrufen (ebenso *Mülbert*, Delisting (Fn. 26), 139). Zumindest die Frankfurter Wertpapierbörse hat von dieser Möglichkeit bislang jedoch noch nie Gebrauch gemacht. Auch im Übrigen sind bisher keine derartigen Fälle bekannt geworden.

zulassung besteht, bietet sie grundsätzlich auch dem „letzten Minderheitsaktionär“ die Möglichkeit, sich über die Börse von seinen Anteilen zu trennen. Dies gilt in besonderem Maße in solchen Fällen, in denen eine Aktiengesellschaft durch einen *designated sponsor* betreut wird, dessen Aufgabe darin besteht, für zusätzliche Liquidität zu sorgen[127]. Zwar wird man in diesem Fall zurecht daran zweifeln müssen, dass der Verkauf über die Börse zu einem dem wirklichen Wert des Unternehmens entsprechenden Preis[128] möglich ist; dieses Problem stellt sich aber in eher noch größerem Maße, wenn der „letzte Minderheitsaktionär“ sich einen Käufer außerhalb der Börse suchen muss. Zusätzlich hat er aber in diesem Fall einen deutlich höheren Aufwand im Hinblick auf die Suche nach einem Käufer sowie höhere Transaktionskosten[129]. Die Fungibilitätseinbußen, die ein Kleinaktionär durch einen Aufkauf der Aktien seiner Gesellschaft über die Börse erleidet, sind daher in ihrer Intensität mit den durch einen Börsenrückzug verbundenen Fungibilitätseinbußen nicht vergleichbar.
Selbst wenn man im Übrigen die durch einen Börsenrückzug eintretenden Fungibilitätsverluste mit denen bei einem Austrocknen des Börsenhandels gleichsetzen wollte, bestünde im Hinblick auf die Schutzbedürftigkeit der Minderheitsaktionäre zumindest insofern noch ein erheblicher qualitativer Unterschied, als dass bei einem bloß faktischen Austrocknen des Börsenhandels jedenfalls die Zulassungsfolgepflichten nicht wegfallen, sondern bestehen bleiben.

Im Übrigen steht ein Aktionär den auf einem schrittweisen Aufkauf der Aktien seiner Gesellschaft resultierenden Fungibilitätseinschränkungen auch keinesfalls völlig schutzlos gegenüber. Vielmehr wird er in gewissem Maße durch das zu Jahresbeginn 2002 in Kraft getretene WpÜG und hier insbesondere durch die von manchen[130] als „Rechtswohltat“ bezeichnete Pflicht zur Abgabe eines Übernahmeangebots zu einem am Börsenkurs orientierten Angebotspreis (§§ 35 ff. WpÜG) geschützt. Seinen Fungibilitätsinteressen wird daher hier – anders als bei einem Börsenrückzug – bereits in ausreichendem Maße Rechnung getragen, sodass es eines zusätzlichen Fungibilitätsausgleichs hier nicht bedarf. Aus diesem Grund können jedoch aus der fehlenden Fungibilitätsausgleichspflicht in solchen Fällen auch keine Rückschlüsse auf das Bestehen oder Nichtbestehen einer Fungibilitätsausgleichspflicht in Börsenrückzugskonstellationen geschlossen werden.

Letztlich kann auch mit Hinweis auf die Problematik der Berechnung eines exakten Wertes der Handelbarkeit einer Aktie ein Fungibilitätsausgleichsanspruch kaum abgelehnt werden. Zwar lässt sich zum gegenwärtigen Zeitpunkt mangels hinreichender Erfahrung schwer beziffern, welcher wirtschaftliche Wert der durch eine Börsennotierung erhöhten Fungibilität einer Aktie zukommt, sodass die Anerkennung eines Fungibilitätsausgleichsanspruchs gegenwärtig tatsächlich nicht „unproblematisch“ erscheint. Zum einen wird man hier jedoch fragen müssen, nach welchen Kriterien die Praxis bei Unternehmensbewertungen die Höhe des aufgrund der im Vergleich zu einer Bundesanleihe geringeren Fungibilität einer Unternehmensbeteiligung anzuset-

---

[127] Vgl. dazu oben Fn. 92.

[128] Der in Fn. 127 genannte „marktgerechte Preis“ ist nicht mit einem dem tatsächlichen (Ertrags)Wert eines Unternehmens zu verwechseln.

[129] Vgl. zu den Nachteilen eines Aktienverkaufs außerhalb der Börse ausführlich oben Ziffer A.IV.

[130] *Fleischer*, Squeeze out, ZGR 2002, 757, 768.

zenden Wertabschlags[131] bisher bestimmt hat. Zum anderen kann das Bestehen eines Anspruchs kaum mit Hinweis auf die Schwere seiner Berechnung verneint werden.

Im Rahmen eines Börsenrückzugs eintretende wirtschaftliche (Fungibilitäts)Verluste, die dadurch entstehen, dass Minderheitsaktionäre einer börsennotierten Aktiengesellschaft Gesellschafter eines nicht börsennotierten Unternehmens werden oder die Börsenzulassung ihrer Aktiengesellschaft widerrufen wird, sind nach alle dem wirtschaftlich auszugleichen[132]. Zugleich ist die Betriebswirtschaftslehre aufgerufen, überzeugende Modelle zur Berechnung des genauen Wertes der Fungibilität einer Aktie zu entwickeln. Zu klären ist in diesem Zusammenhang auch, ob und inwieweit der Wert der Fungibilität von der Menge der überhaupt zum Börsenhandel zugelassenen Aktien abhängt. Weiterhin ist zu klären, wie es sich auswirkt, wenn ein größerer Anteil der zum Börsenhandel zugelassenen Aktien fest in der Hand eines oder mehrerer Großaktionäre liegt und aus diesem Grund für den Börsenhandel tatsächlich gar nicht zur Verfügung steht. Zweifellos wird bei derart illiquiden Werten von einem niedrigeren Wert der Fungibilität auszugehen sein als bei liquiden Werten. Im Extremfall wird man sogar davon ausgehen müssen, dass der Fungibilität überhaupt kein wirtschaftlicher Wert mehr beizumessen ist, so zum Beispiel in den Fällen, in denen die Menge der über die Börse gehandelten Aktien gegen null tendiert und aus diesem Grund an vielen Börsentagen ein Börsenhandel überhaupt nicht stattfindet. Allerdings wird man hier die vom *BVerfG* gesetzten Maßstäbe nicht außer Acht lassen dürfen. Auch im Fall der *DAT AG* fand an vielen Tagen des Jahres überhaupt kein Börsenhandel statt, weil die meisten Aktien fest in der Hand der *Altana AG* lagen. Bekanntermaßen fühlte sich das *BVerfG* hierdurch indes nicht gehindert, ausgerechnet einen solchermaßen gelagerten Fall für die Feststellung zum Anlass zu nehmen, dass vom Börsenkurs einer Aktie in der Regel auf ihren Verkehrswert zu schließen sei. Es bleibt abzuwarten, ob diese Feststellungen im Laufe der Zeit relativiert und wie die Instanzgerichte die von *BVerfG* und *BGH* aufgezählten Ausnahmefälle[133] ausfüllen werden, in denen der Börsenkurs einer Aktie ausnahmsweise nicht den Verkehrswert der Gesellschaft widerspiegeln soll. Sollten die Gerichte hier zu dem Ergebnis kommen, dass der Börsenkurs nur dann den Verkehrswert einer Aktie widerspiegelt, wenn ihm ein einigermaßen liquider Handel zugrunde liegt und entsprechende Grenzen ziehen[134], wird man hieraus auch entsprechende Rückschlüsse auf den Wert der Fungibilität als solche ziehen müssen.

---

[131] Vgl. die Nachweise in Fn. 98.

[132] Ebenso – allerdings nur bezogen auf Verschmelzung und Eingliederung – auch die Regierungskommission Corporate Governance, Rn. 167 (Seite 186); wohl auch *v. Braunschweig* (Fn. 8), 168 (dort Fn. 22), allerdings nur im Zusammenhang mit der Eingliederung in eine nicht börsennotierte Hauptgesellschaft.

[133] Vgl. Fn. 104.

[134] Beachte auch § 5 Abs. 4 WpÜG-AngebotsVO. Danach bestimmt sich die Höhe eines Aktienkaufangebots nach dem WpÜG dann *nicht* mehr anhand des Börsenkurses, wenn für die Aktie während der letzten drei Monaten an weniger als einem Drittel der Börsentage Börsenkurse festgestellt worden sind und mehrere nacheinander festgestellten Börsenkurse um mehr als 5 % voneinander abweichen.

IV. Auswirkungen gesetzlicher Barabfindungsansprüche auf die Fungibilitätsausgleichsverpflichtung

Es stellt sich im Anschluss an die gerade festgestellte, bei einem Börsenrückzug grundsätzlich bestehende Pflicht zum Fungibilitätsausgleich die Frage, ob und inwieweit sich gesetzliche Barabfindungsangebote auf die Fungibilitätsausgleichspflicht auswirken. Rechtsprechung und Literatur haben diese Frage bisher fast ausschließlich im Zusammenhang mit der formwechselnden Umwandlung einer Aktiengesellschaft in eine nicht börsenfähige Gesellschaft diskutiert. Grund dafür ist, dass das Umwandlungsrecht neben dem aus § 207 UmwG folgenden Barabfindungsanspruch mit dem schon erwähnten § 196 Satz 1 2. Var. UmwG eine spezialgesetzliche Anspruchsgrundlage enthält, unter die sich ein Anspruch auf Fungibilitätsausgleich subsumieren ließe und dessen Tatbestandsvoraussetzungen bei einem Börsenrückzug erfüllt sind[135].

1. Stand der Diskussion

Soweit ersichtlich, wird sowohl in bezug auf die formwechselnde Umwandlung als auch bei den anderen Modellen des Delistings, bei denen den von einem Börsenrückzug betroffenen Aktionären durch einen gesetzlichen Barabfindungsanspruch oder etwas Vergleichbares das Ausscheiden aus der Gesellschaft ermöglicht wird, ein alternativer Anspruch auf Fungibilitätsausgleich für den Fall einer Entscheidung für ein Verbleiben in der Gesellschaft allgemein abgelehnt.

Das *OLG München* führte im Zusammenhang mit dem börsenrechtlichen Delistingverfahren, allerdings ohne konkrete Bezugnahme auf die Fungibilitätsausgleichsproblematik aus, der den Minderheitsaktionären infolge des Börsenrückzugs entstehende wirtschaftliche Nachteil in Form der eingeschränkten Handelbarkeit ihrer Aktien werde durch das „freiwillige" öffentliche Aktienkaufangebot ausgeglichen[136].

Konkret bezogen auf die formwechselnde Umwandlung wird zur Begründung vorgebracht, § 196 Satz 1 2. Alt. UmwG bedürfe der teleologischen Reduktion[137], da er nicht den Fall betreffe, dass zuvor alle Anteile an dem formwechselnden Rechtsträger mit gleichen Rechten ausgestattet waren, die nach dem Formwechsel für *alle* Anteilsinhaber in gleicher Weise geschmälert seien. Vielmehr solle der Tatbestand nur solche Fälle erfassen, in welchen im Umwandlungsbeschluss *einzelnen* Anteilsinhabern oder den Inhabern besonderer Rechte bestimmte Rechte gewährt oder genommen oder Maßnahmen für sie vorgesehen werden[138]. Insbesondere komme eine bare Zu-

---

[135] Gem. § 196 Satz 1 2. Var. UmwG kann jeder Anteilsinhaber, für den die Mitgliedschaft bei dem neuen Rechtsträger *keinen ausreichenden Gegenwert* für die Mitgliedschaft bei dem formwechselnden Rechtsträger darstellt, einen Ausgleich durch bare Zuzahlung verlangen. Wie oben ausgeführt, ist der Tatbestand dieser Anspruchsgrundlage bei einem Börsenrückzug grundsätzlich erfüllt: Beim Formwechsel einer börsennotierten Aktiengesellschaft in eine nicht börsennotierte oder nicht börsenfähige Gesellschaft verliert die Gesellschaftsbeteiligung allein aufgrund des Wegfalls der Börsennotierung an Wert. Die Mitgliedschaft bei dem Rechtsträger neuer Rechtsform hat somit nicht denselben Wert wie die vorherige Mitgliedschaft in der börsennotierten Aktiengesellschaft.

[136] OLG München 7 U 6019/99 vom 14.12.2000, DB 2001, 747, 749.

[137] So wörtlich *Meyer-Landrut/Kiem* (Fn. 111), 1420; der Sache nach auch *Decher* in Lutter/UmwG, § 196 Rn. 11; *Veil* (Fn. 112), Seite 181 ff.; *Meister/Klöcker* in Kallmeyer/UmwG, § 196 Rn. 9; im Anschluss an *Meister/Klöcker* jetzt LG Düsseldorf 31 O 106/97 (Fn. 113), 374.

[138] *Meister/Klöcker* in Kallmeyer/UmwG, § 196 Rn. 9.

zahlung im Falle des Formwechsels einer börsennotierten Aktiengesellschaft in eine GmbH oder GmbH & Co KG nicht mit der Begründung in Betracht, wegen der geringeren Fungibilität der Anteile sei die Rechtsstellung des Gesellschafters im Vergleich zum bisherigen Zustand verschlechtert worden und damit weniger wert[139]. Gesellschaftern, die trotz der nachteiligen Auswirkungen der Umwandlung auf die Mitgliedschaft in der Gesellschaft verbleiben wollen, wegen der Rechtsnachteile einen finanziellen Ausgleich zu gewähren, sei mit dem Charakter und der Ausgestaltung des Rechtsformwechsels im UmwG nicht vereinbar. Ein Anspruch auf bare Zuzahlung, welcher im Spruchverfahren zu verfolgen sei, bestehe nur unter der Prämisse, dass dem betroffenen Aktionär eigentlich die Anfechtung des Umwandlungsbeschlusses zustehe. Die gesetzlichen Umwandlungswirkungen begründeten aber nicht die Rechtswidrigkeit des formwechselnden Beschlusses, sodass hieraus kein Anfechtungsgrund resultiere. Die mögliche Unzumutbarkeit der entsprechenden Auswirkungen auf die Mitgliedschaft sei vielmehr Grundlage derjenigen Rechtsbehelfe, welche den opponierenden Anteilsinhabern das Verlassen des Verbandes ermöglichten (§§ 207, 211 UmwG)[140]. Nach der Gesetzessystematik müsse sich der einzelne Anteilsinhaber entscheiden, ob er bereit sei, in der Gesellschaft zu bleiben und die damit verbundenen Chancen und Risiken zu tragen, oder ob er gegen Zahlung einer Barabfindung ausscheiden möchte[141].

2. Eigener Ansatz

Es scheint zweifelhaft, ob sich mit den vorzitierten Argumenten ein Anspruch auf Fungibilitätsausgleich in den Fällen, in denen das Gesetz den von einem Börsenrückzug betroffenen Aktionäre ein Ausscheiden gegen Barabfindung oder etwas Vergleichbares ermöglicht, tatsächlich verneinen lässt.

Festzustellen ist vorab, dass sich den Gesetzesmaterialien keinerlei Hinweise darauf entnehmen lassen, welche Fälle der Gesetzgeber bei Schaffung des § 196 Satz 1 2. Var. UmwG im Auge hatte[142]. Hinweise, die auf einen bewussten Ausschluss von Fungibilitätsausgleichszahlungen hindeuten könnten, sind hieraus jedenfalls nicht abzuleiten.

Auch scheint vom Grundsatz her durchaus fraglich, ob tatsächlich eine Gesetzessystematik existiert, nach der sich der einzelne Anteilsinhaber zwischen dem Verbleiben in der Gesellschaft unter Akzeptanz der damit verbundenen Chancen und Risiken ohne Bar(fungibilitäts)ausgleich und dem Ausscheiden aus der Gesellschaft gegen Barabfindung entscheiden muss. Gegen ein solches Prinzip spricht der eindeutige Wortlaut des § 196 UmwG, der gerade (auch) den Fall betrifft, dass ein Gesellschafter

[139] *Decher* in Lutter/UmwG, § 196 Rn. 11, unter Verweis auf *Meyer-Landrut/Kiem* (Fn. 111), 1420, und – insofern jedoch unzutreffend – *Meister/Klöcker* in Kallmeyer/UmwG, § 196 Rn. 9, und *Veil* (Fn. 112), Seite 182.
[140] *Veil* (Fn. 112), Seite 182.
[141] *Meyer-Landrut/Kiem* (Fn. 111), 1420, in bezug auf den Formwechsel; im Ergebnis auch *Zetzsche* (Fn. 48), 1069, in bezug auf das börsenrechtliche Delisting, sofern die Angemessenheit der Barabfindung bzw. der Höhe des Aktienkaufangebots gewährleistet sei.
[142] § 196 Satz 1 2. Var. UmwG wurde erst im Rahmen des *UmwBerG* von 1994 neu in das UmwG eingefügt. Auch der Vorgängervorschrift des § 352 c AktG aF lassen sich keine diesbezüglichen Anhaltspunkte entnehmen.

nicht das gem. § 207 UmwG bei jedem Formwechsel anzubietende Barabfindungsangebot annehmen will, sondern in der Gesellschaft verbleiben will und *zusätzlich* einen Barausgleich verlangen kann. Auch mit Blick auf andere Teile des Aktien- und Umwandlungsrechts lässt sich nicht ohne weiteres die Existenz eines solchen Grundsatzes des „dulde oder liquidiere" ableiten. So findet sich beispielsweise eine dem § 196 UmwG vergleichbare Regelung auch in § 15 Abs. 1 UmwG[143]. Gleiches gilt für den Abschluss eines Unternehmensvertrags: Auch hier sind die betroffenen Aktionäre nicht darauf verwiesen, entweder „unter Akzeptanz der damit verbundenen Chancen und Risiken" in der Gesellschaft zu verbleiben oder gegen Barabfindung auszuscheiden. Vielmehr räumt ihnen § 304 AktG ausdrücklich die Möglichkeit ein, in der Gesellschaft zu verbleiben *und* zusätzlich einen jährlichen Barausgleich zu erhalten. Ebenso ausdrücklich hat das *BVerfG* diesbezüglich klargestellt, dass eine Kompensation für die grundrechtlich geschützten Einbußen, die die Aktionäre beim Abschluss eines Unternehmensvertrags hinnehmen müssten, nur dann den Anforderungen des Art. 14 GG entspreche, wenn sowohl der Ausgleich gem. § 304 AktG als auch die Abfindung gem. § 305 AktG – *je für sich gesehen* – zur „vollen" Entschädigung führten. Nur dann bestehe eine echte Entscheidungsalternative zwischen dem Verbleiben in der beherrschten Gesellschaft und dem Ausscheiden[144]. Auch aus allgemeinen Grundsätzen lässt sich ein solches Prinzip des „dulde *oder* liquidiere" somit schwerlich herleiten.

Wenn somit auch eine überzeugende Begründung für ein derartiges – allgemeines oder nur für den Formwechsel bestehendes – Prinzip nicht ersichtlich ist, könnten mit Blick auf die Besonderheiten des Aktieneigentums und damit auf den Grund für die grundsätzliche Anerkennung eines Fungibilitätsausgleichsanspruchs im hier zu untersuchenden Fall die von einem Börsenrückzug betroffenen Aktionäre möglicherweise doch auf die Alternative des Ausscheidens aus der Gesellschaft gegen Barabfindung oder des Verbleibens in der Gesellschaft *ohne* Anspruch auf Fungibilitätsausgleich zu verweisen sein. Wie oben bereits dargelegt, hat die Beteiligung an einer börsennotierten Aktiengesellschaft deswegen einen im Vergleich zu einer nicht börsennotierten, ansonsten aber völlig identischen Gesellschaft höheren wirtschaftlichen Wert, weil die „besonders ausgeprägte Verkehrsfähigkeit" einer zum Börsenhandel zugelassenen Aktie es dem Anleger ermöglicht, sich „praktisch jederzeit" von seinem Investment wieder zu trennen und aus der gemeinsamen Gesellschaft auszusteigen. Genau diese Möglichkeit der Trennung von der Gesellschaft und des Desinvestments wird dem von einem Börsenrückzug betroffenen Aktionär jedoch durch die Möglichkeit, gegen eine angemessene Barabfindung oder etwas Vergleichbares aus der Gesellschaft auszuscheiden, bereits ermöglicht. Insofern ist dem Desinvestitionsinteresse des ausscheidungswilligen Aktionärs bereits ausreichend genüge getan.
Hiergegen wird man allerdings mit Recht vorbringen können, dass die Möglichkeit zum Ausstieg aus einer ihren Börsenrückzug betreibenden Gesellschaft in diesen Fällen schon von Gesetzes wegen besteht. Sie ist damit kein Äquivalent für eine In-

---

[143] Einschränkend ist hier allerdings festzustellen, dass das Verschmelzungsrecht anders als das Formwechselrecht den betroffenen Aktionären grundsätzlich nicht die Möglichkeit bietet, gegen Barabfindung aus der Gesellschaft auszusteigen. Derartige Barabfindungsansprüche bestehen vielmehr nur in den Fällen des § 29 Abs. 1 UmwG. Nur in diesen Fällen ist die Konstellation demnach der bei einem Formwechsel vergleichbar.

[144] Vgl. BVerfG 1 BvR 301/89 (Fn. 115), 2049; zustimmend *E. Vetter*, Entschädigung im Vertragskonzern, ZIP 2000, 561, 563.

vestition gerade in eine börsennotierte Aktiengesellschaft, sondern Ausdruck einer allgemeinen gesetzgeberischen Entscheidung, den Aktionären einer Aktiengesellschaft in bestimmten Konstellationen aufgrund einer veränderten Geschäftsgrundlage seit dem Zeitpunkt des Eintritts in die Gesellschaft das Recht zum Desinvestment zuzugestehen. Dem Aktionär steht sein Desinvestitionsrecht demnach nicht deshalb zu, weil er zuvor gerade der gesteigerten Verkehrsfähigkeit wegen unter Inkaufnahme eines Marktfähigkeitszuschlags in eine börsennotierte Aktiengesellschaft investiert hat. Folglich ließe sich argumentieren, durch das schon qua Gesetz bestehende Recht zum Desinvestment sei der ursprünglich einmal aufgewandte Marktfähigkeitszuschlag noch nicht „verbraucht" und müsse daher weiterhin gem. Art. 14 GG wirtschaftlich entschädigt werden.

Einer solchen Argumentation wäre zwar insoweit zuzustimmen, als das Recht, anlässlich eines Börsenrückzugs aus der Gesellschaft gegen Barabfindung auszuscheiden, in den Fällen gesetzlicher Barabfindungsansprüche oder Vergleichbarem nicht Ausdruck der besonderen Verkehrsfähigkeit börsennotierter Aktien ist. Nichtsdestotrotz lässt sich damit kein Fungibilitätsausgleichsanspruch für den Fall des Verbleibens in der Gesellschaft begründen. Der besonderen Verkehrsfähigkeit des Aktieneigentums, die der Investor in eine börsennotierte Aktiengesellschaft durch einen Marktfähigkeitszuschlag erkauft hat, wird seit *DAT/Altana* bei gesetzlichen Barabfindungsansprüchen schon auf andere Weise Rechnung getragen, nämlich durch die vom *BVerfG* geforderte Berücksichtigung des Börsenkurses bei der Bestimmung der Abfindungshöhe[145]. Hierdurch wird sichergestellt, dass die Aktionäre bei einem Börsenrückzug jedenfalls nicht weniger erhalten, als sie bei einem freiwilligen Verkauf ihrer Anteile über die Börse erhalten hätten. Die durch den Marktfähigkeitszuschlag erkaufte Möglichkeit, sich bei einer unvorhergesehenen Entwicklung des Aktieninvestments über die Börse schnell und unkompliziert wieder trennen zu können, wandelt sich in diesen Fällen demnach um in ein Recht auf Abfindung mindestens zum Börsenkurs.

Zwar wird man dem entgegenhalten können, dass die von einem Börsenrückzug betroffenen Aktionäre von der Berücksichtigung des Börsenkurses ihrer Aktie bei der Berechnung der Barabfindung regelmäßig nicht profitieren werden, da der typische Börsenrückzugskandidat regelmäßig unterbewertet ist, der „wahre" Wert des von ihm betriebenen Unternehmens also in aller Regel deutlich *über* seinem Börsenwert liegt. Vor der Gefahr einer andauernden Unterbewertung durch die Börse schützt jedoch auch die besondere Verkehrsfähigkeit börsennotierter Aktien nicht, ermöglicht sie dem Aktionär doch lediglich eine Trennung zu einem auf Basis von Angebot und Nachfrage ermittelten, nicht jedoch zwingend auch zu einem angemessenen Preis[146]. An dem Ergebnis, dass den von einem Börsenrückzug betroffenen Aktionären ein Fungibilitätsausgleichsanspruch in den Fällen nicht zusteht, in denen ihnen anlässlich des Börsenrückzugs durch einen gesetzlichen Barabfindungsanspruch oder etwas Vergleichbares die Möglichkeit der Trennung von der gemeinsamen Gesellschaft ermöglicht wird, vermag die typische Unterbewertung zu einem Börsenrückzug entschlossener Gesellschaften demnach nichts zu ändern.

---

[145] Vgl. zu den Einzelheiten der Berücksichtigung des Börsenkurses oben Ziffer B.II.

[146] Ähnlich jüngst auch das VG Frankfurt/M. 9 E 2285/01 (V) vom 17.6.2002, ZIP 2002, 1446, 1450: „Das im Rahmen des Börsenrechts geschützte Vertrauen in den Fortbestand des [Aktienhandels] beschränkt sich darauf, was bei einer hypothetischen Fortsetzung des amtlichen Handels als Preis erzielbar wäre".

Letztlich vermag auch die im Zusammenhang mit dem Abschluss eines Unternehmensvertrags geäußerte Forderung des *BVerfG*, das Verbleiben in und der Ausstieg aus der Gesellschaft müssten grundsätzlich wertmäßig deckungsgleiche Alternativen darstellen[147], im vorliegenden Fall kein anderes Ergebnis zu rechtfertigen. Zwar ist dem *BVerfG* in dieser Aussage vom Grundsatz her zuzustimmen; eine Übertragung dieses Grundsatzes aus dem Unternehmensvertragsrecht auf Börsenrückzugskonstellationen wäre jedoch mit dem schon angesprochenen Optionscharakter des Marktfähigkeitszuschlags nicht zu vereinbaren. Der in eine börsennotierte Aktiengesellschaft investierende Aktionär erwirbt durch die Zahlung eines Marktfähigkeitszuschlags die Möglichkeit, sich bei einer unvorhergesehenen Entwicklung seines Investments grundsätzlich jederzeit wieder von der Gesellschaft trennen zu können. Für den Fall, dass ihm im Zusammenhang mit einer aktien- oder umwandlungsrechtlichen Umstrukturierungsmaßnahme in Form eines Barabfindungsanspruch schon von Gesetzes wegen die Trennung von der Gesellschaft ermöglicht wird, wandelt sich dieses Ausstiegsrecht in ein Recht auf Abfindung mindestens zum Börsenwert.
Mehr als die *Möglichkeit*, etwas zu kaufen oder zu verkaufen oder etwas zu tun oder zu lassen, bietet ein Optionsrecht jedoch nicht. Wird von dieser Möglichkeit kein Gebrauch gemacht, *verfällt* die Option. Eine Rückzahlung des Optionspreises kann der Optionsinhaber in diesem Fall jedoch nicht verlangen. Übt der Aktionär demnach seine Ausstiegsoption nicht schon vor einem Börsenrückzug aus und macht auch von seinem „Abfindung-zum-Börsenkurs"-Recht keinen Gebrauch, so verfällt der von ihm aufgewandte Optionspreis in Form des Marktfähigkeitszuschlag ersatzlos. Eine Rückzahlung in Form eines Fungibilitätsausgleichs kann er in diesem Fall nicht verlangen.

Ein Fungibilitätsausgleich steht den von einem Börsenrückzug betroffenen Aktionären somit nur dann zu, wenn ihnen nicht schon durch einen gesetzlichen Barabfindungsanspruch oder etwas Vergleichbares[148] die Möglichkeit eingeräumt wird, sich anlässlich des Börsenrückzugs von „ihrer" Gesellschaft zu trennen[149].

V. Zwischenergebnis

Festzuhalten bleibt demnach, dass die durch eine Börsenzulassung erhöhte Fungibilität einer Aktie einen wirtschaftlichen Wert hat, dessen Wegfall gem. Art. 14 GG bei einem Börsenrückzug grundsätzlich in Form eines Fungibilitätsausgleichs zu entschädigen ist. Diese Fungibilitätsausgleichspflicht entfällt nur in den Fällen, in denen das Gesetz Barabfindungsansprüche oder Vergleichbares vorsieht. Die Fungibilitätsausgleichsproblematik betrifft damit vor allem den *going private merger*, die Aufspaltung einer börsennotierten in zwei oder mehr nicht börsennotierte Aktiengesellschaften sowie die Eingliederung in eine zwar nicht börsennotierte, aber nicht abhängige Hauptgesellschaft, bei denen UmwG und AktG einen Barabfindungsanspruch der betroffenen Aktionären grundsätzlich nicht vorsehen. Noch zu klären ist die Frage, ob die Verteilung des Liquidationserlöses bei der übertragenden Auflösung und das Akti-

---

[147] Vgl. dazu Fn. 144.

[148] Zur Frage, was im einzelnen mit einem gesetzlichen Barabfindungsanspruch vergleichbar ist, vgl. die nachfolgenden Ziffern C.V und J.III.

[149] Ebenso *Grupp* (Fn. 15), 203; ähnlich auch *Zetzsche* (Fn. 48), 1069, der einen „reinen Fungibilitätsausgleich" dann für „entbehrlich" hält, wenn ein Übernahmeangebot nach dem Übernahmekodex vorliegt.

enkaufangebot beim börsenrechtlichen Delisting einem gesetzlichen Barabfindungsanspruch vergleichbar sind und ob demnach auch dort ein Anspruch auf Fungibilitätsausgleich nicht besteht.

C. Das börsenrechtliche Delistingverfahren

Die folgende Darstellung soll einen Überblick über das börsenrechtliche Delistingverfahren verschaffen. Dabei sollen auch die bisher vorhandenen Unzulänglichkeiten des Verfahrens aufgezeigt werden, die das börsenrechtliche Delisting für ein rückzugswilliges Unternehmen schwer kalkulierbar gemacht haben und die Hauptgrund dafür waren, dass bisher nicht einmal eine Hand voll Unternehmen den Versuch unternommen hat, mittels dieses Instrumentariums den Rückzug von der Börse anzutreten. Vor allem aber gilt es im Hinblick auf die im Anschluss zu klärende Frage der grundsätzlichen Zulässigkeit des kalten Delistings, den durch das börsenrechtliche Delistingverfahren geleisteten Schutz für die von einem Börsenrückzug betroffenen Aktionäre herauszuarbeiten. Eine vertiefte rechtliche Auseinandersetzung mit einzelnen Problempunkten kann dabei allerdings nur insoweit erfolgen, als das Ergebnis präjudizierende Wirkung auf die im Anschluss zu behandelnden verschiedenen Modelle des kalten Delistings hat.

I. Rechtslage vor Inkrafttreten des *III. FMFG*

Wie schon erwähnt, sah das BörsG bis 1998 einen Widerruf der Börsenzulassung auf Antrag des Emittenten nicht vor. Schon damals wurde jedoch vertreten, dass ein Rückzug von der Börse auch auf Wunsch des betroffenen Emittenten durch Verzicht auf die Börsenzulassung möglich sein müsse[150].

Bekanntestes Unternehmen, das sich vor Schaffung des börsenrechtlichen Delistings um den Widerruf seiner Börsenzulassung bemühte, war die Ludwigshafener *BASF AG*. Ende November 1994 hatte *BASF* gegenüber den Zulassungsstellen aller deutschen Wertpapierbörsen mit Ausnahme der Frankfurter Börse erfolglos den Verzicht auf die Zulassung ihrer Aktien zum Handel und zur Notierung im amtlichen Handel erklärt und hilfsweise – ebenso erfolglos – einen Antrag auf Widerruf der Zulassung gestellt[151]. Diese Anträge wurden von den Zulassungsstellen mit der Begründung abgewiesen, das BörsG (in seiner damaligen Form) enthalte für ein Delisting sowohl in Form des Verzichts auf die Börsenzulassung als auch in Form des Widerrufs der Börsenzulassung keine Rechtsgrundlage, vielmehr sei „nach der gesetzgeberischen Wertung die weitere Gestaltung des Marktes in Aktienwerten der Disposition des Emittenten entzogen"[152].

II. Grundlagen

Wohl als Reaktion auf den BASF-Fall[153] hat der Gesetzgeber im Zuge des III. FMFG eine Möglichkeit geschaffen, wonach die Zulassungsstelle einer Börse die Börsenzulassung zum amtlichen Markt[154] auch auf Antrag des Emittenten widerrufen kann, § 38 Abs. 4 BörsG. Der Widerruf erfolgt im Rahmen eines verwaltungsrechtlichen Widerrufsverfahrens, eine einfache Erklärung des Verzichts auf die weitere Börsenzulas-

---

[150] Vgl. *Fluck* (Fn. 82), 553 ff.

[151] *Schwark/Geiser* (Fn. 21), 740.

[152] Diese Informationen entstammen einer Anfrage bei der *BASF AG*.

[153] So mutmaßen auch *Schwark/Geiser* (Fn. 21), 740.

[154] § 38 Abs. 4 BörsG gilt für den geregelten Markt (und damit vor allem auch für den Neuen Markt) gem. § 53 Abs. 2 BörsG entsprechend.

sung reicht demnach nicht aus[155]. Erforderlich ist vielmehr – als *actus contrarius* zur Zulassung zum Börsenhandel – ein entsprechender Verwaltungsakt, in dem der Widerruf der Zulassung eines Wertpapiers zum Börsenhandel ausgesprochen wird. Dabei trifft die Zulassungsstelle bei ihrer Entscheidung über den Widerruf der Börsenzulassung eine Ermessensentscheidung[156]. Nach allgemeinen Grundsätzen besteht daher kein Anspruch des Unternehmens auf sein Delisting, sondern lediglich ein Anspruch auf ermessensfehlerfreie Entscheidung[157]. Als einzigen Maßstab für die behördliche Entscheidung bestimmt § 38 Abs. 4 Satz 2 BörsG, dass der Widerruf der Börsenzulassung nicht dem Schutz der Anleger widersprechen darf. Weitere Ausführungen nimmt das BörsG nicht vor, sondern überträgt die Ausgestaltung der näheren Bestimmungen über den Widerruf den einzelnen Börsen, § 38 Abs. 4 Satz 5[158]. Darüber hinaus räumt § 38 Abs. 4 Satz 4 BörsG den Börsen die Möglichkeit ein, einen bis zu zwei Jahre dauernden Zeitraum zwischen der Veröffentlichung und der Wirksamkeit des Widerrufs der Zulassung festzulegen.

Schon kurze Zeit nach Inkrafttreten des III. FFMG hatten die verschiedenen deutschen Wertpapierbörsen auf dieser Grundlage Ergänzungen ihrer Börsenordnungen vorgenommen. Sieben der acht deutschen Börsen sahen bis März 2002 in ihren Börsenordnungen vor, dass bei einem vollständigen Rückzug von der Börse der Widerruf der Börsenzulassung dem Schutz der Anleger dann nicht entgegensteht, wenn diesen ein Kaufangebot für ihre Aktien gemacht wird[159], wobei der Preis für das Kaufangebot in einem angemessenen Verhältnis zum höchsten Börsenkurs der letzten sechs Monate vor Stellung des Antrags auf Widerruf der Börsenzulassung stehen muss. Lediglich die Börse Bremen hat eine davon abweichende Regelung getroffen und verlangt "ein berechtigtes Interesse" des Emittenten am Widerruf seiner Börsenzulassung; andernfalls sei der Antrag auf Widerruf nicht "statthaft".

Im März 2002 beschloss der Börsenrat der Frankfurter Wertpapierbörse eine für viele überraschende Änderung seiner Delisting-Regelung. Nach dem neuen § 58 Abs. 1 Nr. 2 der Börsenordnung (BörsO/Ffm) soll ein Widerruf der Börsenzulassung nun auch möglich sein, ohne dass den betroffenen Anlegern ein Kaufangebot für die von ihnen gehaltenen Aktien zu einem kontrollierten Preis gemacht wird. Vielmehr soll der von § 38 Abs. 4 BörsG geforderte Anlegerschutz dadurch gewährleistet werden, dass der Widerruf der Börsenzulassung erst sechs Monate nach seiner Bekanntgabe wirk-

---

[155] Unklar insofern *Schanz*, Börseneinführung, § 17 Rn. 108, der den Antrag auf Widerruf der Börsenzulassung nach § 38 Abs. 4 BörsG rechtstechnisch als Verzicht qualifizieren will, der „als einseitige empfangsbedürftige Willenserklärung rechtsgestaltende Wirkung entfaltet und unmittelbar zum Wegfall der Wirksamkeit des begünstigenden Verwaltungsakts, der Börsenzulassung, führt."

[156] *Groß*, Kapitalmarktrecht, §§ 42, 43 BörsG Rn. 15 f.

[157] *Wirth/Arnold* (Fn. 11), 112.

[158] Die Börsenordnung wird gem. § 13 Abs. 1 BörsG als Satzung erlassen. Ihr Erlass ist demnach ein Rechtssetzungsakt (vgl. *Groß*, Kapitalmarktrecht, § 4 BörsG Rn. 1) und sie damit ein Gesetz im materiellen Sinne (vgl. *Kümpel*, Amtlicher Markt, WM 1985, Sonderbeilage 5, 1, 5).

[159] Ganz überwiegend wird dabei angenommen, dass das Angebot sowohl durch einen Großaktionär als auch durch die Gesellschaft selbst abgegeben werden kann. Vgl. *Wirth/Arnold* (Fn. 11), 112; im Ergebnis auch *Bungert*, Delisting, BB 2000, 53, 54; so jüngst auch BGH II ZR 133/01 (Fn. 14), 17; anders aber offenbar *Lutter*, Gesellschaftsrecht und Kapitalmarkt (Fn. 120), 381 (dort in Fn. 12), der das Übernahmeangebot durch die Gesellschaft vom Übernahmeangebots eines Dritten abgrenzt, dies jedoch nicht weiter ausführt.

sam wird, um den betroffenen Anlegern die Möglichkeit zu geben, sich von ihren über die Börse erworbenen Anteilen auch wieder über die Börse trennen zu können.

Die deutschen Regionalbörsen haben unterschiedlich auf die von der Frankfurter Wertpapierbörse einseitig vorgenommene Änderung der Delistingregelung reagiert. Während die Börsen Hamburg, Hannover, Berlin, Stuttgart und Bremen ihre bisherigen Regelungen beibehalten haben[160], nahmen die Börsen Düsseldorf und München ebenfalls Änderungen der entsprechenden Teile ihrer Börsenordnungen vor. Die Münchener Wertpapierbörse hat dabei eine der neuen Frankfurter Fassung vergleichbare Fristenregelung in ihre Börsenordnung aufgenommen[161], während die Börse Düsseldorf ihre bisherige Regelung dergestalt erweitert hat, dass ein Widerruf der Börsenzulassung künftig auch dann zulässig ist, wenn nach dem Zulassungswiderruf noch ein Handel an einem in- oder ausländischen organisierten Markt stattfindet und der Emittent schriftlich versichert, innerhalb eines Jahres dort kein weiteres Zulassungswiderrufsverfahren durchführen zu wollen[162].

Der *BGH* hat mit seiner vor kurzem ergangenen *Macrotron*-Entscheidung im Ergebnis jetzt eine völlige Neugestaltung der vorgenannten Regelungen der einzelnen Wertpapierbörsen verlangt, indem er beschied, dass schon die ursprünglichen Regelungen der meisten Börsen, wonach den Aktionären anlässlich des Delistings ein Aktienkaufangebot zu einem in einem angemessenen Verhältnis zum höchsten Börsenkurs der letzten sechs Monate vor der Veröffentlichung der Widerrufsentscheidung liegenden Preis zu unterbreiten war, nicht den von § 38 Abs. 4 BörsG geforderten Anlegerschutz gewährleisteten. Da der Börsenkurs der Aktien auch niedriger sein könne als der Wert der Aktien, sei die vom *BVerfG* geforderte[163] volle Entschädigung der Kleinaktionäre nicht sichergestellt[164]. Gleiches gelte auch für die neue Fristenregelung der Frankfurter und der Münchener Wertpapierbörse[165].

---

[160] Vgl. § 50 BörsO Hamburg, § 53 a BörsO Hannover, § 54 a BörsO Berlin, § 57 BörsO Stuttgart und § 53 a BörsO Bremen.

[161] Vgl. § 54 BörsO München. Die Münchener Regelung geht dabei insofern sogar noch über die Frankfurter Regelung hinaus, als gem. § 54 Abs. 2 Nr. 2 der Anlegerschutz sogar dann gewahrt sein soll, wenn nach dem Zulassungswiderruf der Handel des betroffenen Wertpapiers an einer inländischen Wertpapierbörse nur im Freiverkehr möglich ist (vgl. dazu die kritischen Ausführungen von *Harrer/Wilsing* (Fn. 24), 487; *Schanz*, Börseneinführung (Fn. 155), § 17 Rn. 111; *Groß*, Delisting (Fn. 8), 153 f., und jüngst BGH II ZR 133/01 (Fn. 14), 13).

[162] Vgl. § 74 Abs. 3 BörsO Düsseldorf.

[163] Bereits 1961 hatte das BVerfG (1 BvL 16/60 (Fn. 115), 284) in seiner Feldmühle-Entscheidung entschieden, dass Aktionäre im Zusammenhang mit aktienrechtlichen (Konzernierungs-)maßnahmen, bei denen das Gesetz Ausgleichs- oder Abfindungszahlungen vorsieht, wirtschaftlich "voll" zu entschädigen seien, wenn der den Entschädigungsanspruch begründende Sachverhalt im eigenen Interesse des Großaktionärs liege und von ihm herbeigeführt worden sei. „Voll" entschädigt wird ein ausscheidender Minderheitsaktionär jedoch nur dann, wenn er das erhält, „was seine gesellschaftliche Beteiligung an dem arbeitenden Unternehmen wert ist". Diese Rechtsprechung hat das BVerfG jüngst in DAT/Altana (1 BvR 1613/94 (Fn. 12), 1693 ff.) und Bosch/Moto Meter (1 BvR 68/95 und 1 BvR 147/97 (Fn. 13), 2011 ff.) noch einmal bestätigt.

[164] Vgl. BGH II ZR 133/01 (Fn. 14), 16.

[165] BGH II ZR 133/01 (Fn. 14), 16; ebenso zuvor schon *Wilsing/Kruse*, Änderung des § 54 a BörsO/Ffm, NZG 2002, 807, 809 ff., und *Streit*, Delisting Light, ZIP 2002, 1279, 1285 ff.; anders aber *Holzborn/Schlößer*, Systemwechsel, BKR 2002, 486, 488, wonach der neue § 58 BörsO/Ffm den von § 38 Abs. 4 BörsG geforderten Anlegerschutz in ausreichendem Maße gewährleiste.

Auch wenn die einzelnen deutschen Börsen die das Delisting betreffenden Regelungen ihrer Börsenordnungen nun noch einmal überarbeiten müssen, dürfte die bisher vorhandene Rechtsunsicherheit über die Voraussetzungen eines Widerrufs der Börsenzulassung, die die Attraktivität des börsenrechtlichen Delistingverfahrens erheblich beeinträchtigt hat, durch die jetzt ergangene Entscheidung des *BGH* ein gutes Stück beseitigt worden sein. Vor allem steht nun fest, dass ein Rückzug von der Börse mit Hilfe des § 38 Abs. 4 BörsG nur zulässig ist, wenn den Minderheitsaktionären anlässlich des Börsenrückzugs ein Abfindungs- bzw. Aktienkaufangebot unterbreitet wird, dessen Höhe dem tatsächlichen Wert der Gesellschaft und nicht nur ihrem Börsenwert entspricht. Darüber hinaus hat der *BGH* auch eine Reihe weiterer bisher strittiger Einzelfragen geklärt, auf die im Folgenden kurz einzugehen sein wird.

III. Erfordernis eines Hauptversammlungsbeschlusses

Entgegen der Annahme *Kleindieks*[166] wird man die Frage nach der Notwendigkeit einer Entscheidung der Hauptversammlung der rückzugswilligen Gesellschaft über die Stellung des Antrags auf Widerruf der Börsenzulassung zwar nicht als konsentiert bezeichnen können. Zumindest für die Praxis ist diese Frage aufgrund der jüngsten Entscheidung des *BGH* jedoch geklärt, wonach die Einleitung des börsenrechtlichen Delistingsverfahrens eines mit einfacher Mehrheit gefassten Beschlusses der Hauptversammlung bedarf. Dieser, und nicht der Geschäftsführung, obliege der Schutz des mitgliedschaftlichen Vermögenswertes, sodass sie auch für Entscheidungen darüber berufen sei[167].

Zwar handelt es sich bei der Stellung des Antrags auf Widerruf der Börsenzulassung um eine Geschäftsführungsmaßnahme[168]; die wohl herrschende Meinung bejaht jedoch in Anlehnung an die *Holzmüller*-Entscheidung des *BGH* das Erfordernis einer Zustimmung, weil in einem vollständigen Börsenaustritt ein schwerwiegender Eingriff in die Rechte und Interessen der Aktionäre zu sehen sei[169]. Der vollständige Börsenaustritt verändere nachhaltig den Charakter der Gesellschaft[170]. An der Notwendigkeit eines Hauptversammlungsbeschlusses ändere auch § 38 Abs. 4 BörsG nichts, da kapitalmarktrechtliche Vorschriften gesellschaftsrechtliche Kompetenzen nicht ersetzen könnten[171].

Andere begründen ihre Forderung nach einem Hauptversammlungsbeschluss mit einer Analogie zu § 240 Abs. 1 Satz 1 UmwG, wonach es für die Umwandlung einer Aktiengesellschaft in eine GmbH eines Beschlusses mit satzungsändernder Mehrheit bedarf. § 240 Abs. 1 Satz 1 UmwG biete sich deshalb an, weil sich eine nicht börsen-

---

[166] *Kleindiek*, „Going Private“ und Anlegerschutz, Festschrift Bezzenberger, 653, 655.

[167] BGH II ZR 133/01 (Fn. 14), 14; zuvor im Ergebnis auch OLG München 7 U 6019/99 (Fn. 136), 748. Beachte auch § 74 Abs. 4 der BörsO Düsseldorf, die seit Ende 2002 ebenfalls einen Hauptversammlungsbeschluss für einen vollständigen Börsenrückzug fordert, dabei aber offen ließ, mit welcher Mehrheit dieser Beschluss zu fassen ist.

[168] *Wirth/Arnold* (Fn. 11), 113, mwN.

[169] *Wiesner* in Münch. Hdb. GesR IV, § 19 Rn. 8; *Vollmer/Grupp* (Fn. 41), 474 f.; *Zetzsche* (Fn. 48), 1066; *Pluskat*, Reguläres Delisting, WM 2002, 833, 834 f.; *Weinheimer/Fritzsche* in Hdb. Going Private, Seite 257; ohne Begründung *v. Braunschweig* (Fn. 8), 167; *de Vries* (Fn. 45), Seite 83 ff.

[170] *Kleindiek* (Fn. 166), 656.

[171] OLG München (7 U 6019/99 (Fn. 136), 748); ebenso schon – wenngleich missverständlich – das LG München I 5 HKO 10580/99 (Fn. 74), 2019.

notierte Aktiengesellschaft als faktisch geschlossene Gesellschaft rechtlich der GmbH annähere[172]. Ähnlich unterschiedlich beantwortet wird auch die Frage, mit welcher Mehrheit ein entsprechender Hauptversammlungsbeschluss gefasst werden müsste[173].

Eine Mindermeinung wand sich dagegen von Anfang an gegen die Notwendigkeit eines Hauptversammlungsbeschlusses. Hierdurch würde das Gesellschaftsrecht einen Schutz des Kleinaktionärs in seiner Funktion als Anleger vornehmen, zu dem vorrangig das Kapitalmarktrecht berufen sei[174]. Das Delisting stelle rechtlich keinen Struktureingriff dar, sondern lasse sowohl den gesellschaftsrechtlichen Rahmen als auch die Mitgliedschaftsrechte unberührt. Dies zeige nicht zuletzt, dass ein Delisting auch von Amts wegen ausgesprochen werden könne, wenn ein ordnungsgemäßer Börsenhandel nicht mehr gewährleistet sei[175]. Geschützt werden müsse der Anleger nur hinsichtlich der Angemessenheit der Abfindung und der Einhaltung der Verfahrensvorschriften des Delistingverfahrens; dies geschehe aber sinnvoller durch ein Spruchverfahren oder die Börsenaufsicht. Im Übrigen sei ein Zustimmungsbeschluss eine Farce, da ein Großaktionär, von dessen Betreiben das Delisting ausgehe, selbst stimmberechtigt sei und eine Inhaltskontrolle nicht stattfinde[176].

Die Frage nach der Notwendigkeit eines Hauptversammlungsbeschlusses hat keinerlei Auswirkungen auf die folgende Bearbeitung, weil die Entscheidung über jedes der möglichen Modelle des kalten Delistings ohnehin aufgrund ausdrücklicher gesetzlicher Regelungen der Hauptversammlung obliegt, die mit satzungsändernder Mehrheit darüber beschließen muss[177]. Sie soll daher hier nicht weiter vertieft werden. Für die fol-

---

[172] *Hellwig* (Fn. 27), 799 ff.; ähnlich *Vollmer/Grupp* (Fn. 41), 476.

[173] Für eine einfache Mehrheit: *Baumbach/Hopt*, HGB, § 43 BörsG Rn. 3; für eine satzungsändernde Mehrheit: *Land/Hasselbach* (Fn. 9), 558; *de Vries* (Fn. 45), Seite 104 f.; auch *Grupp*, der ursprünglich in Anlehnung an § 369 Abs. 3 AktG aF und an US-amerikanische Bestimmungen noch eine 90 %-Mehrheit für notwendig hielt ((Fn. 15), Seite 198), fordert mittlerweile nur noch 75 % (*Vollmer/Grupp* (Fn. 41), 475).

[174] *Mülbert*, Delisting (Fn. 26), 129; differenzierend zwischen einem Börsenrückzug auf Grundlage des alten § 54 a BörsO/Ffm und einem Rückzug auf Basis der Neuregelung jetzt *Streit* (Fn. 165), 1287 f. Nur wenn ein vollständiger Börsenrückzug ohne vorherige Abgabe eines angemessenen Aktienkaufangebots möglich sei, sei ein Hauptversammlungsbeschluss erforderlich.

[175] *Wirth/Arnold* (Fn. 11), 115.

[176] *Bungert*, Delisting (Fn. 159), 55; *Even/Vera* (Fn. 10), 1317; *Schiessl*, Ist das Aktienrecht kapitalmarkttauglich?, Die AG 1999, 442, 452, der allerdings in diesem Zusammenhang nur Großaktionäre mit einem Anteil von 95 % oder mehr erwähnt; ähnlich auch *Wirth/Arnold* (Fn. 11), 116; unter Bezugnahme auf den mangelnden Schutzeffekt eines Hauptversammlungsbeschlusses auch *Weber* (Fn. 41), 390; *Kück*, Delisting, ZInsO 2001, 649, 651, schließlich spricht von einer „Feigenblattfunktion".

[177] Das Erfordernis einer satzungsändernden Mehrheit folgt für die formwechselnde Umwandlung in eine Kommanditgesellschaft aus § 233 Abs. 2 Satz 1 UmwG und in eine GmbH aus § 240 Abs. 1 Satz 1 UmwG, für Verschmelzung und Aufspaltung aus § 65 Abs. 1 Satz 1, (§ 125 Abs. 1 Satz 1) UmwG, und für die übertragende Auflösung aus §§ 179 a Abs. 1 Satz 1, 179 Satz 2 AktG. In der Theorie umstritten ist das Mehrheitserfordernis bei der Mehrheitseingliederung. Die hierzu vertretenen Ansichten reichen von einer einfachen Mehrheit (*Hüffer*, AktG, § 320 Rn. 5; *Grunewald* in MünchKomm/AktG, § 320 Rn. 7; *Beermann/Masucci* (Fn. 15), 710, über eine satzungsändernde Mehrheit (*Schwichtenberg* (Fn. 37), 2078) bis zu einer 95 %-igen Mehrheit (*v. Braunschweig* (Fn. 8), 168). Angesichts dessen, dass eine Eingliederung durch Mehrheitsbeschluss ohnehin eine 95 %-ige Kapitalmehrheit voraussetzt, ist der Streit jedoch eher von theoretischer Bedeutung. Zwar muss eine 95 %-ige Kapitalbeteiligung nicht gleichbedeutend sein mit einer 95 %-igen Stimmenmehrheit in der Hauptversamm-

gende Bearbeitung wird mit dem *BGH* davon ausgegangen, dass die Einleitung des börsenrechtlichen Delistingverfahrens einer Hauptversammlungsentscheidung bedarf.

IV. Anspruch auf Barabfindung?

Vor allem vor Inkrafttreten des III. FFMG wurde stellenweise erwogen, den von einem Delisting betroffenen Aktionären einen Anspruch auf eine (angemessene) Barabfindung analog § 207 UmwG einzuräumen. Wie im Falle des insoweit vergleichbaren Formwechsels einer Aktiengesellschaft in eine GmbH müsse eine rückzugswillige Gesellschaft vor dem Wegfall der Börsennotierung aufgrund der eingeschränkten Veräußerbarkeit die Aktien ausscheidungswilliger Aktionäre gegen angemessene Barabfindung erwerben[178]. Dabei war teilweise unklar, ob sich die Forderung nach einer Analogie zu § 207 UmwG mit Einfügung des § 38 Abs. 4 BörsG erledigt hatte oder auch jetzt noch gelten soll[179].

Jedenfalls für den Fall, dass die einzelnen deutschen Wertpapierbörsen ihre Börsenordnungen nicht schnell in der vom *BGH* in seiner *Macrotron*-Entscheidung skizzierten Weise anpassen und eine Pflicht zur vollen Entschädigung der von einem Widerruf der Börsenzulassung betroffenen Aktionäre festschreiben sollten, dürfte die Diskussion um eine analoge Anwendung des § 207 UmwG neu angefacht werden. Denn ohne eine ausdrückliche Regelung dieser vollen Entschädigungspflicht in den Börsenordnungen würde es an einer spezialgesetzlichen Anspruchsgrundlage fehlen.
Eine entsprechende Anwendung des § 207 UmwG würde insofern Abhilfe schaffen. Angemessen iSd. § 207 UmwG ist eine Abfindung nämlich nur dann, wenn sie den Verhältnissen des rückzugswilligen Unternehmens zum Zeitpunkt der Beschlussfassung der Hauptversammlung entspricht[180]. Anders als ein obligatorisches Aktienkaufangebot zu einem am Börsenkurs orientierten Preis würde eine analoge Anwendung des § 207 UmwG den Minderheitsaktionären auch bei den typischerweise unterbewerteten Börsenrückzugskandidaten stets eine Entschädigung garantieren, die dem eigentlichen Wert der Gesellschaft und nicht nur ihrem Verkehrswert entspricht[181].

---

lung (vgl. dazu *Grunewald* in MünchKomm/AktG, § 320 Rn. 7); aus der Praxis sind jedoch bisher keine Fälle bekanntgeworden, in denen ein Eingliederungsbeschluss mit einer Mehrheit von weniger als 75 % der bei der Beschlussfassung anwesenden Stimmen gefasst wurde. Ebenso wie bei der Mehrheitseingliederung verhält es sich schließlich auch beim Squeeze-out (vgl. dazu auch *Grzimek* in Geibel/Süßmann, WpÜG, Art. 7 § 327 a AktG Rn. 38).

[178] Vgl. *Schanz*, Börseneinführung, § 17 Rn. 114; *Grupp* (Fn. 15), 202 f.; *Vollmer/Grupp* (Fn. 41), 476; *Schindler* (Fn. 45), Seite 216 f., der zudem auch auf § 29 Abs. 1 UmwG verweist; *Weber* (Fn. 41), 390; *Kleppe* (Fn. 27), Seite 195 ff.; *Großfeld* (Fn. 98), Seite 9; *Pluskat* (Fn. 169), 835; wohl auch *Hellwig* (Fn. 27), 800; *Hellwig/Bormann* (Fn. 97), 487 f.

[179] So etwa *Schindler* (Fn. 45), Seite 216 f., in seiner 1999 veröffentlichten Doktorarbeit.

[180] Vgl. *Meister/Klöcker* in Kallmeyer/UmwG, § 207 Rn. 26.

[181] Besonders deutlich wird dies am Beispiel der *TIAG TABBERT-Industrie AG*, deren Hauptversammlung am 16.1.2001 ihre Verschmelzung auf die nicht börsennotierte *Knaus AG*, beschlossen hat. Der von der Gesellschaft selbst ermittelte und von den Verschmelzungsprüfern bestätigte anteilige Ertragswert betrug DM 25,24 (€ 12,91) pro Aktie. Ein Aktienkaufangebot selbst zum höchsten Börsenkurs der letzen sechs Monate vor Bekanntgabe des Antrags auf Widerruf der Börsenzulassung hätte jedoch nicht mehr als € 4,50 betragen müssen. Es dürfte auf der Hand liegen, dass – hätte die *TIAG AG* kein kaltes, sondern ein börsenrechtliches Delisting betrieben – dem Anlegerschutz mit einem derartig niedrigen Angebot – obwohl den Vorgaben der meisten Börsenordnungen entsprechend – kaum gedient worden wäre.

V. Anspruch auf Fungibilitätsausgleich?

Soweit ersichtlich, wird beim börsenrechtlichen Delisting ein neben dem obligatorischen Aktienkaufangebot stehender Fungibilitätsausgleichsanspruch allgemein abgelehnt[182]. Dem ist sowohl mit Blick auf das obligatorische Aktienkaufangebot als auch auf eine mögliche Analogie zu § 207 UmwG zuzustimmen. Denn auch wenn das obligatorische Aktienkaufangebot, wie gerade festgestellt, die Vermögensinteressen der von einem Delisting betroffenen Minderheitsaktionäre (bisher) nicht in jedem Fall sichert, steht es einem gesetzlichen Barabfindungsanspruch jedoch zumindest insoweit gleich[183], als der besonderen Verkehrsfähigkeit des Aktieneigentums dadurch Rechnung getragen wird, dass das Angebot in einem angemessenen Verhältnis zum Börsenkurs der letzten sechs Monate vor Stellung des Antrags auf Widerruf der Börsenzulassung stehen muss. Auch beim börsenrechtlichen Delisting steht den Aktionären demnach kein Anspruch auf Fungibilitätsausgleich zu.

VI. Bedarf der Börsenrückzug einer sachlichen Rechtfertigung?

Zu einer der bisher nur am Rande diskutierten Fragen, der in der Praxis jedoch größte Bedeutung zukommt, gehört diejenige, ob ein rückzugswilliges Unternehmen neben der Gewährleistung eines angemessenen Aktienkaufangebots zusätzliche materielle Voraussetzungen für einen Widerruf der Börsenzulassung zu erbringen hat. Diese Frage stellt sich beim börsenrechtlichen Delistingverfahren gleich unter zwei Gesichtspunkten. Zum einen ist zu prüfen, ob schon die Börsenrückzugsentscheidung der Hauptversammlung einer inhaltlichen Kontrolle durch ein Zivilgericht zu unterwerfen ist. Zum anderen stellt sich die Frage, ob das den Börsenzulassungsstellen eingeräumte Ermessen bei Vorliegen eines angemessenen Aktienkaufangebots zumindest grundsätzlich auf null reduziert oder ob in jedem Einzelfall im Rahmen der Ermessensausübung eine allgemeine Verhältnismäßigkeitskontrolle im Sinne einer Überprüfung auf Geeignetheit, Erforderlichkeit und Angemessenheit des Börsenrückzugs durchzuführen ist. Da diese Frage bedeutende präjudizierende Wirkung für das im Anschluss zu erörternde kalte Delisting hat, soll ihr bereits an dieser Stelle umfassend nachgegangen werden. Dabei soll im Hinblick auf das börsenrechtliche Delistingverfahren davon ausgegangen werden, dass den durch Art. 14 GG geschützten Vermögensinteressen der Minderheitsaktionäre in ausreichendem Maße genüge getan wird.

1. Inhaltliche Kontrolle des Börsenrückzugsentschlusses der Hauptversammlung?

Wer sich an einer Aktiengesellschaft beteiligt, unterwirft sich damit dem in den Kapitalgesellschaften geltenden Mehrheitsprinzip. Er muss grundsätzlich die mit der erforderlichen Mehrheit getroffenen Entscheidungen der Hauptversammlung auch dann hinnehmen, wenn er ihnen nicht zugestimmt hat und sie ihm nachteilig sind. Jedoch muss auch in einer Kapitalgesellschaft die Mehrheit die Belange der Minderheit in ei-

---

[182] Vgl. *Grupp* (Fn. 15), 203; *Zetzsche* (Fn. 48), 1069; *Kleppe* (Fn. 27), Seite 245 ff.; auch der BGH (II ZR 133/01 (Fn. 14)) hat die Notwendigkeit eines Fungibilitätsausgleichs bei einem Widerruf der Börsenzulassung in seiner Macrotron-Entscheidung mit keinem Wort erwähnt.

[183] Vgl. ausführlich dazu die Ausführungen oben unter Ziffer B.IV.

nem gewissen Umfang wahren. Tut sie das nicht, missbraucht sie ihre Befugnisse. Hauptversammlungsbeschlüsse, denen dieser Mangel anhaftet, sind anfechtbar[184]. Während diese Grenzen der Mehrheitsmacht vom Ansatz her unumstritten sind, wird ihre Ausfüllung seit jeher streitig diskutiert. In Anlehnung an das Staats- und Verwaltungsrecht wird dabei unter anderem erwogen, Beschlüsse einer Hauptversammlung einer allgemeinen gerichtlichen Inhaltskontrolle anhand der Kriterien der Geeignetheit, Erforderlichkeit und Angemessenheit zu unterziehen.

a) Die *Kali + Salz*-Entscheidung des *BGH*

Als Auslöser der Diskussion um eine allgemeine Inhaltskontrolle von Hauptversammlungsbeschlüssen bei Aktiengesellschaften wird heute weitgehend die *Kali + Salz*-Entscheidung[185] des *BGH* angesehen. In *Kali & Salz* hatte der *BGH* seinerzeit entschieden, dass der Ausschluss des Bezugsrechts der Altaktionäre (§ 186 Abs. 1 Satz 1 AktG) bei einer Kapitalerhöhung gegen Sacheinlage nur unter der Voraussetzung zulässig ist, dass die Gesellschaft nach vernünftigen kaufmännischen Überlegungen ein dringendes Interesse am Erwerb des Gegenstands (der Sacheinlage) habe und zu erwarten sei, der damit angestrebte Nutzen werde den verhältnismäßigen Beteiligungs- und Stimmrechtsverlust der vom Bezugsrecht ausgeschlossenen Aktionäre aufwiegen. Bei dieser Rechtfertigung sei besonders in Betracht zu ziehen, dass für den Aktionär der Entzug des Vorrechts, Kapital in „seinem“ Unternehmen investieren zu können, im allgemeinen einen schweren Eingriff in seine Mitgliedschaft bedeute. Der Ausschluss des Bezugsrechts führe stets dazu, dass der Anteil der betroffenen Aktionäre am Gesellschaftsvermögen mindestens relativ absinke. Zugleich verschöben sich die Stimmrechtsquoten, was unter Umständen zum Verlust einer Sperrminorität oder sogar von Minderheitsrechten führen könne, wie sie zB in §§ 93 Abs. 4 Satz 3, 142 Abs. 2, 147 Abs. 1 oder 309 Abs. 3 AktG bestimmt seien. Diese Gesichtspunkte machten es notwendig, für jeden Bezugsrechtsausschluss eine besondere sachliche Begründung zu fordern, an die um so strengere Anforderungen zu stellen seien, je schwerer der Eingriff in die mitgliedschafts- und vermögensrechtliche Stellung der ausgeschlossenen Aktionäre wiege.
Zusammenfassend führt der *BGH* weiterhin aus, Mehrheitsentscheidungen, die zu einem schwerwiegenden Eingriff in die Mitgliedschaft führen, seien nur zulässig, wenn sie „bei gebührender Berücksichtigung der Folgen“ für die betroffenen Mitglieder der Minderheit „durch sachliche Gründe im Interesse der Gesellschaft“ gerechtfertigt seien, wobei die Prüfung eben dieser Rechtfertigung die „Abwägung der Interessen und der Verhältnismäßigkeit von Mittel und Zweck“ einschließe[186].

b) Stand der Diskussion

Heute wohl unumstritten ist zunächst, dass unabhängig von der Rechtsform Mehrheitsbeschlüsse grundsätzlich einer – auf § 242 BGB und damit auf die gesellschaftliche Treuepflicht[187] gestützten – Missbrauchskontrolle unterliegen[188].

[184] *Semler* in Münch. Hdb. GesR IV, § 41 Rn. 37.
[185] BGH II ZR 142/76 vom 13.3.1978, BGHZ 71, 40 ff.
[186] BGH II ZR 142/76 (Fn. 185), 46.
[187] Vgl. zu den gesellschaftlichen Treuepflichten ausführlich unten Ziffer D.II.
[188] Vgl. statt aller nur *Hüffer*, AktG, § 243 Rn. 21 ff.; *Semler* in Münch. Hdb. GesR IV, § 41 Rn. 37 ff.; *K. Schmidt* in GroßKomm/AktG, § 243 Rn. 45 ff.; *Bermel* in Goutier/Knopf/Tulloch, Umwandlungsrecht, § 13 UmwG Rn. 18.

Darüber hinaus wurde gestützt auf *Kali + Salz* vor allem zu Beginn der 80er Jahre verstärkt vertreten, *alle* Mehrheitsbeschlüsse in einer Aktiengesellschaft müssten das ungeschriebene Tatbestandsmerkmal „materielle Rechtfertigung" zur Voraussetzung haben und materiellen Beschlussvoraussetzungen unterliegen. Eine Ausdehnung der *Kali + Salz*-Grundsätze auf alle Hauptversammlungsbeschlüsse sei schon deshalb unumgänglich, „weil der Leitungsgruppe sonst immer noch *ein* Instrument zur Verfügung stünde, um dissentierende Gesellschafter gefügig zu machen: die Ermessensfreiheit hinsichtlich einer Maßnahme kann zu Umwegspressionen benutzt werden"[189].

Ganz überwiegend wird jedoch heute ein differenzierender Standpunkt vertreten. So führte *Lutter* bereits unmittelbar nach *Kali + Salz* aus, grundsätzlich bedürften Mehrheitsentscheidungen, die in die Rechtsposition der Minderheit eingriffen, einer materiellen Rechtfertigung; dies gelte jedoch in den Fällen nicht, in denen das Gesetz die Abwägung zwischen den Interessen der Mehrheits- und denen der Minderheitsaktionäre bereits selbst getroffen habe[190]. Derartige besondere Schutzmechanismen stellten insbesondere die Pflicht zur Abfindung und qualifizierte Beschlussmehrheiten dar[191]. Dieser Ansicht hat sich kürzlich auch der *BGH* in seiner *Sachsenmilch*-Entscheidung ausdrücklich angeschlossen[192]. Umstritten sind unter den Anhängern dieser Ansicht heute nur noch Einzelfälle[193].

Auch konkret bezogen auf die verschiedenen Fälle des Börsenrückzugs wird die Durchführung einer Inhaltskontrolle des Hauptversammlungsbeschlusses ganz überwiegend abgelehnt[194]. Zur Begründung wird angeführt, der Eingriff in die Mitgliedschaftsrechte der betroffenen Aktionäre sei beim Börsenrückzug von anderer Art als beim Bezugsrechtsausschluss. Beim Börsenaustritt entstünden die Vermögensnachteile dadurch, dass Minderheitsbeteiligungen an Attraktivität einbüßten; anders als beim Bezugsrechtsausschluss entstehe dieser Attraktivitätsverlust jedoch nicht durch eine Verwässerung des Grundkapitals, sondern vor allem durch den Wegfall der Börse als Handelsmarkt für Aktien. Außerdem komme es beim Börsenrückzug

---

[189] *Wiedemann*, Rechtsethische Maßstäbe, ZGR 1980, 147, 156 f.; vgl. auch *ders.*, Gesellschaftsrecht, § 8 III 2 (Seite 446); *Martens*, Der Ausschluss des Bezugsrechts, Festschrift Fischer, 437, 445 f.; im Anschluss an *Wiedemann* jüngst auch *Kleppe* (Fn. 27), Seite 170 ff.

[190] *Lutter*, Begründung von Mehrheitsentscheidungen, ZGR 1981, 171, 176; ebenso *Krieger* in Münch. Hdb. GesR IV, § 70 Rn. 45; jüngst auch *A. Hamann*, Squeeze-out, Seite 112 ff.; im Ergebnis auch *Hüffer* in MünchKomm/AktG, § 243 Rn. 64; *Timm*, Sachkontrolle von Mehrheitsentscheidungen, ZGR 1987, 403 ff.; *Lutter/Drygala* (Fn. 16), 215 f.; ähnlich auch *K. Schmidt* in GroßKomm/AktG, § 243 Rn. 46; wohl auch *Semler* in Münch. Hdb. GesR IV, § 41 Rn. 38 ff.

[191] *Lutter*, Begründung von Mehrheitsentscheidungen (Fn. 190), 177.

[192] Vgl. BGH II ZR 278/96 (Fn. 9), 812, wo es heißt, das Gesetz habe eine spezielle Regelung für die sich für die Aktionäre ergebenden Folgen getroffen, „sodass auf den Grundsatz der sachlichen Rechtfertigung nicht zurückgegriffen werden kann".

[193] Vor allem die übertragende Auflösung war hier lange umstritten. Beispielhaft sei hier nur *Timm*, Sachkontrolle von Mehrheitsentscheidungen (Fn. 190), 435, erwähnt, der als einer der wenigen Anhänger des vermittelnden Standpunkts davon ausgeht, der Zustimmungsbeschluss der Hauptversammlung sei den gleichen Schranken wie bei einem Bezugsrechtsausschluss zu unterwerfen.

[194] *Grupp* (Fn. 15), Seite 198 f.; *Hellwig* (Fn. 27), 800; *Richard*/Weinheimer (Fn. 9), 1617; *Martinius/Schiffer*, Anmerkung zu LG München I 5 HKO 10580/99, DB 1999, 2460, 2461; *de Vries* (Fn. 45), Seite 109 ff. ; *Pluskat* (Fn. 169), 835; im Ergebnis ebenso, wenn auch ohne Begründung *Baumbach/Hopt*, HGB, § 43 BörsG Rn. 3; und *Schiessl* (Fn. 176), 452; anders aber – aufbauend auf seiner Auffassung des Erfordernisses einer generellen Beschlusskontrolle – *Kleppe* (Fn. 27), Seite 170 ff.

keinesfalls zwangsläufig zu einer Verschiebung der Beteiligungsverhältnisse wie beim Bezugsrechtsausschluss. Neue Beteiligungsverhältnisse ergäben sich vielmehr nur dann, wenn Eigentümer sich von ihren Minderheitsbeteiligungen trennten. Im Übrigen greife die Veränderung der Beteiligungsquote bei Bezugsrechtsausschlüssen direkt in die Machtverhältnisse der Gesellschaft ein. Beim Börsenrückzug werde die Position von Minderheiten zwar ebenfalls geschwächt; dieser Vorgang sei aber „mehr indirekter Natur". Die Fälle „Bezugsrechtsausschluss" und „Börsenrückzug" wiesen daher letztlich eine zu geringe Ähnlichkeit auf, als dass eine Übertragung der materiellen Beschlusskontrolle auf den Fall des Börsenrückzugs zu rechtfertigen wäre[195].

Auch die drei mit der *Macrotron*-Sache befassten Zivilgerichte haben die Notwendigkeit einer inhaltlichen Kontrolle der der Einleitung eines börsenrechtlichen Delistingverfahrens zugrundeliegenden Hauptversammlungsentscheidung mit teils unterschiedlicher Begründung abgelehnt. Das *OLG München* führte dazu aus, ein solcher Beschluss greife „in die Verwaltungsrechte der Minderheitsaktionäre nur marginal und in die vermögensrechtliche Stellung nur bedingt" ein. Im Übrigen scheide eine materielle Inhaltskontrolle des Hauptversammlungsbeschlusses auch deswegen aus, weil § 38 BörsG iVm. den jeweiligen Börsenordnungen eine umfassende spezialgesetzliche Regelung enthalte und ein weitergehender gesellschaftsrechtlicher Schutz durch Überprüfung auf die sachliche Rechtfertigung der Entscheidung nicht erforderlich sei.[196] Im Rahmen der von der Börse zu treffenden Ermessensentscheidung werde den Interessen der Anleger am Fortbestand der Börsennotierung Rechnung getragen. Insbesondere werde in diesem Zusammenhang auch geprüft, „ob das öffentliche Kaufangebot im Hinblick auf die Einbußen, die die Aktionäre durch den Börsenrückzug erleiden, ausreichend ist"[197].
Ablehnend bezüglich der Durchführung einer materiellen Inhaltskontrolle des Hauptversammlungsbeschlusses hatte sich zuvor bereits auch das *LG München I* geäußert. Hauptversammlungsbeschlüsse, die mit der erforderlichen Mehrheit gefasst worden seien, trügen ihre Rechtfertigung grundsätzlich in sich. Es obliege nicht den Gerichten zu kontrollieren, ob sie wirtschaftlich sinnvoll seien oder nicht. Diese Verantwortung trügen vielmehr die Geschäftsführung und die sie tragenden Mehrheitsaktionäre. Im Übrigen zeige auch ein Vergleich mit dem Liquidationsbeschluss der Gesellschaft, der einer inhaltlichen Kontrolle durch die Gerichte ausdrücklich nicht unterliege, dass *erst recht* der Rückzug von der Börse einer sachlichen Rechtfertigung nicht bedürfe[198].
Der *BGH* schließlich führte jüngst aus, die Entscheidung über das Delisting habe unternehmerischen Charakter. Da sie von der Hauptversammlung zu treffen sei, liege es im Ermessen der Mehrheit der Aktionäre darüber zu entscheiden, ob der Börsenrückzug im Interesse der Gesellschaft zweckmäßig und geboten erscheine. Der vermögensrechtliche Schutz der Minderheitsaktionäre werde durch das Erfordernis einer vermögensmäßig vollen Entschädigung sichergestellt, deren Höhe der gerichtlichen Überprüfung unterliege[199].

---

[195] *Grupp* (Fn. 15), Seite 198 f.
[196] Ähnlich auch *Hellwig* (Fn. 27), 800, der von einer Freistellung vom Erfordernis einer sachlichen Rechtfertigung durch die börsenrechtlichen Vorschriften spricht.
[197] OLG München 7 U 6019/99 (Fn. 136), 749; zustimmend *Mülbert*, Delisting (Fn. 26), 134.
[198] LG München I 5 HKO 10580/99 (Fn. 74), 2020.
[199] BGH II ZR 133/01 (Fn. 14), 19.

c) Eigener Ansatz

Zurecht konnten sich die Stimmen, die im Anschluss an *Kali + Salz* eine inhaltliche Überprüfung *aller* Hauptversammlungsbeschlüsse auf ihre Verhältnismäßigkeit hin forderten, nicht durchsetzen. Gegen eine derartige allgemeine Inhaltskontrolle sprechen sowohl in grundsätzlicher als auch in rechtspraktischer Hinsicht eine Vielzahl von Gründen.

Festzustellen ist zunächst, dass der *BGH* als Auslöser der jüngeren Diskussion um die Inhaltskontrolle von Hauptversammlungsbeschlüssen seine in *Kali + Salz* formulierten strengen Grundsätze in seiner späteren *Siemens/Nold*-Entscheidung[200] bereits selbst deutlich relativiert hat[201]. Danach ist ein Bezugsrechtsausschluss bereits dann zulässig, wenn dies „im wohlverstandenen Interesse der Gesellschaft" liegt. Der *BGH* begründet die – erneute – Änderung seiner Rechtsprechung damit, dass sich die von ihm zuvor an den Bezugsrechtsausschluss gestellten Anforderungen in „der Praxis der Unternehmen und der Rechtsprechung der Tatsachengerichte" als „zu streng" und „nicht praktikabel" erwiesen hätten[202].

Schon am Beispiel der besonders intensiv diskutierten Beschlüsse nach § 179 a Abs. 3 AktG wird im Übrigen deutlich, dass eine Übertragung der Grundsätze der *Kali + Salz*-Entscheidung auf alle Beschlüsse einer Hauptversammlung ohne weiteres gar nicht möglich ist, weil in einer Aktiengesellschaft viele Entscheidungen der Hauptversammlung einer Überprüfung anhand der *Kali + Salz*-Kriterien gar nicht zugänglich sind. Eine Abwägung der Interessen der *Gesellschaft* gegen die Interessen einzelner oder aller Aktionäre kommt bei einem § 179 a Abs. 3 AktG-Beschluss nicht in Betracht. Denn der Liquidationsbeschluss der Hauptversammlung kann schlechterdings niemals im Interesse der aufzulösenden Gesellschaft liegen[203]. Wenn überhaupt, könnte man die Interessen der Minderheitsaktionäre in diesem, aber auch in zahlreichen anderen Fällen nur gegen die Interessen der den Mehrheitsbeschluss fassenden Mitgesellschafter abwägen.
Darüber hinaus stellte sich bei einer Übertragung der *Kali + Salz*-Grundsätze auf alle Hauptversammlungsbeschlüsse das Problem, Kriterien finden zu müssen, anhand derer ermittelt werden könnte, ob eine Mehrheitsentscheidung verhältnismäßig und erforderlich ist. Wie soll etwa bei einer Eingliederung der Nachteil der ausscheidenden Aktionäre in Relation zu den mit der Eingliederung verbundenen Vorteile der Hauptgesellschaft oder der einzugliedernden Gesellschaft gesetzt werden[204]?
Schließlich sind auch die Konsequenzen einer Ausdehnung der *Kali + Salz*-Grundsätze auf alle Hauptversammlungsentscheidungen zu bedenken. In Zeiten, in denen Hauptversammlungsbeschlüsse schon fast routinemäßig von sog. „räuberischen Aktionären" angefochten werden, würde das Erfordernis einer materiellen Rechtfertigung eine ungeheure Beeinträchtigung der notwendigen Flexibilität und damit letztlich auch der Wettbewerbsfähigkeit der Gesellschaft bedeuten. Zumindest solche Entscheidun-

---

[200] BGH II ZR 132/93 vom 23.6.1997, BGHZ 136, 133 ff.
[201] So auch *Hüffer* in MünchKomm/AktG, § 243 Rn. 51.
[202] BGH II ZR 132/93 (Fn. 200), 136.
[203] Die Entscheidung für die Liquidation ist per se eine Entscheidung gegen die Gesellschaft, vgl. *Lutter*, Die Treuepflicht des Aktionärs, ZHR 153 (1989), 446, 449.
[204] Ebenso *Grunewald* in MünchKomm/AktG, § 320 Rn. 8, die die beiden Posten für „inkommensurabel" hält; ähnlich *Habersack* in Emmerich/Habersack, Konzernrecht, § 321 Rn. 21.

gen, die zu ihrer Wirksamkeit der Eintragung in das Handelsregister bedürfen, könnten über Jahre hinweg bis zu einer rechtskräftigen Entscheidung nicht vollzogen werden[205]. In dieser Zeit aber können sich die Umstände, aufgrund derer eine bestimmte Maßnahme beschlossen wurde, schon grundlegend geändert haben. Auch wäre das Erpressungspotential für „räuberische Aktionäre" enorm, die oft nur deshalb gegen Hauptversammlungsbeschlüsse klagen, um sich ihren „Lästigkeitswert" abkaufen zu lassen[206]. Es kann daher schon im Interesse einer flexiblen Unternehmensleitung kaum in Betracht kommen, alle Hauptversammlungsbeschlüsse einer inhaltlichen Kontrolle zu unterwerfen.

Neben diesen eher praktischen Problemen bezüglich einer Übertragung der Grundsätze von *Kali + Salz* bestehen auch in grundsätzlicher Hinsicht massive Bedenken gegenüber der Forderung, alle Beschlüsse der Hauptversammlung einer Aktiengesellschaft anhand der Kriterien der Geeignetheit, Erforderlichkeit und Angemessenheit zu überprüfen.

Der Verhältnismäßigkeitsgrundsatz wird aus dem Rechtsstaatsprinzip abgeleitet und ist im Bereich des Staatsrechts – zurecht – völlig unumstritten. Jede Maßnahme des Staates gegenüber „seinen" Bürgern, mit der er mittelbar oder unmittelbar in ihre Rechte eingreift, muss sich an den Kriterien der Geeignetheit, Erforderlichkeit und Angemessenheit messen lassen. Entspricht eine staatliche Maßnahme nicht diesen Kriterien, ist sie rechtswidrig und wird auf entsprechende Klagen hin durch ein Gericht aufgehoben.

Die Mitgliedschaft in einer Aktiengesellschaft ist jedoch mit der Mitgliedschaft in einer Staatsgemeinschaft nicht zu vergleichen. Während man in letztere in der Regel hineingeboren wird, beruht erstere regelmäßig auf einer *freiwilligen* Investitionsentscheidung eines Aktionärs[207]. Schon dieser grundsätzliche Unterschied rechtfertigt es, in einer – privatrechtlichen – Aktionärsgemeinschaft andere Grundsätze anzuwenden, als in einer Staatsgemeinschaft. Das Schutzbedürfnis eines Staatsbürgers vor Eingriffen des Staates in seine Rechte ist mit dem Schutzbedürfnis eines Aktionärs bezüglich seiner mitgliedschaftlichen und vermögensrechtlichen Interessen schon vom Ansatz her nicht vergleichbar.

Vor allem aber spricht ein weiteres Argument gegen die Durchführung einer allgemeinen inhaltlichen Kontrolle und damit gegen das Erfordernis einer materiellen Rechtfertigung aller Hauptversammlungsbeschlüsse: Anders als Vorstands- und Aufsichtsratsmitglieder in ihren jeweiligen Funktionen nehmen die Aktionäre in der Hauptversammlung in allererster Linie ihre *eigenen* Interessen, und eben nicht – fremdnützig –

---

[205] Hieran vermögen auch die sog. Unbedenklichkeitsverfahren (vgl. etwa §§ 319 Abs. 6 AktG, 16 Abs. 2 UmwG) nicht viel zu ändern, da sie sich in der Praxis als wenig wirkungsvoll erwiesen haben. Vgl. dazu ausführlich Grunewald in MünchKomm/AktG, § 319 Rn. 35 ff.

[206] Ähnlich der Vorsitzende des zuständigen II. Zivilsenats beim BGH *Röhricht* in: Rechtswissenschaft, ZGR 1999, 445, 471: „Was [....] tatsächlich erreicht wurde, war letztlich nichts anderes als die Schaffung eines zusätzlichen Erpressungspotentials in den Händen verschwindend kleiner Minderheiten ohne ernsthaftes wirtschaftliches Interesse am Erfolg des Gesellschaftsunternehmens, die bereit waren, sich ihre Anfechtungsrechte gegen Zahlung beträchtlicher Summen abkaufen zu lassen, und die Entmündigung der Hauptversammlung zugunsten der staatlichen Gerichtsbarkeit."

[207] Sonderfälle wie Zuwanderung und Einbürgerung sowie die Vererbung von Aktien seien hier einmal unberücksichtigt.

die Interessen der Gesellschaft war[208]. Aktiengesellschaften sind (wenn überhaupt) nur in seltensten Ausnahmefällen gemeinnützige Einrichtungen[209], sondern dienen dem Zweck der Gewinnerzielung und damit der Mehrung des in sie investierten Kapitals. Die Aktionäre einer Aktiengesellschaft haben *ihr* Kapital in die gemeinsame Gesellschaft investiert. Es ist demnach ihr „gutes Recht", ihr Abstimmungsverhalten in der Hauptversammlung – wenn nicht ausschließlich, so doch zu allererst – anhand *ihrer* persönlichen Interessen auszurichten[210], auch wenn es dazu einer Kapitalerhöhung, einer Verschmelzung, eines Formwechsels, des Abschlusses eines Unternehmensvertrags oder des Rückzuges von der Börse bedarf. Hieraus folgt auch, dass die Gesellschaft um ihrer selbst willen nicht geschützt wird, vor allem nicht vor ihren eigenen Aktionären. Dies wird insbesondere am Beispiel der schon angesprochenen Beschlüsse nach § 179 a Abs. 3 AktG deutlich. Spätestens seit der *Bosch/Moto Meter*-Entscheidung des *BVerfG* steht fest, dass die Aktionäre einer Aktiengesellschaft völlig frei darin sind, jederzeit die Auflösung der Gesellschaft zu beschließen und dies, ohne dass es hierzu einer materiellen Rechtfertigung bedarf[211]. Wenn ein Aktionär aber mit seiner Stimmenmehrheit in der Hauptversammlung schon die Auflösung der Gesellschaft gegen den Willen aller anderer Aktionäre beschließen kann, so muss er – wie das *LG München I* zurecht feststellt – gewissermaßen als Minus im Vergleich zu einer Auflösung auch Beschlüsse fassen können, die von ihren Auswirkungen auf Gesellschaft und Minderheitsaktionären nicht so weitgehend sind wie eine Auflösung.

Beschränkt wird diese grundsätzliche Entscheidungsfreiheit zunächst nur durch die allgemeine gesellschaftliche Treuepflicht, in der letztlich der Rechtsgedanken des § 242 BGB zum Ausdruck kommt. Insofern unterscheidet sich das Verhältnis der Aktionäre einer Aktiengesellschaft untereinander nicht wesentlich von anderen Vertragsverhältnissen. Den einen Mehrheitsbeschluss fassenden Aktionären ist es untersagt, die Interessen der überstimmten Aktionäre unangemessen zu beeinträchtigen. Mittels eines solchen Missbrauchseinwands wird man bei Börsenrückzugstransaktionen zB solche Fälle angreifen können, in denen die Kürze des zwischen *going public* und *going private* liegenden Zeitraums die Vermutung nahe legt, dass Börsengang und Börsenrückzug von den Initiatoren missbräuchlich nur zum Zwecke des „Abkassierens" bei Anlegern betrieben wurden[212]. Außerhalb dieser Grenzen des § 242 BGB sind die Aktionäre jedoch grundsätzlich frei, ihr Stimmrecht im Rahmen der Hauptversammlung anhand ihrer Interessen auszuüben[213].

---

[208] So auch *Wiedemann*, Gesellschaftsrecht, § 8 II 3 (Seite 434).

[209] Gemeinnützige Unternehmen firmieren in der Regel als Verein oder Stiftung.

[210] Ausdrücklich anders allerdings *Röhricht*, Rechtswissenschaft (Fn. 206), 472.

[211] Schon der BGH hatte wiederholt entschieden, dass es einer materiellen Rechtfertigung in diesem Fall nicht bedürfe (vgl. BGH II ZR 75/87 vom 1.2.1988, JZ 1989, 443 ff.; II ZR 124/78 vom 28.1.1980, BGHZ 76, 352, 353), und auch das BVerfG scheint diesbezüglich keinerlei Bedenken zu haben (vgl. BVerfG 1 BvR 68/95 und 1 BvR 147/97 (Fn. 13), 2011 ff.).

[212] So auch *Schwark/Geiser* (Fn. 21), 764; auch hier ist jedoch Zurückhaltung in Fällen wie dem der *Brainpool TV AG* oder der *Systematics AG* geboten, die zu den ersten Nutzern der neuen Squeeze-out-Regel gehörten und die beide erst in den Jahren 1999 und 2000 an die Börse gekommen waren. Da hier der Börsenrückzug erst nach einer Mehrheitsübernahme vollzogen wurde, kann der Vorwurf des Rechtsmissbrauchs gegen den neuen Großaktionär, der zum Zeitpunkt des *going public* noch kein Aktionär war, kaum erhoben werden. Vgl. dazu ausführlich auch *Lutter/Drygala* (Fn. 16), 219 f.

[213] Ähnlich *Mülbert*, Aktiengesellschaft, Seite 358.

Es ist allerdings nicht zu verkennen, dass auf diese Weise beschlossene Maßnahmen in vielen Fällen erheblich die Interessen der Minderheitsaktionäre beeinträchtigen und ihre Rechtsstellung verschlechtern können, sodass sie den Aktionären nicht ohne weiteres zuzumuten sind. Abhängig von der Art der Beeinträchtigung trägt der Gesetzgeber dem in zahlreichen Fällen dadurch Rechnung, dass er dissentierenden Aktionären durch Barabfindungsansprüche die Lösung von der Gesellschaft gestattet. Mit der Möglichkeit zum Ausscheiden aus der gemeinsamen Gesellschaft wird der von den Mehrheitsaktionären gegen den Willen der Minderheitsaktionäre veränderten Geschäftsgrundlage Rechnung getragen, und zwar – angesichts der Möglichkeit, die Höhe einer angebotenen Abfindung gerichtlich überprüfen zu lassen[214] – in *ausreichendem* Maße.

Der *Kali + Salz* zugrundeliegende Fall des Bezugsrechtsausschlusses ist in mehrfacher Hinsicht ein Sonderfall, der sich nicht verallgemeinern lässt. Zum einen ist hier eine Abwägung der Aktionärsinteressen gegen die Interessen der Gesellschaft möglich. Zum anderen sah das AktG bis dato keinerlei Regulierung und keinerlei Kriterien bezüglich der Zulässigkeit eines Bezugsrechtsausschlusses vor[215]. Schließlich gibt es auch keine Möglichkeit, den Aktionären auf andere Weise einen Interessenausgleich für den von ihnen hinzunehmenden Bezugsrechtsausschluss zu verschaffen. Vor allem das diesbezüglich gängigste Mittel des Austrittsrechts gegen Barabfindung kommt hier kaum in Betracht. Den von einem Bezugsrechtsausschluss betroffenen Aktionären ein derartiges Austrittsrecht zuzugestehen, hieße, die Gesellschaft mit Abfindungsansprüchen zu belasten und damit das Gesellschaftskapital zu *mindern*. Es liegt jedoch auf der Hand, dass dies im Zusammenhang mit einer Kapital*erhöhung* kaum ein taugliches Mittel sein kann, die Interessen der Minderheitsaktionäre zu schützen.
Konstellationen wie beim Ausschluss des Bezugsrecht, wo zum Schutz der Interessen der Minderheitsaktionäre die herkömmlichen aktienrechtlichen Schutzinstrumente wie der Barabfindungsanspruch ausnahmsweise ausfallen und der Schutz der Minderheitsaktionäre vor den Auswirkungen einer Mehrheitsentscheidung nur durch den Import von Schutzinstrumenten aus einem völlig anderen Rechtsgebiet wie dem Staats- und Verwaltungsrecht zu gewährleisten ist, finden sich im Aktienrecht jedoch nicht viele. Nicht ohne Grund hat der *BGH* seine in *Kali + Salz* entwickelte Rechtsprechung über den Bezugsrechtsausschluss hinaus bislang nicht auf andere Konstellationen ausgedehnt[216]. In den meisten Fällen hat der Gesetzgeber den Minderheitenschutz heute bereits selbst ausreichend geregelt. Wo dies nicht der Fall ist und tatsächlich eine Lücke im Minderheitenschutz besteht, wird man diese in der Regel mit den allgemein anerkannten Mitteln der Lückenfüllung und Rechtsfortbildung, vor allem mit

---

[214] Aus diesem Grund vermag auch die Forderung *Rodloffs*, Mehrheitseingliederung, Seite 57, nach einer Sachkontrolle des zugrundeliegenden Hauptversammlungsbeschlusses *trotz* Bestehens eines Barabfindungsanspruchs nicht zu überzeugen, weil aufgrund von Bewertungsfehlern die „Gefahr beträchtlicher Vermögensnachteile für die betroffenen Aktionäre begründet" sei.
[215] Als Reaktion auf die *Kali & Salz*-Entscheidung hat der Gesetzgeber zwar keine umfassende Regulierung des Bezugsrechtsausschlusses vorgenommen. Zumindest ein entsprechender Ansatz ist mit dem neu eingefügten § 186 Abs. 3 Satz 4 AktG jedoch zu erkennen.
[216] Im Gegenteil: in der Sachsenmilch-Entscheidung hat er kürzlich eine Übertragung auf die Kapitalherabsetzung ausdrücklich abgelehnt (vgl. BGH II ZR 278/96 (Fn. 9), 810 ff.).

der Rechtsanalogie schließen können[217]. Nur in den seltensten Fällen wird ein solches Vorgehen nicht möglich sein; nur in diesen Fällen wird man daher über das Erfordernis einer sachlichen Rechtfertigung des Hauptversammlungsbeschlusses nachdenken können.

Aus diesem Grund ist zumindest *im Ergebnis* der oben dargestellten, vermittelnden Ansicht zur Frage der Inhaltskontrolle zu folgen[218]. Nur dann, wenn sich ausreichender Minderheitenschutz ausnahmsweise nicht mittels der herkömmlichen aktienrechtlichen Schutzinstrumente sicherstellen lässt, kann es ausnahmsweise in Betracht kommen, die Durchführung eines Hauptversammlungsbeschlusses davon abhängig zu machen, ob die beabsichtigte Maßnahme „bei gebührender Berücksichtigung der Folgen“ für die betroffenen Mitglieder der Minderheit „durch sachliche Gründe im Interesse der Gesellschaft“ gerechtfertigt ist.

d) Zwischenergebnis

Eine derartige Konstellation liegt jedoch weder beim börsenrechtlichen noch bei den verschiedenen Modellen des kalten Delistings vor. Ausreichender Minderheitenschutz lässt sich hier mit Hilfe der herkömmlichen aktienrechtlichen Schutzinstrumente sicherstellen. Einer inhaltlichen Kontrolle des der Einleitung des börsenrechtlichen Zulassungswiderrufsverfahrens zugrundeliegenden Hauptversammlungsbeschlusses bedarf es dafür nicht.

2. Prüfungsumfang und Entscheidungsermessen der Börsenzulassungsstelle

Steht demnach fest, dass der Zustimmungsbeschluss der Hauptversammlung keiner inhaltlichen Kontrolle durch die Zivilgerichte zu unterziehen ist, stellt sich im Anschluss daran die Frage, ob statt dessen eine inhaltliche Kontrolle in Form einer Verhältnismäßigkeitsprüfung durch die Börsenzulassungsstellen im Rahmen des Widerrufsverfahrens vorzunehmen ist.

a) Stand der Diskussion

Insbesondere der Wortlaut des alten § 54 a Abs. 1 BörsO/Ffm ("Die Zulassungsstelle widerruft ...., wenn ...") ließ früher vermuten, dass sich die Prüfungskompetenz der Zulassungsstelle auf die Frage beschränken sollte, ob ein angemessenes Aktienkaufangebot zur Wahrung des Anlegerschutzes vorliegt, dass jedoch eine darüber hinausgehende Überprüfung, insbesondere hinsichtlich einer materiellen Rechtfertigung des Börsenrückzugs nicht stattfindet. Die Entscheidung der Zulassungsstelle hätte in diesem Fall den Charakter einer gebundenen Entscheidung[219].

---

[217] Vgl. in diesem Zusammenhang auch die nachstehenden Überlegungen zu einer analogen Anwendung des § 29 Abs. 1 UmwG (Ziffer F.V) und des § 320 b Abs. 1 Satz 3 AktG (Ziffer H.IV).

[218] Im Hinblick auf die dogmatische Begründung besteht zu der hier vertretenen Ansicht allerdings ein erheblicher Unterschied: während die heute herrschende Ansicht darauf basiert, dass grundsätzlich jeder Eingriff in Positionen und Rechte der Minderheit einer sachlichen Rechtfertigung bedarf und dieses Erfordernis nur in den (Einzel)Fällen entfällt, in denen das Gesetz die Interessensabwägung bereits selbst vorgenommen hat, geht die hier vertretene Ansicht vom genauen Gegenteil und damit von einem umgekehrten Regel-Ausnahmeverhältnis aus.

[219] So etwa *de Vries* (Fn. 45), Seite 12; ähnlich auch *Weinheimer/Fritzsche* in Hdb. Going Private, Seite 262.

Schon vor der Neufassung des § 54 a (jetzt § 58) BörsO/Ffm vertraten allerdings die einzelnen deutschen Wertpapierbörsen sowie die überwiegende Literaturmeinung die Ansicht, die Entscheidung über den Widerruf der Börsenzulassung sei eine Ermessensentscheidung. Insofern hat der Börsenrat der Frankfurter Wertpapierbörse bei der im März 2002 erfolgten Änderung der BörsO/Ffm eine Klarstellung getroffen. Durch die Neufassung des § 58 BörsO/Ffm („Die Zulassungsstelle kann .... widerrufen") steht nun fest, dass die Entscheidung über den Widerruf der Börsenzulassung keine gebundene Entscheidung ist, sondern im freien (pflichtgemäßen) Ermessen der Zulassungsstelle steht[220]. Nach wie vor unklar ist allerdings, welche Umstände die Börsen insofern in ihre Entscheidungsfindung miteinbeziehen dürfen.

(1) Die Rechtsansichten der einzelnen Börsen

Entsprechende Anfragen bei den einzelnen deutschen Wertpapierbörsen ergaben, dass diese sich ganz überwiegend eine umfassende Prüfungskompetenz und ein weitreichendes Ermessen bei der Entscheidung über einen Widerrufsantrag nach § 38 Abs. 4 BörsG einräumen. Insbesondere in den Stellungnahmen der deutschen Regionalbörsen war eine gewisse Tendenz dahingehend zu erkennen, wonach ein vollständiger Börsenrückzug in Deutschland weiterhin nur in Ausnahmefällen zugelassen werden solle.

Die Zulassungsstelle der *Börse Düsseldorf* lehnt – ebenso wie noch auf Grundlage des alten § 54 a BörsO/Ffm auch die *Frankfurter Wertpapierbörse* – den auf Grundlage ihrer BörsO naheliegenden Schluss ab, bei Vorliegen eines angemessenen Aktienkaufangebots sei dem Widerrufsantrag im Sinne einer gebundenen Entscheidung im Regelfall stattzugeben. Sie prüfe vielmehr, wie viele Anteile der rückzugswilligen Gesellschaft sich *nach* Ablauf der Angebotsfrist noch in der Hand von Minderheitsaktionären befinden. Nur bei einem geringen *free float*, der jedoch der Höhe nach nicht weiter beziffert wurde, werde dem Widerrufsantrag stattgegeben[221]. Daneben werde im Rahmen der Entscheidungsfindung auch berücksichtigt, ob Anfechtungsklagen gegen den Delistingbeschluss der Hauptversammlung anhängig seien. Diese Gesichtspunkte könnten ihren Niederschlag zum einen in der Entscheidung über den Widerrufsantrag selbst, zum anderen aber auch bei der Festlegung der Frist bis zum Wirksamwerden des Widerrufs der Börsenzulassung finden.
Der Sache nach gleich äußerte sich auch die *Bremer Wertpapierbörse*, deren BörsO als einzige nicht das Erfordernis eines obligatorischen Aktienkaufangebots an die außenstehenden Aktionäre der rückzugswilligen Gesellschaft vorsieht, sondern ein berechtigtes Interesse der Gesellschaft am Widerruf ihrer Börsenzulassung verlangt. Die Geschäftsführung der Börse räumte zunächst ein, dass der Nachweis des Anlegerschutzes auch durch ein angemessenes Aktienkaufangebot geführt werden könne; hiervon sei jedoch das von § 53 a Abs. 1 Satz 2 BörsO/Bre geforderte „berechtigte Interesse" strikt zu trennen. Die Frage, wann ein solches vorliege, sei im Einzelfall zu

---

[220] Ähnlich *Holzborn/Schlößer* (Fn. 165), 489 ff.; anders aber *Streit* (Fn. 165), 1283, der von einer gebundenen Entscheidung ausgeht.

[221] Ebenso VG Frankfurt/M. 9 E 2285/01 (V) (Fn. 146), 1450. Ähnlich äußerte sich auch die *Münchener Wertpapierbörse*. Maßgeblich sei, wie viele Aktien sich noch im Besitz von freien Aktionären befänden. Dabei prüfe die Börse bei Vorliegen eines angemessenen Aktienkaufangebots allerdings nicht von sich aus, ob dem Delisting Interessen von Anlegern entgegen stünden. Würden solche Interessen allerdings geltend gemacht, würden sie auch in die Entscheidung der Börse miteinbezogen.

beurteilen. Das Vorbringen, mit einem Börsenrückzug Publizitätspflichten nach gesetzlichen Vorschriften reduzieren zu wollen, werde als alleiniger Grund „wahrscheinlich" nicht ausreichen. In Verbindung mit einem nur noch geringen *free float* und vor dem Hintergrund der mit der Börsennotiz verbundenen Kosten bekomme das Vorbringen jedoch ein anderes Gewicht. Wahrscheinlich sei auch, dass bei einem vollständigen Börsenrückzug eine längere Frist bis zum Wirksamwerden des Widerrufs festgesetzt werde, um den Aktionären die Chance einzuräumen, „sich von ihren an der Börse erworbenen Stücken auch über die Börse wieder trennen zu können".
Die Zulassungsstelle der *Stuttgarter Wertpapierbörse* sieht zwar ihr Entscheidungsermessen zunächst auf die Prüfung der formalen Voraussetzungen beschränkt, sofern neben der Unterbreitung eines angemessenen Aktienkaufangebots ein Hauptversammlungsbeschluss mit qualifizierter Mehrheit über das Delisting vorgelegt werde. Ebenso wie die anderen Börsen weist jedoch auch sie einschränkend darauf hin, dass das Volumen der gehandelten Aktien und der Umfang des *free float* zu beachten seien.
Nicht auf den noch verbleibenden *free float* verwiesen die *Börsen Hamburg* und *Hannover*. Beide gaben an, den Antrag auf Widerruf der Börsenzulassung umfassend, dh. nicht nur in bezug auf die Angemessenheit des Kaufangebots zu überprüfen. Das Rückzugsinteresse der Gesellschaft einerseits und das Interesse an der Funktionsfähigkeit des Kapitalmarktes andererseits würden bei der Ausübung des Entscheidungsermessens gegeneinander abgewogen. Eine Ermessensreduzierung auf Null mit der Konsequenz einer ablehnenden Entscheidung finde nur dann statt, wenn zwischen der Börsenzulassung oder der letzten Kapitalerhöhung ein unangemessen kurzer Zeitraum liege.
Einzig die Zulassungsstelle der *Börse Berlin* tendiert in Richtung eines gebundenen Ermessens. Liege ein angemessenes Aktienkaufangebot vor, werde nicht von Amts wegen geprüft, ob Interessen der Anleger einem Delisting entgegenstünden. Machten die Aktionäre jedoch solche Interessen geltend, würden sie bei der Entscheidungsfindung berücksichtigt. In Anbetracht des Aktienkaufangebots müssten diese Interessen jedoch „gewichtig" sein, um ein Delisting verhindern zu können.

(2) Rechtsprechung und Literatur

Noch uneinheitlicher als von den Börsen wird die Frage nach den im Rahmen der Widerrufsentscheidung zu berücksichtigenden Kriterien in der Literatur beantwortet.

So wird zum Teil angeführt, dass ein vollständiger Börsenrückzug von vornherein nur in Ausnahmefällen in Betracht kommen könne. Das Interesse des Emittenten daran, die Kosten für die laufenden Pflichtveröffentlichungen und etwaiger Zulassungsverfahren bei Kapitalerhöhungen zu vermeiden, reiche hierfür jedenfalls nicht aus. Wie sich aus der Entstehungsgeschichte des § 38 Abs. 4 BörsG ergebe, seien die Anforderungen an das Interesse des Emittenten, sich ganz von allen deutschen Börsen zurückzuziehen, erheblich; dies gelte selbst dann, wenn noch ein Handel an ausländischen regulierten Märkten fortbestehe[222].
Von anderer Seite wird angeführt, es sei zweifelhaft, ob den Interessen der Minderheitsaktionäre durch ein angemessenes Aktienkaufangebot ausreichend Rechnung

[222] *Groß*, Zulassung zum Börsenhandel, FB 1999, 24, 28 f.; *ders.*, Kapitalmarktrecht, § 43 BörsG Rn. 13.

getragen werden könne, wenn diese Aktionäre gar nicht verkaufen, sondern in den Genuss weiteren Wertzuwachses kommen wollten. Wenn sich nämlich dieser erwartete Wertzuwachs aufgrund des Delistings künftig nicht mehr im Börsenkurs zeigen könne und wenn er überdies wegen des Wegfalls von Publizitätspflichten auch nicht mehr in gleichem Maße transparent werde, „könne das – ja müsse zwangsläufig – die Position des Anlegers so beeinträchtigen, dass Rechtsschutz dagegen zur zwingenden staatlichen Pflicht werde“[223].
Auch das *OLG München* scheint davon auszugehen, dass sich die Prüfung der Börsenzulassungsstellen im Rahmen der Widerrufsentscheidung nicht auf das Vorliegen eines angemessenen Aktienkaufangebots beschränkt[224]. Es führt diesbezüglich in seiner Entscheidungsbegründung aus, dass im Rahmen der von den Zulassungsstellen zu treffenden Ermessensentscheidung insbesondere auch zu prüfen sei, ob das öffentliche Kaufangebot im Hinblick auf die Einbußen, die die Aktionäre durch den Börsenrückzug erleiden, ausreichend sei[225]. Es lässt dabei jedoch offen, anhand welcher Kriterien diese Prüfung erfolgen soll.

Gegen die Berücksichtigung von über das Vorliegen eines angemessenen Aktienkaufangebots hinausgehenden Kriterien wird angeführt, dass es auf die Hintergründe des angestrebten Börsenrückzugs nicht ankommen könne. Es sei daher nicht Aufgabe der Börsenzulassungsstelle, entsprechende Überprüfungen vorzunehmen. Auch ließen sich aus dem Gesetz keine Anhaltspunkte dafür entnehmen, dass die Gesellschaft ihrerseits sehr erhebliche Gründe für ein Delisting nachweisen müsse[226]. Die Interessen der Anleger seien in ausreichendem Maße berücksichtigt worden, wenn ein angemessenes Aktienkaufangebot vorliege[227]. Noch restriktiver wird teilweise vertreten, die Börsenaufsicht könne nur prüfen, ob überhaupt und mit welchen Mehrheiten ein Hauptversammlungsbeschluss gefasst wurde; darüber hinausgehende, insbesondere inhaltliche Kontrollrechte stünden ihr nicht zu[228].

b) Eigener Ansatz

Mit der ablehnenden Haltung gegenüber der Notwendigkeit der Durchführung einer Inhaltskontrolle des Hauptversammlungsbeschlusses ist auch die Antwort auf die Frage nach der Durchführung nach Prüfungskompetenz und Entscheidungsermessen, insbesondere auch nach Durchführung einer Verhältnismäßigkeitsprüfung durch die Börsenzulassungsstellen schon präjudiziert. Beide Fragen können im Ergebnis kaum unterschiedlich entschieden werden.

---

[223] *C. St.*, Rückzugsinteresse contra Vertrauensinteresse, ZfgK 2000, 506.
[224] OLG München 7 U 6019/99 (Fn. 136), 749; vgl. auch *Mülbert*, Delisting (Fn. 26), 117, und *U. Hamann* in Schäfer/WpHG, § 43 BörsG Rn. 26, die von einer umfassenden Prüfungskompetenz der Zulassungsstelle ausgehen.
[225] OLG München 7 U 6019/99 (Fn. 136), 749; ähnlich *Kiem*, Kurzkommentar zu LG München I 5 HKO 10580/99, EWiR 2000, 75, 76; vgl. auch *Hellwig* (Fn. 27), 800, der wie das OLG München davon ausgeht, dass die börsenrechtlichen Vorschriften vom Erfordernis einer materiellen Rechtfertigung des Hauptversammlungsbeschlusses freistellten, jedoch nicht weiter ausführt, welche Prüfungskompetenz der Börsenzulassungsstelle zustehen soll.
[226] *Richard/Weinheimer* (Fn. 9), 1619; *Weinheimer/Fritzsche* in Hdb. Going Private, Seite 262.
[227] *Kück* (Fn. 176), 650.
[228] *Land/Hasselbach* (Fn. 9), 558.

Zwar stehen sich auf dieser Ebene formal nicht die Interessen der Minderheitsaktionäre denen der Mehrheitsaktionäre, sondern die der rückzugswilligen Aktiengesellschaft als Emittent denen (aller) Aktionäre gegenüber. Hieraus lässt sich eine andere qualitative Bewertung jedoch kaum rechtfertigen. Zum einen soll – wie dargestellt – auch bei der inhaltlichen Kontrolle des Hauptversammlungsbeschlusses Entscheidungsmaßstab das wohlverstandene Interesse der Gesellschaft sein. Zum anderen wird ebenso wie Formwechsel, Verschmelzung, Aufspaltung, Mehrheitseingliederung und Squeeze-out auch der Widerruf der Börsenzulassung der Sache nach durch den Mehrheitsaktionär betrieben. Die formal bestehenden Interessen der Gesellschaft an dem Börsenrückzug sowie die Vorteile, die für die Gesellschaft dadurch entstehen, sind aus diesem Grund jedoch weitgehend deckungsgleich wenn nicht sogar identisch mit den Vorteilen und Interessen, die sich der Mehrheitsaktionär von dem Börsenrückzug verspricht.
Wenn aber feststeht, dass es auch im Rahmen des börsenrechtlichen Widerrufsverfahrens „nur" um den typischen aktienrechtlichen Interessenskonflikt von Mehrheits- und Minderheitsaktionären geht, ist nicht einzusehen, warum dieser Interessenskonflikt hier anders entschieden werden soll als in allen vergleichbaren Konstellationen[229]. Weder ist ein eigenständiges öffentliches Funktionsschutzinteresse noch ein (vom Schutz der aktuellen Aktionäre zu unterscheidender) eigenständiger Markt- oder Publikumsschutz anzuerkennen, an dem der Widerruf der Zulassung scheitern könnte[230]. Nach aktienrechtlichen Maßstäben ist den Anforderungen an einen Börsenrückzug durch einen mit satzungsändernder Mehrheit gefassten Beschluss der Hauptversammlung und ein angemessenes Aktienkaufangebot Genüge getan; insbesondere bedarf es keines zusätzlichen Schutzes der Kleinaktionäre aufgrund ihrer Eigenschaft auch als Anleger am Kapitalmarkt[231].

Vor allem die zitierten Rechtsansichten der einzelnen Börsen sind daher ganz überwiegend abzulehnen. Dies gilt zunächst insofern, als die Zulassungsstellen bei ihrer Entscheidung über den Widerrufs der Börsenzulassung auf den noch vorhandenen *free float* abstellen wollen. Maßgeblich für die Zulässigkeit eines Widerrufs der Börsenzulassung muss allein der der Einleitung des Widerrufsverfahrens zugrundeliegende Beschluss der Hauptversammlung sein. Selbst wenn man insofern mit dem *OLG München* und der überwiegenden Literaturmeinung eine satzungsändernde Mehrheit fordert, würde selbst ein *free float* von 25 % der zum Börsenhandel zugelassenen Aktien dem Widerruf der Börsenzulassung nicht entgegenstehen. Für die Forderung nach einer höheren Hauptversammlungsmehrheit und damit korrespondierend einem geringeren maximal zulässigen *free float* gibt es keinerlei Anlass. Das Aktienrecht setzt der Mehrheitsherrschaft nur in den Fällen engere Grenzen, in denen es einem Mehrheitsaktionär das Recht einräumt, die Minderheitsaktionäre vollständig aus der gemeinsamen Gesellschaft auszuschließen. Mit einer Mehrheitseingliederung oder einem Squeeze-out aber ist der Widerruf der Börsenzulassung nicht zu vergleichen.

---

229 Ebenso *Wilsing/Kruse*, Änderung des § 54 a BörsO/Ffm (Fn. 165), 811.
230 Ebenso *Kleindiek* (Fn. 166), 671; vgl. dazu im Übrigen Ziffer A.IV.
231 Ähnlich *Kleindiek* (Fn. 166), 671. Unverständlich insofern die Differenzierung von *Holzborn/Schlösser* (Fn. 165), 488, wonach nur „eine große Zahl der Kleinaktionäre [...] Anleger sei.

Vollends abzulehnen ist es darüber hinaus jedoch, auf den vorhandenen *free float nach* Ablauf der Angebotsfrist des obligatorischen Aktienkaufangebots abzustellen. Nicht nur, dass durch eine derartige Regelung das grundsätzliche aktienrechtliche Prinzip völlig ignoriert würde, dass eine Abfindung zwar allen Aktionären anzubieten, es für die Durchführbarkeit der zum Angebot verpflichtenden Maßnahme jedoch unerheblich ist, ob und wie viele Aktionäre das Angebot auch tatsächlich annehmen. Vor allem hieße letzten Endes, die Entscheidung über den Widerruf der Börsenzulassung davon abhängig machen zu wollen, wie viele Aktionäre das ihnen angebotene Aktienkaufangebot angenommen haben, einer mehr oder weniger großen Aktionärsminderheit die Entscheidung über den Rückzug von der Börse zu überlassen und die Mehrheitsentscheidung der Hauptversammlung zu ignorieren.
Aus dem gleichen Grund vermag auch der in der Literatur erhobene Einwand nicht zu überzeugen, durch ein angemessenes Aktienkaufangebot könne den Interessen der Aktionäre in den Fällen nicht ausreichend Rechnung getragen werden, wenn diese ihre Aktien gar nicht verkaufen, sondern in den Genuss weiteren Wertzuwachses kommen wollten. Zwar ist dem insofern zuzustimmen, dass den Interessen eines Aktionär, der trotz des Börsenrückzugs – aus welchen Gründen auch immer – in der Gesellschaft verbleiben will, aus seiner persönlichen Sicht mit einem Kaufangebot für seine Aktien kaum gedient sein wird. Hierin ein Hindernis für den Widerruf der Börsenzulassung zu erblicken, liefe jedoch letztlich darauf hinaus, einen Börsenrückzug über das börsenrechtliche Delistingverfahren nur bei einer *einstimmigen* Entscheidung der betroffenen Aktionäre zuzulassen: Denn selbst wenn nur ein einziger Aktionär in der Gesellschaft verbleiben will, der dem Börsenrückzug nicht zustimmt, dürfte die Börsenzulassung auf Basis dieser Argumentation nicht widerrufen werden. Der Gesetzgeber hat jedoch ein derartiges Einstimmigkeitserfordernis im Aktienrecht nicht vorgesehen[232].

Diesem Ergebnis steht schließlich auch nicht der Grundsatz entgegen, dass alles staatliche Handeln, das sich belastend auf die Rechte seiner Bürger auswirkt, verhältnismäßig (im engeren Sinne) sein muss. Zwar gilt dieser Grundsatz auch im vorliegend zu beurteilenden Fall, da der Widerruf der Börsenzulassung als staatliche Handlung in die Rechte und Interessen der (Klein)Aktionäre der rückzugswilligen Gesellschaft eingreift. Aus dem Verhältnismäßigkeitsgrundsatz folgt jedoch nicht, dass staatliches Handeln in jedem Einzelfall von der rechtsanwendenden Behörde noch einmal auf seine Angemessenheit zu überprüfen ist. Vielmehr ist es auch möglich, dass der Gesetzgeber die notwendige Interessenabwägung – wie hier – bereits selbst vorgenommen hat. Kurz: Es ist immer verhältnismäßig, wenn die Hauptversammlung einer Aktiengesellschaft mit satzungsändernder Mehrheit beschließt, sich von der Börse zurückzuziehen, sofern den Aktionären aus Anlass des Börsenrückzugs ein angemessenes Aktienkaufangebot von Seiten der Gesellschaft oder von Seiten eines anderen Aktionärs unterbreitet wird. Einer Überprüfung der Verhältnismäßigkeit im Einzelfall durch die Börsenzulassungsstelle bedarf es daher nicht mehr.

---

[232] § 369 Abs. 2 Satz 1 AktG aF, der als bis dahin einzige Vorschrift im Aktienrecht die Umwandlung einer Aktiengesellschaft in eine GmbH von der Zustimmung *aller* Aktionäre abhängig gemacht hatte, wurde in das UmwG nicht übernommen.

Prüfungskompetenz und Entscheidungsermessen der Zulassungsstellen der verschiedenen deutschen Wertpapierbörsen beschränken sich daher auf das Vorliegen eines mit satzungsändernder Mehrheit getroffenen Hauptversammlungsbeschlusses und eines angemessenen Aktienkaufangebots. Liegt beides vor, sind die Zulassungsstellen grundsätzlich gehalten, dem Antrag auf Widerruf der Börsenzulassung stattzugeben. Insbesondere sind sie nicht dazu berufen, im Rahmen der Entscheidungsfindung über den Widerrufsantrag eine einzelfallbezogene Verhältnismäßigkeitsprüfung vorzunehmen.

3. Zwischenergebnis

Der Rückzug von der Börse bedarf keiner materiellen Rechtfertigung. Weder findet eine Inhaltskontrolle des zugrundeliegenden Hauptversammlungsbeschlusses statt, noch ist die Börsenzulassungsstelle berechtigt, im Rahmen ihrer Entscheidung über den Antrag auf Widerruf der Börsenzulassung über das Vorliegen eines angemessenen Aktienkaufangebots hinausgehende Kriterien zu berücksichtigen.

Hieraus folgt im Hinblick auf die nachfolgend zu untersuchenden verschiedenen Modelle des kalten Delistings, dass die Frage einer materiellen Rechtfertigung im Hinblick auf den Börsenrückzugseffekt dort nicht anders zu beurteilen ist als im „Normalfall" eines Formwechsel, einer Verschmelzung, Aufspaltung, Eingliederung, übertragenden Auflösung oder eines Squeeze-out.

VII. Formelle und verfahrensrechtliche Aspekte

1. Berichts- und Informationspflichten

Zu den umstrittensten Punkten im Zusammenhang mit dem Börsenrückzug der *Macrotron AG* gehörte die Frage, ob es im Rahmen des börsenrechtlichen Delistingverfahrens zusätzlich zu den allgemeinen aktienrechtlichen Berichts- und Informationspflichten eines erläuternden Berichts des Vorstands analog §§ 186 Abs. 4 Satz 2 AktG, 8 UmwG bedarf.

LG München I, *OLG München* und *BGH* haben eine derartige Berichtspflicht in Analogie zu aktien- oder umwandlungsrechtlichen Vorschriften mit Blick auf Sinn und Zweck sowie Rechtssicherheitsaspekte einhellig verneint[233]. Der Zweck eines schriftlichen Vorstandsberichts als formelles Schutzinstrument der Aktionäre bestehe in zweierlei: Zum einen soll er den Aktionären eine abgewogene Entscheidung über die geplante Maßnahme ermöglichen. Zum anderen sei er aber auch Ausgangspunkt für eine mögliche spätere gerichtliche Überprüfung[234]. Im Hinblick auf beide Aspekte seien von den allgemeinen Vorschriften des AktG abweichende Berichts- und Informationspflichten nicht notwendig. Das Delisting stelle rechtlich keinen Struktureingriff oder gar -wechsel dar, weil der gesellschaftsrechtliche Rahmen gleich bleibe und die Mitgliedschaftsrechte unverändert fortbestünden. Anders als bei dem Verlust der Eigenständigkeit

---

[233] BGH II ZR 133/01 (Fn. 14), 19; OLG München 7 U 6019/99 (Fn. 136), 749; LG München I 5 HKO 10580/99 (Fn. 74), 2019.

[234] Vgl. OLG München 7 U 6019/99 (Fn. 136), 747, unter Verweis auf BGH II ZR 55/81 vom 19.4.1982, DB 1982, 1313, 1314.

oder der Veräußerung von Unternehmenswerten werde der aktuelle und zukünftige Wert der Gesellschaft als solcher nicht beeinträchtigt. Von daher sei das Delisting nicht mit dem Abschluss von Unternehmensverträgen, dem Verkauf wesentlicher Beteiligungen oder dem Ausschluss von Bezugsrechten vergleichbar. Pflichten mit so schwerwiegenden Fehlerfolgen müsse der Gesetzgeber ausdrücklich regeln. Vor allem bei dem erst 1998 eingeführten Delisting brauchten sich die Marktteilnehmer nicht auf durch Richterrecht zusätzlich geschaffene formelle und materielle Voraussetzungen einstellen; sie dürften vielmehr auf eine abschließende Regelung durch den Gesetzgeber vertrauen[235]. Nach dem Rechtsgedanken des § 124 Abs. 2 Satz 2 AktG, der hier entsprechend heranzuziehen sei, genüge es vielmehr, wenn den Aktionären die Einzelheiten des Widerrufsantrags und das Abfindungsangebot bekanntgegeben würden[236]. In der Literatur traf diese Auffassung überwiegend auf Zustimmung[237].

Ob dem in dieser Form gefolgt werden kann, erscheint jedenfalls auf Basis der vom *BGH* nun geforderten vollen Entschädigungspflicht der Minderheitsaktionäre eher fraglich, macht diese doch in aller Regel eine (aufwendige) Unternehmensbewertung erforderlich. Zwar mag eine Berichtspflicht analog § 124 Abs. 2 Satz 2 AktG bei einer ausschließlich am Börsenkurs orientierten (und vom *BGH* für nicht hinreichend befundenen) Entschädigung ausreichend erscheinen. Im Hinblick auf die Berechnung der Entschädigung unterscheidet sich das börsenrechtliche Delisting jedoch kaum von vergleichbaren umwandlungs- oder aktienrechtlichen Konstellationen, in denen das Gesetz einen Barabfindungsanspruch und damit verbundene entsprechende Berichtspflichten vorschreibt (von den ebenfalls bestehenden Prüfungspflichten gar nicht zu reden). Den Minderheitsaktionären trotz dieser Ähnlichkeit eine ausführliche Berichterstattung über die Berechnung der Höhe der ihnen anzubietenden Entschädigung zu verweigern, würde daher einen recht auffälligen Wertungswiderspruch darstellen[238].

Für die weitere Bearbeitung braucht die Frage der Informations- und Berichtspflichten beim börsenrechtlichen Delisting hier nicht weiter vertieft werden. Zwar stellt sich eine dem vergleichbare Problematik auch bei der übertragenden Auflösung[239]; präjudizierende Bedeutung kommt der Entscheidung dieser Frage beim börsenrechtlichen Delisting jedoch nicht zu.

---

[235] Vgl. LG München I 5 HKO 10580/99 (Fn. 74), 2019.

[236] BGH II ZR 133/01 (Fn. 14), 19.

[237] *Martinius/Schiffer* (Fn. 194), 2461 f., die das Urteil aus diesem Grund als Beispiel richterlicher Zurückhaltung begrüßen; noch unentschlossen *Zetzsche* (Fn. 48), 1067; ähnlich *Kiem*, Kurzkommentar zu LG München I 5 HKO 10580/99 (Fn. 225), 76, der zwar ebenfalls einen Bericht für entbehrlich hält, jedoch die vom LG München I gewählte Kompromissformel: Hauptversammlungsbeschluss einerseits – keine Berichtspflicht andererseits, kritisiert: „Mit der vom LG akzeptierten Mittellösung einer Beschlussfassung ohne Berichterstattung ist jedenfalls keinem gedient." Anders aber *de Vries* (Fn. 45), Seite 106 ff., der „einen ausführlichen schriftlichen Bericht" des Vorstands über die Gründe des Delistings für notwendig hält; ähnlich jüngst auch *Pluskat* (Fn. 169), 835.

[238] Vgl dazu auch *Schanz*, Börseneinführung, § 17 Rn. 116.

[239] Vgl. unten Ziffer J.V.2.a)(1).

2. Rechtsschutz

Da der Widerruf der Börsenzulassung ein Verwaltungsakt ist, ist für eine gerichtliche Überprüfung der Verwaltungsrechtsweg eröffnet[240]. Lehnt die Zulassungsstelle den Widerrufsantrag einer rückzugswilligen Gesellschaft ab oder knüpft sie ihn an aus Sicht des Unternehmens unverhältnismäßige Bedingungen, steht der Gesellschaft nach Durchführung eines Widerspruchsverfahrens (§§ 68 ff. VwGO) Rechtsschutz in Gestalt der verwaltungsgerichtlichen Verpflichtungsklage zur Verfügung (§ 42 Abs. 1 VwGO).

Strittig ist seit Inkrafttreten des IV. FFMG jedoch (wieder)[241] die Frage, ob auch die von einem Widerruf der Börsenzulassung betroffenen Aktionäre um verwaltungsgerichtlichen Rechtsschutz nachsuchen können oder ob es insofern an der gem. § 42 Abs. 2 VwGO erforderlichen Widerspruchs- und Klagebefugnis fehlt. Insbesondere die Zulassungsstelle der Frankfurter Wertpapierbörse vertritt unter Verweis auf den neu eingefügten § 31 Abs. 5 BörsG, wonach die Börsenzulassungsstelle die ihr nach dem BörsG zugewiesenen Aufgaben und Befugnisse nur im öffentlichen Interesse wahrnimmt, die Ansicht, hierdurch habe der Gesetzgeber klarstellen wollen, dass die von einem Delisting betroffenen Aktionäre nicht die Möglichkeit haben sollten, Entscheidungen der Zulassungsstelle auf verwaltungsgerichtlichem Weg anzugreifen[242].
Es erscheint indes durchaus fraglich, ob dieser Auffassung gefolgt werden kann. So ist die Ablehnung einer Widerspruchs- und Klagebefugnis mit Blick auf § 31 Abs. 5 BörsG zunächst sicher nicht zwingend. In zahlreichen Gebieten des öffentlichen Rechts ist anerkannt, dass – trotzdem die jeweilige Behörde die ihr zugewiesenen Aufgaben grundsätzlich nur im öffentlichen Interesse, und nicht auch im Interesse einzelner wahrnimmt – bestimmte Personengruppen in bestimmten Konstellationen auch die Verletzung ihnen zustehender subjektiver Rechte verwaltungsgerichtlich geltend machen können. Voraussetzung dafür, dass einer Rechtsnorm im Einzelfall auch drittschützende Wirkung zukommt, ist, dass „in qualifizierter und zugleich individualisierter Weise auf schutzwürdige Interessen eines erkennbar abgegrenzten Kreises Dritter Rücksicht zu nehmen ist“[243].
Hinzu kommt, dass es sich bei den Aktionären einer ihr Delisting betreibenden Aktiengesellschaft nicht um einen schwer abgrenzbaren, sondern um einen feststehenden und einfach zu ermittelnden und damit individualisierten Personenkreis handelt. Der

---

[240] Vgl. *Groß*, Kapitalmarktrecht, §§ 42, 43 BörsG Rn. 4.
[241] Bis zum Inkrafttreten des IV. FFMG war die gem. § 42 Abs. 2 VwGO erforderliche Widerspruchs- und Klagebefugnis der betroffenen Aktionäre allgemein anerkannt, vgl. VG Frankfurt/M. 9 E 2285/01 (V) (Fn. 146), 1447 f.; zuvor schon VG Frankfurt/M. 9 G 3103/01 vom 2.11.2001 (nv.); *Wirth/Arnold* (Fn. 11), 117; ähnlich *Mülbert*, Delisting (Fn. 26), 138; *de Vries* (Fn. 45), Seite 70; *Hellwig/Bormann* (Fn. 97), 468; *Weinheimer/Fritzsche* in Hdb. Going Private, Seite 264; vgl. ausführlich dazu auch *Kruse*, Gerichtliche Kontrolle, BB 2000, 2271, 2272. Auch *Groß*, der die Widerspruchs- bzw. Klagebefugnis der betroffenen Aktionäre zunächst bezweifelt hatte (vgl. *Groß*, Zulassung zum Börsenhandel (Fn. 222), 29, unter Verweis auf zwei Quellen, die beide vor Schaffung des § 38 Abs. 4 BörsG erschienen sind), hatte diesen Standpunkt zuletzt aufgegeben (vgl. *Groß*, Kapitalmarktrecht, §§ 42, 43 BörsG Rn. 28).
[242] Vgl. die entsprechenden Ausführungen des VG Frankfurt/M. 9 E 2285/01 (V) (Fn. 146), 1447 f.; ebenso *Renner/Schiffer*, Anmerkung zu VG Frankfurt/M. 9 E 2285/01 (V), DB 2002, 1990.
[243] Vgl. nur BVerwG 4 C 14/87 vom 6.10.1989, NJW 1990, 1192, 1193.

Zweck des § 42 Abs. 2 VwGO, nämlich die Vermeidung von Popularklagen[244], würde damit durch die Zubilligung einer Widerspruchs- und Klagebefugnis an die von einem Delisting betroffenen Aktionäre nicht gefährdet[245].
Im Übrigen ist zu berücksichtigen, dass es zwar grundsätzlich dem Gesetzgeber obliegt zu entscheiden, ob und in welchem Ausmaße dem einzelnen subjektive Rechte aus einem Gesetz eingeräumt werden sollen, sodass eine Entscheidung, den von einem Widerruf der Börsenzulassung betroffenen Aktionären keine Klagebefugnis iSd. § 42 Abs. 2 VwGO einzuräumen, grundsätzlich zu respektieren wäre. Der Gesetzgeber ist insofern aber dann nicht völlig frei in seiner Entscheidung, wenn Grundrechte die einfachrechtliche Einräumung eines subjektiven öffentlichen Rechts gebieten[246]. Insofern bestünden schon angesichts der auch vom *BVerfG* hervorgehobenen Bedeutung der Börsennotierung einer Aktie im Hinblick auf Art. 14 GG gewisse Bedenken am Ausschluss der Klagebefugnis. Hinzu kommt, dass im vorliegenden Fall erhebliche europarechtliche Bedenken bezüglich eines Ausschlusses der Klagebefugnis der Aktionäre bestehen. Denn zurecht weist auch das *VG Frankfurt/M.* auf zwei europäische Richtlinien hin, die unzweideutig von den Mitgliedstaaten verlangen, dafür Sorge zu tragen, dass Entscheidungen, mit denen die amtliche Notierung eines Wertpapiers eingestellt wird, ein Rechtsbehelf eingelegt werden kann[247]. Wenn auch die Richtlinien unmittelbar nur die EU-Mitgliedsstaaten verpflichten und grundsätzlich der Umsetzung in nationales Recht bedürfen, so kommt ihnen bei Fragen wie der nach der Reichweite des § 31 Abs. 5 BörsG doch Bedeutung zu, da kaum angenommen werden kann, dass der Gesetzgeber sich in Widerspruch zu einer ihn verpflichtenden europäischen Richtlinie setzen wollte.

Da Widerspruch und Klage mangels anderslautender Vorschriften[248] aufschiebende Wirkung haben, würde die einem Widerrufsantrag stattgebende Entscheidung der Zulassungsstelle vorerst keine Rechtswirkungen entfalten. Bis zu einer rechtkräftigen, womöglich letztinstanzlichen Entscheidung wäre einem Unternehmen der Rückzug von der Börse dann versperrt[249].

Strittig ist weitergehend auch die Frage, ob die Angemessenheit des den Aktionären zu unterbreitenden Aktienkaufangebots der gerichtlichen Kontrolle unterliegt. Wie schon erwähnt, haben *OLG München* und *LG München I* entschieden, dass „die Erhöhung eines freiwilligen Kaufangebots durch ein Gericht [....] die verfassungsrechtlich garantierte Privatautonomie verletzen" würde. Außer bei gesetzlich vorgesehenen Abfindungen, Garantiedividenden und festen Aktienumtauschverhältnissen komme

---

[244] Vgl. *Redeker/v. Oertzen*, VwGO, § 42 Rdnr. 25; *Wahl/Schütz* in Schoch/Schmidt-Aßmann, VwGO, § 42 Rdnr. 7.
[245] Vgl. auch *Wilsing/Kruse*, Kurzkommentar zu LG Frankfurt/M. 9 E 2285/01 (V), EWiR 2002, 953 f.
[246] *Schulze-Fielitz* in Dreier/GG, Art. 19 IV Rn. 45.
[247] Vgl. Art. 15 Abs. 1 der Richtlinie 79/279/EWG vom 5.3.1979 (Amtsbl. EG 1979, Nr. L 66, Seite 21), zuletzt geändert durch die Richtlinie 88/627/EWG vom 12.12.1988 (Amtsbl. EG 1988, Nr. L 348, Seite 62), sowie Art. 19 Abs. 1 der Richtlinie 2001/34/EG vom 28.5.2001 (Amtsbl. EG 2001, Nr. L 217, Seite 32). Da beide Richtlinien in besonderer Weise Mindestbedingungen für den Anlegerschutz enthalten, können die genannten Regelungen nur dahin verstanden werden, dass sie zu den Rechtsbehelfsberechtigten nicht nur die Emittenten, sondern auch die betroffenen Anleger zählen.
[248] § 38 Abs. 2 BörsG ist sowohl aufgrund seines Wortlauts auch als seiner systematischen Stellung unanwendbar.
[249] Vgl. schon *Kruse* (Fn. 241), 2272.

eine gerichtliche Kontrolle von freiwilligen Kaufangeboten Dritter nicht in Betracht. Anders hat dagegen jetzt der *BGH* unter Verweis auf die *Bosch/Moto Meter*-Entscheidung des *BVerfG* entschieden, dass die von ihm geforderte volle Entschädigung der Minderheitsaktionäre der gerichtlichen Kontrolle unterliegen müsse[250].

Auch innerhalb der Literatur ist diese Frage umstritten. So wird angeführt, dass eine gerichtliche Überprüfung eines am Börsenpreis bemessenen Kaufangebots systemwidrig sei[251]. Sie sei von Gesetzes wegen auf wenige Ausnahmefälle beschränkt, die alle dadurch gekennzeichnet seien, dass der Mehrheit oder einer anderen Gesellschaft strukturelle Eingriffsrechte gegeben würden. Auch die in der Praxis immer mehr zunehmenden freiwilligen öffentlichen Kaufangebote oder Pflichtkaufangebote nach dem Übernahmekodex seien nicht gerichtlich überprüfbar[252]. Zum Teil wird die Nichtüberprüfbarkeit des im Rahmen des Aktienkaufangebots gebotenen Kaufpreises sogar ausdrücklich als „Vorteil" des börsenrechtlichen Delistings dargestellt[253].
Dagegen wird vorgebracht, dass ein *obligatorisches* Kaufangebot kaum als ein freiwilliges bezeichnet werden könne. Da sich ein Börsenrückzug auf dem Weg über das börsenrechtliche Delistingverfahren nur in die Tat umsetzen lasse, wenn den Aktionären von Seiten der Gesellschaft oder eines anderen Aktionärs ein Aktienkaufangebot gemacht werde, sei dieses Kaufangebot so wenig freiwillig wie ein Barabfindungsangebot nach § 305 AktG, nach § 29 Abs. 1 UmwG oder nach § 207 UmwG[254]. Im Übrigen sei schon von Verfassungs wegen (Art. 19 Abs. 4 Satz 1 GG) die Möglichkeit einer gerichtlichen Überprüfung der behördlichen Entscheidung geboten, da die Zulassungsstelle im Rahmen ihrer Ermessensausübung zwangsläufig auch eine Angemessenheitsprüfung des Kaufangebots vornehmen müsse[255].

Auf Basis dieser zuletzt dargestellten, die gerichtliche Kontrolle der Angemessenheit des Aktienkaufangebots befürwortenden Ansicht wurde weiterhin vereinzelt angenommen, die gerichtliche Überprüfung sei im Rahmen eines Spruchverfahrens analog § 306 AktG vorzunehmen[256]. Während die Rechtsprechung unterstützt vom größten Teil der Literatur jedoch bisher annahm, dass es hierfür an der für eine Analogie er-

---

250 BGH II ZR 133/01 (Fn. 14), 17.

251 *Martinius/Schiffer* (Fn. 194), 2462, die allerdings entgegen dem Wortlaut der Börsenordnungen davon ausgehen, dass das Aktienkaufangebot „zum höchsten Börsenkurs der letzten sechs Monate" vor Stellung des Antrags auf Widerruf der Börsenzulassung zu erfolgen habe.

252 *Bungert*, Delisting (Fn. 159), 57.

253 *Sohbi* (Fn. 27), 106.

254 Vgl. ausführlich *Kruse* (Fn. 241), 2272; ähnlich *Kleppe* (Fn. 27), Seite 226, und *de Vries* (Fn. 45), Seite 73; im Ergebnis auch *Großfeld* (Fn. 98), Seite 9 f.

255 Vgl. ausführlich *Kruse* (Fn. 241), 2272.

256 So etwa *Kleppe* (Fn. 27), Seite 226 ff.; ohne Begründung auch *v. Braunschweig* (Fn. 8), 167; entsprechende (sinngemäße) Anträge wurden auch von den Anfechtungsklägern in der Macrotron-Sache (BGH II ZR 133/01 (Fn. 14)), gestellt. Auch die Regierungskommission Corporate Governance (Rn. 167, Seite 186 f.) sieht grundsätzlich das Spruchverfahren als den geeigneten Rechtsbehelf an, hat von einer konkreten Beschlussempfehlung jedoch abgesehen, weil zunächst die weitere Entwicklung nach Einführung des Squeeze-out abgewartet werden solle, da zu erwarten sei, dass sich mit der zu erwartenden Verringerung der Delisting-Fälle auch diese Problematik praktisch weitgehend erledigen werde.

forderlichen Regelungslücke fehle[257] und die gerichtliche Überprüfung daher auf dem Verwaltungsrechtweg vorzunehmen sei[258], hat der *BGH* die Überprüfung der Höhe der den Minderheitsaktionären anzubietenden Entschädigung nun ausdrücklich dem Spruchverfahren zugewiesen. In rechtsdogmatisch eher fragwürdiger Weise[259] stützt er sich dabei jedoch ausschließlich auf Zweckmäßigkeitserwägungen[260].

Da auch die Entscheidung der Frage des Rechtsschutzes keine Auswirkungen auf den Fortgang dieser Bearbeitung hat, soll auch sie hier nicht weiter vertieft werden. Nur hingewiesen sei an dieser Stelle auf die vergleichbare Diskussion im Zusammenhang mit der übertragenden Auflösung[261].

VIII. Ergebnis

Es lässt sich somit zusammenfassend feststellen, dass das börsenrechtliche Delistingverfahren jedenfalls bis zur *Macrotron*-Entscheidung des *BGH* nicht die für ein rückzugswilliges Unternehmen erforderliche Rechtssicherheit bieten konnte, da zu viele Fragen noch der Klärung bedurften. Zum Teil wurde deshalb ausdrücklich von der am "wenigsten kalkulierbaren" Möglichkeit des Rückzugs von der Börse gesprochen, die nur bei einer vorherigen Absprache mit der Zulassungsstelle über die Voraussetzungen des Widerrufs Sinn mache[262]. Diese Rechtsunsicherheit hat der *BGH* nun zu einem großen Teil beseitigt. Abzuwarten bleibt jedoch, ob und wenn ja wie schnell die verschiedenen deutschen Wertpapierbörsen die Vorgaben des *BGH* in ihren Börsenordnungen umsetzen werden. Sollten sie dabei für den Widerruf der Börsenzulassung das vom *BGH* skizzierte eher gesellschaftsrechtliche Anlegerschutzsystem schaffen, hat das börsenrechtliche Delistingverfahren mehr als fünf Jahre nach seiner Einführung nun endlich eine Chance, zu einem für die Praxis akzeptablen Instrumentarium für den Rückzug von der Börse zu werden.

Im Hinblick auf den Fortgang der Bearbeitung bleibt festzuhalten, dass es bei den verschiedenen Modellen des kalten Delistings unter dem Gesichtspunkt des Börsenrückzugs einer sachlichen Rechtfertigung der Hauptversammlungsbeschlüsse im Sinne der vom *BGH* in *Kali + Salz* entwickelten Kriterien nicht bedarf.

---

[257] OLG München 7 U 6019/99 (Fn. 136), 749; LG München I 5 HKO 10580/99 (Fn. 74), 2021; zustimmend *Martinius/Schiffer* (Fn. 194), 2462; *Groß*, Kapitalmarktrecht, §§ 42, 43 Rn. 21; vgl. ausführlich *Kruse* (Fn. 241), 2273.

[258] *Kruse* (Fn. 241), 2273.

[259] Vgl. dazu ausführlich unten die die übertragende Auflösung betreffenden Ausführungen unter Ziffer J.V.2.b).

[260] BGH II ZR 133/01 (Fn. 14), 17 f.

[261] Vgl. Ziffer J.V.2.a)(3).

[262] *Land/Hasselbach* (Fn. 9), 558; ähnlich *Schwichtenberg* (Fn. 37), 2080, und *Even/Vera* (Fn. 10), 1321.

D. Die grundsätzliche Zulässigkeit des kalten Delistings

Es ist nun in einem nächsten Schritt zu untersuchen, inwieweit die Instrumentalisierung umwandlungs- und aktienrechtlicher Gestaltungsmodelle als Mittel des Börsenrückzugs grundsätzlich (noch) als zulässig angesehen werden kann. Während diese Frage vor Schaffung des börsenrechtlichen Delistingverfahrens verhältnismäßig unproblematisch war[263], stellt sie sich nach Einfügung des § 38 Abs. 4 BörsG gewissermaßen von selbst[264]. Auch in Teilen der Öffentlichkeit wird der Börsenrückzug über das kalte Delisting zuweilen als „Trick" angesehen, mögliche Auseinandersetzungen mit Minderheitsaktionären im Rahmen des börsenrechtlichen Delistingverfahrens zu vermeiden[265].

Grundsätzlich ist der Einsatz umwandlungs- und aktienrechtlicher Gestaltungsformen rechtlich unbedenklich. Angesichts dessen, dass UmwG und AktG bei den verschiedenen Modellen des kalten Delistings nicht zwischen börsennotierten und nicht börsennotierten Aktiengesellschaften differenzieren, kann sich eine rückzugswillige Gesellschaft bzw. ein hinter ihr stehender, den Börsenrückzug betreibender Großaktionär stets darauf berufen, nur von den bestehenden aktien- und umwandlungsrechtlichen Möglichkeiten Gebrauch zu machen. Da die Parteien in der Gestaltung ihrer Rechtsbeziehungen grundsätzlich frei sind und sich verschiedener Rechtsformen bedienen können, müssten weitere Momente hinzukommen, um den Einsatz gesetzlich vorgesehener Verfahren als unzulässig zu qualifizieren. Insofern kommen vorliegend zwei Gesichtspunkte in Betracht. Zum einen könnte der Einsatz umwandlungs- und aktienrechtlicher Verfahren eine *unzulässige Umgehung* des börsenrechtlichen Delistingverfahrens darstellen. Zum anderen könnte in der Durchführung des jeweils gewählten Modells ein Verstoß gegen die *gesellschaftliche Treuepflicht* liegen[266].

I. Unzulässige Umgehung des börsenrechtlichen Delistings?

1. Ansatzpunkte für eine unzulässige Umgehung

Grundvoraussetzung für die Annahme einer unzulässigen Umgehung wäre zunächst, dass das börsenrechtliche Delisting dem Anlegerschutz dienende Regelungen enthält, die das Gesetz bei den jeweiligen Modellen des kalten Delistings nicht vorsieht und die somit überhaupt umgangen werden könnten.

---

[263] Zweifelnd aber zB *Schwark/Geiser* (Fn. 21), 746; vgl. auch *Meyer-Landrut/Kiem* (Fn. 111), 1367, die die Frage einer möglichen unzulässigen Umgehung bereits 1997 und damit vor dem Inkrafttreten des III. FFMG prüften, sie jedoch aufgrund des Fehlens einer Alternativstruktur, die überhaupt umgangen werden könnte, verneinten.

[264] Entsprechende Überlegungen zur grundsätzlichen Zulässigkeit des kalten Delistings wurden 1998 erstmals von *Steck* (Fn. 27), 463, angestellt; vgl. im Übrigen auch die Ausführungen von *Zetzsche* (Fn. 48), 1067 f., der – allerdings kaum nachvollziehbar – umgekehrt das reguläre Delisting als „Umgehungsmöglichkeit der detaillierten Umwandlungsregeln" bezeichnet.

[265] So *Weishaupt*, Abschied aus dem Börsenparadies, Handelsblatt vom 14.7.1999, Seite 12, zum Vorgehen des US-Investors *The Carlyle Group* beim kalten Delisting des Automobilherstellers *Honsel*.

[266] Beide Punkte wurden im Zusammenhang mit der übertragenden Auflösung bereits umfassend diskutiert, dies allerdings nicht in bezug auf das börsenrechtliche Delistingverfahren, sondern bezüglich des umwandlungsrechtlichen Verschmelzungsverfahrens. Vgl. beispielhaft nur BGH II ZR 75/87 (Fn. 211) 443 ff. („Linotype").

Insofern ist festzustellen, dass der durch das börsenrechtliche Delisting gewährleistete Anlegerschutz durchaus nicht in jedem Punkt ausgeprägter als bei den verschiedenen Modellen des kalten Delistings ist[267]. Zum Teil wurde mit Blick auf die umwandlungsrechtlichen Modelle des kalten Delistings die Möglichkeit einer unzulässigen Umgehung daher schon vom Ansatz her verneint, da es sich um Verfahren handele, die gesetzlich verankert seien und die ihrerseits Schutzmechanismen für Minderheitsaktionäre vorsähen[268]. Dem wird man in dieser Allgemeinheit jedoch kaum folgen können, sind doch Ansatzpunkte für die Annahme einer unzulässigen Umgehung durchaus vorhanden.

a) Umgehung der „Wirksamkeitsfrist"?

Zum einen ließe sich durch die Durchführung des kalten anstelle des börsenrechtlichen Delistings die durch BörsG und Börsenordnungen vorgesehene Frist zwischen dem Widerruf der Börsenzulassung und dessen Wirksamwerden vermeiden, die gem. § 38 Abs. 4 Satz 4 BörsG maximal zwei Jahre betragen darf. Dagegen werden Formwechsel, Verschmelzung, Aufspaltung, Eingliederung und Squeeze-out unmittelbar mit Eintragung in das Handelsregister wirksam. Bei der übertragenden Auflösung bedarf nur die Auflösung zu ihrer Wirksamkeit der Eintragung in das Handelsregister, die Übertragung des Gesellschaftsvermögens ist dagegen allein auf Grundlage eines wirksamen Hauptversammlungsbeschlusses wirksam[269].

Die Annahme einer unzulässigen Umgehung aufgrund einer Verkürzung des Anlegerschutzes würde indes voraussetzen, dass durch diese Wirksamkeitsfrist überhaupt (zusätzlicher) Anlegerschutz gewährleistet wird. Entgegen der Ansicht einzelner Börsen und vereinzelter Stimmen in der Literatur sind diesbezüglich allerdings massive Zweifel geboten. Steht nämlich einmal fest, dass die Börsennotierung einer Aktiengesellschaft in absehbarer Zeit eingestellt werden wird, werden sich bei realistischer Betrachtung kaum noch Kaufinteressenten für diese Papiere finden[270]. In vielen Fällen wird allein der Mehrheitsaktionär als Käufer auftreten, der in der Regel selbst erst den Anstoß für den Rückzug von der Börse gegeben hat. Eine Verpflichtung zum Erwerb ihm angebotener Aktien geschweige denn eine „Mindestpreisgarantie" besteht jedoch nicht. Im ungünstigsten Fall finden die Kleinanleger für ihre Anteile gar keinen Käufer; in jedem Fall werden sie jedoch deutliche Kursabschläge verglichen mit der Zeit vor der Bekanntgabe der Widerrufsentscheidung hinnehmen müssen[271]. Kaufinteressenten befinden sich hier in einer komfortablen Position: Je näher der Ablauf der Frist bis

---

[267] Beispielhaft erwähnt seien hier nur die umfangreichen Berichts- und Informationspflichten, die das Gesetz bei Formwechsel, Verschmelzung, Aufspaltung, Eingliederung und Squeeze-out vorsieht.

[268] So *Richard/Weinheimer* (Fn. 9), 1619.

[269] Vgl. *Hüffer*, AktG, § 179 a Rn. 13.

[270] Vgl. auch *Radtke* (Fn. 43), Seite 105, der von einem Zusammenbruch des Marktes in dem betreffenden Papier nach Bekanntgabe der Börsenrückzugsentscheidung spricht; ähnlich auch *Lutter*, Gesellschaftsrecht und Kapitalmarkt (Fn. 120), 381, der das Problem mit der Frage: „Wer ist schon am Erwerb eines Auslaufmodells interessiert?" auf den Punkt bringt; unter Verweis auf *Lutter* auch *Kleindiek* (Fn. 166), 669, *Kleppe* (Fn. 27), Seite 112, und *de Vries* (Fn.), Seite 46.

[271] So jetzt auch BGH II ZR 133/01 (Fn. 14), 16; vgl. dazu auch schon die Linotype-Entscheidung des BGH (II ZR 75/87 (Fn. 211), 444), wo es heißt, das Ausscheiden eines Gesellschafters durch Veräußerung seiner Kapitalanteile im Vorfeld einer beabsichtigten Umwandlungsmaßnahme sei in der Regel mit finanziellen Verlusten verbunden, weil der Kurs der Aktien vor der beabsichtigten Umwandlungsmaßnahme meist sinke.

zum Wirksamwerden des Widerrufs der Börsenzulassung rückt, desto tiefer wird der Kurs der Aktie fallen. Es ist offensichtlich, dass sich aus diesem Grund selbst durch eine noch so lange laufende Übergangsfrist das Ziel, den von einem Börsenrückzug betroffenen Aktionären die Möglichkeit zu verschaffen, sich von ihren an der Börse erworbenen Stücken zu angemessenen Kursen auch wieder über die Börse trennen zu können[272], kaum erreichen lassen wird. Allein die (technische) Aufrechterhaltung eines Marktplatzes für den Handel mit Aktien schafft keinen Anlegerschutz, wenn nicht zugleich sichergestellt wird, dass auch tatsächlich ein Handel stattfindet und der Preisbildungsprozess nicht durch Marktstörungen beeinträchtigt wird.

(Zusätzlicher) Anlegerschutz wird durch diese Fristenregelung somit nicht gewährleistet. Aus diesem Grund kann das Fehlen einer vergleichbaren Wirksamkeitsfrist bei den verschiedenen Modellen des kalten Delistings auch keinen Ansatzpunkt für die Annahme einer unzulässigen Umgehung darstellen.

b) Umgehung der Barabfindungspflicht?

Etwas anderes gilt jedoch für die Pflicht zur Abgabe eines Aktienkaufangebots. Die Anlegerschutzfunktion eines obligatorischen Aktienkaufangebots liegt auf der Hand und bedarf keiner weiteren Erläuterung, bietet sie doch den Aktionären anlässlich des Börsenrückzugs die Möglichkeit zum Ausstieg aus der gemeinsamen Gesellschaft.
Eine vergleichbare Pflicht zur Abgabe eines Aktienkaufangebots von Seiten der Gesellschaft selbst oder von Seiten eines anderen Aktionärs sehen weder UmwG noch AktG vor. Da das obligatorische Aktienkaufangebot jedoch das Kernstück des durch das börsenrechtliche Delisting gewährleisteten Anlegerschutzes darstellt, könnte in seiner Vermeidung bei Durchführung der verschiedenen in Betracht kommenden Modelle des kalten Delistings möglicherweise ein Ansatzpunkt für die Annahme einer unzulässigen Umgehung bestehen.

Allerdings entfaltet ein Aktienkaufangebot – unabhängig davon, ob es von Seiten eines Großaktionärs oder von Seiten der Gesellschaft abgegeben wird – dieselbe Anlegerschutzwirkung wie ein gesetzliches Barabfindungsangebot. Die zwischen beiden bestehenden Unterschiede sind aus Aktionärssicht[273] vor allem[274] technischer Art. Derartige Barabfindungsverpflichtungen bestehen jedoch zumindest bei zwei der insgesamt sechs Modelle des kalten Delistings, nämlich bei der formwechselnden Umwandlung (§ 207 Abs. 1 Satz 1 UmwG) und der Squeeze-out-Regelung (§ 327 a Abs. 1 Satz 1 AktG). Auch bei der übertragenden Auflösung erhalten die betroffenen Minderheitsaktionäre durch die Verteilung des Gesellschaftsvermögens (§ 271 Abs. 1

---

[272] Vgl. *U. Hamann* in Schäfer/WpHG, § 43 BörsG Rn. 28; und *Schwark/Geiser* (Fn. 21), 747; in diesem Sinne auch *Groß*, Delisting (Fn. 8), 166; auch die Börsen Düsseldorf und Bremen äußerten sich auf entsprechende Anfragen in dieser Richtung.

[273] Aus Gläubigersicht macht es freilich schon einen Unterschied, ob ein Aktienkaufangebot von einem Aktionär oder ein Barabfindungsangebot von der Gesellschaft abgegeben wird, da nur bei letzterem Liquidität aus dem Gesellschaftsvermögen abfließt.

[274] Nicht einmal im Hinblick auf eine mögliche Insolvenzgefahr bietet ein Barabfindungsanspruch gegen die Gesellschaft zwingende Vorteile gegenüber einem Aktienkaufangebot eines Großaktionärs, wie sich an dem der Entscheidung des OLG Köln 7 U 146/00 vom 8.3.2001, DB 2001, 1354 ff., zugrundeliegenden Fall zeigt. Nur beim Squeeze-out hat der Gesetzgeber die Sicherung der Abfindungsansprüche der zum Ausscheiden gezwungenen Minderheitsaktionäre durch Bankbürgschaft vorgeschrieben (vgl. § 327 b Abs. 3 AktG).

AktG) im Ergebnis Bargeld für ihre Aktien, sodass auch insofern vergleichbarer Anlegerschutz wie beim börsenrechtlichen Delisting besteht[275].
Problematisch unter dem Gesichtspunkt einer möglichen unzulässigen Umgehung der Pflicht zur Abgabe eines Aktienkaufangebots sind somit nur drei der (künftig) sechs zur Wahl stehenden Modelle des kalten Delistings, nämlich Verschmelzung (auf eine andere Aktiengesellschaft oder KGaA), Aufspaltung (in zwei oder mehrere Aktiengesellschaften oder KGaA) und Eingliederung (in eine nicht abhängige Hauptgesellschaft). Da das Gesetz bei keinem dieser Modelle eine Pflicht zur Barabfindung der betroffenen Aktionäre vorsieht[276], besteht für die Aktionäre keine Möglichkeit, sich anlässlich des Börsenrückzugs zu einem angemessenen Preis von der Gesellschaft zu trennen. Dies veranlasste einen Vertreter der Schutzgemeinschaft für Kleinaktionäre im Zusammenhang mit der Eingliederung der börsennotierten *Michael Weinig AG* in die nicht börsennotierte *Weinig International AG*, von einer *kalten Enteignung* zu sprechen[277]. Insofern ist ein Ansatzpunkt für die Annahme einer unzulässigen Umgehung durchaus vorhanden.

2. Grundlagen

Die Frage, wann eine unzulässige Umgehung gesetzlicher Vorschriften vorliegt, hat der Gesetzgeber nicht allgemein geregelt. Nur für einzelne Bereiche hat er ein ausdrückliches Umgehungsverbot erlassen (vgl. §§ 306 a BGB bzw. 7 AGBG, 75 d Satz 2 HGB, 18 Satz 2 VerbrKrG; im Aktienrecht besteht mit § 52 AktG eine dem Umgehungsschutz der Vorschriften über Sacheinlagen und Sachübernahmen dienende Regelung[278]). Das BörsG sieht ein derartiges ausdrückliches Umgehungsverbot jedoch ebenso wenig wie die einzelnen Börsenordnungen vor.
Auch konnte sich in der Rechtswissenschaft keine – etwa der (nach der Schuldrechtsreform nun auch positivrechtlich geregelten) pVV oder der c.i.c. vergleichbare – gefestigte und allgemein anerkannte Rechtsfigur der unzulässigen Umgehung herausbilden, deren Tatbestand und Rechtsfolgen klar feststehen. Eine allgemein anerkannte Definition der unzulässigen Gesetzesumgehung ist daher nicht vorhanden.

3. Stand der Diskussion

Der *BGH* musste sich in der Vergangenheit im Bereich des Aktienrechts vor allem in zwei Bereichen mit der Frage des Vorliegens einer unzulässigen Umgehung zwingender gesetzlicher Vorschriften auseinandersetzen. Hierbei handelte es sich zum einen um Bereiche des Kapitalaufbringungsrechts[279], zum anderen um die Frage, inwieweit die übertragende Auflösung eine mögliche unzulässige Umgehung von Vorschriften

[275] Vgl. dazu jedoch unten Ziffer J.III.
[276] Dieses Fehlen einer gesetzlichen Barabfindungspflicht macht – vorbehaltlich der unten durchzuführenden Untersuchungen – Verschmelzung, Aufspaltung und Eingliederung vor allem für solche Investoren interessant, die nicht über die erforderlichen Barmittel verfügen, um die sonst anfallenden Barabfindungsansprüche zu befriedigen.
[277] Vgl. Die Telebörse, Heft 36/2000, Seite 17.
[278] Vgl. *K. Schmidt*, Gesellschaftsrecht, § 27 II (Seite 792).
[279] Um eine Umgehung der recht aufwendigen Vorschriften über die Sacheinlage zu verhindern, hat der BGH solche Bareinlagen, die nur den Effekt einer Sacheinlage herbeiführen sollen (sog. verdeckte Sacheinlage), verboten und für unwirksam erklärt (vgl. nur BGH II ZR 164/88 vom 15.1.1990, NJW 1990, 982, 985 („IBH/Lemmertz")). Solche als Bareinlage getarnte Sacheinlagen sind aus diesem Grund wie eine Sacheinlage zu behandeln (vgl. ausführlich *K. Schmidt*, Gesellschaftsrecht, § 29 II (Seite 886 ff.)

des Umwandlungsrechts darstellt. In diesem Zusammenhang führte der *BGH* 1988 im Rahmen seiner *Linotype*-Entscheidung aus: Die Voraussetzungen einer unzulässigen Gesetzesumgehung „könnten nur dann bejaht werden, wenn durch die in den Vorschriften des § 33 KapErhG und des § 369 Abs. 2 AktG getroffene Regelung generell die Wertung zum Ausdruck gebracht würde, dass eine Aktiengesellschaft in der Rechtsform einer Gesellschaft mit beschränkter Haftung nur unter Wahrung der für die rechtsformändernde oder verschmelzende Umwandlung vom Gesetz zur Gewährung des Minderheitenschutzes vorgesehenen Voraussetzungen fortgeführt werden darf, gleichgültig auf welchem Wege dieses Ziel angesteuert wird“[280].
Überträgt man diese Rechtsprechung auf den hier zu prüfenden Fall, wäre nach den dort vom *BGH* aufgestellten Grundsätzen eine unzulässige Umgehung dann anzunehmen, wenn durch die in § 38 Abs. 4 BörsG iVm. den jeweiligen Börsenordnungen getroffene Regelung generell die Wertung zum Ausdruck gebracht würde, dass sich eine Aktiengesellschaft nur unter der Voraussetzung von der Börse zurückziehen darf, dass den betroffenen Aktionären anlässlich des Börsenrückzugs der Ausstieg aus der gemeinsamen Gesellschaft ermöglicht wird.

Konkret gegen die Annahme einer unzulässigen Umgehung im vorliegenden Fall wenden sich *Land/Hasselbach* und *Richard/Weinheimer:* Bei einer Umwandlung nach dem UmwG handele es sich um ein Verfahren, das gesetzlich verankert sei und das seinerseits Schutzmechanismen für Minderheitsaktionäre vorsehe. Eine unzulässige Umgehung der Vorschriften des BörsG bedeute ein Rückgriff auf das Vorgehen nach dem UmwG daher nicht[281]. Der Gesetzgeber, dem die Umgehungsproblematik bei der letzten Novellierung des BörsG nicht unbekannt gewesen sei, habe die bestehenden gesellschaftsrechtlichen Instrumentarien, mit denen ein Rückzug von der Börse auch ohne ein formelles Delistingverfahren ermöglicht werde, nicht eingeschränkt und sie damit als weiterhin zulässig anerkannt[282].

4. Eigener Ansatz

Es scheint in der Tat zweifelhaft, ob die Instrumentalisierung von Verschmelzung, Aufspaltung und Eingliederung für die Durchführung eines kalten Delistings eine unzulässige Umgehung der Verpflichtung zur Abgabe eines Aktienkaufangebots nach § 38 Abs. 4 BörsG iVm. den jeweiligen Börsenordnungen darstellt.

Eine unzulässige Umgehung mit der Begründung zu verneinen, der Gesetzgeber habe, obwohl ihm die Umgehungsproblematik bei der Novellierung des BörsG nicht unbekannt gewesen sei, die verschiedenen existierenden Modelle des kalten Delistings nicht eingeschränkt und sie damit als weiterhin zulässig anerkannt, vermag indes kaum zu überzeugen. Zum einen gibt es in den Gesetzesmaterialien keinerlei Hinweise darauf, dass der Gesetzgeber sich mit dem Verhältnis zwischen kaltem und börsenrechtlichem Delisting überhaupt auseinandergesetzt hat. Die Gesetzgebungs-

---

[280] BGH II ZR 75/87 (Fn. 211), 444. Ähnlich formulierten *Lutter/Drygala* (Fn. 16), 201, (unter Verweis auf *Teichmann*, Die Gesetzesumgehung, Seite 67 ff.) Nach ihrer Ansicht liegt ein Fall der unzulässigen Umgehung dann vor, wenn zwischen der fraglichen gesetzlichen Regelung und dem zu untersuchenden Tatbestand ein so enger Zusammenhang bestehe, dass es geboten erscheine, die gesetzlichen Regeln auch auf die von den Parteien gewählte, anderweitige Gestaltung anzuwenden.
[281] *Richard/Weinheimer* (Fn. 9), 1619.
[282] *Land/Hasselbach* (Fn. 9), 559.

geschichte war vielmehr vor allem von der Frage geprägt, inwieweit durch die Schaffung eines Delistingverfahrens die Interessen der Regionalbörsen beeinträchtigt werden dürften, die für den Fall einer zu großzügigen Delistingregelung eine Konzentration der Emittenten auf den Börsenplatz Frankfurt befürchteten[283].
Zum anderen gab es zwar vor Inkrafttreten des III. FFMG durchaus bereits eine Reihe von Börsenrückzügen über das kalte Delisting[284], sodass in der Tat davon ausgegangen werden kann, dass dem Gesetzgeber das Bestehen der *grundsätzlichen* Möglichkeit eines Börsenrückzugs über UmwG und AktG bekannt war. Fälle eines Börsenrückzugs mittels Verschmelzung, Aufspaltung oder Eingliederung sind aus der Zeit *vor* 1998 jedoch nicht bekannt. Nur bei diesen besteht jedoch – wie oben festgestellt – angesichts fehlender Möglichkeiten der betroffenen Aktionäre, anlässlich des Börsenrückzugs aus der gemeinsamen Gesellschaft auszusteigen, überhaupt ein Ansatzpunkt für die Annahme einer unzulässigen Umgehung. Auch insofern kann nicht ohne weiteres davon ausgegangen werden, dass der Gesetzgeber die konkrete „Umgehungsproblematik“ bedacht hat. Im Übrigen: Selbst wenn man entsprechende Kenntnis des Gesetzgebers annehmen wollte, würde auch dies nicht zwingend für die Annahme einer unzulässigen Umgehung sprechen. Bedauerlicherweise arbeitet der Gesetzgeber nicht immer mit derjenigen Sorgfalt, die man als Rechtsanwender von ihm erwarten würde[285].

Zweifel bestehen allerdings an der grundsätzlichen Umgehungsfähigkeit der hier im Mittelpunkt stehenden Vorschriften zur Verpflichtung zur Abgabe eines angemessenen Aktienkaufangebots. Denn wie schon erwähnt, folgt diese Verpflichtung zur Abgabe eines Aktienkaufangebots an die Aktionäre eines rückzugswilligen Unternehmens nicht aus dem BörsG selbst, sondern den auf Grundlage der Ermächtigung des § 38 Abs. 4 Satz 5 BörsG ergänzten Börsenordnungen. Diese aber werden von den Börsen als *Satzungen* erlassen, § 13 Abs. 1 BörsG[286]. Für Satzungen aber gilt nach allgemeiner Ansicht der Grundssatz vom *Vorrang des Gesetzes*, nach dem alle untergesetzlichen Rechtsnormen und Rechtsakte einem parlamentarischen Gesetz – wie dem UmwG und dem AktG – nicht widersprechen dürfen[287]. Nun besteht zwar zwischen den Börsenordnungen und den Vorschriften des AktG und UmwG kein echter

---

[283] Vgl. nochmals die Ausführungen von *Pötzsch* (Fn. 82), 952, der die jetzt vorliegende Regelung als einen „börsenpolitischen Kompromiss“ bezeichnet, „der den Bedenken des Bundesrates und derjenigen Börsen Rechnung trägt, die im Falle einer großzügigen Delisting-Regelung verstärkt den Rückzug großer Emittenten befürchteten.“ Ähnlich jüngst *Groß*, Delisting (Fn. 8), 142.

[284] Nur beispielhaft erwähnt sei hier die *Chemische Werke Brockhues AG*, die als eines der ersten Unternehmen schon Mitte *1996* ihre formwechselnde Umwandlung in eine GmbH & Co KG beschlossen hatte, die – nach einem gerichtlichen Vergleich vor dem *OLG Frankfurt* – allerdings erst Ende 2000 in das Handelsregister eingetragen wurde. Vgl. dazu ausführlich FAZ vom 20.11.2000, Seite 24.

[285] Vgl. dazu nur beispielhaft die Kritik von *Steinbeis*, Rot-Grün macht das Arbeitsrecht zum Minenfeld, Handelsblatt vom 28.2.2002, Seite 11, der – konkret bezogen auf das Arbeitsrecht – vor allem auf die vielen handwerklichen Fehler in den jüngeren Gesetzesreformen hinweist, die weit mehr als nur ein „gesetzesästhetisches Problem“ darstellten.

[286] Vgl. auch VG Frankfurt/M. 9 E 2285/01 (V) (Fn. 146), 1450, das – schwer nachvollziehbar – den Satzungscharakter der Börsenordnungen zu verkennen scheint und die Regelungen des § 58 BörsO/Ffm nur als „Ermessensleitlinie“ bezeichnet. Es könne daher zwar nicht ermessensfehlerhaft sein, sich an diesen Vorschriften zu orientieren, für zwingend scheint das VG Frankfurt/M. dies jedoch nicht zu halten.

[287] Vgl. BVerfG 2 BvL 37/56, 11/57 vom 6.5.1958, BVerfGE 8, 155, 169; *Schulze-Fielitz* in Dreier/GG, Art. 20 (Rechtsstaat) Rn. 83.

Widerspruch; im konkreten Fall eine unzulässige Umgehung anzunehmen, hieße jedoch im Ergebnis nichts anderes, als die von AktG und UmwG aufgestellten Voraussetzungen für Verschmelzung, Aufspaltung und Eingliederung zu erweitern und damit zu ändern. Es erscheint aus diesem Grund höchst fraglich, ob im vorliegenden Fall die Annahme einer unzulässigen Umgehung mit dem Vorrang des Gesetzes und damit mit einem grundlegenden rechtsstaatlichen Prinzip zu vereinbaren wäre.

Im Ergebnis kann diese Frage hier jedoch auf sich beruhen. Rechtsfolge einer unzulässigen Umgehung wäre nach allgemeiner Ansicht nicht die Unwirksamkeit des mittels Verschmelzung, Aufspaltung oder Eingliederung durchgeführten kalten Delistings, sondern lediglich eine direkte[288] oder analoge[289] Anwendung der umgangenen Vorschriften[290], mit der Konsequenz, dass auch den solchermaßen betroffenen Aktionären der Ausstieg aus der gemeinsamen Gesellschaft durch ein angemessenes Barabfindungs- oder Aktienkaufangebot ermöglicht werden muss. Im Vorgriff auf die Ergebnisse unten noch anzustellender Überlegungen[291] sei bereits an dieser Stelle erwähnt, dass § 29 Abs. 1 UmwG auf Verschmelzung und Aufspaltung bzw. § 320 b Abs. 1 Satz 3 AktG auf die Eingliederung *analog* anzuwenden ist, sodass den Aktionären auch in diesem Fall ein Anspruch auf Barabfindung zusteht. Die Möglichkeit zum Ausstieg aus der gemeinsamen Gesellschaft lässt sich demnach auch begründen, ohne dass es der Annahme einer unzulässigen Umgehung im konkreten Fall bedarf. Ein Ansatzpunkt für die Annahme einer unzulässigen Umgehung der Verpflichtung zur Abgabe eines angemessenen Aktienkaufangebots im Rahmen des börsenrechtlichen Delistingverfahrens besteht daher bei Zugrundelegung der Ergebnisse unten noch anzustellender Untersuchungen auch bei Verschmelzung, Aufspaltung und Eingliederung nicht.

5. Zwischenergebnis

Die Durchführung des kalten Delistings stellt keine unzulässige Umgehung von Anlegerschutzvorschriften des börsenrechtlichen Delistingverfahrens dar.

II. Verstoß gegen die gesellschaftliche Treuepflicht?

Möglicherweise stellt die Nichtdurchführung des börsenrechtlichen Widerrufsverfahrens vor oder anstelle des kalten Delistings jedoch einen Verstoß gegen die gesellschaftliche Treuepflicht dar.

1. Grundlagen

Wie schon erwähnt, gilt unter den Aktionären einer Aktiengesellschaft grundsätzlich das Mehrheitsprinzip. Danach muss ein Aktionär die mit der erforderlichen Mehrheit getroffenen Entscheidungen der Hauptversammlung auch dann hinnehmen, wenn er ihnen nicht zugestimmt hat und sie ihm nachteilig sind[292]. Wie in jedem Rechtsverhältnis gibt es jedoch auch im Gesellschaftsverhältnis Loyalitätspflichten, die dort als

---

[288] Vgl. *Hefermehl* in Soergel, § 134 Rn. 41.
[289] Vgl. *Teichmann* (Fn. 280), Seite 105; und *Lutter/Drygala* (Fn. 16), 208.
[290] Vgl. *Liese*, Erläuterung zu BGH II ZR 75/87, JA 1988, 621, und *Ph. Baums*, Ausschluss nach §§ 327 a ff. AktG, WM 2001, 1843, 1845.
[291] Vg. Ziffern F.V und H.IV.
[292] Vgl. nochmals *Semler* in Münch. Hdb. GesR IV, § 41 Rn. 37.

Treuepflichten bezeichnet werden und sich zu konkreten Förderungs- und Interessenswahrungspflichten verdichten können[293]. Es geht demnach bei der Treuepflichtproblematik im Wesentlichen um die Frage, ob die Mitglieder einer Gesellschaft ihr Verhalten in und außerhalb der Gesellschaft frei gestalten dürfen, unabhängig davon ob dies den Interessen anderer Aktionäre schadet[294]. Als Grundlage dieser allgemeinen Loyalitätspflicht wird heute ganz überwiegend auf § 242 BGB verwiesen[295].

Herkömmlicherweise wurden Treuepflichten im Gesellschaftsrecht mit der personalistischen Struktur einer Gesellschaft in Verbindung gebracht. Im Personengesellschaftsrecht ist seit langem anerkannt, dass der Gesellschafter einer Personengesellschaft aufgrund von Treuepflichten zur Wahrung der Interessen der Gesellschaft und im gesellschaftsbezogenen Bereich auch zur Schonung der Interessen seiner Mitgesellschafter verpflichtet ist[296]. Mitte der 70er Jahre erkannte der *BGH* auch für die GmbH als eine regelmäßig personalistisch geprägte Kapitalgesellschaft die Existenz von Treuepflichten an[297].

Demgegenüber herrschte lange Zeit die Auffassung vor, in der Aktiengesellschaft als einer reinen Kapitalgesellschaft gebe es keine Treuepflichten[298]. Zwar hatte bereits das *Reichsgericht* in einer vereinzelt gebliebenen Entscheidung festgestellt, aus der Befugnis, im Wege des Mehrheitsbeschlusses zugleich auch für die Minderheit zu beschließen und damit mittelbar über deren in der Gesellschaft gebundene Vermögensrechte zur verfügen, ergebe sich ohne weiteres die gesellschaftliche Pflicht der Mehrheit, auch den berechtigten Interessen der Minderheit Berücksichtigung angedeihen zu lassen und deren Rechte nicht über Gebühr zu verkürzen[299]. Der *BGH* allerdings stellte noch 1976 in seiner *Audi/NSU*-Entscheidung fest, dass eine „Treuepflicht i. S. einer über die allgemeinen Rechtsgrundsätze der §§ 226, 242, 826 BGB hinausgehenden Bindung zwischen Aktionären im allgemeinen nicht besteht oder jedenfalls keine Haftung für Vermögensnachteile jenseits des innergesellschaftlichen Bereichs auslösen kann ..... Die gemeinsame Zugehörigkeit zu einer Aktiengesellschaft begründet für sich allein keine gegenseitigen Rechtsbeziehungen, aus denen sich eine solche Haftung herleiten ließe“[300].
Einen Wendepunkt in der Rechtsprechung des *BGH* stellte erst 1988 die schon erwähnte *Linotype*-Entscheidung dar. Die noch bei *Audi/NSU* verneinte Treuepflicht habe auf einer „Überbewertung der körperschaftlichen Struktur der Aktiengesellschaft“ beruht, die zu der Vorstellung geführt habe, Rechtsbeziehungen bestünden nur zwischen der Gesellschaft und den Aktionären. Demgegenüber sei nun anzuerkennen, dass auch das Verhältnis der Mitglieder einer Kooperation untereinander den Charakter einer Sonderverbindung haben könne. Auch bei der Aktiengesellschaft habe ein

[293] *K. Schmidt*, Gesellschaftsrecht, § 20 IV (Seite 588).
[294] *Grupp* (Fn. 15), Seite 134.
[295] Vgl. *K. Schmidt*, Gesellschaftsrecht, § 20 IV (Seite 588 ff.).
[296] Vgl. beispielhaft nur *K. Schmidt*, Gesellschaftsrecht, § 20 IV (Seite 589); *Baumbach/Hopt*, HGB, § 109 Rn. 23 ff.; RG II 126/39 vom 17.1.1940, RGZ 162, 388, 394; BGH II ZR 44/58 vom 15.6.1959, BGHZ 30, 195, 201; II ZR 98/75 vom 18.1.1976, BGHZ 68, 81, 82.
[297] Vgl. nur die Grundsatzentscheidung BGH II ZR 23/74 vom 5.6.1975, BGHZ 65, 15 ff. („ITT“).
[298] Vgl. etwa BGH II ZR 310/53 vom 27.10.1955, BGHZ 18, 350, 365.
[299] RG II 222/30 vom 31.3.1931, RGZ 132, 149, 163 („Victoria“).
[300] BGH II ZR 61/74 vom 16.2.1976, WM 1976, 449, 450.

Mehrheitsgesellschafter die Möglichkeit, durch Einflussnahme auf die Geschäftsführung die gesellschaftsbezogenen Interessen der Mitgesellschafter zu beeinträchtigen, sodass auch hier als Gegengewicht die gesellschaftsrechtliche Pflicht zu fordern sei, auf diese Interessen Rücksicht zu nehmen. Es könne ferner nicht verkannt werden, dass auch eine Aktiengesellschaft ähnlich einer GmbH organisatorisch ausgestaltet sein und daher einer Personengesellschaft nahe kommen könne. Dass es für die Annahme einer gesellschaftsrechtlichen Treuepflicht nicht auf die Rechtsform der Gesellschaft, sondern im Wesentlichen auf deren innere Struktur ankomme, zeigten auch Beispiele, in denen die Rechtsform einer Gesellschaft umgewandelt werde, ihre innere Struktur und Organisation aber erhalten bleibe. Es erscheine nicht verständlich, gesellschaftsrechtliche Treuepflichten der Aktionäre einer Aktiengesellschaft zu verneinen, nach deren Umwandlung in eine Personengesellschaft unter Beibehaltung ihrer bisherigen Struktur und Organisation ihre Treuepflicht jedoch zu bejahen. Die für die Annahme einer Treuepflicht erforderliche Struktur einer Aktiengesellschaft besteht demnach dann, wenn ein Großaktionär die Möglichkeit einer derartig starken Einflussnahme auf die Geschäftsführung der Gesellschaft hat, dass er die gesellschaftsbezogenen Interessen der anderen Aktionäre beeinträchtigen kann[301].

Da die Existenz gesellschaftlicher Treuepflichten heute auch im Aktienrecht nur noch sehr vereinzelt bestritten wird[302], sollen sie für die folgende Bearbeitung als existent vorausgesetzt werden[303].

2. Stand der Diskussion

Die Frage eines möglichen Verstoßes gegen gesellschaftliche Treuepflichten durch das Betreiben eines Börsenrückzugs generell wurde vor allem in der Zeit *vor* Inkrafttreten des III. FFMG diskutiert[304]. In der Folgezeit stellte einzig *Steck* entsprechende Überlegungen zu der Frage an, ob die Durchführung des kalten Delistings anstelle des börsenrechtlichen Delistings einen Verstoß gegen die gesellschaftliche Treuepflicht darstellen könne. Hierzu führte er im Zusammenhang mit Überlegungen zum

---

[301] BGH II ZR 75/87 (Fn. 211), 446.

[302] Vgl. etwa *Flume*, Treuepflicht des Aktionärs, ZIP 1995, 161 ff., dessen Kritik sich indes mehr gegen die dogmatische Konstruktion der Treuepflicht als gegen die Ergebnisse richtet.

[303] Vgl. diesbezüglich auch die Ausführungen von *Wiesner* in Münch. Hdb. GesR IV, § 17 Rn. 14, der vorschlägt, die Treuepflicht unabhängig von den verschiedenen dogmatischen Begründungsversuchen als eine auf Richterrecht basierende Generalklausel zu akzeptieren, da sie – jedenfalls im Recht der Personengesellschaft – zwischenzeitlich den Rang von Gewohnheitsrecht erlangt haben dürfte; ähnlich auch *Hüffer* in MünchKomm/AktG, § 243 Rn. 44.

[304] Vgl. vor allem *Grupp* (Fn. 15), 200 f., wonach beim Börsengang zwar eine konkludent gegebene Zusicherung vorliege, künftig am Aktienmarkt bleiben zu wollen, deren Missachtung ganz offensichtlich eine Missachtung der Treuepflicht darstelle. Hieraus dürfe allerdings nicht geschlossen werden, dass ein Börsenrückzug generell unzulässig sei. Vielmehr müsse berücksichtigt werden, dass das Aktienrecht jenen Aktionären, die in der Hauptversammlung über eine Kapital- bzw. Stimmenmehrheit verfügten, in zahlreichen Fällen das Recht zugestehe, die Interessen der Minderheit zu verletzen. So begehe beispielsweise auch bei einer Mehrheitseingliederung die Mehrheit dem Grunde nach eine Treuepflichtsverletzung, die allerdings dadurch geheilt werde, dass die ausscheidenden Minderheitsaktionären eine Abfindung erhielten. Hieran zeige sich, dass das Aktienrecht der Mehrheit auch bei Grundlagenbeschlüssen einen großen Gestaltungsspielraum eröffne. Aus diesem Grund müsse man auch beim Börsenrückzug zu dem Ergebnis kommen, dass diese Option der Mehrheit trotz einer Verletzung der Treuepflicht grundsätzlich zur Verfügung stehe. Andernfalls werde sie in ihrer Handlungsflexibilität zu sehr eingeengt.

going private merger aus, eine Treuepflichtverletzung und damit ein Rechtsmissbrauch liege dann vor, wenn der Mehrheitsaktionär mit dem Verschmelzungsbeschluss die in den Anteilswerten verkörperten Gesellschaftsinteressen missachte. Dies sei dann der Fall, wenn der Schutz der Aktionärsinteressen beim börsenrechtlichen Delistingverfahren effektiver als beim kalten Delisting sei[305]. Aus diesem Grund sei den von einem *going private merger* betroffenen Aktionären, die nach Abschluss der Verschmelzung anstelle der börsennotierten Aktien der übertragenden Gesellschaft nun nicht zum Börsenhandel zugelassene Aktien der aufnehmenden Gesellschaft halten, ein Fungibilitätsausgleich zu zahlen[306].

3. Eigener Ansatz

Die grundsätzliche Anerkennung der Treuepflichten im Aktienrecht beantwortet noch nicht die Frage nach ihrem Inhalt. Ausgehend von der oben bereits zitierten Kernaussage der *Linotype*-Entscheidung, die Möglichkeit eines Mehrheitsaktionärs, kraft seiner Stimmrechtsmacht durch Einflussnahme auf die Geschäftsführung die gesellschaftsbezogenen Interessen seiner Mitaktionäre zu beeinträchtigen, erfordere als Gegengewicht die gesellschaftsrechtliche Pflicht, auf *diese Interessen* Rücksicht zu nehmen, stellt sich zunächst die Frage, *welche* schutzwerten gesellschaftlichen Interessen eines Aktionärs existieren und ob diese durch die Durchführung des kalten anstelle des börsenrechtlichen Delistingverfahrens beeinträchtigt werden. Diesbezüglich wird im Aktienrecht ganz überwiegend zwischen den mitgliedschaftlichen Interessen und den Vermögensinteressen der Aktionäre unterschieden[307].

a) Beeinträchtigung der mitgliedschaftlichen Interessen?

Zu prüfen ist daher zunächst, ob der den Börsenrückzug betreibende Großaktionär durch die Wahl des kalten Delistings die mitgliedschaftlichen Rechte seiner Mitaktionäre verletzt.

Zu den mitgliedschaftlichen Rechten zählen zB das Stimm- (§§ 133 f. AktG), Antrags- (§ 126 AktG) und Auskunftsrecht (§ 131 AktG) der Aktionäre in der Hauptversammlung sowie das Bezugsrecht bei einer Kapitalerhöhung. Zweifellos kann die Durchführung eines Formwechsels, einer Verschmelzung, Aufspaltung, Eingliederung, übertragenden Auflösung oder eines Squeeze-out zu einer Beeinträchtigung dieser Rechte führen. So verringern sich beispielsweise durch den Formwechsel in eine (AG/GmbH & Co) KG die Einfluss- und Kontrollmöglichkeiten der Gesellschafter auf die Führung des gemeinsamen Unternehmens. Gleiches gilt für die Auskunfts- und Informationsrechte. Gleichzeitig steigt zumindest theoretisch die Gefahr einer persönlichen Haftung der Kommanditisten im Vergleich zu der eines Aktionärs deutlich an. Die von Eingliederung, übertragender Auflösung oder Squeeze-out betroffenen Aktionäre verlieren ihre Mitgliedschaft und damit auch damit verbundenen (Mitgliedschafts)Rechte sogar vollständig.

---

[305] Vgl. *Steck* (Fn. 27), 463.

[306] *Steck* (Fn. 27), 465; vgl. weiterhin auch *Land/Hasselbach* (Fn. 9), 559, die ohne weitere Begründung, jedoch unter unzutreffendem Verweis auf *Steck* und unverständlichem Verweis auf BGH II ZR 126/98 vom 5.7.1999, Die AG 1999, 517 („Hilgers"), ebenfalls zu dem Ergebnis gelangen, dass die Durchführung eines *going private mergers* nicht als treuwidriges Verhalten des Mehrheitsaktionärs anzusehen sei.

[307] Vgl. BVerfG 1 BvR 68/95 und 1 BvR 147/97 (Fn. 13), 2011, und BGH II ZR 150/80 vom 16.11.1981, ZIP 1982, 172, 174.

Diese Interessensbeeinträchtigung ist Formwechsel, Verschmelzung, Aufspaltung, Eingliederung, übertragender Auflösung und Squeeze-out jedoch immanent und besteht völlig unabhängig von einem damit verbundenen Börsenrückzug. Anders ausgedrückt führt die Tatsache, dass mit dem gewählten Modell des kalten Delistings zugleich ein Rückzug von der Börse verbunden ist, nicht zu einer stärkeren Beeinträchtigung der mitgliedschaftlichen Interessen. Insofern kann demnach kein Ansatzpunkt für einen Treuepflichtverstoß festgestellt werden.

Auch im Wegfall der Zulassungsfolgepflichten, der sich – wie oben dargestellt – fast ausschließlich zum Nachteil der Kleinaktionäre auswirkt, mag man eine Beeinträchtigung der mitgliedschaftlichen Aktionärsinteressen erkennen wollen[308]. Vor dem Wegfall der Zulassungsfolgepflichten schützt jedoch auch das börsenrechtliche Delistingverfahren nicht, weil jene mit dem Wirksamwerden des Widerrufs der Börsenzulassung durch die Zulassungsstelle ebenso wegfallen wie bei der formwechselnden Umwandlung in eine (AG/GmbH & Co) KG oder einem der anderen Modelle des kalten Delistings.

Es ließe sich daher allenfalls argumentieren, dass sich Beeinträchtigungen der Mitgliedschaftsrechte durch das kalte Delisting sowohl im Hinblick auf die Zulassungsfolgepflichten als auch im Hinblick auf die mit Formwechsel, Verschmelzung, Aufspaltung, Eingliederung, Squeeze-out oder übertragender Auflösung verbundenen Änderungen ergeben, das kalte Delisting mit anderen Worten eine *doppelte Beeinträchtigung* der mitgliedschaftlichen Interessen bewirkt. Zwar mag dies stimmen, zu berücksichtigen ist jedoch, dass die Minderheitsaktionäre einer börsennotierten Aktiengesellschaft auch nicht davor geschützt wären, dass ihre Gesellschaft *zunächst* das börsenrechtliche Delistingverfahren durchführt und direkt *im Anschluss* daran einen Formwechsel, eine Verschmelzung, Aufspaltung, Eingliederung, Squeeze-out oder übertragende Auflösung. Insofern lässt sich das Vorliegen eines Treuepflichtverstoßes aufgrund der Missachtung der mitgliedschaftlichen Interessen kaum überzeugend geltend machen.

Die Wahl des kalten an Stelle des börsenrechtlichen Delistings bzw. die Nichtdurchführung des börsenrechtlichen Delistings vor Durchführung eines Formwechsels, einer Verschmelzung, Eingliederung, Squeeze-out oder übertragenden Auflösung beeinträchtigt die mitgliedschaftlichen Interessen der betroffenen Aktionäre demnach nicht[309]. Ein Verstoß gegen die gesellschaftliche Treuepflicht kann daher insofern nicht festgestellt werden.

b) Beeinträchtigung der Vermögensinteressen?

Möglicherweise werden durch die Wahl des kalten anstelle des börsenrechtlichen Delistings bzw. die Nichtdurchführung des börsenrechtlichen Delistingverfahrens vor Durchführung des Formwechsels, der Verschmelzung, Eingliederung, Squeeze-out oder übertragenden Auflösung jedoch die Vermögensinteressen der Minderheitsaktionäre verletzt. Diese Interessen stehen naturgemäß im Vordergrund der Auseinandersetzungen zwischen Mehrheits- und Minderheitsaktionären, weil bei dem Erwerb von

---

[308] Die Zulassungsfolgepflichten dienen allerdings in erster Linie dem öffentlichen Kapitalmarktinteresse (vgl. dazu *Groß*, Delisting (Fn. 8), 152, und *Kümpel* in Assmann/Uwe H. Schneider, WpHG, § 15 Rn. 188, zur Ad-hoc-Publizitätspflicht). Der Schutz der Aktionärsinteressen hätte insofern nur Rechtsreflexcharakter (ähnlich *Streit* (Fn. 165), 1280).

[309] Allgemeiner *Grupp* (Fn. 15), 200, nach dem sich beim Börsenrückzug „die Mitgliedschaftsrechte der Minderheit auf ihre Vermögensrechte reduzieren".

Aktien durch Kleinaktionäre ganz regelmäßig der Charakter der Beteiligung als Vermögensanlage und nicht die Mitgliedschaft mit ihren insoweit begrenzten Mitspracherechten im Vordergrund steht[310].
Zwar ist *Stecks* Überlegungen, die Handelbarkeit einer Aktie habe einen wirtschaftlichen Wert, der bei einem Börsenrückzug auszugleichen sei, im Ergebnis zuzustimmen (vgl. dazu ausführlich Ziffer B). Wie oben festgestellt, handelt es sich bei der Fungibilitätsausgleichsproblematik letztlich jedoch um eine Frage der Bewertung der Anteile an der rückzugswilligen Gesellschaft. Die Pflicht zum Fungibilitätsausgleich folgt damit letztlich schon aus Art. 14 GG, sodass es für die Begründung einer Ausgleichspflicht keines Rückgriffs auf gesellschaftliche Treuepflichten bedarf. Ein gegen Art. 14 GG verstoßender Börsenrückzugsbeschluss ist schon per se rechtswidrig und damit anfechtbar[311]. Dem Gedanken *Stecks* ist zwar insofern zu folgen, dass grundsätzlich jeder – aus welchen Gründen auch immer – rechtswidrige Hauptversammlungsbeschluss auch einen Verstoß gegen die gesellschaftliche Treuepflicht darstellt. Der Treuepflichtverstoß ist in diesen Fällen aber nicht Tatbestandsmerkmal, sondern Rechtsfolge. Zur *Begründung* der Rechtswidrigkeit bedarf es im vorliegenden Fall des Treuepflichtverstoßes jedoch nicht.

Unter den oben unter Ziffer B dargestellten Voraussetzungen beeinträchtigt das kalte Delisting demnach auch die Vermögensinteressen der betroffenen Aktionäre nicht, sodass es auch insofern an einem Ansatzpunkt für die grundsätzliche Unzulässigkeit des kalten Delistings aufgrund eines möglichen Treuepflichtverstoßes fehlt.

III. Ergebnis

Die grundsätzliche Zulässigkeit des kalten Delistings begegnet keinen Bedenken. Weder stellt es eine unzulässige Umgehung der den Anlegerschutz beim börsenrechtlichen Delistingverfahren regelnden Vorschriften noch einen Verstoß gegen die gesellschaftlichen Treuepflichten durch den den Börsenrückzug betreibenden Großaktionärs dar.

---

[310] BGH II ZR 150/80 (Fn. 307), 174; so auch schon Anfang der 60er-Jahre das BVerfG (1 BvL 16/60 (Fn. 115), 283).

[311] Vgl. in diesem Zusammenhang nochmals die Entscheidung des LG Hanau (5 O 63/01 (Fn. 95), 2261), das aufgrund eines nicht festgesetzten Fungibilitätsausgleichs einen Verstoß gegen § 243 Abs. 2 AktG annahm und den angefochtenen Verschmelzungsbeschluss aus diesem Grund für nichtig erklärte.

E. Die formwechselnde Umwandlung in eine (AG/GmbH & Co) KG

Wie schon erwähnt, stellte die formwechselnde Umwandlung einer börsennotierten Aktiengesellschaft in eine (AG/GmbH & Co) KG bis Ende 1999 das am häufigsten praktizierte Modell des kalten Delistings dar. Die Liste der Gesellschaften, die diesen Schritt in der Vergangenheit vollzogen haben, ist lang. Als eines der ersten Unternehmen beschloss 1996 die *Chemische Werke Brockhues AG* ihren Formwechsel in eine GmbH & Co KG. Bereits im Mai 1995 hatte die *Schwab Versand AG* als soweit ersichtlich bisher einzige börsennotierte Aktiengesellschaft ihren Formwechsel in eine GmbH beschlossen[312]. Es folgten Gesellschaften wie die *Rolf Benz AG, Friedrich Grohe AG, SG Holding AG, FPB Holding AG, Honsel AG* und *Schaerf AG*. Auch die Hauptversammlung der *Macrotron AG*, die sich später als erstes deutsches Unternehmen um einen (vollständigen) Widerruf ihrer Börsenzulassung bemühte, hatte im April 1998 zunächst ihre formwechselnde Umwandlung in einer GmbH & Co KG beschlossen, dieses Vorhaben später aber nach einem Wechsel des Mehrheitsaktionärs wieder aufgegeben. Die soweit ersichtlich bisher letzte Gesellschaft war die *Steinbeis Temming AG*.

Die große Attraktivität dieses Modells beruhte vor allem auf steuerlichen Aspekten, da der Formwechsel oftmals mit der Umwandlung der nicht abschreibbaren Beteiligungsbuchwerte in steuerliches Abschreibungsvolumen verbunden war (sog. *step-up*). Durch die Änderung des § 4 Abs. 6 UmwStG im Rahmen des *Steuersenkungsgesetzes*[313] sind diese Steuervorteile jedoch entfallen. Es bleibt daher abzuwarten, wie sich die Zukunft des Formwechsels als Modell des kalten Delistings entwickelt. Seit Änderung der steuerlichen Grundlagen sind jedenfalls keine neuen Formwechsel mehr bekannt geworden.

I. Grundlagen

Als Formwechsel bezeichnet das Gesetz den Vorgang, dass ein Rechtsträger unter Wahrung seiner Identität eine andere Rechtsform erhält (§ 190 Abs. 1 UmwG)[314]. Formwechselnde Rechtsträger können dabei unter anderem Aktiengesellschaften sein, § 191 Abs. 1 Nr. 2 UmwG. Rechtsträger neuer Rechtsform können Gesellschaften bürgerlichen Rechts, Personenhandels- und Partnerschaftsgesellschaften, Kapitalgesellschaften und eingetragene Genossenschaften sein, § 191 Abs. 2 UmwG.
Kern des Umwandlungsvorgangs und wesentliches Legitimationsinstrument ist der Umwandlungsbeschluss nach § 193 UmwG. Dieser muss mit einer Mehrheit von mindestens 75 % der bei der Beschlussfassung anwesenden Stimmen gefasst werden (§ 233 Abs. 2 Satz 1 UmwG). Eine inhaltliche Kontrolle dieses Beschlusses durch ein Gericht findet weder grundsätzlich[315] noch unter börsenrückzugsspezifischen Erwägungen statt[316]. Der Formwechsel wird mit seiner Eintragung in das Handelsregister wirksam; zu diesem Zeitpunkt werden die bisherigen Aktionäre zu Kommanditisten der

[312] Vgl. hierzu die Entscheidung des LG Hanau 5 O 149/95 vom 2.11.1995, ZIP 1996, 422 ff.
[313] BGBl. 2000 I, 1433, 1458 f.
[314] Vgl. *K. Schmidt*, Gesellschaftsrecht, § 13 II (Seite 368).
[315] Vgl. *Zimmermann* in Kallmeyer/UmwG, § 193 Rn. 10; *Decher* in Lutter/UmwG, § 193 Rn. 12; *Meyer-Landrut/Kiem* (Fn. 111), 1365.
[316] Vgl. zur Begründung ausführlich obige Ziffer C.V.

(AG/GmbH & Co) KG, § 202 Abs. 1 Nr. 2 UmwG. Die Gesellschaft hat gem. § 207 UmwG jedem Aktionär, der gegen den Umwandlungsbeschluss der Hauptversammlung Widerspruch zu Protokoll erklärt hat, den Erwerb seiner umgewandelten Anteile gegen eine angemessene Barabfindung anzubieten.

Der Formwechsel einer börsennotierten Publikumsaktiengesellschaft in eine Publikums-(AG/GmbH & Co) KG ist zwar von seinen Konsequenzen her neben Mehrheitseingliederung, Squeeze-out und übertragender Auflösung, bei denen die betroffenen Minderheitsaktionäre ihre Mitgliedschaft vollständig verlieren, aus Aktionärssicht das wohl einschneidenste Modell des kalten Delistings; es stellt jedoch unter Börsenrückzugsgesichtspunkten im Vergleich zu einem „normalen" Formwechsel keine wesentlichen Besonderheiten dar. Sofern es in der Vergangenheit anlässlich eines *going private*-Formwechsels zu gerichtlichen Auseinandersetzungen zwischen der formwechselnden Gesellschaft und ihren Aktionären kam, wurde vor allem über die Höhe der gem. § 207 UmwG anzubietenden Barabfindung sowie die Ausgestaltung des Gesellschaftsvertrag der (AG/GmbH & Co) KG[317] gestritten. Bei beiden Punkten handelt es sich nicht um börsenrückzugsspezifische Probleme, sodass im Rahmen dieser Bearbeitung nicht weiter darauf eingegangen werden soll[318].

II. Auswirkungen des Formwechsels auf die Börsenzulassung

Wie schon erwähnt, stellt die Zulassung zum Börsenhandel iSd. §§ 30, 49 BörsG einen Verwaltungsakt iSd. § 35 VwVfG dar, nämlich die öffentlich-rechtliche Erlaubnis, für den Handel mit den betreffenden Wertpapieren in dem jeweiligen Marktsegment die Börseneinrichtungen zu nutzen[319]. Zum Börsenhandel zugelassen werden können demnach nur *Wertpapiere*. Unter den börsenrechtlichen Wertpapierbegriff fallen alle handelbaren Wertpapiere wie Aktien, Genuss oder Optionsscheine, Hypothekenpfandbriefe, Anleihen und Investmentzertifikate[320], nicht aber Anteile an einer Kommanditgesellschaft. Aus diesem Grund hat sich die einer Aktiengesellschaft erteilte öffentlich-rechtliche Erlaubnis, für den Handel in ihren Aktien die Börseneinrichtungen nutzen zu dürfen, mit ihrer formwechselnden Umwandlung in eine (AG/GmbH & Co)

---

[317] Anders als im Aktienrecht steht das Innenrecht im Personengesellschaftsrecht grundsätzlich zur Disposition der Gesellschafter. Die Privatautonomie findet ihre Grenze lediglich in allgemeinen Rechtsgrundsätzen wie den gesetzlichen Verboten (§ 134 BGB), den guten Sitten (§ 138 BGB) oder Treu und Glauben (vgl. *Happ* in Münch. Hdb. GesR II, § 1 Rn. 67). Diese grundsätzliche Dispositionsfreiheit führt dazu, dass die einen Börsenrückzug betreibenden Großaktionäre in der Regel bemüht sind, aus Kommanditistensicht möglichst unattraktive Regelungen im Gesellschaftsvertrag durchzusetzen.
Als Beispiel für diese Praxis kann hier der Fall der *Schaerf AG* dienen. Nachdem das LG Mainz den Umwandlungsbeschluss aufgrund eines Verstoßes gegen § 192 Abs. 2 Satz 1 UmwG in erster Instanz für nichtig erklärt hatte (LG Mainz 10 HK.O 143/99 vom 19.12.2000, ZIP 2001, 840 ff.), wurde der Gesellschaftsvertrag als Ergebnis eines gerichtlichen Vergleichs in *33* verschiedenen Punkten geändert. *Schaerf* stimmte den Konditionen dieses Vergleichs allerdings vor allem deshalb zu, weil die Eintragung des Formwechsels aus steuerlichen Gründen zwingend vor dem 31.3.2001 erfolgen musste. Entsprechend stark war daher die Verhandlungsposition der Anfechtungskläger. Es bleibt aus diesem Grund offen, ob die geänderten Bestimmungen im Gesellschaftsvertrags einer gerichtlichen Inhaltskontrolle standgehalten hätten.
[318] Vgl. instruktiv zur Frage der Inhaltskontrolle von Personengesellschaftsverträgen *Fastrich*, Inhaltskontrolle im Privatrecht, Seite 124 ff., und *Hille*, Inhaltskontrolle der Gesellschaftsverträge.
[319] *Groß*, Kapitalmarktrecht, §§ 36-39 BörsG Rn. 1 f.
[320] *Groß*, Kapitalmarktrecht, §§ 36-39 BörsG Rn. 6.

KG und der Umwandlung ihrer Aktien in Kommanditanteile mit dem Wirksamwerden des Formwechsels *erledigt* iSd. § 43 Abs. 2 VwVfG[321]. Einer besonderen Widerrufsentscheidung der Börse bedarf es demnach nicht.

Von der (rechtlichen) Erledigung der Zulassung zu trennen ist jedoch die (tatsächliche) Einstellung der Börsennotierung und damit auch des Handels in den (ehemaligen) Aktien. Obwohl die Einstellung der Börsennotierung Folge des Wegfalls der Börsenzulassung ist, muss sie nicht automatisch mit der Erledigung der Zulassung einhergehen, weil die Erledigung auch ohne Wissen der Börse eintreten kann. Erst wenn die Börse von der Eintragung des Formwechsels in das Handelsregister und der damit verbundenen Erledigung der Börsenzulassung Kenntnis erlangt, kann sie auch die Notierung der betroffenen Aktien einstellen. Die Einstellung des Börsenhandels stellt sich somit gewissermaßen als Vollzug der Erledigung der Börsenzulassung dar.
Da es somit auch nach dem Wirksamwerden des Formwechsel noch zu einem „Aktienhandel" kommen kann[322], stellt sich die Frage nach Inhalt und Wirksamkeit solcher Handelsgeschäfte. Grundsätzlich in Betracht kommen würde hier wohl, den An- und Verkauf der „Aktien" als einen solchen der Kommanditanteile zu behandeln. Der Wirksamkeit solcher Transaktionen werden zwar – wie auch im Fall *Schaerf* – regelmäßig entsprechende Vorschriften im Gesellschaftsvertrag entgegenstehen, wonach die Übertragung der Kommanditanteile an die Zustimmung der Gesellschaft gebunden ist. Mit Blick auf den Verkehrsschutz wird man hier dennoch von der Wirksamkeit derartiger Transaktionen ausgehen müssen[323].
Will man sich dem nicht anschließen und wurde der Handel zwischen den Beteiligten bereits abgewickelt und ist die betroffene Gesellschaft auch nicht bereit, die Übertragung der Aktien/Kommanditanteile – gegebenenfalls stillschweigend – zu genehmigen, so müsste der Vertrag nach den Regeln des Bereicherungsrechts rückabgewickelt werden.

III. Erfordernis eines im Hinblick auf den Börsenrückzug zusätzlichen Hauptversammlungsbeschlusses?

Wie bereits dargestellt, erfordert die Durchführung jedes der sechs Modelle des kalten Delistings die Zustimmung der Hauptversammlung des betroffenen Unternehmens[324].

---

[321] *Groß*, Delisting (Fn. 8), 149.
[322] Beispielhaft sei hier noch einmal die *Schaerf AG* erwähnt. Deren Formwechsel in die *Samas Deutschland AG & Co KG* wurde am Freitag, dem 30.3.2001, in das Handelsregister eingetragen. Die Notierung der „Aktie" wurde jedoch erst im Laufe des Dienstags, dem 3.4.2001, eingestellt. Der letzte Kurs auf dem Frankfurter Parkett wurde an diesem Tag um 12.20 Uhr festgestellt, der letzte Kurs an der Hamburger Börse um 13.15 Uhr. Noch zwei Tage nach dem Formwechsel kam es demnach zu einem Handel mit Schaerf-„Aktien".
[323] Ebenso *Happ* in Lutter/UmwG, § 248 Rn. 33; *Dirksen* in Kallmeyer/UmwG, § 248 Rn. 9; *Rieger* in Widmann/Mayer, UmwR, § 248 UmwG Rn. 73 (März 1997); *Laumann* in Goutier/Knopf/Tulloch, UmwR, § 248 Rn. 18, und *Stratz* in Schmitt/Hörtnagel/Stratz, UmwG/UmwStG, § 248 UmwG Rn. 10, zu dem insofern vergleichbaren Fall noch nach den Regeln des AktG übertragbarer, sich nach dem Formwechsel einer Aktiengesellschaft noch im Umlauf befindlicher, verbriefter Aktien, die noch nicht für kraftlos erklärt worden sind. Vgl. auch BGH II ZR 124/55 vom 2.7.1956, BGHZ 21, 175 ff., wonach beim Formwechsel in eine GmbH verbriefte Aktien in der Zeit zwischen der Eintragung des Formwechsels und der Kraftloserklärung der Aktien noch nach den Regeln des Aktienrechts und nicht nach § 15 Abs. 3 GmbHG übertragbar sind.
[324] Vgl. die Nachweise in Fn. 177.

Vor dem Hintergrund des mit der Durchführung des kalten Delistings verbundenen Wegfalls der Börsennotierung wurde in bezug auf den Formwechsel von Teilen der Literatur die Notwendigkeit eines gesonderten Entscheids über den Börsenaustritt angedacht[325]. Folgte man dem, müsste künftig auf der Hauptversammlung im Anschluss an den Beschluss über den Formwechsel noch ein zusätzlicher Beschluss über den Börsenaustritt gefasst werden.

Es scheint allerdings höchst fraglich, worin der Sinn eines solchen zusätzlichen Entscheids liegen soll. Zwar hat der Börsenrückzug für den einzelnen Aktionär zweifellos eine einschneidende Bedeutung. Berücksichtigt man jedoch die typischerweise vorhandenen Mehrheitsverhältnisse bei einem Börsenrückzug, so kann sich ein Minderheitsaktionär schon bei dem eigentlichen, vorhergehenden Beschluss über die Durchführung des Formwechsels nicht gegen den oder die Mehrheitsaktionäre durchsetzen. Nicht anders wäre es aber auch bei einem nachfolgenden Beschluss über den Börsenaustritt. Mehr als ein zusätzlicher Beschluss würde den betroffenen, überstimmten Aktionären die Durchführung einer materiellen Beschlusskontrolle des Hauptversammlungsbeschlusses dienen; einer solchen sachlichen Rechtfertigung des Börsenrückzugsentschlusses bedarf es – wie oben unter Ziffer C.VI ausführlich dargelegt – jedoch nicht. Ein zweiter Beschluss würde daher zu einer bloßen Farce verkommen[326]. Im Übrigen würde sich dabei auch die – zweifellos nur akademische – Frage stellen, wie bei einer Ablehnung des Börsenaustritts zu verfahren wäre, wenn dem eigentlichen Durchführungsbeschluss zuvor bereits zugestimmt worden ist.

Der einzige Zweck eines zweiten, gesonderten Börsenrückzugsentschlusses könnte darin bestehen, im Sinne einer Warnfunktion den betroffenen Aktionären noch einmal deutlich zu machen, dass mit der beabsichtigten formwechselnden Umwandlung zugleich auch ein Wegfall der Börsennotierung und damit der Möglichkeit verbunden ist, ihre über die Börse erworbenen Aktien auch wieder über die Börse verkaufen zu können. Der Beschluss wäre damit vergleichbar dem Schriftformerfordernis einer Bürgschaftserklärung gem. § 766 BGB, dessen Hauptzweck auch in der Warnfunktion gegenüber dem Bürgen besteht[327].

AktG und UmwG verfügen jedoch mit ihren umfangreichen Berichts- und Auskunftspflichten gerade im Zusammenhang mit Grundlagenbeschlüssen bereits über andere und ausreichende Informations- und Aufklärungs- bzw. Warninstrumente[328]. Diese noch zu verstärken durch das Erfordernis eines zusätzlichen Beschlusses, wäre systemfremd. Ein zusätzlicher Börsenrückzugsentscheid ist demnach sowohl bei der formwechselnden Umwandlung als auch bei den anderen Modelle des kalten Delistings entbehrlich[329].

IV. Formelle und verfahrensrechtliche Aspekte

Unter dem Gliederungspunkt „Formelle und verfahrensrechtliche Aspekte" sollen im folgenden diejenigen gesetzlichen Vorschriften dargestellt werden, die dem Informationsbedürfnis sowie dem präventiven und repressiven (Rechts)Schutz der durch einen

---

325 *Meyer-Landrut/Kiem* (Fn. 111), 1367.

326 Vgl. nochmals *Bungert*, Delisting (Fn. 159), 55; *Schiessl* (Fn. 176), 452, die schon den eigentlichen „ersten" Hauptversammlungsbeschluss für überflüssige Förmelei halten.

327 Vgl. *Thomas* in Palandt, § 766 Rn. 1.

328 Vgl. dazu vor allem den nachfolgenden Gliederungspunkt E.IV.1.

329 So im Ergebnis auch *Meyer-Landrut/Kiem* (Fn. 111), 1367, und *Kleppe* (Fn. 27), Seite 123 f.

Formwechsel betroffenen Aktionäre dienen. Dem Präventivschutz der Anleger zuzuordnen sind dabei die umwandlungsrechtlichen Berichts-, Informations- und Prüfungspflichten im Vorfeld der Beschlussfassung der Hauptversammlung, dem repressiven Schutz die erst nach Beschlussfassung bzw. sogar erst nach Eintragung des Formwechsels im Handelsregister zur Verfügung stehenden gerichtlichen Rechtsschutzmöglichkeiten. Beides ist durch das UmwG überwiegend eindeutig geregelt und dementsprechend unproblematisch und unstrittig.

1. Berichts- und Informationspflichten

Das UmwG enthält ergänzend zu den allgemeinen aktienrechtlichen Berichts- und Informationsbestimmungen – vor allem §§ 124, 131 AktG – eine Reihe spezialgesetzlicher Bestimmungen, die dem besonderen Informations- und Schutzbedürfnis der Aktionäre bei einem Formwechsel Rechnung tragen.

So schreibt § 192 UmwG für den Formwechsel zunächst einen Umwandlungsbericht des Vorstands vor, der den Anteilsinhabern wirtschaftliche und rechtliche Informationen als Beurteilungsgrundlage für ihre Entscheidung über den Formwechsel zur Verfügung stellen soll[330]. Inhaltlich besteht der Umwandlungsbericht aus dem Entwurf des Umwandlungsbeschlusses, einer Vermögensaufstellung und einem Erläuterungs- und Begründungsteil. Letzterer dient als Kern des Umwandlungsberichts vor allem der Darstellung der wesentlichen rechtlichen, wirtschaftlichen und steuerlichen Folgen des Formwechsels für die Anleger[331]. Darüber hinaus wird überwiegend eine Darstellung unter Abwägung der rechtlichen und wirtschaftlichen Nachteile des Formwechsels für das Unternehmen und die Aktionäre für erforderlich gehalten, aus der hervorgehen muss, warum die Vorteile die Nachteile überwiegen[332]. Der Umwandlungsbericht dient demnach dem Schutz der Anleger und ist zwingendes Recht, abweichende Regelungen zB in der Satzung sind unzulässig[333]. Gem. § 230 Abs. 2 UmwG ist der Umwandlungsbericht von der Einberufung der über den Formwechsel beschließenden Hauptversammlung an in den Geschäftsräumen der Gesellschaft zur Einsicht auszulegen, auf Wunsch ist jedem Aktionär kostenlos eine Abschrift zur Verfügung zu stellen.

2. Umwandlungsprüfung

Gem. §§ 208, 30 Abs. 2 UmwG ist die gem. § 207 Abs. 1 Satz 1 UmwG anzubietende Barabfindung einer Angemessenheitsprüfung durch außenstehende, sachverständige Prüfung zu unterziehen[334]. Im Übrigen ist der Umwandlungsvorgang, wie sich aus dem nur die Prüfung der Barabfindung bei der Verschmelzung betreffenden § 30 UmwG durch § 208 UmwG ergibt nicht zu prüfen[335].

---

[330] Vgl. *Meister/Klöcker* in Kallmeyer/UmwG, § 192 Rn. 2; *Decher* in Lutter/UmwG, § 192 Rn. 2; *Laumann* in Goutier/Knopf/Tulloch, UmwR, § 192 Rn. 2.

[331] *Meister/Klöcker* in Kallmeyer/UmwG, § 192 Rn. 10.

[332] *Meister/Klöcker* in Kallmeyer/UmwG, § 192 Rn. 10; *Bayer*, 1000 Tage neues Umwandlungsrecht, ZIP 1997, 1613, 1620.

[333] *Meister/Klöcker* in Kallmeyer/UmwG, § 192 Rn. 3.

[334] Vgl. zu den Prinzipien der Ermittlung dieser Abfindung oben Ziffer B.II.

[335] *W. Müller* in Kallmeyer/UmwG, § 207 Rn. 1; *Laumann* in Goutier/Knopf/Tulloch, UmwR, § 208 (dort verweisend auf die Kommentierung zu § 30 UmwG); *Stratz* Schmitt/Hörtnagel/Stratz, UmwG/UmwStG, § 208 UmwG Rn. 1 f.

3. Rechtsschutz

a) Klagen gegen die Wirksamkeit des Umwandlungsbeschlusses

Rechtsschutz für die von einem Formwechsel betroffenen Anleger sieht das UmwG in zweifacher Hinsicht vor. Zur Verfügung stehen zum einen "Klagen gegen die Wirksamkeit des Umwandlungsbeschlusses", § 195 Abs. 1 UmwG. Der Begriff der Klage gegen die Wirksamkeit erfasst alle Klagetypen, "mit denen die Nichtigkeit, Unwirksamkeit oder Anfechtbarkeit eines Beschlusses der Anteilsinhaber geltend gemacht werden kann"[336], also auch die aktienrechtliche Anfechtungs- und Nichtigkeitsklage[337]. Beide, auch die Nichtigkeitsklage – insofern abweichend vom Aktienrecht – müssen innerhalb eines Monats nach der Beschlussfassung erhoben werden, § 195 Abs. 1 UmwG[338].

Die Erhebung einer Klage steht grundsätzlich der Eintragung des Umwandlungsbeschlusses und damit der Wirksamkeit des Formwechsels (vgl. § 202 UmwG) entgegen, §§ 198 Abs. 3, 16 Abs. 2 Satz 2 UmwG. Es besteht allerdings die Möglichkeit, schon vor der rechtskräftigen Entscheidung über solchermaßen erhobene Klagen ein sog. Unbedenklichkeitsverfahren durchzuführen, um die Registersperre zu überwinden, §§ 198 Abs. 3, 16 Abs. 3 UmwG; die praktische Bedeutung dieses Verfahrens ist allerdings eher gering.

Aufgrund der vollzugshemmenden Folgen einer Registersperre hat der Gesetzgeber in § 195 Abs. 2 UmwG die Möglichkeit von Klagen gegen den Umwandlungsbeschluss eingeschränkt. So kann der Umwandlungsbeschluss nicht mit der Begründung angegriffen werden, dass der umgewandelte Anteil zu niedrig bemessen oder die neue Mitgliedschaft kein ausreichender Gegenwert für die bisherige Beteiligung an dem formwechselnden Rechtsträger sei. Darüber hinaus kann eine Anfechtungsklage auch nicht auf die Unangemessenheit der anzubietenden Barabfindung oder eine nicht oder nicht ordnungemäß angebotene Barabfindung gestützt werden, § 210 UmwG. Selbst wenn die formwechselnde Gesellschaft entgegen § 207 Abs. 1 UmwG überhaupt keine Barabfindung anbieten sollte, wäre eine hierauf gestützte Anfechtungsklage gegen den Umwandlungsbeschluss unzulässig und stünde seiner Eintragung in das Handelsregister nicht entgegen. Mit Blick auf diese Regelung hat der *BGH* jüngst in einer für die Praxis höchst bedeutsamen Entscheidung entschieden, dass auch die Verletzung von Informations-, Auskunfts- und Berichtspflichten, die sich auf die Berechnung der Barabfindung beziehen, nicht mit der Anfechtungsklage geltend gemacht werden können[339]. Zur Begründung führte er im Wesentlichen an, nicht einmal

---

[336] *Meister/Klöcker* in Kallmeyer/UmwG, § 195 Rn. 7.

[337] *Decher* in Lutter/UmwG, § 195 Rn. 3.

[338] Teilweise wird allerdings vorgeschlagen, die als zu kurz empfundene Klagefrist auch für Nichtigkeitsklagen durch die Zulassung einer allgemeinen Feststellungsklage gem. § 256 ZPO zu korrigieren (vgl. *Heckschen* in Widmann/Mayer, UmwR, § 14 UmwG Rn. 18 (Dezember 2000)). Nach herrschender und wohl auch vorzugswürdiger Ansicht stellt die aktienrechtliche Nichtigkeitsklage jedoch eine besondere Form der allgemeinen Feststellungsklage dar (*Decher* in Lutter/UmwG, § 195 Rn. 6, unter Verweis auf OLG Düsseldorf 6 U 280/66 vom 16.11.1967, Die AG 1968, 19, 22; *Hüffer*, AktG, § 249 Rn. 2). Mangels Feststellungsinteresse wäre die Erhebung einer Feststellungsklage nach § 256 ZPO demnach unzulässig (vgl. nochmals *Decher* in Lutter/UmwG, § 195 Rn. 6; OLG Hamburg 11 U 183/94 vom 31.5.1995, ZIP 1995, 1513, 1514).

[339] BGH II ZR 1/99 vom 18.12.2000, DB 2001, 275 ff. („MEZ"); bestätigt durch II ZR 368/98 vom 29.1.2001, DB 2001, 471 ff. („Aqua Butzke"). Die große Bedeutung dieses Rechtsprechungswandels lässt sich am Beispiel des schon erwähnten Formwechsels der *Schaerf AG* in die *Samas Deutschland*

das gänzliche Fehlen eines Abfindungsangebots mit der Konsequenz eines vollständigen Informationsdefizits der Aktionäre könne die Anfechtung eines Umwandlungsbeschlusses begründen. *Erst recht* könne dann aber eine Verletzung der Informations- und Auskunftsrechte in Form eines nur unvollständigen oder mangelhaft begründeten und erläuterten Abfindungsangebot – als ein im Vergleich zu dem vollständigen Fehlen eines Abfindungsangebots geringerer Mangel – die Anfechtungsklage nicht eröffnen.

b) Spruchverfahren

Statt dessen steht den betroffenen Anteilsinhabern in den Fällen, in denen eine Anfechtung des Umwandlungsbeschlusses solchermaßen ausgeschlossen ist, das umwandlungsrechtliche Spruchverfahren nach § 305 ff. UmwG offen, §§ 196 bzw. 212 UmwG, dessen Durchführung – anders als eine Anfechtungsklage – der Eintragung des Umwandlungsbeschlusses in das Handelsregister und damit der Wirksamkeit des Formwechselns nicht entgegen steht. Das Umwandlungsrecht unterstellt dabei das Spruchverfahren gem. § 307 Abs. 1 UmwG weitgehend den Vorschriften des FGG. Diese Regelung bringt für die betroffenen Aktionäre vor allem zwei wesentliche Erleichterungen mit sich: Zum einen gilt gem. § 12 FGG grundsätzlich der Amtsermittlungsgrundsatz, sodass die antragstellenden Anteilseignern nicht im selben Maß wie bei der Anfechtungsklage darlegungspflichtig sind[340]. Zum anderen tragen die Antragsteller in der Regel kein Kostenrisiko, da Schuldner der Verfahrenskosten gem. § 312 Abs. 4 Satz 1 UmwG grundsätzlich der Rechtsträger neuer Rechtsform ist. Eine Ausnahme von diesem Grundsatz gilt nach § 312 Abs. 4 Satz 2 UmwG nur, wenn die Auferlegung der Kosten der Billigkeit entspricht; dies kann insbesondere dann der Fall sein, wenn ein unzulässiger, offensichtlich unbegründeter oder sonst rechtsmissbräuchlicher Antrag gestellt wird[341].

V. Zusammenfassung

Die formwechselnde Umwandlung einer börsennotierten Aktiengesellschaft oder KGaA stellt sich unter Börsenrückzugsgesichtspunkten als relativ unproblematisch dar. Der durch die §§ 190 ff. UmwG gewährte Minderheitenschutz bedarf aus diesem Grund keiner Modifizierung oder Ergänzung, sofern es sich bei der formwechselnden Gesellschaft um eine börsennotierte Aktiengesellschaft oder KGaA handelt.

AG & Co KG ablesen. Das LG Mainz (10 HK.O 143/99 (Fn. 317), 840 ff.) hatte noch mit Urteil vom 19.1.2000 in erster Instanz den gegen den Umwandlungsbeschluss erhobenen Anfechtungsklagen stattgegeben, weil die gem. § 192 Abs. 2 Satz 1 UmwG zu erstellende Vermögensaufstellung nicht zum gesetzlich vorgesehenen Stichtag erstellt war. Angesichts dessen, dass auch dieser Verstoß gegen § 192 Abs. 2 Satz 1 UmwG letztlich wohl nicht mehr als einen anfechtungswertbezogenen Informationsmangel darstellt, ist anzunehmen, dass das LG Mainz in Kenntnis der MEZ/Aqua Butzke-Rechtsprechung anders entschieden hätte.

[340] Da es sich allerdings beim Spruchverfahren um ein sog. echtes Streitverfahren handelt, gilt der Grundsatz, dass ein Antragsteller die Erwägungen sachbezogen darlegen muss, auf denen die Annahme basiert, die angebotene Barabfindung sei nicht angemessen, und die ihn letztlich zur Einleitung des Spruchverfahrens veranlasst haben. Vgl. dazu *Meister/Klöcker* in Kallmeyer/UmwG, § 307 Rn. 2; *Bilda* in MünchKomm/AktG, § 306 Rn. 18.

[341] Vgl. BayObLG BReg. 2 Z 25/75 vom 31.7.1975, DB 1975, 1788, 1789; OLG Düsseldorf 19 W 4/95 vom 29.9.1995, Die AG 1996, 88; *Stratz* in Schmitt/Hörtnagel/Stratz, UmwG/UmwStG, § 312 UmwG Rn. 10; *Krieger* in Lutter/UmwG, § 312 Rn. 5; *Meister/Klöcker* in Kallmeyer/UmwG, § 312 Rn. 9.

F. Die Verschmelzung („going private merger“)

In der Literatur „heiß“ diskutiert[342], in der Praxis aber bisher nur vereinzelt praktiziert[343] (und damit entgegen *Richard/Weinheimer*[344] keinesfalls die "am häufigsten angewandte Technik" des *going private*) wurde eine Zeit lang der sog. *going private merger*, also die Verschmelzung einer börsennotierten Aktiengesellschaft oder KGaA auf eine nicht börsenfähige oder nicht börsennotierte Gesellschaft gleicher oder anderer Rechtsform. Börsenrückzugsspezifische Besonderheiten ergeben sich dabei vor allem bei der Verschmelzung einer Aktiengesellschaft oder KGaA auf eine andere Aktiengesellschaft oder KGaA. Dieses Modell steht daher im Mittelpunkt der folgenden Bearbeitung.

I. Grundlagen

Verschmelzung ist die Zusammenführung zweier oder mehrerer Rechtsträger zu einem einzigen ohne Liquidationsverfahren. Als verschmelzungsfähige Rechtsträger bezeichnet § 3 Abs. 1 UmwG unter anderem Kapitalgesellschaften und Personenhandelsgesellschaften. Das Gesetz kennt dabei zwei Arten der Verschmelzung:

Die *Verschmelzung durch Aufnahme* (§ 2 Nr. 1 UmwG) besteht darin, dass ein schon bestehender Rechtsträger (der übernehmende Rechtsträger) das Vermögen eines oder mehrerer Rechtsträger (übertragende[r] Rechtsträger) übernimmt, was zum Erlöschen des übertragenden Rechtsträgers bzw. der übertragenden Rechtsträger führt.

Die *Verschmelzung durch Neugründung* (§ 2 Nr. 2 UmwG) besteht darin, dass das Gesamtvermögen zweier oder mehrerer Rechtsträger (übertragende Rechtsträger) unter Wegfall dieser Rechtsträger auf einen neuen Rechtsträger überführt wird.

Grundlage der Verschmelzung ist der notariell zu beurkundende Verschmelzungsvertrag, der zwischen den beteiligten Rechtsträgern geschlossen wird. Sein Mindestinhalt

---

[342] Erstmals *Steck* (Fn. 27), 462 ff.; auf ihn Bezug nehmend zB *Richard/Weinheimer* (Fn. 9), 1615 ff.; *Land/Hasselbach* (Fn. 9), 559.

[343] Insgesamt sind bisher nur vier Fälle bereits vollzogener oder beschlossener *going private merger* bekannt geworden. Als soweit erstes Unternehmen wurde 1999 infolge interner Umstrukturierungsmaßnahmen innerhalb des *EnBW-Konzerns* die börsennotierte *Mittelschwäbische Überlandzentrale AG (MÜAG)* auf die nicht börsennotierte *Ueberlandwerk Jagstkreis AG (UJAG) verschmolzen. UJAG* war dabei zunächst eine hundertprozentige Tochtergesellschaft von *EnBW*, an *MÜAG* war *EnBW* zum Zeitpunkt der Erstellung des Verschmelzungsberichts mit 86,6 % der börsennotierten Stammaktien und mit 54,9 % der nicht börsennotierten Vorzugsaktien beteiligt.
Zweiter bekannt gewordener Fall eines *going private mergers* ist die Verschmelzung der börsennotierten *Job-Today AG*, Berlin, auf die *Careernet Holdings GmbH/StepStone Deutschland AG. Careernet/StepStone* war an *Job-Today* zum Zeitpunkt der Erstellung des Verschmelzungsberichts mit ca. 80,3 % beteiligt.
Als drittes Unternehmen hat die börsennotierte *Rheinboden Hypothekenbank AG*, Köln, ihren Börsenrückzug durch eine Verschmelzung auf die nicht börsennotierte *Allgemeine Hypothekenbank AG*, Frankfurt/Main, vollzogen. Aufgrund eines vorhergehenden Aktienkaufangebots waren Minderheitsaktionäre an Rheinboden zum Zeitpunkt der Durchführung der Verschmelzung nur noch mit Aktien mit einer Beteiligung am Grundkapital von Rheinboden von weniger als 1 % beteiligt.
Schließlich wurde im August 2000 auch die Verschmelzung der börsennotierten *TIAG TABBERT-Industrie-AG*, Sinntal-Mottgers, auf die nicht börsennotierte *Knaus AG*, Jandelsbrunn, beschlossen; aufgrund noch anhängiger Anfechtungsklagen konnte die Verschmelzung jedoch bislang nicht vollzogen werden. Minderheitsaktionäre hielten dabei zum Zeitpunkt der Erstellung des Verschmelzungsberichts Aktien an TIAG mit einer Beteiligung am Grundkapital iHv. ca. 12 %.

[344] *Richard/Weinheimer* (Fn. 9), 1615.

ergibt sich aus § 5 Abs. 1 UmwG. Wirksam wird die Verschmelzung erst mit ihrer Eintragung in das Handelsregister (vgl. §§ 20, 19 UmwG).
Gem. § 2 UmwG erhalten die Aktionäre der übertragenden Gesellschaft[en] Anteile an der aufnehmenden Gesellschaft. Aus § 12 Abs. 2 UmwG ergibt sich, dass das Verschmelzungsverhältnis „angemessen" sein muss, wobei die Angemessenheit durch das Testat eines Verschmelzungsprüfers bestätigt werden muss (vgl. § 9 UmwG)[345] und gem. §§ 15, 305 ff. UmwG der gerichtlichen Überprüfung unterliegt. Angemessen ist das Umtauschverhältnis, wenn allen Anteilsinhabern des übertragenden Rechtsträgers für den Verlust ihrer Anteile eine vermögensmäßig entsprechende Beteiligung am übernehmenden Rechtsträger gewährt wird, ohne dass deren Rechtsstellung oder die der Anteilsinhaber der übernehmenden Gesellschaft beeinträchtigt wird. Niemandem soll ein Vor- oder Nachteil aus der Verschmelzung entstehen, und jeder soll seinen bisherigen relativen Anteil an der Summe der verschmolzenen Vermögensmassen behalten[346].
Ansprüche auf Barabfindung und damit die Möglichkeit zum Ausstieg aus der gemeinsamen Gesellschaft sieht das Gesetz grundsätzlich nur für den Fall der Verschmelzung von Rechtsträgern verschiedener Rechtsform (§ 29 Abs. 1 Satz 1 UmwG), nicht aber bei der Verschmelzung zweier Aktiengesellschaften (oder KGaA) vor. Eine Ausnahme von diesem Grundsatz gilt gem. § 29 Abs. 1 Satz 2 UmwG nur für den Fall, dass die Anteile an dem aufnehmenden Rechtsträger Verfügungsbeschränkungen unterworfen sind. Aus diesem Grund stellt sich die Verschmelzung einer börsennotierten Aktiengesellschaft auf eine nicht börsennotierte unter Anlegerschutzgesichtspunkten als am problematischsten dar.

II. Auswirkungen des *going private mergers* auf die Börsenzulassung

Mit der Eintragung der Verschmelzung ins Handelsregister des übernehmenden Rechtsträgers erlischt die übertragende Gesellschaft gem. § 20 Abs. 1 Nr. 2 UmwG. Wie bei der formwechselnden Umwandlung erledigt sich damit die Zulassung der Aktien zum Börsenhandel gem. § 43 Abs. 2 VwVfG von selbst, ohne dass es einer gesonderten Widerrufsentscheidung der Börsenzulassungsstelle bedarf[347].

Auch bei der Verschmelzung ist jedoch die (rechtliche) Erledigung der Zulassung von der (tatsächlichen) Einstellung der Börsennotierung und damit auch des Handels in den (ehemaligen) Aktien zu trennen. Da die Zulassungsstelle nicht automatisch von der Eintragung der Verschmelzung in das Handelsregister und damit von der Erledigung der Zulassung erfährt, kann es daher auch in Verschmelzungskonstellationen in der Zeit zwischen Erlöschen der Börsenzulassung und Einstellung der Börsennotierung noch zu einem Handel in den Aktien der übertragenden Gesellschaft kommen. Wie bei der formwechselnden Umwandlung stellt sich daher die Frage, wie in diesem Zeitraum noch durchgeführte Transaktionen zu behandeln sind.

---

345 Vgl. *Lutter* in Lutter/UmwG, § 5 Rn. 18; *Bungert/Eckert* (Fn. 105), 1846.
346 *Lutter* in Lutter/UmwG, § 5 Rn. 18.
347 *Groß*, Delisting (Fn. 8), 149; unter Verweis auf *Steck* (Fn. 27), 462, der allerdings missverständlich von einer Verpflichtung der Zulassungsstelle zum „Vollzug des Delistings" spricht; und *Kleindiek* (Fn. 166), 654, der vom „Fehlen jeden Spielraums für eine rechtsgestaltend wirkende Widerrufsentscheidung" der Zulassungsstelle spricht.

Da Anteilsrechte an der übertragenden Gesellschaft vom Zeitpunkt der Wirksamkeit der Verschmelzung an nicht mehr existieren, können solche – auch gutgläubig – nicht mehr übertragen und erworben werden. Anders als bei einer Mehrheitseingliederung[348] verbriefen eventuell ausgegebene Aktienurkunden auch keinen Anspruch auf eine Abfindung, da der (ehemalige) Aktionär der übertragenden Gesellschaft anders als bei einer Eingliederung keinen schuldrechtlichen Anspruch auf die Aktien der aufnehmenden (Haupt)Gesellschaft hat, sondern diese schon qua Gesetz (§ 20 Abs. 1 Nr. 3 UmwG) erwirbt. Das einzige, was der ehemalige Aktionär der übertragenden Gesellschaft somit in der Zeit zwischen dem Erlöschen der Börsenzulassung und der Einstellung des Börsenhandels überhaupt übertragen konnte, wären seine Aktien an der aufnehmenden Gesellschaft.

Zwar ist zu erwägen, ähnlich wie beim Formwechsel mit Blick auf den Verkehrsschutz das vermeintliche Geschäft über die Aktien der übertragenden Gesellschaft als ein solches über die Aktien der aufnehmenden Gesellschaft zu behandeln. Allerdings dürfte dies in der Mehrzahl der Fälle nicht interessengerecht sein. Unproblematisch wäre dies nur in den Fällen, in denen schon zum Zeitpunkt der Eintragung der Verschmelzung in das Handelsregister definitiv feststeht, dass das im Verschmelzungsvertrag festgesetzte Verschmelzungsverhältnis nicht zu niedrig bemessen ist. Denn dann würden sich die Anteile an aufnehmender und übertragender Gesellschaft vermögensmäßig entsprechen[349].
Derartige, gewissermaßen idealtypische Fälle kommen in der Praxis allerdings selten vor. Sofern jedoch nicht auszuschließen ist, dass das festgesetzte Verschmelzungsverhältnis einer späteren gerichtlichen Überprüfung nicht standhält, ergeben sich praktische Bedenken bezüglich des den ehemaligen Aktionären der übertragenden Gesellschaft dann zustehenden eventuellen Barnachzahlungsanspruchs nach § 15 UmwG. Dieser Anspruch steht grundsätzlich demjenigen zu, der zum Zeitpunkt des Verschmelzungsbeschlusses Anteilsinhaber der übertragenden Gesellschaft war[350]. Ob derjenige, der den Anteil nach der Beschlussfassung im Wege der Einzelrechtsnachfolge erwirbt, auch den Nachzahlungsanspruch aus § 15 UmwG mit erwirbt, ist eine Frage der Auslegung. Zwar würde man insofern bei der hier in Frage stehenden Konstellation nur zu dem Ergebnis kommen können, dass der vermeintliche Erwerber der Aktien der übertragenden Gesellschaft als tatsächlicher Erwerber der Aktien der aufnehmenden Gesellschaft auch einen möglichen Barnachzahlungsanspruch aus § 15 UmwG erwerben würde. Hier sind aufgrund des anonymisierten Abwicklungsverfahrens bei einer Aktientransaktion über die Börse, bei der sich Käufer und Verkäufer nicht kennen, jedoch Auseinandersetzungen zu erwarten, vor allem wenn sich nach Abschluss eines möglichen Spruchverfahrens mehrere Jahre nach der Transaktion die Einzelheiten der Transaktion nur noch schwer nachvollziehen lassen. Mit Blick auf diese Problematik scheint daher eine bereicherungsrechtliche Rückabwicklung einfacher und damit auch interessengerechter.

---

[348] Vgl. dazu *Grunewald* in MünchKomm/AktG, § 320 a Rn. 3; *Hüffer*, AktG, § 320 a Rn. 3.
[349] Vgl. nochmals *Lutter* in Lutter/UmwG, § 5 Rn. 18.
[350] *Bork* in Lutter/UmwG, § 15 Rn. 2; *Stratz* in Schmitt/Hörtnagel/Stratz, UmwG/UmwStG, § 15 UmwG Rn. 3; *Marsch-Barner* in Kallmeyer/UmwG, § 15 Rn. 2; *Grunewald* in Geßler/Hefermehl/Eckardt/Kropff, AktG, § 352 c Rn. 19.

III. Die Bedeutung des Börsenkurses bei der Festlegung des Verschmelzungsverhältnisses

Wie bereits mehrfach erwähnt, hat das *BVerfG* in *DAT/Altana* entschieden, dass der Börsenwert eines Unternehmens bei der Bestimmung des Abfindungsangebots (§ 305 AktG) und der Ausgleichszahlung (§ 304 AktG) bei Unternehmensverträgen sowie bei der Eingliederung (§ 320 b AktG) nicht außer Acht gelassen werden dürfe und regelmäßig die Untergrenze der Abfindung bilde, da die nach Art. 14 GG erforderliche „volle" Entschädigung nicht unter dem Verkehrswert liegen dürfe, der im Regelfall mit dem Börsenwert identisch sei[351].

Während die Übertragung dieser Rechtsprechung auf alle Pflichtabfindungsansprüche des Umwandlungs- und Aktienrechts soweit ersichtlich unstrittig ist[352], wird heftig diskutiert, ob die Grundsätze der *DAT/Altana*-Entscheidung auch bei der Berechnung des Verschmelzungsverhältnisses maßgeblich sind. Dieser Frage soll daher hier im folgenden zunächst nachgegangen werden. Abhängig vom dabei gefundenen Ergebnis wäre sodann gegebenenfalls in einem zweiten Schritt der Frage zu prüfen, ob dieses Ergebnis uneingeschränkt auf den *going private merger* zu übertragen oder ob nicht aufgrund der dort vorliegenden besonderen Konstellation eine Ausnahme zu machen ist.

1. Stand der Diskussion

a) Für die Berücksichtigung der Börsenkurse bei der Ermittlung des Verschmelzungsverhältnisses

Für die Übertragung der *DAT/Altana*-Grundsätze auf umwandlungsrechtliche Verschmelzungsfälle wird angeführt, der Gesetzgeber gehe von einer Parallele zwischen dem rechtlichen Instrument eines Vertragskonzerns und der Verschmelzung aus. Er habe der aus der Sicht der Aktionäre im Wesentlichen vergleichbaren Interessenlage unter anderem dadurch Rechnung getragen, dass für den Rechtsschutz der Aktionäre der übertragenden Gesellschaft – soweit es um die Frage der Angemessenheit des Verschmelzungswertverhältnisses gehe – aufgrund der Vorschriften der §§ 305 ff. UmwG ein dem Spruchverfahren nach § 306 AktG vergleichbares Verfahren zur Verfügung stehe. Sowohl den außenstehenden Aktionären der beherrschten Gesellschaft im Vertragskonzern als auch den Aktionären der übertragenden Gesellschaft bei der Verschmelzung stehe die Möglichkeit zur Einleitung eines Spruchverfahrens offen[353].

Dass die vom *BVerfG* aufgestellten Grundsätze auch bei der Berechnung des Verschmelzungsverhältnisses maßgeblich seien, lasse sich daraus ersehen, dass der Börsenkurs auch bei der Berechnung der Abfindung in Aktien anhand der Verschmelzungswertrelation Berücksichtigung finden solle. Nichts anderes könne bei der unmittelbaren Anwendung der Verschmelzungswertrelation im Rahmen der Überprüfung des Umtauschverhältnisses oder der Barabfindung nach §§ 15, 29 UmwG gelten, denn auch bei der Verschmelzung gelte der Grundsatz der „vollen" Entschädigung des Aktionärs[354].

---

351 BVerfG 1 BvR 1613/94 (Fn. 12), 1693 ff.

352 Vgl. die Nachweise in Ziffer B.II.

353 *E. Vetter*, Entschädigung im Vertragskonzern (Fn. 144), 566 f.

354 *Behnke* (Fn. 105), 934, unter Verweis auf BVerfG 1 BvL 16/60 (Fn. 115), 284; ähnlich *Wieler/Meyer*, Unternehmensbewertung bei Verschmelzung, ZIP 2001, 2153, 2155.

Die Verschmelzung sei für den Aktionär der übertragenden Gesellschaft erheblich einschneidender als die Eingliederung, da die übertragende Gesellschaft unwiederbringlich untergehe, während sich an der Rechtpersönlichkeit der eingegliederten Gesellschaft nichts ändere[355]. Im Übrigen dürfe nicht vergessen werden, dass wohl die weitaus größte Gruppe bei Verschmelzungen von sog. *Konzernverschmelzungen*[356] gebildet werde. Hier stelle sich die Verschmelzung regelmäßig als endgültig letzter organisatorischer Schritt einer Reihe von Strukturmaßnahmen zur Herstellung der wirtschaftlich-rechtlichen Einheit im Rahmen eines bereits vorher bestehenden Abhängigkeitsverhältnisses dar, sodass der Schutzgedanke des Art. 14 GG für die Minderheitsaktionäre hinsichtlich des Verlustes ihrer Rechtsposition in entsprechender Weise berücksichtigt werden müsse[357]. Allerdings seien Konflikte vorprogrammiert, wenn bei der Ermittlung der Verschmelzungswertrelation ein Unternehmen nach der Ertragswertmethode und eines mit dem höheren Börsenkurs bewertet werde[358].

b) Gegen die Berücksichtigung der Börsenkurse bei der Ermittlung des Verschmelzungsverhältnisses

Gegen die Übertragung der *DAT/Altana*-Grundsätze auf Verschmelzungen wird vor allem vorgebracht, die vom *BVerfG* bejahte Pflicht zur „vollen" Entschädigung habe ihre Ursache im sog. „Konzernkonflikt" zwischen dem Großaktionär und den Minderheitsaktionären. Sie sei die Kompensation dafür, dass der Großaktionär das Recht erhalte, zu seinem (einseitigen) Vorteil in die Rechtsposition der Minderheitsaktionäre einzugreifen[359]. In einer solchen Situation bestehe ein anerkanntes besonderes Schutzbedürfnis der Minderheitsaktionäre. Bei einer Verschmelzung bestehe jedoch kein solches Schutzbedürfnis, weil der Großaktionär – wenn ein solcher beteiligt sei – mit den Minderheitsaktionären „im gleichen Boot" sitze und die gleiche Gegenleistung erhalte wie alle Minderheitsaktionäre auch. Der Aktionär sei in einer solchen Situation weniger schutzbedürftig, sodass auch keine vergleichbare Eigentumsrelevanz wie bei einer Eingliederung bestehe[360].

---

[355] *Erb*, Börsenkurs auch in Verschmelzungsfällen, DB 2001, 523; in diese Richtung auch *Reuter*, Börsenkurs und Unternehmenswertvergleich, DB 2001, 2483, 2489.

[356] Der Begriff der Konzernverschmelzung wird weder gesetzlich noch in der umwandlungsrechtlichen Kommentarliteratur definiert. Es scheint aus diesem Grund naheliegend, als Konzernverschmelzung jede Verschmelzung zwischen Unternehmen anzusehen, die gem. § 18 AktG einen Konzern bilden bzw. für die die Konzernvermutung gem. § 18 Abs. 1 Satz 3 AktG gilt. Das umwandlungsrechtliche Schrifttum scheint jedoch überwiegend von einer engeren Definition der Konzernverschmelzung auszugehen, nämlich von einer Verschmelzung iSv. § 62 Abs. 1 UmwG, bei der eine Gesellschaft auf ihre mit mindestens 90 % des Stammkapitals beteiligte Mutter verschmolzen wird (vgl. beispielhaft die Ausführungen von *Henze*, Die „zweistufige Konzernverschmelzung", Die AG 1993, 341, 342; anders jüngst aber *Piltz*, Unternehmensbewertung und Börsenkurs (Fn. 105), 210, der die Konzernverschmelzung als jede von einem mit mindestens 75 % beteiligten Mehrheitsaktionär dominierte Verschmelzung auf sich selbst oder eine dritte Gesellschaft definiert). Im folgenden soll der Begriff der Konzernverschmelzung entsprechend der wohl herrschenden Meinung für Verschmelzungen iSd. § 62 Abs. 1 UmwG verwandt werden.

[357] *E. Vetter*, Entschädigung im Vertragskonzern (Fn. 144), 566 f.

[358] *E. Vetter*, Anmerkung zu BVerfG 1 BvR 1613/94, Die AG 1999, 569, 572.

[359] *Wilm* (Fn. 105), 235 f.; *Bungert/Eckert* (Fn. 105), 1846; in diese Richtung auch *Hüttemann*, Börsenkurs und Unternehmensbewertung, ZGR 2001, 455, 477; anders ausdrücklich *Reuter* (Fn. 355), 2489, laut dem das BVerfG den Börsenkurs nicht als Mittel zur Eindämmung von Konzernmacht, sondern als „zeitgemäße" Bewertungsmethode eingestuft habe.

[360] *Bungert/Eckert* (Fn. 105), 1846.

Daneben wird angeführt, der Beschluss des *BVerfG* sei perspektivisch einseitig an dem Eingriff in das Eigentumsgrundrecht der Aktionäre der Untergesellschaft ausgerichtet. Bei einer Übertragung der Entscheidung auf die Verschmelzung würden jedoch die (Grund-)Rechte und Interessen der Aktionäre der übernehmenden Gesellschaft außer Acht gelassen und verletzt. Deren Gesellschaftsbeteiligung könne durch ein unangemessenes Umtauschverhältnis so erheblich beeinträchtigt werden, dass dies einem wirtschaftlichen Verlust gleichkomme[361]. Der *BGH* spreche in diesem Zusammenhang von einer „Auszehrung des Aktionärsanteils“[362]. Zwangsläufig wirke sich die Besserstellung der Aktionäre des einen an der Verschmelzung beteiligten Rechtsträgers unmittelbar zu Lasten der Aktionäre des anderen beteiligten Rechtsträgers aus. Eine solche „echte Grundrechtskollision“ sei durch einen Ausgleich der konkurrierenden Verfassungswerte im Sinne einer Grundrechtskonkordanz aufzulösen[363].
Auch seien die Anteilseigner beider Gesellschaften gleich zu behandeln. Für die Aktiengesellschaft habe dieser Gleichbehandlungsgrundsatz in § 53 a AktG gesetzliche Kodifizierung gefunden. Für die Verschmelzung gelte er auch für das Verhältnis zwischen den Anteilseignern des übertragenden und des übernehmenden Rechtsträgers[364]. Dies mache es notwendig, die Unternehmenswerte der beteiligten Rechtsträger nach der gleichen Bewertungsmethode zu ermitteln. Eine Ermittlung der Verschmelzungswertrelation auf der Grundlage des Börsenwerts für den übertragenden Rechtsträger und des Ertragswerts für den übernehmenden Rechtsträger komme damit aufgrund des Gleichbehandlungsgrundsatzes nicht in Betracht[365].
Hinzu komme, dass die Frage, welche Gesellschaft auf welche Gesellschaft verschmolzen wird, in der Regel auf politischen, steuerlichen und sonstigen Gesichtspunkten basiere, sodass es insbesondere für die Kleinaktionäre häufig mehr als zufällig sei, wer übernehmende und wer übertragende Gesellschaft sei[366].
Auch bei Konzernverschmelzungen gelte nichts anderes, denn auch hier erhalte der Mehrheitsgesellschafter kein Sonderrecht und keine bevorzugte Rechtsposition. Eine einseitige Beeinträchtigung der Interessen der außenstehenden Aktionäre finde nicht statt, da diese nach der Verschmelzung an der gemeinsamen Vermögensmasse beteiligt blieben[367].
Riegger schließlich spricht sich – ohne allerdings näher darauf einzugehen – ausdrücklich auch bei der Verschmelzung einer börsennotierten auf eine nicht börsennotierte Aktiengesellschaft gegen eine Übertragung der *DAT/Altana*-Grundsätze aus[368].

---

[361] *Bungert/Eckert* (Fn. 105), 1847; ähnlich *Riegger*, Börsenkurs als Untergrenze der Abfindung?, DB 1999, 1889, 1890, und *Diekmann*, Abfindungs- und Ausgleichsansprüche, WuB II A. § 304 AktG 1.00 (Seite 57).
[362] *Bungert/Eckert* (Fn. 105), 1847, unter – allerdings unzutreffendem – Verweis auf BGH II ZB 9/96 vom 20.5.1997, BGHZ 135, 374, 378.
[363] *Bungert/Eckert* (Fn. 105), 1847, unter Verweis auf BVerfG 1 BvR 536/72, BVerfGE 35, 202, 225.
[364] *Bungert/Eckert* (Fn. 105), 1846, unter Verweis auf *Marsch-Barner* in Kallmeyer/UmwG, § 5 Rn. 7, und *Lutter* in Lutter/UmwG, § 5 Rn. 18.
[365] *Bungert/Eckert* (Fn. 105), 1846; ähnlich auch *Piltz*, Unternehmensbewertung und Börsenkurs (Fn. 105), 208, der dies für ein „Gleichsetzen von Äpfeln und Birnen“ hält.
[366] *Wilm* (Fn. 105), 235; *Bungert/Eckert* (Fn. 105), 1847; ähnlich auch *Reuter* (Fn. 355), 2489 f., der hieraus jedoch den Schluss zieht, dass bei allen an der Verschmelzung beteiligten Unternehmen nach den DAT/Altana-Grundsätzen zu verfahren sei.
[367] *Wilm* (Fn. 105), 236.
[368] *Riegger* (Fn. 361), 1891.

2. Eigener Ansatz

Sowohl die Befürworter als auch die Gegner einer Übertragung der *DAT/Altana*-Grundsätze verdienen vom Ansatz her Zustimmung. Im Ergebnis dürfte jedoch eine vermittelnde Lösung zu bevorzugen sein, da bei der Frage nach der Reichweite der *DAT/Altana*-Entscheidung unterschieden werden muss zwischen Verschmelzungen voneinander abhängiger und voneinander unabhängiger Aktiengesellschaften[369].

Unzweifelhaft richtig ist zunächst die Feststellung, dass eine Besserstellung der Aktionäre des einen an einer Verschmelzung beteiligten Rechtsträgers sich unmittelbar zu Lasten der Aktionäre des anderen beteiligten Rechtsträgers auswirkt. Wird also aufgrund des den Ertragswert übersteigenden Börsenkurses ein höherer Wert der übertragenden Gesellschaft festgestellt, so wirkt sich dies – sofern der Börsenwert der aufnehmenden Gesellschaft ihren Ertragswert nicht im gleichen Verhältnis übersteigt – zu Lasten der Aktionäre der aufnehmenden Gesellschaft aus. Zutreffend ist auch, dass deren Gesellschafter durch ein unangemessenes Umtauschverhältnis beeinträchtigt werden und dies zu unter Umständen erheblichen wirtschaftlichen Verlusten führen kann. Insofern besteht im Hinblick auf Art. 14 GG tatsächlich eine "echte Grundrechtskollision"[370].

a) Verschmelzung voneinander *un*abhängiger Rechtsträger

Vom *Grundsatz* her zuzustimmen ist auch der Feststellung, bei einer Verschmelzung bestehe kein – einem Konzernkonflikt vergleichbares – Schutzbedürfnis der Aktionäre der beteiligten Gesellschaften[371].

Sind die Gesellschaften vor der Verschmelzung nicht oder nur unwesentlich aneinander beteiligt, so besteht ein derartiges Schutzbedürfnis nicht, denn hier bestehen auch keine Interessenkonflikte zwischen dem eventuell vorhandenen Mehrheitsaktionär der Gesellschaft und den Minderheitsaktionären. Jede Seite hat ein Interesse daran, dass ihre Gesellschaft möglichst hoch bewertet wird, um so einen möglichst hohen Anteil an der verschmolzenen Gesellschaft zu erlangen. In diesem Sinne werden auch die den Verschmelzungsvertrag aushandelnden Unternehmensvorstände vorgehen. Kommt es zu Uneinigkeiten über die Bewertung, kann dies zum Scheitern des ge-

---

369 *Wilsing/Kruse* (Fn. 103), 992 ff.

370 Zur Verdeutlichung sei hier das Beispiel zweier Gesellschaften A und B mit einem Grundkapital und einem angenommenen Ertragswert von jeweils 100 angeführt. Im Fall der einen Gesellschaft A entspricht der Börsenkurs ihrem Ertragswert, im Fall der anderen Gesellschaft B übersteigt er ihn um 10. Stellt man einzig auf die Ertragswerte der Unternehmen ab, so hielten Aktionäre, die zuvor mit 10 % an einer der beiden Gesellschaften beteiligt waren, 5 % an dem fusionierten Unternehmen. Berücksichtigt man nun aber zugunsten der Aktionäre von B den höheren Börsenkurs, so hält der zuvor an A beteiligte Aktionär nach der Verschmelzung ca. 4,76 % an der neuen Gesellschaft und der zuvor an B beteiligte Aktionär ca. 5,24 %. Die Berücksichtigung des Börsenkurses wirkt sich damit zugunsten der Aktionäre von B und zu Lasten der Aktionäre von A aus. Letztere erhalten weniger, als ihnen bei Zugrundelegung der Ertragswertmethode auch bei B zustehen würde.

371 Dieses Schutzbedürfnis der Aktionäre einer konzernierten Gesellschaft beruht dabei auf zwei Aspekten. Zum einen besteht die Gefahr einer für sie negativen Einflussnahme der Konzernobergesellschaft auf die Führung ihrer Gesellschaft. Zwar ist der Vorstand einer Aktiengesellschaft – vom Bestehen eines Beherrschungsvertrags abgesehen – in seiner Geschäftsführung rechtlich nicht an Weisungen seiner Aktionäre (§ 76 Abs. 1 AktG) gebunden, in der Praxis ist jedoch eine gewisse tatsächliche Abhängigkeit durchaus vorhanden. Hinzu kommt, dass die herrschende Konzernobergesellschaft für gewöhnlich über die Stimmenmehrheit in der Hauptversammlung der von ihr abhängigen Gesellschaft verfügt. Je nach Höhe dieser Beteiligung kann sie sich dabei gegebenenfalls sogar in Angelegenheiten, die eine satzungsändernde Möglichkeit erfordern, gegenüber alle anderen Aktionäre durchsetzen.

planten Zusammenschlusses führen. Die zahlreichen an Bewertungsfragen „geplatzten“ Fusionen der jüngsten Vergangenheit belegen dies[372].
Die jeweiligen Aktionärsgruppen sitzen hier "im gleichen Boot". Zwar kann es – worauf zurecht verwiesen wird[373] – auch bei Verschmelzungen eine von der Mehrheit überstimmte Gruppe von Aktionären geben. Es gibt jedoch im deutschen Aktienrecht keine Entschädigung für das "Überstimmtwerden"; Rechtfertigung der Pflicht zur vollen Entschädigung ist – wie das *BVerfG* schon in der *Feldmühle*-Entscheidung festgestellt hat – vielmehr, dass der Großaktionär zu seinem eigenen Vorteil in die Vermögensinteressen der Minderheitsaktionäre eingreifen kann. Unbeachtlich ist dagegen, ob die übertragende bzw. eingegliederte Gesellschaft als eigenständige Rechtsperson erhalten bleibt oder nicht, da dies für die betroffenen Aktionäre keinerlei Unterschied macht[374]. Eine derartige der *DAT/Altana*-Entscheidung vergleichbare Konstellation liegt hier jedoch gerade nicht vor[375].
Im Übrigen ist die Verschmelzung voneinander unabhängiger Rechtsträger auch typologisch nicht mit einer Konzernierungsmaßnahme zu vergleichen. Anders als beim Abschluss eines Unternehmensvertrages verlieren die Aktionäre der übertragenden Gesellschaft bei einer Verschmelzung durch Aufnahme bzw. die Aktionäre aller Gesellschaften bei einer Verschmelzung durch Neugründung zwar ihre formale Eigentumsposition an "ihren" Gesellschaften. Anders als etwa bei einer Mehrheitseingliederung oder auch einem Squeeze-out hat dieser Verlust jedoch nicht den Charakter eines "Hinausgedrängtwerdens" durch den einseitigen Beschluss eines Großaktionärs. Ebenso wenig haben die den Aktionären der übertragenden Gesellschaft zustehenden Anteile an der aufnehmenden Gesellschaft den Charakter einer Abfindung.
Demnach besteht auch nach *DAT/Altana* kein Anlass dafür, von der bisherigen Praxis der Berechnung des Verschmelzungswertverhältnisses abzuweichen, nach der der Börsenwert der beteiligten Gesellschaften außer Betracht bleibt[376].

b) Verschmelzung voneinander abhängiger Rechtsträger

Der oben skizzierte Interessengleichlauf zwischen Mehrheits- und Minderheitsaktionär, das "In-einem-Boot-sitzen", existiert bei der Verschmelzung einer abhängigen auf die sie beherrschende Gesellschaft jedoch nicht. Hier besteht kein gleichlaufendes Interesse zwischen Mehrheits- und Minderheitsaktionär an einer möglichst hohen Bewertung der zu verschmelzenden Gesellschaft. Im Gegenteil: Da sich die Verschmelzung durch Aufnahme bei der aufnehmenden Gesellschaft regelmäßig als Kapitalerhöhung gegen Sacheinlage darstellt[377], müssen den Minderheitsaktionären der abhängigen und zu verschmelzenden Gesellschaft um so weniger Aktien gewährt

---

[372] Beispielhaft erwähnt sei hier nur die „geplatzte“ Fusion von *Dresdner Bank AG* und *Commerzbank AG* (vgl. FAZ vom 27.7.2000, Seite 1).
[373] *Riegger* (Fn. 361), 1890.
[374] Hieran vermag auch der Hinweis *Erbs* (Fn. 355), 523, die Eingliederung könne jederzeit durch Abgabe einer einzigen Aktie an einen einzigen „neuen“ außenstehenden Aktionär wieder beendet werden, nicht zu ändern. Zum einen kommt die Beendigung einer Eingliederung durch Veräußerung nur eines Teils der Aktien in der Praxis äußerst selten vor. Zum anderen erscheint die Möglichkeit, dass die Beendigung der Eingliederung durch Abgabe der Aktien ausgerechnet an die ehemaligen außenstehenden Aktionäre der eingegliederten Gesellschaft erfolgt, höchst theoretischer Natur.
[375] Ebenso jüngst BayObLG 3Z BR 116/00 vom 18.12.2002, ZIP 2003, 253, 256 f.
[376] In Begründung und Ergebnis weitgehend wie hier jüngst BayObLG 3Z BR 116/00 (Fn. 375), 253 ff.
[377] *Lutter* in Lutter/UmwG, § 5 Rn. 8 a.

werden, je niedriger der Wert ihrer Gesellschaft ist[378]. Der Gleichlauf der Interessen von Mehrheits- und Minderheitsaktionären bei Verschmelzungen existiert demnach nur insoweit, als die zu verschmelzenden Gesellschaften nicht voneinander abhängig sind. Aus diesem Grund muss hinsichtlich der Übertragung der *DAT/Altana*-Grundsätze zwischen der Verschmelzung voneinander unabhängiger und der Verschmelzung voneinander abhängiger Rechtsträger differenziert werden. Nur bei letzteren besteht aufgrund des Konzernkonflikts die Gefahr, dass das Verschmelzungsverhältnis nicht – wie bei unabhängigen Unternehmen – zwischen gleichberechtigten Partnern ausgehandelt, sondern einseitig durch die Führung der herrschenden Gesellschaft bestimmt wird. Nur hier fehlt die "Richtigkeitsgewähr" des Vertragsmechanismus bei der Aushandlung des Verschmelzungsverhältnisses[379].

Hinzu kommt ein weiterer Punkt, den die Gegner einer Übertragung der *DAT/Altana*-Grundsätze auf umwandlungsrechtliche Verschmelzungen nicht berücksichtigen: Die von ihnen angesprochene Grundrechtskollision aufgrund einer einseitigen Berücksichtigung des Börsenkurses bei Verschmelzungen besteht auch bei der Eingliederung und damit bei der *DAT/Altana* zugrundeliegenden Gestaltung. Auch bei der Eingliederung wirkt sich eine höhere Bewertung der einzugliedernden Gesellschaft zu Lasten der Aktionäre der Hauptgesellschaft aus. Der wesentliche Unterschied zwischen Eingliederung und Verschmelzung durch Aufnahme liegt letztlich "nur" darin, dass die eingegliederte anders als die übertragende Gesellschaft als rechtlich selbständige Einheit erhalten bleibt[380]. Daher macht es für die Aktionäre der beteiligten Unternehmen wirtschaftlich keinen Unterschied, ob ihre Gesellschaft eingegliedert oder verschmolzen wird bzw. ob ihr Unternehmen Hauptgesellschaft bei einer Eingliederung oder aufnehmende Gesellschaft bei einer Verschmelzung ist.

Die aus Sicht der beteiligten Aktionäre rechtliche Vergleichbarkeit von Eingliederung und Verschmelzung durch Aufnahme kommt zwar weniger darin zum Ausdruck, dass Rechtsschutz für die (ehemaligen) Aktionäre der eingegliederten Gesellschaft und derjenigen der übertragenden Gesellschaft hinsichtlich der Angemessenheit der Abfindung bzw. des Verschmelzungsverhältnisses in beiden Fällen über das Spruchverfahren gewährt wird; auf diese Weise ließen sich auch Parallelen zwischen einem Formwechsel und dem Abschluss eines Unternehmensvertrags konstruieren, da auch dort für die Überprüfung der Angemessenheit der anzubietenden Abfindung jeweils das Spruchverfahren zur Verfügung steht[381]. Die Vergleichbarkeit aus der Perspektive

---

378 Zur Verdeutlichung sei noch einmal ein Beispiel bemüht: Gesellschaft A hält 90 % an Gesellschaft B. B hat einen Gesamtwert von 50; der Anteil der Minderheitsaktionäre von B am Unternehmenswert beträgt demnach 5, entsprechend erhalten sie bei einer Verschmelzung auf A auch Aktien im Wert von 5. Beträgt der Wert von B jedoch nicht 50, sondern nur 40 und damit der Wert der Minderheitsbeteiligungen nur 4, erhielten die Minderheitsaktionäre auch nur Aktien von A im Wert von 4. Je niedriger B demnach bewertet wird, desto besser für Mehrheitsaktionär A und desto schlechter für die Minderheitsaktionäre von B. Zwar profitiert strenggenommen nicht A selbst, sondern ihre Aktionäre von einer niedrigeren Bewertung von B. Im Zeitalter einer fast ausschließlichen Ausrichtung der Unternehmensziele an einer Steigerung des *shareholder value* und aufgrund der Tatsache, dass die Hauptversammlung von A der Verschmelzung mit satzungsändernder Mehrheit zustimmen muss, können die Interessen von A, vertreten durch ihren Vorstand, und ihrer Aktionäre diesbezüglich jedoch durchaus gleichgesetzt werden.

379 Vgl. auch die Ausführungen von *Lutter* in Lutter/UmwG, § 5 Rn. 18.

380 *Krieger* in Münch. Hdb. GesR IV, § 73 Rn. 1; ähnlich auch *Wilm* (Fn. 105), 236.

381 Vgl. in bezug auf den Formwechsel §§ 305 ff., 212, 207 UmwG und bezüglich des Abschlusses von Unternehmensverträgen § 306 AktG.

der beteiligten Aktionäre schlägt sich aber in § 320 b Abs. 1 Satz 4 AktG nieder, der für die Berechnung des Abfindungsverhältnisses bei der Abfindung in Aktien der Hauptgesellschaft ausdrücklich auf das Verhältnis verweist, "in dem bei einer Verschmelzung auf eine Aktie der Gesellschaft Aktien der Hauptgesellschaft zu gewähren wären"[382].
Ein für die beteiligten Aktionäre bedeutsamer Unterschied zwischen Verschmelzung durch Aufnahme und Eingliederung ergibt sich auch nicht aus § 20 Abs. 1 Nr. 3 UmwG. Danach werden die Anteilsinhaber der übertragenden Rechtsträger mit Eintragung der Verschmelzung in das Handelsregister Anteilsinhaber der übernehmenden Rechtsträger[383]. Die Vorschrift unterscheidet sich aus Sicht der beteiligten Aktionäre von der Eingliederung lediglich darin, dass sich nach § 20 Abs. 1 Nr. 3 UmwG ihr Anteilserwerb *kraft Gesetzes* vollzieht[384], wohingegen die Aktionäre der eingegliederten Gesellschaft zwar ihre Anteile an dieser ebenfalls kraft Gesetz verlieren (§ 320 a AktG), auf die Anteile an der Hauptgesellschaft jedoch nur einen *schuldrechtlichen Anspruch* haben (§ 320 b Abs. 1 AktG). Das Ergebnis ist jedoch dasselbe: Sowohl bei der Verschmelzung als auch bei der Eingliederung sind die Aktionäre der übertragenden bzw. eingegliederten Gesellschaft schließlich Aktionäre der aufnehmenden bzw. der Hauptgesellschaft.
Ein grundsätzlicher Unterschied zwischen Eingliederung und Verschmelzung durch Aufnahme im Hinblick auf mögliche Eingriffe in das Grundrecht aus Art. 14 GG der beteiligten Aktionäre besteht demnach nicht.
In den Fällen, in denen eine Gesellschaft auf ihren mit mindestens 95 % an ihrem Grundkapital beteiligten Großaktionär verschmolzen wird, spricht zudem Art. 3 Abs. 1 GG für die Übertragung der *DAT/Altana*-Grundsätze. Aufgrund der dargestellten wirtschaftlichen Vergleichbarkeit von Eingliederung und Verschmelzung durch Aufnahme für die Aktionäre der beteiligten Gesellschaften ist es kaum mit dem grundgesetzlichen Gleichbehandlungsgebot vereinbar, den Börsenwert – entsprechend *DAT/Altana* – bei einer einzugliedernden Gesellschaft als Untergrenze ihrer Bewertung heranzuziehen, nicht jedoch bei einer „anstelle“ der Eingliederung vorgenommenen Verschmelzung. In beiden Fällen sind die Aktionäre der abhängigen, einzugliedernden bzw. zu verschmelzenden Gesellschaft nach Abschluss der Transaktion Aktionäre der späteren Hauptgesellschaft bzw. der aufnehmenden Gesellschaft. In beiden Fällen zieht der Hauptaktionär den Nutzen aus der Konzernierungsmaßnahme, sodass nur eine "volle" "Abfindung" in Betracht kommt, die entsprechend den Vorgaben des *BVerfG* im Regelfall nicht unter dem Verkehrswert und damit unter dem Börsenwert der Aktien der einzugliedernden bzw. übertragenden Gesellschaft liegen darf. In den Fällen, in denen anstelle einer Verschmelzung auch eine Eingliederung hätte vorgenommen werden könne, ist somit eine Übertragung der *DAT/Altana*-Grundsätze auch von Verfassungs wegen geboten.

Damit stellt sich die weitergehende Frage, inwieweit die *DAT/Altana*-Grundsätze auch auf solche Verschmelzungen übertragbar sind, bei denen die aufnehmende Muttergesellschaft an ihrer übertragenden Tochter nur in einem geringeren Maße beteiligt ist.

---

[382] Ebenso *Erb* (Fn. 355), 524, und *Behnke* (Fn. 105), 934.
[383] So aber offensichtlich *Bungert/Eckert* (Fn. 105), 1846.
[384] Vgl. *Lutter* in Lutter/UmwG, § 20 Rn. 55.

In diesen Fällen lässt sich wegen der niedrigeren Beteiligungsverhältnisse nur eingeschränkt mit Art. 3 Abs. 1 GG argumentieren.
Um diese Frage zu beantworten, ist noch einmal auf den Grund für die vom *BVerfG* verlangte „volle“ Entschädigung zurückzukommen. Sie ist der Ausgleich dafür, dass der Großaktionär zu seinem eigenen Vorteil in die Rechtsposition der Minderheitsaktionäre eingreifen kann. Er *kann* dies jedoch nur dann, wenn es ihm seine Beteiligung ermöglicht, die von ihm geplante Verschmelzung und ein möglicherweise unangemessenes Verschmelzungsverhältnis gegen den Willen aller anderen Aktionäre durchzusetzen. Die *DAT/Altana*-Grundsätze sind somit immer dann auf Verschmelzungen zu übertragen, wenn eines der beteiligten Unternehmen über eine solchen Einfluss vermittelnde Beteiligung an dem anderen verfügt.
Die Möglichkeit der Einflussnahme eines Großaktionärs auf Vorstand und Aufsichtsrat einer Gesellschaft besteht bereits ab einer Beteiligungshöhe, mit deren Hilfe er auf das andere Unternehmen unmittelbar oder mittelbar einen beherrschenden Einfluss ausüben kann (§ 17 Abs. 1 AktG). In all diesen Fällen besteht die Gefahr, dass das Verschmelzungsverhältnis mehr oder weniger einseitig durch die herrschende Gesellschaft festgesetzt wird. Dies spräche zunächst dafür, die *DAT/Altana*-Grundsätze auf alle Verschmelzungen zwischen Unternehmen iSd. § 17 AktG zu übertragen.
Dagegen spricht jedoch, dass über die Verschmelzung letztlich nicht die Vorstände und Aufsichtsräte der beteiligten Unternehmen, sondern deren Hauptversammlungen entscheiden, § 13 Abs. 1 UmwG, und zwar mit einer Mehrheit von mindestens 75 % des bei der Beschlussfassung vertretenen Grundkapitals, § 65 Abs. 1 UmwG. Ein unangemessenes Verschmelzungsverhältnis kann ein herrschendes Unternehmen somit nur dann durchsetzen, wenn es nicht nur über einen unmittelbar oder mittelbar beherrschenden Einfluss auf die Verwaltung der abhängigen Gesellschaft verfügt, sondern auch über eine Beteiligung, die es ihm ermöglicht, den Verschmelzungsbeschluss in der über die Verschmelzung beschließenden Hauptversammlung gegen die Stimmen aller übrigen Aktionäre zu fassen. Dies wiederum spräche dafür, die *DAT/Altana*-Grundsätze nur auf solche Verschmelzungen zu übertragen, bei denen die Beteiligung des Großaktionärs an der abhängigen Gesellschaft mindestens 75 % des stimmberechtigten Kapitals beträgt. Hiergegen spricht jedoch, dass die durchschnittliche Hauptversammlungspräsenz börsennotierter Aktiengesellschaften in Deutschland zwischen 40 und 45 % liegt, sodass auch mit einer deutlich unter 75 % liegenden Beteiligung am stimmberechtigten Kapital schon eine satzungsändernde Mehrheit erreicht werden kann.
Eine Lösung der Frage nach der Reichweite der *DAT/Altana*-Entscheidung könnte in Anlehnung an eine dem Art. 16 4. Spiegelstrich des mittlerweile außer Kraft gesetzten *Übernahmekodex* der Börsensachverständigenkommission beim Bundesministerium der Finanzen vergleichbare Regelung zu finden sein. Der Übernahmekodex stellte hinsichtlich der Frage, *wann* ein Aktionär die Kontrolle über eine Aktiengesellschaft erlangt hat, auf einen Stimmrechtsanteil ab, der bei der ersten Beschlussfassung in allen drei vorhergehenden ordentlichen Hauptversammlungen der Zielgesellschaft zu einem Stimmrechtsanteil von jeweils drei Vierteln des präsenten, stimmberechtigten Kapitals geführt hätte[385].

---

[385] Durch die Wahl eines fixen Stimmrechts- oder Kapitalanteils, wie ihn zB § 29 Abs. 2 WpÜG vorsieht, würde dagegen den unterschiedlich hohen Hauptversammlungspräsenzzahlen der börsennotierten deutschen Aktiengesellschaften nicht Rechnung getragen. Bei Überschreiten der 30 %-

In all den Fällen, in denen die aufnehmende Gesellschaft über eine Beteiligung an der übertragenden, von ihr abhängigen Gesellschaft in dieser Höhe verfügt, besteht ein dem *DAT/Altana*-Ausgangsfall vergleichbarer *Konzernkonflikt.* In all diesen Fällen kann ein Großaktionär einen Verschmelzungsbeschluss allein herbeiführen, dadurch seine eigenen Interessen gegenüber den Minderheitsaktionären durchsetzen und damit zu seinem (einseitigen) Vorteil in ihre Rechtsposition eingreifen. Auf diese Verschmelzungsfälle sind daher die Grundsätze der *DAT/Altana*-Entscheidung des *BVerfG* zu übertragen.

In den auf diese Weise abzugrenzenden Fällen überzeugt auch das Argument nicht, die Festlegung, welche Gesellschaft auf welche verschmolzen werde, sei insbesondere für Kleinaktionäre häufig mehr als zufällig[386].
Zum einen besteht im Konzern grundsätzlich die Tendenz, abhängige Tochtergesellschaft auf eine Mutter-, Großmutter- oder Schwestergesellschaft zu verschmelzen, sodass von Zufall nur eingeschränkt die Rede sein kann. Zum anderen würde sich jedoch selbst dann, wenn die abhängige Gesellschaft der aufnehmende Rechtsträger sein oder die Verschmelzung sogar als Verschmelzung durch Neugründung gestaltet werden sollte, bei der sowohl die herrschende als auch die abhängige Gesellschaft auf eine neu zu gründende Gesellschaft verschmolzen werden, keine andere Beurteilung ergeben. Am Einfluss der herrschenden Gesellschaft auf die abhängige Gesellschaft und dem bei letzterer nicht vorhandenen Interessengleichlauf zwischen Mehrheits- und Minderheitsaktionär in bezug auf die Bewertung der abhängigen Gesellschaft würde sich dadurch nichts ändern.

Dieses Ergebnis lässt sich schließlich auch mit verfassungsrechtlichen Bedenken nicht angreifen. Insbesondere vermag die Behauptung nicht zu überzeugen, die *DAT/Altana*-Entscheidung sei perspektivisch einseitig an dem Eingriff in das Grundrecht der Aktionäre der Untergesellschaft ausgerichtet und das *BVerfG* habe die Problematik der Grundrechtskollision "schlicht ausgeblendet"[387], das Gericht habe mit anderen Worten im Bemühen um den Eigentumsschutz der Aktionäre der *Unter*gesellschaft bei seiner Entscheidung das Problem einer Grundrechtskollision nicht bedacht und dadurch das grundgesetzlich geschützte Eigentumsrecht der Aktionäre der *Ober/Haupt*gesellschaft verletzt.
Zwar war der Entscheidung des *BVerfG* in der Tat kaum zu entnehmen, dass das Gericht sich mit der Frage einer möglichen Grundrechtskollision auseinandergesetzt hat. Ansätze dieser Art finden sich jedoch in der konkretisierenden Entscheidung des *BGH*, wo es ausdrücklich heißt, dass auch bei der Ober/Hauptgesellschaft grundsätzlich der Börsenwert maßgeblich für die Berechnung einer Abfindung in Aktien sei[388].

Schwelle des § 29 Abs. 2 WpÜG ist ein Aktionär künftig verpflichtet, ein Übernahmeangebot nach den §§ 35 ff. WpÜG abzugeben, und zwar unabhängig davon, ob die 30 %-Stimmrechtsbeteiligung ihm auch eine verlässliche Mehrheit in der Hauptversammlung der Gesellschaft sichert. Noch schwerer wiegt indes, dass selbst wenn aufgrund der konkreten Umstände bei der Gesellschaft eine Abhängigkeit iSd. § 17 AktG zu bejahen wäre, die 30 %-Schwelle des § 29 Abs. 2 WpÜG jedoch nicht überschritten ist, eine Verpflichtung zur Abgabe eines Übernahmeangebots nicht besteht. Vgl. zur Kritik an dieser Regelung auch *Harbarth*, Kontrollerlangung und Pflichtangebot, ZIP 2002, 321, 322 f.

[386] Vgl. *Wilm* (Fn. 105), 235; *Bungert/Eckert* (Fn. 105), 1847.

[387] *Bungert/Eckert* (Fn. 105), 1847, unter Verweis auf BVerfG 1 BvR 536/72 (Fn. 363), 225.

[388] Vgl. BGH II ZB 15/00 (Fn. 12), 754 ff.

Im Übrigen ergibt sich aus der verfassungsgerichtlichen Rechtsprechung auch nicht, dass kollidierende Grundrechte *zwingend* zu einem Ausgleich zu bringen sind. So führt das *BVerfG* zwar in seiner Entscheidung 1 BvR 536/72 aus, dass im Falle einer Grundrechtskollision beide Verfassungswerte "nach Möglichkeit zum Ausgleich gebracht werden müssen". Weiter heißt es dort jedoch auch: ".... lässt sich dies nicht erreichen, so ist unter Berücksichtigung der falltypischen Gestaltung und der besonderen Umstände des Einzelfalls zu entscheiden, welches Interesse zurückzutreten hat"[389].
Kann also durch die Berücksichtigung des Börsenkurses auch der aufnehmenden bzw. der Ober/Hauptgesellschaft kein voller Ausgleich herbeigeführt werden, so können es im Ergebnis nur die Vermögensinteressen der Aktionäre der aufnehmenden bzw. der Ober/Hauptgesellschaft sein, die zurücktreten müssen. *Sie* sind nämlich nicht gezwungen, dem Abschluss eines Unternehmensvertrags, einer Eingliederung oder einer Verschmelzung zuzustimmen. Da auf Seiten der aufnehmenden Gesellschaft bzw. der Ober/Hauptgesellschaft die Interessen aller Aktionäre gleich laufen, ist davon auszugehen, dass die Hauptversammlung die wirtschaftlichen Konsequenzen vor der Beschlussfassung vernünftig abwägen und bei einem als zu hoch empfundenen Umtausch- bzw. Abfindungsverhältnis im Zweifel eher nicht zustimmen wird[390]. Eine Beeinflussung des Entscheidungsprozesses durch ein eigennütziges Verhalten eines Großaktionärs ist hier – anders als bei der einzugliedernden bzw. übertragenden Gesellschaft – nicht zu befürchten[391]. Die Kollision der Eigentumsrechte der Aktionäre der übertragenden und der Aktionäre der aufnehmenden Gesellschaft steht der Übertragung der *DAT/Altana*-Grundsätze somit nicht entgegen.

Letztlich führt auch der verfassungsmäßige Gleichbehandlungsgrundsatz, aktienrechtlich kodifiziert in § 53 a AktG, zu keinem anderen Ergebnis. Schon der Wortlaut des § 53 a AktG, wonach Aktionäre *unter gleichen Voraussetzungen* gleich zu behandeln sind, macht deutlich, dass das Gesetz keine unbedingte Gleichbehandlung der Aktionäre einer Aktiengesellschaft bzw. – übertragen auf die Verschmelzung – der Aktionäre der beteiligten Gesellschaften verlangt. Unzulässig ist vielmehr allein die *willkürliche* Ungleichbehandlung, nicht die sachlich gerechtfertigte[392]. Schon aus § 12 Abs. 2 Nr. 3 UmwG folgt aber, dass die Anwendung unterschiedlicher Bewertungsmethoden bei der Berechnung des Verschmelzungsverhältnisses nicht zwingend gegen § 53 a AktG verstößt. Im Übrigen rechtfertigt auch der dargestellte Unterschied zwischen der grundsätzlich intakten Willensbildung auf Seiten der Aktionäre der herrschenden/aufnehmenden Gesellschaft und der durch den Interessenkonflikt zwischen Großaktionär und Minderheitsaktionären gestörten Willensbildung auf Seiten der Akti-

---

389 BVerfG 1 BvR 536/72 (Fn. 363), 225.

390 Hinzuweisen ist jedoch auch darauf, dass dies für die Aktionäre der *Altana AG* seinerzeit *nicht* galt. Sie gingen bei der Beschlussfassung über den Abschluss der Unternehmensverträge und später über die Eingliederung der *DAT AG* davon aus, dass bei der Berechnung der an die Aktionäre der *DAT AG* zu zahlenden Abfindung der den Ertragswert um ein Vielfaches übersteigende Börsenwert der DAT-Aktien nicht berücksichtigt würde. Dieser Besonderheit haben im Ergebnis jedoch weder BVerfG noch BGH Bedeutung zugemessen.

391 Ähnlich jüngst auch *Henze*, Berücksichtigung des Börsenkurses, Festschrift Lutter, 1101, 1110 f.

392 *Hüffer*, AktG, § 53 a Rn. 10.

onäre der abhängigen/übertragenden Gesellschaft die Anwendung unterschiedlicher Bewertungsmethoden[393].

Mit der hier gefundenen Lösung erübrigt sich auch die weitergehende Prüfung, ob es für den Fall des *going private mergers* nicht ausnahmsweise einer Ergebniskorrektur bedarf. *Going private merger* sind durchweg Verschmelzungen voneinander abhängiger Gesellschaften, die die oben für eine Übertragung von *DAT/Altana* geforderten Voraussetzungen erfüllen. Insofern bildet auch dort der Börsenkurs regelmäßig die Untergrenze der Bewertung des zu verschmelzenden Unternehmens im Rahmen der Berechnung des Verschmelzungsverhältnisses.

3. Zwischenergebnis

Der Börsenkurs bildet entsprechend der *DAT/Altana*-Entscheidung auch beim *going private merger* regelmäßig die Untergrenze des Wertes, mit dem die übertragende, börsennotierte Aktiengesellschaft in die Berechnung des Verschmelzungsverhältnisses eingeht. Angesichts dessen, dass es sich bei den für einen Börsenrückzug in Betracht kommenden Unternehmen regelmäßig um *unter*bewertete Unternehmen handelt, also um solche, bei denen der Börsenwert den wahren Unternehmenswert nicht wiederspiegelt, werden die Aktionäre der ihren Börsenrückzug betreibenden Gesellschaft von einer Übertragung der *DAT/Altana*-Rechtsprechung regelmäßig jedoch nicht profitieren.

IV. Rechtliche Möglichkeiten eines Fungibilitätsausgleichs

Wie oben schon dargelegt[394], muss den betroffenen Aktionären beim Börsenrückzug für den Fall, dass den von einem Börsenrückzug betroffenen Aktionären über einen gesetzlichen Barabfindungsanspruch oder etwas Vergleichbares kein Ausstieg aus der börsenrückzugswilligen Gesellschaft ermöglicht wird, ein wirtschaftlicher Ausgleich für die mit dem Börsenrückzug verbundenen Fungibilitätseinbußen gewährt werden. Wie schon erwähnt, sieht das UmwG bei der Verschmelzung zweier Aktiengesellschaften einen Barabfindungsanspruch nur in Ausnahmefällen vor, sodass beim *going private merger* regelmäßig eine isolierte Fungibilitätsausgleichspflicht besteht. Zur Abwicklung bieten sich diesbezüglich grundsätzlich zwei Wege an: Eine Berücksichtigung der Fungibilitätseinbußen bei der Berechnung des Verschmelzungsverhältnisses und ein Barausgleich zusätzlich zu den ansonsten zu gewährenden Aktien der aufnehmenden Gesellschaft[395].

1. Fungibilitätsausgleich über das Verschmelzungsverhältnis

Nachfolgend soll zunächst der Frage nachgegangen werden, inwiefern ein Fungibilitätsausgleich im Rahmen der Berechnung des Verschmelzungsverhältnisses vorgenommen werden kann.

---

393 Dies wird insbesondere von *Piltz*, Unternehmensbewertung und Börsenkurs (Fn. 105), 210 f., der das Gebot der Anwendung gleicher Bewertungsmethoden zu stark dogmatisiert, nicht hinreichend berücksichtigt.

394 Vgl. Ziffer B.IV.

395 Vgl. auch *Steck* (Fn. 27), 465.

Wie oben schon dargestellt, berücksichtigt die heute fast ausschließlich zur Unternehmensbewertung herangezogene Ertragswertmethode die unterschiedlich hohe Fungibilität von Unternehmensbeteiligungen schon auf der Stufe der Bewertung des von der Gesellschaft betriebenen Unternehmens[396]. Ein Fungibilitätsausgleich über das Verschmelzungsverhältnis würde demnach bedeuten, dass für die börsennotierte Gesellschaft ein höherer Wert bei der Berechnung des Verschmelzungsverhältnisses anzusetzen wäre, als es dem Wert des von der Gesellschaft betriebenen Unternehmens entspräche.
Bei dieser Betrachtung stellt sich die Gewährung eines Fungibilitätsausgleichs über das Verschmelzungsverhältnis als unproblematisch dar: Der Unternehmenswert der börsennotierten Gesellschaft, bei dessen Berechnung die durch die Börsennotierung der Gesellschaft erhöhte Fungibilität bereits berücksichtigt wurde, wird ins Verhältnis zum Wert der nicht börsennotierten Gesellschaft gesetzt und daraus das Verschmelzungsverhältnis ermittelt.
Betrachtet man allerdings die Fungibilitätsausgleichsproblematik als das, was sie tatsächlich ist, nämlich als eine Frage der *Anteils*-, und nicht der *Unternehmens*bewertung, so wird deutlich, dass ein Fungibilitätsausgleich über das Verschmelzungsverhältnis durchaus nicht ohne weiteres als unproblematisch angesehen werden kann. Die Börsennotierung einer Aktie erhöht nur den Wert der Aktie selbst, nicht aber den Wert des von der Aktiengesellschaft betriebenen Unternehmens. Ihr Wegfall berührt daher nur den Wert der Aktien als Anteile an der Gesellschaft, nicht aber des Unternehmens selbst[397]. Da das Verschmelzungsverhältnis aber grundsätzlich anhand des Wertverhältnisses der zu verschmelzenden Unternehmen zu berechnen ist[398], würde eine Berücksichtigung der Fungibilitätseinbußen im Ergebnis dazu führen, dass die Aktionäre der börsennotierten Gesellschaft einen höheren Anteil an den verschmolzenen Gesellschaften erhalten, als ihnen nach dem Verhältnis nur der Unternehmenswerte zustehen würde[399]. Je nach Höhe der Beteiligungen der außenstehenden Aktionäre würden die Anteile der Aktionäre der aufnehmenden, nicht börsennotierten Gesellschaft also mehr oder weniger stark verwässert[400].
Es stellt sich aus diesem Grund die Frage der rechtlichen Zulässigkeit einer derartigen Vorgehensweise. Zweifel können sich zum einen im Hinblick auf die aktienrechtlichen Kapitalschutzvorschriften ergeben. Zum anderen könnte ein Konflikt mit dem Grundsatz der Angemessenheit des Verschmelzungsverhältnisses bestehen.

---

[396] Vgl. Ziffer B.III.2.

[397] So ausdrücklich auch das LG München I 5 HKO 10580/99 (Fn. 74), 2019.

[398] Vgl. *Lutter* in Lutter/UmwG, § 5 Rn. 18, der allerdings nicht zwischen dem Wert der Anteile und dem Wert des Unternehmens differenziert.

[399] Zur Verdeutlichung sei noch einmal das oben schon bemühte Beispiel der Verschmelzung zweier Gesellschaften A (börsennotiert) und B (nicht börsennotiert) mit einem Grundkapital und einem angenommenen Ertragswert von jeweils 100 herangezogen. Wenn A nun auf B verschmolzen wird, hielte ein Aktionär, der zuvor mit 10 % an A beteiligt war, nach der Verschmelzung 5 % des Grundkapitals an B. Legt man nun einen wirtschaftlichen Wert der Fungibilität der Aktien von A von 10 zugrunde, so ginge A nicht mit 100, sondern mit 110 in die Berechnung des Verschmelzungsverhältnisses ein. Dadurch würde sich zu Lasten der Aktionäre von B der Anteil von A an der fusionierten Gesellschaft auf ca. 5,24 % erhöhen.

[400] Vgl. auch die Ausführungen bei *Steck* (Fn. 27), 465.

a) Verstoß gegen aktienrechtliche Kapitalschutzvorschriften?

Wie schon erwähnt, stellt sich die Verschmelzung durch Aufnahme aus Sicht der aufnehmenden Gesellschaft grundsätzlich als Kapitalerhöhung gegen Sacheinlage dar[401], sodass grundsätzlich auch die für eine Kapitalerhöhung geltenden Vorschriften des AktG zur Anwendung kommen[402]. Konflikte im Hinblick auf die Kapitalaufbringungsvorschriften können sich bei einem Fungibilitätsausgleich über ein erhöhtes Verschmelzungsverhältnis somit deswegen ergeben, weil der aufnehmenden Gesellschaft als Sacheinlage nur der Unternehmenswert zufließt, sie aber Aktien im Wert des Unternehmenswertes *zuzüglich* Fungibilitätsausgleich ausgeben und ihr Grundkapital entsprechend erhöhen müsste. Der wirtschaftliche Wert der Fungibilität der Aktien der übertragenden Gesellschaft erlischt jedoch ebenso wie die Gesellschaft selbst mit Eintragung der Verschmelzung in das Handelsregister und steht der Gesellschaft nicht zur Verfügung.

Wie sich aus § 183 Abs. 3 AktG ergibt, bezwecken die Kapitalschutzvorschriften im Zusammenhang mit Kapitalerhöhungen gegen Sacheinlagen jedoch nur, Verstöße gegen § 9 Abs. 1 AktG auszuschließen[403] und damit *Unterpariemissionen* zu verhindern. Es muss demnach nur sichergestellt sein, dass der Wert der Sacheinlage den geringsten Ausgabebetrag der im Gegenzug gewährten Aktien erreicht[404]. Aufgabe der Kapitalaufbringungsvorschriften ist es dagegen nicht, mögliche Kapitalverwässerungen zu verhindern und dadurch letztlich die Rechte der Altaktionäre zu sichern[405].

Zu einer Unterpariemission und damit zu einem Konflikt mit den Kapitalschutzvorschriften kann es jedoch nur in den Fällen kommen, in denen der Wert der zu verschmelzenden Gesellschaft nicht ausreicht, den Betrag, um den das Grundkapital bei der aufnehmenden Gesellschaft erhöht wird, *zuzüglich* Fungibilitätsausgleich abzudecken. Derartige Konstellationen werden sich jedoch in der Praxis nur in seltenen Fällen ergeben[406]. Zu Konflikten mit den aktienrechtlichen Kapitalschutzvorschriften bei einem Fungibilitätsausgleich über das Verschmelzungsverhältnis wird es daher regelmäßig nicht kommen. Sollte dies ausnahmsweise aber doch einmal der Fall sein, würde die Verschmelzung zu einem Verstoß gegen §§ 183 Abs. 3, 9 Abs. 1 AktG führen und müsste daher unterbleiben. In allen anderen Fällen stünden die aktienrechtlichen Kapitalaufbringungsvorschriften einem Fungibilitätsausgleich über das Verschmelzungsverhältnis jedoch nicht entgegen.

b) Verstoß gegen den Grundsatz der Angemessenheit des Verschmelzungsverhältnisses?

Problematischer als ein Konflikt mit den Kapitalaufbringungsvorschriften könnte jedoch die oben schon angesprochene Kapitalverwässerung bei den Aktionären der

---

401 *Grunewald* in Lutter/UmwG, § 69 Rn. 9.

402 *Grunewald* in Lutter/UmwG, § 69 Rn. 4.

403 Zwar findet gem. § 69 Abs. 1 Satz 1 UmwG eine Prüfung der Sacheinlage nach § 183 Abs. 3 AktG nur in den dort benannten Ausnahmefällen statt; dies bedeutet jedoch nicht, dass das Verbot des § 9 Abs. 1 AktG bei Verschmelzungen nicht gilt, vgl. *Grunewald* in Lutter/UmwG, § 69 Rn. 12.

404 *Heider* in MünchKomm/AktG, § 9 Rn. 5 ff.; *Hüffer*, AktG, § 9 Rn. 2 ff.

405 Vgl. *Hüffer*, AktG, § 183 Rn. 16, unter Verweis auf *Hefermehl/Bungeroth* in Geßler/Hefermehl/Eckardt/Kropff, AktG, § 183 Rn. 92, und *Lutter* in KölnKomm/AktG, § 183 Rn. 52.

406 Denkbar wären hier allenfalls Sanierungsfälle, bei denen sich der Wert der Gesellschaft dem Betrag des Grundkapitals annähert. Sanierungsfälle sind jedoch eher untypische Kandidaten für einen *going private merger.*

aufnehmenden Gesellschaft zu beurteilen sein, da die Aktionäre der übertragenden Gesellschaft einen größeren Anteil an der aufnehmenden Gesellschaft erhalten, als ihnen nach dem Verhältnis nur der Unternehmenswerte der beiden Gesellschaften zustehen würde. Bei einem Fungibilitätsausgleich über das Verschmelzungsverhältnis würde der relative Anteil der Aktionäre der aufnehmenden Gesellschaft an der Summe der verschmolzenen Vermögensmassen demnach sinken. Es könnte daher ein Verstoß gegen den im Verschmelzungsrecht geltenden Grundsatz vorliegen, wonach durch die Verschmelzung weder die Rechtsstellung der Anteilseigner der übertragenden Gesellschaft noch die der aufnehmenden Gesellschaft beeinträchtigt werden und jeder seinen relativen Anteil an der Summe der zu verschmelzenden Rechtsträger behalten soll[407]. Es stellt sich daher die Frage, ob eine derartige Vorgehensweise zulässig wäre.

Unproblematisch wäre dies zunächst freilich in den Fällen, in denen *alle* Aktionäre der aufnehmenden Gesellschaft dem Verschmelzungsbeschluss in der Hauptversammlung zustimmen. Derartige Konstellationen dürften angesichts dessen, dass es sich bei nicht börsennotierten Aktiengesellschaften oder KGaA regelmäßig nicht um Publikumsgesellschaften handelt und daher nur eine eher geringe Zahl von Aktionären vorhanden ist, in der Praxis nicht selten zu finden[408].
Trotz tendenziell eher geringer Aktionärszahlen kann jedoch auch bei der aufnehmenden Gesellschaft nicht grundsätzlich ausgeschlossen werden, dass nicht alle Aktionäre der Durchführung des *going private mergers* zustimmen, gleichwohl aber in der Hauptversammlung von der Mehrheit überstimmt werden. Zum Schutz dieser Aktionäre wurde in der Literatur die Durchführung einer Inhaltskontrolle des Verschmelzungsbeschlusses entsprechend den Grundsätzen der *Kali + Salz*-Entscheidung des *BGH* vorgeschlagen[409].

Dem wird man jedoch aus mehreren Gründen nicht folgen können. Bei der Verschmelzung durch Aufnahme mit Kapitalerhöhung ist das Bezugsrecht der Altaktionäre der aufnehmenden Gesellschaft gem. § 69 Abs. 1 Satz 1 UmwG ausdrücklich ausgeschlossen. Die Kapitalerhöhung ist die Konsequenz der jeder[410] Verschmelzung wesensimmanenten Anteilsgewährungspflicht, dadurch eintretende Verschiebungen in der Beteiligungs- und Herrschaftsstruktur werden vom Gesetz bewusst in Kauf genommen[411]. Dem würde es jedoch widersprechen, den Verschmelzungsbeschluss der aufnehmenden Gesellschaft mit Blick auf die Kapitalverwässerung einer Inhaltskontrolle zu unterziehen.
Im Übrigen ist auch ein grundsätzliches Bedürfnis für einen nachhaltigen Schutz der der Durchführung eines *going private mergers* nicht zustimmenden Aktionäre nicht zu erkennen. Die Initiatoren eines Börsenrückzugs werden die Vor- und Nachteile ihres Vorgehens regelmäßig gut durchdacht und auch die sich aus der Fungibilitätsausgleichspflicht ergebenden Konsequenzen berücksichtigt haben. Haben sie sich in Kenntnis der Kapitalverwässerung für das Modell des *going private mergers* entschieden, so gehen sie davon aus, dass der durch den Fungibilitätsausgleich eintretende

---

407 Vgl. nochmals *Lutter* in Lutter/UmwG, § 5 Rn. 18.
408 Ebenso *Steck* (Fn. 27), 465 f.
409 *Steck* (Fn. 27), 466.
410 Die Fälle des § 68 UmwG einmal außer Acht gelassen.
411 Ebenso *Bermel* in Goutier/Knopf/Tulloch, UmwR, § 13 UmwG Rn. 25.

Vermögensverlust auf andere Weise wirtschaftlich kompensiert werden wird und die Verschmelzung bei einer Gesamtbetrachtung demnach von Vorteil für die aufnehmende Gesellschaft und ihre Aktionäre sein wird. Eine Beeinflussung dieses Entscheidungsprozesses durch ein eigennütziges Verhalten eines Großaktionärs ist hier grundsätzlich nicht zu befürchten. Sollte dies in Ausnahmefällen doch einmal der Fall sein, ließe sich dies als Verstoß gegen die gesellschaftliche Treuepflicht erfassen. Die Durchführung einer allgemeinen inhaltlichen Kontrolle nach den Grundsätzen der *Kali + Salz*-Entscheidung ist dafür nicht erforderlich.

c) Zwischenergebnis

Auch unter dem Aspekt einer bei den Aktionären der aufnehmenden Gesellschaft eintretenden Kapitalverwässerung wäre ein Fungibilitätsausgleichs durch eine Berücksichtigung bei der Berechnung des Verschmelzungsverhältnisses demnach grundsätzlich unproblematisch. Die Durchführung eines Fungibilitätsausgleichs über die Berechnung des Verschmelzungsverhältnisses wäre damit insgesamt zulässig[412].

2. Fungibilitätsausgleich durch bare Zuzahlung

Möglicherweise kann der Fungibilitätsausgleich statt über das Verschmelzungsverhältnis auch in Gestalt einer baren Zuzahlung vorgenommen werden. Die Verschmelzung gewönne auf diese Weise den Charakter einer gemischten Sacheinlage[413]. Ein derartiger Barausgleich hätte den Vorteil, dass er nicht zu einer Verschiebung der Beteiligungsverhältnisse führen würde.

Gegen ein derartiges Vorgehen wird vorgebracht, einer freiwilligen Zuzahlung von Seiten des übernehmenden Rechtsträgers in Anlehnung an § 15 Abs. 1 UmwG stehe entgegen, dass der Gesetzgeber bei der Verschmelzung von gleichen Rechtsträgern neben dem Aktientausch Zuzahlungen nur zum Ausgleich von Spitzen erlaube[414], auf die kein voller Anteil entfalle. Bare Zuzahlungen widersprächen grundsätzlich dem „Wesen der Verschmelzung“[415]. In aktienrechtlicher Hinsicht könne einer derartigen Zuzahlung durch die aufnehmende Gesellschaft zudem das Einlagenrückgewährverbot des § 57 Abs. 1 AktG entgegenstehen[416].

a) Verstoß gegen das „Wesen der Verschmelzung“?

Es scheint zweifelhaft, ob das UmwG einer freiwilligen Zuzahlung zum Zwecke des Fungibilitätsausgleichs tatsächlich entgegensteht.
Ein ausdrückliches Verbot lässt sich dem Gesetz nicht entnehmen. Es ist daher unklar, woraus sich ein gesetzliches Verbot von Barzuzahlungen ergeben soll. Zwar hat grundsätzlich jeder Anteilsinhaber des übertragenden Rechtsträgers Anspruch auf Gewährung von Anteilen an der übernehmenden Gesellschaft, sodass alle Anteilsinhaber der beteiligten Gesellschaften nach der Verschmelzung ihren bisherigen relati-

---

[412] Im Ergebnis auch *Steck* (Fn. 27), 464, und *Richard/Weinheimer* (Fn. 9), 1617.

[413] Vgl. zur gemischten Sacheinlage *Hüffer*, AktG, § 27 Rn. 8; anders aber *Godin/Wilhelmi*, AktG, § 344 Anm. 5, die von einer „Art Verbindung von Sacheinlage und -übernahme“ ausgehen.

[414] *Steck* (Fn. 27), 464, unter Verweis auf *Marsch-Barner* in Kallmeyer/UmwG, § 68 Rn. 17; ähnlich *Lutter* in Lutter/UmwG, § 5 Rn. 17; letzterer jedoch noch anders in *Lutter/Hommelhoff*, GmbHG, § 23 KapErhG Rn. 5.

[415] Vgl. *Marsch-Barner* in Kallmeyer/UmwG, § 68 Rn. 17.

[416] *Steck* (Fn. 27), 464.

ven Anteil an der Summe der verschmolzenen Vermögensmassen behalten[417]. Der Grundsatz des Anteilstausches wird deshalb mit Recht zu den (Grund)Prinzipien des Verschmelzungsrechts gezählt[418]. Dass dieser Grundsatz jedoch keinesfalls den Charakter eines unantastbaren und unverletzbaren Dogmas hat, zeigt sich bereits deutlich an der Existenz des § 29 Abs. 1 UmwG, der für bestimmte Verschmelzungsfälle ausdrücklich Barabfindungen vorsieht[419]. Gleiches gilt für § 15 Abs. 1 UmwG, der für den Fall, dass das Umtauschverhältnis der Anteile im Verschmelzungsvertrag zu niedrig bemessen ist, den betroffenen Anteilsinhaber einen Anspruch auf einen Barausgleich zugesteht.

Auch bare Zuzahlungen, durch die der relative Anteil des die Zahlung erhaltenen Aktionärs gemindert würde, sind dem UmwG keineswegs fremd, im Gegenteil: § 5 Abs. 1 Nr. 3 UmwG und § 68 Abs. 3 UmwG erwähnen sie ausdrücklich und zwar, ohne dabei irgendeine Regelung darüber zu treffen, zu welchen Zwecken sie zulässig sind. Zwar mag im Fokus des Gesetzgebers die Ermöglichung eines Wertausgleichs für Spitzenbeträge bestanden haben. Hätte der Gesetzgeber bare Zuzahlungen jedoch ausschließlich für diesen Fall zulassen wollen, hätte er eine Regelung vergleichbar § 305 Abs. 3 Satz 1 letzter Halbsatz AktG treffen können, der ausdrücklich die Zulässigkeit eines Spitzenausgleichs durch bare Zuzahlungen zulässt, im Übrigen aber bare Zuzahlungen nicht erwähnt. Dies spricht deutlich gegen ein grundsätzliches Verbot barer Zuzahlungen.

Auch die ältere Kommentarliteratur zu den Vorgängervorschriften des heutigen § 68 Abs. 3 UmwG und des die Verschmelzung unter Beteiligung einer GmbH betreffenden § 54 Abs. 4 UmwG hielt bare Zuzahlungen dann für zulässig, wenn sie nicht dem Spitzenausgleich dienten[420]. Unstrittig ist auch, dass § 68 Abs. 3 UmwG trotz seiner systematischen Stellung nicht nur bei Verschmelzungen ohne Kapitalerhöhung gilt[421].

Im Übrigen spricht auch folgende Überlegung *für* die Zulässigkeit eines Barfungibilitätsausgleichs unter umwandlungsrechtlichen Gesichtspunkten. § 68 Abs. 3 UmwG beschränkt die Höhe barer Zuzahlungen auf 10 % des auf die gewährten Aktien der übernehmenden Gesellschaft entfallenden anteiligen Betrags ihres Grundkapitals. Hierdurch soll nach allgemeiner Ansicht – zumindest auch – sichergestellt werden, dass die Verschmelzung nicht zu einem Auskauf der Aktionäre der übertragenden Gesellschaft führt[422]. Ein solcher (Teil)Auskauf läge jedoch nur dann vor, wenn der re-

---

[417] Vgl. nochmals *Lutter* in Lutter/UmwG, § 5 Rn. 18.

[418] Vgl. *M. Winter*, Anteilsgewährung, Festschrift Lutter, 1279, unter Verweis auf *Lutter* in Lutter/UmwG, § 2 Rn. 22; vgl. auch *Philipp*, Ist die Verschmelzung von Aktiengesellschaften noch vertretbar?, Die AG 1998, 264, 266, der die Zulassung barer Zuzahlungen als „Systembruch" bezeichnet.

[419] Ebenso *M. Winter* (Fn. 418), 1283, unter Verweis auf *Ihrig*, Verschmelzung ohne neue Anteile?, ZHR 160 (1996), 323, 332.

[420] Vgl. nur *Priester* in Scholz, § 23 KapErhG Rn. 10; *Schilling* in GroßKomm/AktG, § 344 Anm. 9; *Lutter/Hommelhoff*, GmbHG, § 23 Rn. 5, die diesen Standpunkt ausdrücklich als allgemeine Ansicht bezeichnen; *Grunewald* in Geßler/Hefermehl/Eckardt/Kropff, AktG, § 344 Rn. 16, und in: Lutter/UmwG, § 68 Rn. 1, durch Verweis auf die Ausführungen bei *M. Winter* zu § 54 Rn. 29 ff., letzterer mit weiteren Nachweisen.

[421] Vgl. nur *Grunewald* in Lutter/UmwG, § 68 Rn. 2, durch Verweis auf *M. Winter* in Lutter/UmwG, § 54 Rn. 30; *Stratz* in Schmitt/Hörtnagel/Stratz, UmwG/UmwStG, § 68 UmwG Rn. 16, und § 54 Rn. 16; *Mayer* in Widmann/Mayer, UmwR, § 54 UmwG Rn. 55 (November 1999).

[422] *Grunewald* in Geßler/Hefermehl/Eckardt/Kropff, AktG, § 344 Rn. 17; und in: Lutter/UmwG, § 68 Rn. 1, durch Verweis auf die Ausführungen bei *M. Winter* zu § 54 Rn. 31; *Schilling/Zutt* in Hachenburg/GmbHG, § 77 Anh. II § 23 VerschmG Rn. 15.

lative Wert der Anteile eines Aktionärs der übertragenden Gesellschaft an der Summe der zu verschmelzenden Vermögensmassen vor und nach der Verschmelzung nicht gleich groß wäre.
Diese Gefahr eines zwangsweisen Auskaufs der Aktionäre der übertragenden Gesellschaft und damit eines Verstoßes gegen das Anteilsgewährungsprinzip besteht jedoch bei Barzuzahlungen zum Zwecke des Fungibilitätsausgleichs nicht. Im Gegenteil: Das Prinzip der gleichen vermögensmäßigen Beteiligung aller Anteilsinhaber an den verschmolzenen Vermögensmassen vor und nach der Verschmelzung würde auf diese Weise in optimaler Weise gewahrt werden. Denn gerade so ließe sich vermeiden, dass der relative Anteil der Aktionäre der aufnehmenden Gesellschaft an der Summe der verschmolzenen Vermögensmassen sinkt, was aber – wie dargestellt – bei einem Fungibilitätsausgleich über das Verschmelzungsverhältnis der Fall wäre.

Entgegen den anderslautenden Ansichten in der Literatur kann daher nach alledem nicht davon ausgegangen werden, dass das Umwandlungsrecht der Zahlung eines Barfungibilitätsausgleichs entgegenstehen würde.

b) Verstoß gegen das Einlagenrückgewährverbot

Zweifelhaft scheint des Weiteren auch, ob ein Barfungibilitätsausgleich gegen das aktienrechtliche Einlagenrückgewährverbot des § 57 Abs. 1 Satz 1 AktG verstoßen würde.

§ 57 AktG dient dem Schutz und der Erhaltung des Grundkapitals[423] und wird als „zentrale Schutznorm zur Sicherung der Vermögenssubstanz" bezeichnet[424]. Entgegen seinem einhellig als unvollkommen bezeichneten Wortlaut verbietet § 57 Abs. 1 Satz 1 AktG *jede* Leistung der Gesellschaft an Aktionäre, die ein Aktionär in seiner Eigenschaft als Aktionär außerhalb der ordnungsgemäßen Verteilung des Bilanzgewinns erhält[425]. Ob das Zurückgewährte die Einlage iSd. § 54 AktG ist, spielt keine Rolle; es kommt überhaupt nicht auf den ursprünglichen Gegenstand der Einlageleistung oder auf die Person des Leistenden, sondern allein auf die wertmäßige Beeinträchtigung des Gesellschaftsvermögens an[426]. Nicht in seiner Eigenschaft als Aktionär erhält ein Aktionär nur solche Leistungen, die ihm im Rahmen von Geschäften zukommen, welche die Gesellschaft mit ihm wie mit einem fremden Dritten vornimmt. In diesem Fall wird die Leistung der Gesellschaft durch eine Gegenleistung des Aktionärs kompensiert. Voraussetzung ist lediglich, dass zwischen den solchermaßen ausgetauschten Leistungen kein "objektives Missverhältnis" besteht, dass sich also die Gesellschaft nicht auf Konditionen einlässt, die sie einem fremden Dritten nicht gewährt hätte[427].

---

[423] Vgl. die Regierungsbegründung zum AktG bei *Kropff*, Aktiengesetz, Seite 73.
[424] OLG Frankfurt 6 U 192/91 vom 30.11.1995, Die AG 1996, 324, 325; KG 14 U 2121/97 vom 24.7.1998, NZG 1999, 161.
[425] Vgl. *Lutter* in KölnKomm/AktG, § 57 Rn. 5; *Hüffer*, AktG, § 57 Rn. 2; *Hefermehl/Bungeroth* in Geßler/Hefermehl/Eckardt/Kropff, AktG, § 57 Rn. 4; OLG Frankfurt 6 U 192/91 (Fn. 424), 325; KG 14 U 2121/97 (Fn. 424), 161.
[426] *Hüffer*, AktG, § 57 Rn. 3.
[427] Grundsatz des sog. "at arm's length", vgl. *Hüffer*, AktG, § 57 Rn. 8.

Voraussetzung für die Annahme, Barfungibilitätsausgleichszahlungen könnten gegen das Einlagenrückgewährverbot verstoßen, ist allerdings, dass die aktienrechtlichen Kapitalschutzregeln in Umwandlungsfällen überhaupt anwendbar sind und nicht durch das speziellere Umwandlungsrecht verdrängt werden. Von einer solchen, *generellen* Verdrängung des allgemeinen Aktienrechts durch das Umwandlungsrecht kann indes nicht ausgegangen werden. Dagegen spricht deutlich § 71 Abs. 1 Nr. 3 AktG, der den Erwerb eigener Aktien zum Zwecke der Abfindung unter anderem in den Fällen der §§ 29 Abs. 1, 207 Abs. 1 UmwG zulässt. § 71 Abs. 1 Nr. 3 AktG wäre jedoch überflüssig, wenn die allgemeinen Kapitalschutzregeln bereits grundsätzlich durch das UmwG oder auch nur durch das Verschmelzungsrecht verdrängt würden. Von einer entsprechenden Konzeption des Gesetzgebers kann demnach nicht ausgegangen werden.

Rein tatbestandlich kommt ein möglicher Verstoß gegen das Einlagenrückgewährverbot des § 57 Abs. 1 AktG von vornherein allerdings nur in den Fällen in Betracht, in denen die Empfänger des Barfungibilitätsausgleichs zum Zeitpunkt des Empfangs (noch) Aktionäre der leistenden Gesellschaft sind.
Zu derartigen Konstellationen kann es zunächst dann kommen, wenn der Barfungibilitätsausgleich erst – wie im insofern vergleichbaren Fall der Eingliederung der *Tech Data Germany AG*[428] – im Rahmen eines Spruchverfahrens vereinbart wird. Mit Eintragung der Verschmelzung in das Handelsregister werden die Anteilsinhaber der übertragenden Gesellschaft Aktionäre der aufnehmenden, § 20 Abs. 1 Nr. 3 UmwG. Das Spruchverfahren beginnt aber frühestens zwei Monate nach dieser Eintragung, arg. ex § 305 UmwG. Sofern demnach die ehemaligen Aktionäre der übertragenden, börsennotierten Aktiengesellschaft ihre Aktien an der aufnehmenden Gesellschaft nicht zwischen Eintragung der Verschmelzung und Abschluss des Spruchverfahrens veräußert haben[429], sind sie zum Zeitpunkt der Durchführung der Ausgleichszahlung Aktionär des ausschüttenden Unternehmens. Der Tatbestand des § 57 Abs. 1 Satz 1 AktG wäre damit erfüllt.
Barzahlungen an die Anteilseigner der ehemaligen übertragenden Gesellschaft *nach* Eintragung der Verschmelzung im Handelsregister sieht das UmwG in § 15 UmwG jedoch ausdrücklich vor. Die Funktion des § 15 UmwG besteht somit nicht nur darin, Anspruchsgrundlage für Barnachzahlungen im Falle eines unangemessenen Umtauschverhältnisses zu sein; vielmehr stellt diese Vorschrift zumindest in den Fällen, in denen die anspruchsberechtigten ehemaligen Aktionäre der übertragenden Gesellschaft zum Zeitpunkt der Erfüllung des Barnachzahlungsanspruchs noch Aktionäre der leistenden, aufnehmenden Gesellschaft sind, auch eine Ausnahmeregelung zu § 57 Abs. 1 Satz 1 AktG dar und ist daher *lex specialis* zu diesem[430]. Zumindest solche Barfungibilitätsausgleichszahlungen, die *nicht* bereits im Verschmelzungsvertrag festgesetzt, sondern erst im Rahmen des Spruchverfahrens vereinbart oder durch das Gericht zugesprochen wurden, verstoßen somit nicht gegen das Einlagenrückgewährverbot des § 57 Abs. 1 Satz 1 AktG.

---

[428] Vgl. oben Fn. 113.

[429] Die Veräußerung der Aktien an der verschmolzenen Gesellschaft führt nicht zu einem Anspruchsverlust, *Maier-Reimer*, Verbesserung des Umtauschverhältnisses, ZHR 164 (2000), 563, 574 ff.

[430] Ähnlich *Maier-Reimer* (Fn. 429), 567, unter Verweis auf *Hoffmann-Becking*, Spruchverfahren, ZGR 1990, 482, 486; *Seetzen*, Spruchverfahren und Unternehmensbewertung, WM 1999, 565, 566.

Ein Verstoß gegen § 57 Abs. 1 Satz 1 AktG könnte somit allenfalls in den Fällen anzunehmen sein, in denen die dem Fungibilitätsausgleich dienenden baren Zuzahlungen entsprechend §§ 5 Abs. 1 Nr. 3, 68 Abs. 3 UmwG bereits im Verschmelzungsvertrag festgesetzt wurden und die Auszahlung erst *nach* Wirksamwerden der Verschmelzung durch Eintragung in das Handelsregister erfolgt[431].
Es dürfte indes auf der Hand liegen, dass die Zulässigkeit barer Zuzahlungen zum Zwecke des Fungibilitätsausgleichs nicht davon abhängen kann, ob die Zuzahlung vor oder nach Eintragung der Verschmelzung in das Handelsregister ausgeschüttet wird. §§ 5 Abs. 1 Nr. 3, 68 Abs. 3 UmwG erfassen damit naturgemäß beide Fälle. Hieraus folgt jedoch wiederum – dies scheint so einleuchtend zu sein, dass es bisher in keiner Kommentierung Erwähnung gefunden hat – dass auch § 68 Abs. 3 UmwG Ausnahmecharakter hinsichtlich des allgemeinen aktienrechtlichen Einlagenrückgewährverbots zukommt und er ein *lex specialis* gegenüber § 57 Abs. 1 Satz 1 AktG darstellt[432].

Barzuzahlungen im Zusammenhang mit umwandlungsrechtlichen Verschmelzungen verstoßen daher – in den Grenzen des § 68 Abs. 3 UmwG – in keinem Fall gegen das aktienrechtlichen Einlagenrückgewährverbot. Auch § 57 Abs. 1 Satz 1 AktG steht demnach einem Barfungibilitätsausgleich nicht entgegen.

c) Zwischenergebnis

Barfungibilitätsausgleichszahlungen beim *going private merger* verstoßen weder gegen das Wesen der Verschmelzung noch gegen das aktienrechtliche Einlagenrückgewährverbot. Dies gilt sowohl in den Fällen, in denen die Barausgleichszahlungen erst im Rahmen eines Spruchverfahrens vereinbart werden, als auch in den Fällen, in denen sie bereits im Verschmelzungsvertrag festgesetzt worden sind. Im letzterem Fall sind allerdings die Grenzen des § 68 Abs. 3 UmwG zu beachten.

V. Anspruch auf Barabfindung?

Wie bereits erwähnt, sieht das UmwG für den Fall der Verschmelzung einen grundsätzlichen Anspruch auf Barabfindung nur bei der Verschmelzung zweier Rechtsträger unterschiedlicher Rechtsform vor, § 29 Abs. 1 Satz 1 UmwG. Für den Fall der

---

431 Wird die Auszahlung bereits *vor* der Eintragung vorgenommen und sind die Aktionäre der übertragenden zu diesem Zeitpunkt noch nicht Aktionäre der aufnehmenden Gesellschaft, so wäre schon der Tatbestand des § 57 Abs. 1 Satz 1 AktG nicht erfüllt.

432 Hierfür spricht im Übrigen auch, dass § 68 Abs. 3 UmwG – anders als § 15 UmwG – auch eine dem Kapitalschutz dienende Funktion zukommt. Während Barzahlungen nach § 15 UmwG der Höhe nach unbeschränkt sind, dürfen gem. § 68 Abs. 3 UmwG im Verschmelzungsvertrag festgesetzte bare Zuzahlungen den zehnten Teil des Gesamtnennbetrags der gewährten Aktien der aufnehmenden Gesellschaft nicht übersteigen. Diese Begrenzung verhindert, dass durch die Festsetzung zu hoher Barzahlungen die Barmittel der Gesellschaft in einem zu hohen Maße gemindert werden. Zwar dient nach herrschender Ansicht diese Beschränkung nur dem Schutz der Aktionäre der übertragenden Gesellschaft vor einem Ausverkauf, nicht dagegen auch dem Kapitalschutz bei der aufnehmenden Gesellschaft. Dem widerspricht allerdings, dass das UmwG Grenzen für bare Zuzahlungen lediglich in den Fällen vorsieht, in denen als aufnehmende Gesellschaft Kapitalgesellschaften fungieren, nicht dagegen bei Personengesellschaften, die nicht über ein gesetzlich geschütztes Stamm- bzw. Grundkapital verfügen. Dies zwingt zu dem Schluss, dass es § 68 Abs. 3 UmwG zumindest auch um den Schutz der Kapitalgrundlagen und der Liquidität des aufnehmenden Rechtsträgers geht (ebenso *M. Winter* in Lutter/UmwG, § 54 Rn. 31, zu der die Verschmelzung einer GmbH betreffenden Parallelvorschrift zu § 68 Abs. 3 UmwG.; und *Grunewald* in Lutter/UmwG, § 68 Rn. 2).

Verschmelzung von Rechtsträgern derselben Rechtsform sieht das Gesetz nur dann einen Barabfindungsanspruch vor, wenn die Anteile an der übernehmenden Gesellschaft Verfügungsbeschränkungen unterworfen sind, § 29 Abs. 1 Satz 2 UmwG. Dabei umfasst die Vorschrift in ihrem direkten Anwendungsbereich jedoch nur dinglich wirkende, rechtliche Verfügungsbeschränkungen, nicht aber auch bloß faktische Verfügungsbeschränkungen wie beispielsweise infolge mangelnder Börsennotierungen[433].

De lege lata kann sich ein Rechtsanspruch auf Barabfindung damit nur aus einer Analogie zu § 29 Abs. 1 UmwG ergeben[434]. Die grundsätzliche Analogiefähigkeit von Abfindungsregelungen des Kapitalgesellschaftsrechts ist unbestritten[435]. Im Einzelfall setzt eine Analogie dabei bekanntermaßen eine planwidrige Regelungslücke und eine vergleichbare, gesetzlich geregelte Situation voraus[436].

1. Analogieverbot des § 1 Abs. 2 und 3 UmwG?

Einer Analogie steht jedoch möglicherweise schon vom Grundsatz her § 1 Abs. 2 UmwG entgegen, wonach eine Umwandlung iSd. § 1 Abs. 1 UmwG (Verschmelzung, Spaltung, Vermögensübertragung oder Formwechsel) außer in den im UmwG geregelten Fällen nur möglich ist, wenn sie durch ein anderes Bundes- oder Landesgesetz ausdrücklich vorgesehen ist. Ebenfalls entgegenstehen könnte § 1 Abs. 3 Satz 1 UmwG, wonach von den Vorschriften des UmwG nur abgewichen werden kann, wenn dies ausdrücklich zugelassen ist.

a) Stand der Diskussion

Weite Teile der Rechtsliteratur entnehmen § 1 Abs. 2 UmwG ein „umwandlungsrechtliches Analogieverbot“. Der Begriff des Analogieverbots wird dabei jedoch nicht einheitlich verwandt, was zu einer Reihe von terminologischen Unschärfen und Missverständnissen führt.

Einigkeit herrscht dabei insofern, als dass § 1 Abs. 2 UmwG einen *numerus clausus* der Umwandlungsfälle normiert, und zwar dergestalt, dass eine analoge Anwendung der umwandlungsrechtlichen Vorschriften auf solche Rechtsträger unzulässig ist, die der Gesetzgeber nicht oder nur zum Teil in den Kreis der umwandlungsfähigen Rechtsträger einbezogen hat[437]. Teilweise wird diesbezüglich von einem *Analogieverbot im engeren Sinne* gesprochen[438]. Im Sinne eines *Analogieverbots im weiteren*

---

[433] *Grunewald* in Lutter/UmwG, § 29 Rn. 3; *Steck* (Fn. 27), 465, unter Verweis auf den Regierungsentwurf zum UmwBerG.

[434] Unzutreffend daher *Hohn* (Fn. 15), Seite 95, und die (allerdings missverständlichen) Ausführungen *v. Braunschweigs* (Fn. 8), 169, der – ohne näher darauf einzugehen – davon ausgeht, dass den von einem *going private merger* betroffenen Minderheitsaktionären ein Barabfindungsanspruch zusteht.

[435] Vgl. *Emmerich/Sonnenschein*, Konzernrecht (5. Aufl.), § 17 III 1. (Seite 322); *Schwark/Geiser* (Fn. 21), 764.

[436] Vgl. *Larenz/Canaris*, Methodenlehre, Seite 202 ff.

[437] Vgl. *Lutter* in Lutter/UmwG, § 1 Rn. 25; *Stratz* in Schmitt/Hörtnagel/Stratz, UmwG/UmwStG, § 1 UmwG Rn. 27; vgl. ausführlich *Bermel* in Goutier/Knopf/Tulloch, UmwR, § 1 UmwG Rn. 47 ff.; *Schnorbus*, Analogieverbot im Umwandlungsrecht, DB 2001, 1654 ff.

[438] *Lutter* in Lutter/UmwG, § 1 Rn. 22 f.

Sinne[439] wird § 1 Abs. 2 UmwG darüber hinaus mitunter auch das Verbot entnommen, die Wertungen des UmwG auf wirtschaftliche Umwandlungen – wie zB auf die unten noch einzugehende übertragende Auflösung – zu übertragen[440]. Die Zulässigkeit einer analogen Anwendung einzelner umwandlungsrechtlicher Schutzvorschriften, die sich nicht auf die Übertragung auf ein anderes Umwandlungsmodell innerhalb oder außerhalb des UmwG bezieht, ist dagegen, soweit ersichtlich, bisher nicht bestritten worden[441].

b) Eigener Ansatz

Die Diskussion über das Bestehen oder Nichtbestehen eines umwandlungsrechtlichen Analogieverbots leidet darunter, dass der Begriff des Analogieverbots regelmäßig nicht definiert und demzufolge in verschiedenen Zusammenhängen verwandt wird. Vergleicht man die Diskussion um Bedeutung und Reichweite vor allem des § 1 Abs. 2 UmwG mit dem einzigen Bereich im deutschen Rechtssystem, in dem anerkanntermaßen tatsächlich ein allgemeines Analogieverbot existiert, so wird schnell deutlich, dass es ein allgemeines umwandlungsrechtliches Analogieverbot, welches seinen Namen verdient, *nicht* gibt.

Ein Analogieverbot zeichnet sich dadurch aus, dass *trotz* erkannter planwidriger Regelungslücke und einer vergleichbaren, gesetzlich geregelten Konstellation eine Übertragung der Rechtsfolge aus dem geregelten Rechtsbereich auf den ungeregelten nicht zulässig ist. Ein derartiges grundsätzliches, ein gesamtes Rechtsgebiet erfassendes Analogieverbot gibt es im deutschen Recht nur im Bereich des materiellen Strafrechts. Nach allgemeiner Ansicht besteht dort – abgeleitet aus Art. 103 Abs. 2 GG – ein grundsätzliches Verbot jeder Form einer strafbegründenden oder strafschärfenden Analogie[442].
Über das Bestehen oder Nichtbestehen eines solchen echten Analogieverbots wird jedoch im Umwandlungsrecht tatsächlich nur sehr vereinzelt gestritten. Diskutiert wird vielmehr vornehmlich die Frage, inwieweit der Gesetzgeber einzelne Bereiche bewusst aus dem Anwendungsbereich des UmwG ausklammern wollte. Im Mittelpunkt dieser Diskussion stehen dabei die sog. wirtschaftlichen Umwandlungen. Diskutiert wird der Sache nach somit die Frage des Bestehens oder Nichtbestehens einer planwidrigen Regelungslücke und damit – schon – die Frage des Vorliegens einer der tatbestandlichen Voraussetzungen einer Analogie. Hierbei handelt es sich jedoch um ei-

---

[439] Vgl. wiederum *Lutter* in Lutter/UmwG, § 1 Rn. 24, der ein solches Analogieverbot indes für nicht existent hält.

[440] Vgl. etwa *Bungert*, Umwandlungsgesetz, NZG 1998, 367 ff.; *Heckschen*, Entwicklung des Umwandlungsrechts, DB 1998, 1385, 1386, unter Verweis auf LG Hamburg 402 O 122/96 vom 21.1.1997, Die AG 1997, 238.

[441] Die Analogiefähigkeit einzelner Vorschriften ausdrücklich bejahend *Stratz* in Schmitt/Hörtnagel/Stratz, UmwG/UmwStG, § 1 UmwG Rn. 27; *Reichert*, Ausstrahlungswirkungen, ZHR-Beiheft 68, 25, 36; *Schnorbus* (Fn. 437), 1660; spricht von der grundsätzlichen Analogiefähigkeit der Bestimmungen des UmwG innerhalb des Gesetzes; ähnlich *K. Schmidt*, Analogieverbot, Festschrift Kropff, 260, 261; im Ergebnis auch Goutier/Knopf/Tulloch, UmwR, § 1 UmwG Rn. 77, der insofern von zulässigen „ergänzenden Bestimmungen" spricht; zumindest die grundsätzliche Analogiefähigkeit des § 29 Abs. 1 UmwG bejahend auch *Grunewald* in Lutter/UmwG, § 29 Rn. 31, und *M. Winter* in Lutter, Kölner Umwandlungsrechtstage, Seite 48.

[442] Vgl. die zahlreichen Nachweise bei *Schulze-Fielitz* in Dreier/GG, Art. 103 II Rn. 40.

nen Prüfungspunkt, zu dem man denknotwendig erst gelangen kann, wenn zuvor die grundsätzliche Analogiefähigkeit einer Rechtsnorm bejaht wurde.

Sofern darüber hinaus vereinzelt doch von der Existenz eines echten, dem strafrechtlichen Analogieverbot vergleichbaren umwandlungsrechtlichen Analogieverbots ausgegangen wird, kann dem nicht gefolgt werden. Derartige Annahmen lassen sich sachlich durch nichts rechtfertigen.
So kann man zunächst aus der Existenz des – ohne Zweifel bestehenden – umwandlungsrechtlichen *numerus clausus* nicht auf die Existenz eines umwandlungsrechtlichen Analogieverbots schließen. Sofern § 1 Abs. 2 UmwG etwa dem Formwechsel einer BGB-Gesellschaft entgegensteht, scheitert eine Analogie zu § 191 Abs. 1 UmwG an der insofern fehlenden Regelungslücke, nicht aber an einem allgemeinen umwandlungsrechtlichen Analogieverbot, da der Gesetzgeber die BGB-Gesellschaft *bewusst* aus dem Kreis der formwechselnden Rechtsträger ausgeschlossen hat[443]. Im Übrigen zeigt sich schon am Beispiel des Gesellschafts- und Sachenrechts, dass allein aus dem Bestehen eines umwandlungsrechtlichen *numerus clausus* nicht auf ein allgemeines umwandlungsrechtliches Analogieverbot geschlossen werden kann. Schließlich gibt es völlig unbestritten auch einen gesellschaftsrechtlichen[444] und einen sachenrechtlichen[445] *numerus clausus*, ohne dass daraus ein allgemeines gesellschaftsrechtliches oder sachenrechtliches Analogieverbot abgeleitet würde.

Die Rechtsanalogie stellt ein anerkanntes und bewährtes Mittel der Rechtsfortbildung dar. Auch wenn das Gesetzgebungsverfahren in der Regel unter dem Eindruck abgeschlossen werden sollte, dass in dem erstellten Gesetzeswerk keine Regelungslücken vorhanden seien[446], zeigt die rechtshistorische Erfahrung doch, dass in kaum einem Rechtsgebiet auf eine Lückenschließung durch Analogiebildung verzichtet werden kann und Analogieverbote sich nicht bewährt haben[447]. Im Übrigen stellen sich Analogieverbote auch unter verfassungsrechtlichen Gesichtspunkten als nicht unproblematisch dar. Denn wo „die Gleichheit der Interessenlage so stark ist, dass sie eine Analogie rechtfertigt, ist ihr Verbot im Grunde verfassungswidrig, weil das Recht Gleiches gleich zu behandeln hat“[448].
Wenn demnach erkennbare, planwidrige Regelungslücken im Gesetz und damit letztlich Fehler des Gesetzgebungsverfahrens, die zu materiell-rechtlichen Unstimmigkeiten und gegebenenfalls sogar handfesten Ungerechtigkeiten führen, wider besseres Wissens aufgrund eines echten, allgemeinen Analogieverbots nicht durch den

---

443 Dies verkennt *Schnorbus* (Fn. 437), 1659 f., der von einem doppelten Regelungsgehalt des § 1 Abs. 2 UmwG dergestalt ausgeht, dass dieser zum einen Ausdruck des herkömmlichen umwandlungsrechtlichen Typenzwangs sei, zum anderen aber auch „ein Analogieverbot im Hinblick auf die beteiligungsfähigen Rechtsträger Umwandlung“ statuiere.
444 Vgl. *K. Schmidt*, Gesellschaftsrecht, § 5 II (Seite 96 ff.).
445 Vgl. nur *Quack* in MünchKomm/BGB, Einleitung Sachenrecht Rn. 29, mwN.
446 So verwundert es nicht, dass *Schwarz*, Das neue Umwandlungsrecht, DStR 1994, 1694, 1698, als ehemaliger Mitarbeiter des bei der Reform des Umwandlungsrechts federführenden Referats des Bundesjustizministeriums zur Frage des Analogieverbots ausführt, eine Analogie werde meist schon am Vorliegen einer Regelungslücke scheitern.
447 Ähnlich *Kießling*, Rechtsformwechsel, WM 1999, 2391, 2398, und *Zöllner*, Referentenentwurf eines Umwandlungsgesetzes, ZGR 1993, 334, 340 f., der aus diesem Grund in einer Stellungnahme zum RefE des UmwBerG die Streichung des § 1 Abs. 2 UmwG anregt hatte.
448 *Zöllner* (Fn. 447) 341; vgl. auch *Larenz/Canaris*, Methodenlehre, Seite 195.

Rechtsanwender geschlossen werden dürfen, lässt sich ein solches „gesetzliches Denkverbot“[449] nur mit zwingenden rechtsstaatlichen Grundsätzen begründen, die dem allgemeinen Interesse an der Rechtsfortbildung vorgehen[450]. Derartige rechtsstaatliche Bedenken können jedoch gegen eine Analogiebildung im Umwandlungsrecht kaum vorgebracht werden[451]. Ein echtes umwandlungsrechtliches Analogieverbot wäre daher nicht zu rechtfertigen[452]. § 1 Abs. 2 UmwG steht einer analogen Anwendung des § 29 Abs. 1 UmwG demnach nicht entgegen[453].

Gleiches gilt schließlich auch für § 1 Abs. 3 Satz 1 UmwG, wonach von den Vorschriften des UmwG nur abgewichen werden kann, wenn dies ausdrücklich zugelassen ist. Wie aus der systematischen Stellung und dem Aufbau des § 1 Abs. 3 UmwG abzuleiten ist, betrifft dieser nur Abweichungen von den im UmwG geregelten Vorschriften in Verträgen, Satzungen, Statuten oder Willenserklärungen, dh. parteiautonome Regelungen in Einzelfällen[454]. Die Frage der Analogiefähigkeit einzelner umwandlungsrechtlicher Vorschriften wird von § 1 Abs. 3 UmwG dagegen nicht erfasst[455].

c) Zwischenergebnis

Ein echtes umwandlungsrechtliches Analogieverbot gibt es nicht. Planwidrige Regelungslücken können daher auch im Umwandlungsrecht durch Analogiebildung geschlossen werden. § 1 UmwG steht einer analogen Anwendung des § 29 Abs. 1 UmwG auf den *going private merger* somit nicht entgegen.

2. Planwidrige Regelungslücke

Fraglich ist jedoch das Vorliegen einer planwidrigen Regelungslücke. Das UmwG differenziert allgemein nicht zwischen einer Verschmelzung von börsennotierten und nicht börsennotierten Aktiengesellschaften. Die Frage, ob den von einer Verschmelzung betroffenen Aktionären des übertragenden Unternehmens auch angesichts eines *going private mergers* ein Barabfindungsrecht zusteht, ist daher nicht gesetzlich geregelt. Diese Regelungslücke wäre jedoch nur dann planwidrig, wenn der Gesetzgeber bei der Schaffung des Gesetzes einen bestimmten Umstand nicht oder nicht

---

449 So wörtlich *K. Schmidt*, Analogieverbot (Fn. 441), 261.

450 Ähnlich *Leinekugel*, Ausstrahlungswirkungen, Seite 178.

451 Ebenso *Schnorbus* (Fn. 437), 1655.

452 Da es ein echtes umwandlungsrechtliches Analogieverbot demnach nicht gibt, sollte im Zusammenhang mit der Diskussion um Zweck und Reichweite des § 1 Abs. 2 UmwG zur Vermeidung von Missverständnissen auch der Begriff des Analogieverbots vollständig vermieden werden. Ähnlich kritisch auch *Lutter* in Lutter/UmwG, § 1 Rn. 22.

453 Im Ergebnis auch *Priester*, Ausgliederung, ZHR 163 (1999), 187, 191 f., unter Verweis auf *Reichert* (Fn. 441), 36, wonach § 1 Abs. 2 UmwG nicht entnommen werden könne, dass bestimmte Schutzmechanismen des UmwG nicht auf vergleichbare Fälle analog anzuwenden seien.

454 Vgl. *Kallmeyer* in Kallmeyer/UmwG, § 1 Rn. 25; *Stratz* in Schmitt/Hörtnagel/Stratz, UmwG/UmwStG, § 1 UmwG Rn. 30; *Bermel* in Goutier/Knopf/Tulloch, § 1 UmwG Rn. 71 ff.; vgl. auch *Lutter* in Lutter/UmwG, § 1 Rn. 25 ff., der nur von zulässigen Abweichungen „nach oben“ iSe. über das gesetzliche Niveau hinausgehenden Maßes an Gläubiger- und Minderheitenschutz spricht.

455 Im Gegenteil: würden einzelne umwandlungsrechtliche Vorschriften durch Analogiebildung wie zB durch eine hier zu prüfende Analogie zu § 29 Abs. 1 UmwG ausgeweitet oder modifiziert, so handelte es sich auch bei diesen Modifikationen um „Vorschriften dieses Gesetzes“ iSd. § 1 Abs. 3 UmwG, sodass Abweichungen von diesen nur im Rahmen des § 1 Abs. 3 UmwG zulässig wären.

richtig in seine Willensbildung aufgenommen hat (primäre Lücke), oder eine Regelungslücke später entstanden ist (sekundäre Lücke)[456]. Dagegen käme eine Analogie dann nicht in Betracht, wenn der Gesetzgeber die fragliche Lücke bewusst und in Kenntnis der Problematik gesetzt hätte[457].

Gegen das Vorliegen einer planwidrigen Regelungslücke wird vorliegend angeführt, der Gesetzgeber habe eine grundsätzliche Pflicht zum Barabfindungsangebot nur für den Fall einer Verschmelzung von Rechtsträgern unterschiedlicher Rechtsform normieren wollen. Die Norm sei ausdrücklich auf zwei Anwendungsfälle beschränkt und nicht allgemein für Belastungen formuliert, die den Anteilsinhaber in dem übernehmenden Rechtsträger treffen[458]. Bei Bejahung einer Analogie im vorliegenden Fall würde sich § 29 Abs. 1 Satz 2 UmwG wohl zu einem allgemeinen Austrittsrecht bei der Verschmelzung zweier gleichartiger Rechtsträger entwickeln[459]. Auch bestehe kein Bedürfnis für eine solche Analogie. Jede Rechtsform kenne ihr eigenes Austrittsrecht, das den Anteilsinhaber vor untragbaren Belastungen schütze[460]. Im Übrigen stehe einer Analogie auch die damit verbundene Rechtsunsicherheit entgegen, da nicht mit Bestimmtheit gesagt werden könne, welche Belastungen letztendlich eine Barabfindung rechtfertigen würden[461].

Gegen diese Argumentation ist zunächst vorzubringen, dass aus den Gesetzmaterialien zum UmwG von 1994 nicht hervorgeht, dass der Gesetzgeber die Möglichkeit einer Instrumentalisierung des Verschmelzungsverfahrens als Mittel des Börsenrückzugs überhaupt bedacht hat. Bereits dies spricht dafür, dass er die Frage eines Anspruchs auf Barabfindung in solchen Fällen nicht planmäßig ungeregelt ließ und sich nicht bewusst gegen eine Aufnahme des *going private mergers* in § 29 Abs. 1 UmwG entschieden hat. Für diese Auslegung spricht auch, dass zum Zeitpunkt der Verabschiedung des *Umwandlungsrechtsbereinigungsgesetzes*[462] *(UmwBerG)* hinsichtlich der Instrumentalisierung des UmwG zum Zwecke eines Börsenrückzugs in Deutschland noch keinerlei Problembewusstsein bestand. Erst 1998 hat der Gesetzgeber das Bedürfnis einer börsennotierten Aktiengesellschaft nach der Möglichkeit eines Rückzugs von der Börse anerkannt. Anders als in solchen Konstellationen, für die in der Literatur ebenfalls eine Analogie zu § 29 Abs. 1 Satz 2 UmwG erwogen wird, deren Existenz aber schon bei Verabschiedung des UmwBerG bekannt war[463], kann von einer planmäßigen Beschränkung auf "zwei Anwendungsfälle" unter bewusster Ausklammerung des *going private mergers* demnach kaum ausgegangen werden.
Eine planmäßige Nichtregelung des *going private mergers* im UmwG hat der Gesetzgeber auch nicht mit Einführung des § 43 Abs. 4 BörsG aF durch das III. FFMG vor-

---

[456] *Brox*, BGB/Allgemeiner Teil, Rn. 64; vgl. ausführlich *Larenz/Canaris*, Methodenlehre, Seite 191 ff.
[457] *Larenz/Canaris*, Methodenlehre, Seite 191 ff.; *Schnorbus* (Fn. 437), 1655.
[458] *Grunewald* in Lutter/UmwG, § 29 Rn. 31; ähnlich *Mülbert*, Delisting (Fn. 26), 118, und *de Vries* (Fn. 45), Seite 126 ff.
[459] *Steck* (Fn. 27), 465.
[460] *Grunewald*, Austrittsrechte nach § 29 UmwG, Festschrift Boujong, 175, 199 f., und in: Lutter/UmwG, § 29 Rn. 31, unter Verweis auf „rechtsformspezifische Austrittsrechte" für Gesellschafter/Mitglieder.
[461] *Steck* (Fn. 27), 465; ähnlich auch *Grunewald* in Lutter/UmwG, § 29 Rn. 31.
[462] BGBl. 1994 I, 3210 ff.
[463] *M. Winter* in Lutter, Kölner Umwandlungsrechtstage, Seite 24, nennt als Beispiel ein Wettbewerbsverbot.

genommen[464]. So wird die Beziehung des Börsenrechts zum Umwandlungsrecht und das Verhältnis zwischen börsenrechtlichem und kaltem Delisting in den Gesetzesmaterialien mit keinem Wort erwähnt[465]. Daraus kann aber nicht ohne weiteres geschlossen werden, der Gesetzgeber habe durch die Nichtänderung des UmwG die bestehende Gesetzeslage akzeptieren wollen[466]. Wie viele Male wurde seit seinem Inkrafttreten das BGB geändert, ohne dass daraus der Schluss gezogen würde, der Gesetzgeber habe sich aus diesem Grunde bewusst gegen die Aufnahme allgemein anerkannter und seit kurzem nun auch positivrechtlich geregelter[467] Rechtsinstitute wie *pVV* und *c.i.c.* entschieden? Ebenso naheliegend, wie anzunehmen, der Gesetzgeber habe die bestehende Rechtslage im Zusammenhang mit dem kalten Delisting bewusst unverändert lassen wollen, wäre die Vermutung, der Gesetzgeber sei davon ausgegangen, mit der Einführung eines börsenrechtlichen Delistingverfahrens würde sich das Vorkommen des kalten Delistings von selbst erübrigen[468]. Beides gehört in den Bereich der Spekulation. Von einer planmäßigen Nichtregelung kann demnach auch nach Inkrafttreten des III. FFMG nicht ausgegangen werden.

Gegen eine Analogie zu § 29 Abs. 1 UmwG im vorliegenden Fall kann auch nicht vorgebracht werden, hierfür bestehe keinerlei Bedürfnis, da jede Rechtsform ihr eigenes Austrittsrecht kenne, welches den Anteilseigner vor untragbaren Belastungen schütze. Entgegen entsprechenden Vorschlägen[469] konnte sich ein allgemeines Austrittsrecht aus wichtigem Grund im Aktienrecht nicht durchsetzen[470]. Die Trennung von der Gesellschaft wird dem Aktionär vom Gesetz nur in den Fällen ermöglicht, in denen es entsprechende Barabfindungsansprüche vorsieht. Ohne Analogie zu § 29 Abs. 1 UmwG wären die von einem *going private merger* betroffenen Minderheitsaktionäre demnach gezwungen, gegen ihren Willen Mitglieder einer nicht börsennotierten Aktiengesellschaft zu werden.
Schließlich vermag auch der fast schon routinemäßig gegen unliebsame Analogiebildung angeführte Verweis auf die mit einer Rechtsfortbildung verbundene Rechtsunsicherheit nicht zu überzeugen. Rechtsfortbildung ist in der eigentlichen Fortbildungsphase, während derer die konkrete Rechtsfortbildung in der Literatur diskutiert oder vor einem Gericht geltend gemacht wird, stets mit einem gewissen Maße an Rechtsunsicherheit verbunden. Diese ist jedoch kaum zu vermeiden und muss daher um der

---

464 In dieser Richtung äußern sich *Land/Hasselbach* (Fn. 9), 559, wonach der Gesetzgeber bei der Novellierung des BörsG die bestehenden gesellschaftsrechtlichen Instrumentarien, mit denen ein Rückzug von der Börse ermöglicht wird, nicht eingeschränkt und sie daher als weiterhin zulässig erachtet habe.
465 Vgl. den Regierungsentwurf zum III. FFMG, Bt.-Drucks. 13/8933, Seite 74 f., und die Stellungnahme des Bundesrats, Br.-Drucks. 605/97, Seite 9 f.
466 Auch das BVerfG 1 BvR 68/95 und 1 BvR 147/97 (Fn. 13), 2013, argumentiert im Zusammenhang mit der Frage einer analogen Anwendung der das aktienrechtliche Spruchverfahren betreffenden Vorschriften auf die übertragende Auflösung in dieser Weise.
467 Vgl. §§ 280 Abs. 1, 241 Abs. 2, 311 Abs. 2 BGB.
468 Vgl. dazu auch *Mewes* (Fn. 116), Seite 36, der davon ausgeht, der Gesetzgeber habe die praktische Bedeutung des kalten Delistings möglicherweise unterschätzt.
469 *Wiedemann*, Gesellschaftsrecht, § 7 IV 2 (Seiten 396, 401); *Grunewald*, Austritt aus der Kapitalgesellschaft, Festschrift Claussen, 103 ff.; einschränkend für nicht börsennotierte, personenbezogene Aktiengesellschaften *Raiser*, Recht der Kapitalgesellschaften, Seite 71 f.
470 Vgl. dazu auch *Ph. Baums*, Ausschluss (Fn. 28), Seite 5 ff.

Rechtsfortbildung willen in Kauf genommen werden, andernfalls wäre Rechtsfortbildung überhaupt nicht möglich.

Da im Übrigen auch nicht zu erkennen ist, warum eine analoge Anwendung des § 29 Abs. 1 UmwG auf die Verschmelzung einer börsennotierten Aktiengesellschaft auf eine nicht börsennotierte entgegen der Absicht des Gesetzgebers zu einem allgemeinen Austrittsrecht bei der Verschmelzung gleicher Rechtsträger führen soll, kann nach alledem nicht von einer planmäßigen Nichtregelung der hier in Frage stehenden Konstellation durch den Gesetzgeber ausgegangen werden. Eine planwidrige Regelungslücke und damit die Grundvoraussetzung für eine Analogie liegt damit vor.

3. Vergleichbare, gesetzlich geregelte Situation

Weitere Voraussetzung einer Analogie ist das Vorliegen eines dem im Gesetz nicht geregelten Tatbestand ähnlichen Tatbestands, der jedoch selbst gesetzlich geregelt ist. Die Übertragung einer Rechtsfolge im Wege der Analogie gründet sich in diesem Fall darauf, dass infolge ihrer Ähnlichkeit in den für die gesetzliche Bewertung maßgeblichen Kriterien beide Tatbestände gleich zu bewerten sind, letztlich also auf die Forderung, Gleiches gleich zu behandeln. Für eine Analogie müssen sie dabei gerade in den für die rechtliche Bewertung maßgeblichen Kriterien übereinstimmen[471].

Den Regelungen über Austrittsrechte und Barabfindungsansprüche im AktG und UmwG liegt der Grundsatz zugrunde, dass dem Anteilseigner bei wesentlichen Strukturveränderungen, die eine nachteilige Veränderung oder Beeinträchtigung seiner Rechte mit sich bringen, die Lösung von der Gesellschaft gestattet sein muss[472]. Der Grundgedanke ist demnach, einer veränderten Geschäftsgrundlage Rechnung zu tragen: Der Gesellschafter, der einem Unternehmen Eigenkapital zur Verfügung stellt, entscheidet sich dafür unter Bedingungen, die von den Mehrheitsaktionären einer Gesellschaft nicht beliebig verändert werden dürfen[473]. Vielmehr soll die Entscheidung, ob er trotz Änderung der Geschäftsgrundlage in der gemeinsamen Gesellschaft verbleiben will, ihm überlassen bleiben[474].
Zu ermitteln ist demnach, welche Strukturveränderungen als so wesentlich anzusehen sind, dass ihre Durchführung mit der Pflicht zur Abgabe eines Barabfindungsangebots verbunden werden muss. Zwei Fälle hat der Gesetzgeber in § 29 Abs. 1 UmwG geregelt: Die Verschmelzung auf einen Rechtsträger anderer Rechtsform und den Fall, dass die Anteile an dem übernehmenden Rechtsträger Verfügungsbeschränkungen unterworfen sind.

§ 29 Abs. 1 Satz 1 UmwG trägt dem Umstand Rechnung, dass jede Veränderung der Rechtsform Auswirkungen auf die Rechtsstellung des betroffenen Anteilsinhabers hat und diesem daher eine Mitgliedschaft in dem übernehmenden Rechtsträger nicht

[471] Vgl. *Larenz/Canaris*, Methodenlehre, Seite 202.
[472] *Schwark/Geiser* (Fn. 21), 764, unter Verweis auf *Decher* in Lutter/UmwG, § 207 Rn. 3.
[473] Vgl. die Ausführungen bei *Wiedemann*, Gesellschaftsrecht, § 8 IV 3 a) (Seite 468), und in: Das Abfindungsrecht, ZGR 1978, 477, 484.
[474] Vgl. auch *Stratz* in Schmitt/Hörtnagel/Stratz, UmwG/UmwStG, § 29 UmwG Rn. 2.

ohne weiteres zumutbar ist[475]. Die Interessenbeeinträchtigung der Anteilsinhaber kann dabei unter anderem in einer verringerten Fungibilität der Anteile liegen[476].
In der Literatur wird argumentiert, ein Delisting entspreche für den anlageorientierten Minderheitsaktionär in seiner wirtschaftlichen Wirkungsweise einem Formwechsel in eine Rechtsform mit verminderter Anteilsfungibilität wie etwa einer GmbH[477]. Darüber hinaus wird auf den Wegfall der gesteigerten Kontrolle einer börsennotierten Aktiengesellschaft durch die Marktöffentlichkeit und die damit verbundenen Konsequenzen für die Kleinanleger hingewiesen. Beides zusammen sei Geschäftsgrundlage für den Anteilserwerb des Aktionärs geworden, sodass den von einer Änderung betroffenen Aktionären ein Ausstieg aus der Gesellschaft gestattet werden müsse[478].
Dem Vergleich der Handelbarkeit nicht börsennotierter Aktien mit den Geschäftsanteilen einer GmbH ist zwar insoweit zuzustimmen, als beide nicht über einen organisierten Börsenplatz gehandelt werden können. Andererseits unterliegen börsennotierte Aktien nicht den Beschränkungen des § 15 Abs. 3 GmbHG, wonach die Abtretung von GmbH-Geschäftsanteilen durch einen Gesellschafter der notariellen Form bedarf. Hinzu kommt, dass die Aktionäre einer nicht börsennotierten Aktiengesellschaft anders als die Gesellschafter einer GmbH zumindest die theoretische Möglichkeit haben, ihre Aktien im Freiverkehr zu handeln[479]. Im Hinblick auf die Anteilsfungibilität ist die Verschmelzung einer börsennotierten auf eine nicht börsennotierte Aktiengesellschaft demnach nur bedingt mit einer Verschmelzung auf eine GmbH zu vergleichen, weil die Einschränkungen der Anteilsfungibilität im letzteren Fall noch weitergehender sind[480]. Es scheint daher eher fraglich, ob allein unter diesem Gesichtspunkt die für eine Analogie erforderliche Vergleichbarkeit angenommen werden kann.

Überzeugender ist dagegen, neben den Fungibilitätseinbußen auch auf den Wegfall der gesteigerten Kontrolle einer börsennotierten Aktiengesellschaft durch die Marktöffentlichkeit und die damit verbundenen Konsequenzen für die Kleinanleger abzustellen. Bei einer solchen Gesamtbetrachtung ist die in § 29 Abs. 1 Satz 1 UmwG geregelte Konstellation eher mit der Verschmelzung einer börsennotierten Aktiengesellschaft auf eine nicht börsennotierte vergleichbar. Hiergegen kann man auch kaum vorbringen, die Gefahren, vor denen die mit einer Börsennotierung verbundenen Publizitäts- und Informationspflichten schützen sollten, fielen mit dem Wegfall der Börsennotierung weg, sodass es auch keines Schutzes mehr vor ihnen bedürfe[481]. Eher das Gegenteil ist der Fall. Aufgrund des Wegfalls jeder gesetzlichen Berichtspflicht sind die Aktionäre zur Informationsgewinnung auf die für gewöhnlich nur einmal im Jahr stattfindende Hauptversammlung angewiesen. Außerhalb dieser stehen dem

---

[475] *Schaub*, Das Abfindungsangebot nach § 29 UmwG, NZG 1998, 626.
[476] Vgl. die Ausführungen bei *Schaub* (Fn. 475), 626.
[477] *Zetzsche* (Fn. 48), 1068, unter Verweis auf *Hellwig* (Fn. 27), 799 f.; *Schindler* (Fn. 45), Seite 216; *Schwichtenberg* (Fn. 37), 2080; ebenso *Vollmer/Grupp* (Fn. 41), 476.
[478] Vgl. *Kleindiek* (Fn. 166), 665; im Ergebnis auch *Hellwig* (Fn. 27), 799 f.
[479] Mit dem Hinweis auf den Freiverkehr argumentiert auch *Bungert*, Delisting (Fn. 159), 58; das LG München I, 5 HKO 10580/99 (Fn. 74), 2020, verwies in seiner Macrotron-Entscheidung sogar auf die Möglichkeit des außerbörslichen Handels über das Internet; deutlich skeptischer diesbezüglich jedoch jüngst BGH II ZR 133/01 (Fn. 14), 13.
[480] So ausdrücklich jüngst auch *de Vries* (Fn. 45), Seite 119 f.
[481] In dieser Richtung jedoch *Martinius/Schiffer* (Fn. 194), 2461, die in diesem Zusammenhang jedoch vor allem die Vorschriften des WpHG erwähnen.

Aktionär keinerlei Informationsmöglichkeiten zur Verfügung, sieht man einmal von dem gem. § 289 HGB zu erstellenden Lagebericht ab.
Berücksichtigt man zudem die dem Gesellschafter einer GmbH gem. § 51 a GmbHG zustehenden umfangreichen Auskunfts- und Einsichtsrechte, deren Geltendmachung notfalls auch gerichtlich durchgesetzt werden kann (§ 51 b GmbHG), so stellt sich in Bezugs auf die Auskunfts- und Informationsrechte die Position eines GmbH-Gesellschafters in Vergleich zu der eines Aktionärs einer nicht börsennotierten Aktiengesellschaft wesentlich vorteilhafter dar. Insofern ließe sich argumentieren, dass bei der Verschmelzung einer börsennotierten auf eine nicht börsennotierte Aktiengesellschaft *erst recht* ein Barabfindungsanspruch der betroffenen Aktionäre bestehen müsste.

Zu verkennen ist indes nicht, dass der Vergleich zweier Gesellschaftsformen immer ein wenig dem Charakter des sprichwörtlichen Vergleichs von Äpfeln und Birnen entspricht und aus diesem Grund nicht unangreifbar ist[482]. Zur Unterstützung der bisherigen Argumentation soll daher weiter geprüft werden, ob nicht auch der „Tausch" börsennotierter Aktien gegen nicht börsennotierte mit dem „Tausch" frei handelbarer Aktien in solche, die Verfügungsbeschränkungen unterliegen – und damit der in § 29 Abs. 1 Satz 2 UmwG geregelten Konstellation – vergleichbar ist. Im Hinblick auf die Aktiengesellschaft hatte der Gesetzgeber dabei vor allem den Fall im Blick, in dem der Aktionär für seine frei veräußerlichen Anteile an der übertragenden Gesellschaft vinkulierte Anteile an der aufnehmenden Gesellschaft erhält, bei denen gem. § 68 Abs. 2 AktG die Übertragung an die Zustimmung der Gesellschaft gebunden ist[483].
Gegen eine Analogie wurde in der Literatur angeführt, der Rückzug von der Börse sei „keineswegs so einschneidend wie eine nachträgliche Vinkulierung" einer Aktie[484]. Dem wird man mit Blick auf die Praxis kaum zustimmen können, denn ein Blick auf den (Börsen)Handel mit vinkulierten Aktien zeigt, dass eher das Gegenteil der Fall ist. Die Bindung an die Zustimmung der Gesellschaft gem. § 68 Abs. 2 AktG mag die Übertragbarkeit von Aktien *nicht* börsennotierter Aktiengesellschaften tatsächlich spürbar einschränken. Auch kann in der Börsenzulassung selbst keine im voraus erteilte Einwilligung der Gesellschaft für alle über die Börsen abgewickelten Veräußerungen gesehen werden[485]. Dennoch stellt die Vinkulierung einer börsennotierten Aktie zumindest für den hier im Mittelpunkt stehenden Kleinanleger[486] in der Praxis in

---

[482] Vgl. dazu *Decher* in Lutter/UmwG, § 196 Rn. 11, der im Zusammenhang mit Überlegungen zum Barausgleich beim Formwechsel für den Fall, dass die Mitgliedschaft bei dem Rechtsträger neuer Rechtsform kein ausreichender Gegenwert für die Mitgliedschaft beim formwechselnden Rechtsträger darstellt, ausführt: „Mangels einer feststehenden Rangfolge und Wertigkeit von Anteilen bzw. Mitgliedschaftsrechten für die einzelnen Rechtsformen besteht kein Maßstab für die Ermittlung einer baren Zuzahlung beim Wechsel in eine andere Rechtsform."
[483] Vgl. die Begründung des RegE, Bt.-Drucks. 12/6699, 94.
[484] *Steck* (Fn. 27), 465.
[485] So schon RG II 222/30 vom 31.3.1931, RGZ 132, 149, 155, 158, das im Übrigen zurecht darauf hinweist, dass die Zulassung vinkulierter Aktien zum Börsenhandel einen gewissen Widerspruch darstellt; vgl. im Übrigen auch *Wiesner* in Münch. Hdb. GesR IV, § 14 Rn. 35, und *Hefermehl/Bungeroth* in Geßler/Hefermehl/Eckardt/Kropff, AktG, § 68 Rn. 161 ff., wonach die Zulassung zum amtlichen Markt einer deutschen Wertpapierbörse in der Regel voraussetze, dass die betroffene Aktiengesellschaft sich der Zulassungsstelle gegenüber verpflichte, von der Möglichkeit der Verweigerung der zur Übertragung der Aktien gem. § 68 Abs. 2 AktG notwendigen Zustimmung nur unter bestimmten engen Voraussetzungen Gebrauch zu machen.
[486] Bei der Veräußerung größerer Aktienpakete kann die aktienrechtliche Vinkulierung dagegen ein erhebliches Verfügungshindernis darstellen. Verwiesen sei in diesem Zusammenhang nur auf das Bei-

den meisten Fällen kein wirkliches Verfügungshindernis dar. Als Beleg für diese Aussage sei hier die Aktie der Deutschen *Lufthansa AG* angeführt. Die *Lufthansa* muss aufgrund internationaler Luftverkehrsbestimmungen regelmäßig nachweisen, dass sie unter „deutscher Kontrolle" steht[487], dass also mindestens 50 % der Aktien in den Händen deutscher Staatsbürger liegen. Zur Gewährleistung dieser Kontrolle ist die Übertragung der Lufthansa-Aktien an die Zustimmung der Gesellschaft gebunden. Nach Angaben von *Lufthansa* ist es jedoch in der Vergangenheit in bisher keinem Fall zu einer Verweigerung der Zustimmung der Übertragung von Lufthansa-Aktien gekommen. Das lufthansaeigene Controllingsystem erlaube zudem die Aussage, dass dies auch in absehbarer Zukunft nicht notwendig sein werde[488]. Ähnlich verhält es sich – soweit ersichtlich – auch bei allen anderen börsennotierten Aktiengesellschaften, deren Aktien vinkuliert iSd. § 68 Abs. 2 AktG sind.

Hieran zeigt sich, dass die Verschmelzung einer börsennotierten auf eine andere börsennotierte Aktiengesellschaft, bei der jedoch die Übertragung der Aktien an die Zustimmung der Gesellschaft gebunden ist, tatsächlich keine wirklichen Nachteile für einen Kleinaktionär mit sich bringt, die es rechtfertigen würden, ihm angesichts der Verschmelzung die Trennung von der Gesellschaft zu ermöglichen. Wenn dem Aktionär aber schon in einem solchen Fall gem. § 29 Abs. 1 Satz 2 UmwG ein Anspruch auf Barabfindung anzubieten ist, so muss dies *erst recht* für den Fall des *going private mergers* gelten, bei dem die Aktien der aufnehmenden, nicht börsennotierten Gesellschaft zwar keinen rechtlichen, sondern bloß faktischen Verfügungsbeschränkungen unterworfen sind, die sich aus Sicht eines Kleinaktionärs jedoch erheblich verfügungsbeschränkender auswirken.

Für eine Analogie zu § 29 Abs. 1 UmwG und damit ein Recht auf Barabfindung anlässlich eines *going private mergers* spricht letztlich auch, dass der Gesetzgeber den im Umwandlungs- und Konzernrecht gültigen Grundsatz einer Abfindung in Aktien deswegen geschaffen hat, um den Aktionär zu *schützen.* Es sollte verhindert werden, dass der außenstehende Aktionär gegen eine Abfindung in Geld aus der Gesellschaft gedrängt wird. Statt dessen soll er „nach Möglichkeit durch eine Beteiligung an der Aktiengesellschaft abgefunden werden, die seiner bisherigen Gesellschaft wirtschaftlich am nächsten steht"[489]. Der Grundsatz der „Abfindung" in Aktien wurde daher nicht im Interesse der zur Abfindung verpflichteten Gesellschaft bzw. ihrer Großaktionäre geschaffen, um etwa einen Abfluss von Liquidität zu vermeiden. Es ist daher davon auszugehen, dass der Gesetzgeber eine Ausnahme von der Verpflichtung zur Abfindung in Aktien normiert hätte, wenn er geahnt hätte, dass sich der eigentlich „gut gemeinte" Grundsatz der Abfindung in Aktien in Einzelfällen nicht zum Vorteil, sondern zum Nachteil der betroffenen Aktionäre auswirken würde.

---

spiel der Aktien der *Axel Springer Verlag AG.* Dieser gelang es aufgrund der Vinkulierung der Aktien im Sommer 2002, einen Verkauf eines Aktienpakets von 40,33 % der insolventen Kirch-Gruppe an die konkurrierende WAZ-Gruppe zu verhindern (vgl. Handelsblatt vom 4.9.2002, Seite 15).

[487] Vgl. dazu im einzelnen die Vorschriften des Luftverkehrsnachweissicherungsgesetz (LuftNaSiG).

[488] Ähnlich äußerten sich auf entsprechende Anfragen hin auch die *Münchener Rückversicherungs-AG* und die *Allianz Lebensversicherungs-AG*, die ebenfalls beide vinkulierte Namensaktien zum Börsenhandel zugelassen haben. Aus der Vergangenheit seien keinerlei Fälle bekannt, in denen die Zustimmung zur Übertragung der Aktien gem. § 68 Abs. 2 AktG verweigert worden sei.

[489] Vgl. die Begründung zum RegE des AktG von 1965 bei *Kropff*, Aktiengesetz, Seite 226; vgl. ausführlich *Petzel*, Ansprüche bei Unternehmensverbindung, Seite 43.

4. Zwischenergebnis

Es spricht bereits viel dafür, § 29 Abs. 1 Satz 1 UmwG aufgrund der Ähnlichkeiten einer Mitgliedschaft in einer nicht börsennotierten Aktiengesellschaft mit der in einer GmbH auf den *going private merger* analog anzuwenden. In jedem Fall ist eine Analogie jedoch mittels eines Vergleichs zu § 29 Abs. 1 Satz 2 UmwG zu begründen: Wenn schon demjenigen ein Anspruch auf Barabfindung zusteht, der als Folge einer Verschmelzung Aktien erhält, die rechtlichen Verfügungsbeschränkungen unterliegen, so muss dies *erst recht* auch für denjenigen gelten, dessen Aktien zwar nur faktischen Verfügungsbeschränkungen unterliegen, wenn diese in der Praxis eine erheblich verfügungsbeschränkendere Wirkung haben als rechtliche. Auch die von einem *going private merger* betroffenen Aktionären haben daher das Recht, gegen Gewährung einer angemessenen Barabfindung aus der verschmolzenen, nicht börsennotierten Gesellschaft auszuscheiden[490].

VI. Formelle und verfahrensrechtliche Aspekte

Das Verschmelzungsrecht enthält dem Formwechsel vergleichbare Publizitäts-, Informations- und Prüfungspflichten. Gleiches gilt für die den betroffenen Anlegern zur Verfügung stehenden Rechtsschutzmöglichkeiten.

1. Berichts-, Informations- und Prüfungspflichten

Statt des Umwandlungsberichts haben die Vorstände der an der Verschmelzung beteiligten Gesellschaften einen Verschmelzungsbericht zu erstellen; dieser kann auch gemeinsam erstattet werden, § 8 Abs. 1 Satz 1 UmwG. Gem. § 9 Abs. 1 UmwG ist der Verschmelzungsvertrag oder sein Entwurf einer Verschmelzungsprüfung zu unterziehen. Verschmelzungsbericht und Prüfung/Prüfungsbericht sind einander ergänzende Maßnahmen, mit denen der Präventivschutz der außenstehenden Aktionäre so vollkommen wie möglich ausgestaltet werden soll. Wichtigster Prüfungsbestandteil ist die Überprüfung der Angemessenheit des vorgesehenen Umtauschverhältnisses (§ 12 Abs. 2 UmwG) und – sofern anzubieten – der Barabfindung nach § 29 Abs. 1 UmwG (§ 30 Abs. 2 Satz 1 UmwG). Der gesamte Verschmelzungsvorgang und seine Hintergründe sind für die Anteilsinhaber so transparent zu gestalten, dass sie sich ein Bild

[490] Im Ergebnis auch *Schindler* (Fn. 45), Seite 216 f., und *Kleppe* (Fn. 27), Seite 195 f., die bei jedem Börsenrückzug von einem „typisierten Austritts- und Abfindungsrecht" der Aktionäre analog §§ 29, 207 UmwG ausgehen; ähnlich auch *Timm*, Die AG als Konzernspitze, Seite 4, der allgemein bei Satzungsänderungen, nach denen es „keinen funktionierenden Kapitalmarkt mehr für die Anteile geben sollte", einen Abfindungsanspruch, diesen allerdings gestützt auf eine Analogie zu § 305 AktG, annimmt. Vgl. weiterhin auch *Marsch-Barner* in Kallmeyer/UmwG, § 29 Rn. 6, der eine analoge Anwendung des § 29 Abs. 1 UmwG für „erwägenswert" hält, wobei er allerdings – (wohl) versehentlich – von einer Verschmelzung einer börsennotierten Aktiengesellschaft auf eine nicht börsenfähige Rechtsform spricht. In diesem Fall ist § 29 Abs. 1 UmwG jedoch bereits direkt anwendbar, sodass es einer analogen Anwendung nicht bedarf. Vgl. schließlich auch die Vorschläge des *DAV-Handelsrechtsausschusses* zur Änderung des UmwG, NZG 2000, 802, 804, der sich zumindest *de lege ferenda* für einen Barabfindungsanspruch beim *going private merger* ausspricht (ähnlich auch *Oetker/Heise* in Hdb. Going Private, Seite 367). Dagegen hat sich die Regierungskommission Corporate Governance auch *de lege ferenda* gegen einen Barabfindungsanspruch ausgesprochen (Rn. 167, Seite 186 f.). Nach ihrer Ansicht würde eine Barabfindungspflicht zu einer erheblichen Liquiditätsbelastung führen, die nicht börsennotierte – häufig kleinere – Gesellschaften gegenüber börsennotierten Gesellschaften benachteiligen könnte.

davon machen können, ob die Verschmelzung wirtschaftlich zweckmäßig ist und den gesetzlichen Anforderungen genügt[491].
Wie der Umwandlungsbericht ist im Übrigen gem. § 63 Abs. 1 UmwG auch der Verschmelzungsbericht von der Einberufung der über die Verschmelzung beschließenden Hauptversammlung an in den Geschäftsräumen der Gesellschaft zur Einsicht auszulegen und auf Wunsch jedem Aktionär kostenlos als Abschrift zur Verfügung zu stellen. Gleiches gilt für den Verschmelzungsvertrag oder seinen Entwurf, die Jahresabschlüsse und Lageberichte der an der Verschmelzung beteiligten Rechtsträger, eventuelle Zwischenbilanzen sowie für die den Verschmelzungsvertrag betreffenden Prüfberichte der Verschmelzungsprüfer (vgl. § 12 UmwG).

2. Rechtsschutz

Rechtsschutz wird den betroffenen Anlegern der übertragenden Gesellschaft in gleicher Weise wie bei der formwechselnden Umwandlung gewährt. Vergleichbar dem Formwechsel kann gem. § 32 UmwG eine Klage gegen den Verschmelzungsbeschluss nicht darauf gestützt werden, dass die nach § 29 Abs. 1 UmwG anzubietende Barabfindung zu niedrig bemessen oder nicht oder nicht ordnungsgemäß angeboten wurde. Aus diesem Grund ist die *MEZ/Aqua Butzke*- Rechtsprechung nach soweit ersichtlich allgemeiner Meinung insoweit auf die Verschmelzung zu übertragen[492].
Darüber hinaus können gem. § 14 Abs. 2 UmwG (nur) die Aktionäre der übertragenden Gesellschaft die Anfechtung des Verschmelzungsbeschlusses auch nicht darauf stützen, dass das Verschmelzungsverhältnis der Anteile zu niedrig bemessen oder dass die Mitgliedschaft bei dem übernehmenden Rechtsträger kein ausreichender Gegenwert für die Anteile bei dem übertragenden Rechtsträger ist[493]. Es bleibt abzuwarten, ob der *BGH* seine Rechtsprechung zur Anfechtbarkeit wegen abfindungswertbezogener Informationsmängel insoweit übertragen wird. Die von den §§ 210, 32 UmwG abweichende Formulierung des § 14 Abs. 2 UmwG lässt jedenfalls einen auf den Wortlaut gestützten Erst-Recht-Schluss nicht zu.
In allen Fällen, in denen den Aktionären die Anfechtung des Verschmelzungsbeschlusses versagt ist, steht ihnen zum Ausgleich wiederum das umwandlungsrechtliche Spruchverfahren offen.

VII. Verschmelzung auf Gesellschaften einer anderen Rechtsform

Neben der Möglichkeit, eine börsennotierte Aktiengesellschaft auf eine andere, nicht börsen*notierte* Aktiengesellschaft oder KGaA zu verschmelzen, besteht grundsätzlich auch die Möglichkeit, einen *going private merger* mittels Verschmelzung auf eine andere, nicht börsen*fähige* Gesellschaft durchzuführen. Insbesondere einer Verschmelzung auf eine GmbH stehen dabei jedoch regelmäßig die im Vergleich zur Aktienge-

---

[491] BGH II ZR 206/88 vom 22.5.1989, BGHZ 107, 296, 302 f.; *W. Müller* in Kallmeyer/UmwG, § 9 Rn. 2.
[492] *Henze*, Anfechtungsklage, ZIP 2002, 97, 106; *Sinewe*, Anfechtungsklage bei Informationsmängeln, DB 2001, 690; *Hoffmann-Becking*, Informationsmängel, RWS-Forum 2001, 55, 63.
[493] Anderes gilt jedoch für die Aktionäre der aufnehmenden Gesellschaft. Sie können den Verschmelzungsbeschluss auch mit der Begründung angreifen, das Verschmelzungsverhältnis oder die angebotene Mitgliedschaft sei nicht angemessen. Eine analoge Anwendung des § 14 Abs. 2 UmwG ist nach ganz herrschender Meinung nicht möglich (vgl. etwa *Marsch-Barner* in Kallmeyer/UmwG, § 14 Rn. 15, unter Verweis auf BGH II ZB 1/90 vom 2.7.1990, WM 990, 1372, 1375; *Grunewald* in Geßler/Hefermehl/Eckardt/Kropff, AktG, § 352 c Rn. 8; *Kraft* in KölnKomm/AktG, § 352 c Rn. 3).

sellschaft zum Teil wesentlich weitergehenden Rechte von Minderheitsgesellschaftern entgegen. Vor allem die umfangreichen Auskunfts- und Einsichtsrechte des § 51 a GmbHG erweisen sich diesbezüglich als hinderlich[494]. Soweit ersichtlich, wurde aus diesem Grund von der Möglichkeit der Verschmelzung auf eine GmbH in der Praxis auch kein Gebrauch gemacht[495]. Sofern die „Zielrechtsform" der den Börsenrückzug initiierenden Mehrheitsaktionäre eine (AG/GmbH & Co) KG sein sollte, steht mit dem Formwechsel regelmäßig ein einfacherer Weg als die Verschmelzung zur Verfügung. Zu *going private mergern* auf eine (AG/GmbH & Co) KG wird es somit allenfalls bei Konzernverhältnissen kommen, bei denen bereits eine (AG/GmbH & Co) KG als aufnehmende Gesellschaft vorhanden ist und nicht erst neu gegründet werden müsste. Andere Rechtsformen als GmbH und (AG/GmbH & Co) KG sind für *going private merger* im Übrigen ungeeignet und werden in der Praxis daher nicht verwandt.

Unter rechtlichen Gesichtspunkten sind derartige *going private merger* auf eine GmbH oder eine (AG/GmbH & Co) KG nach den bisherige Ergebnissen als unproblematisch zu beurteilen. In formell-rechtlicher Hinsicht bestehen keinerlei Unterschiede zur Verschmelzung auf eine Aktiengesellschaft oder KGaA. In beiden Fällen steht den betroffenen Aktionären ein Anspruch auf Barabfindung zu (§ 29 Abs. 1 Satz 1 UmwG). Auch die Problematik eines zusätzlichen Fungibilitätsausgleichs stellt sich nach dem oben unter Ziffer B.IV gefundenen Ergebnis nicht. Sofern daher – aus welchen Gründen auch immer – ausnahmsweise doch einmal eine börsennotierte Aktiengesellschaft auf eine nicht börsenfähige Rechtsform verschmolzen werden sollte, bestehen unter Börsenrückzugsgesichtspunkten keinerlei Besonderheiten zu „normalen" Verschmelzungen.

VIII. Ergebnis

Bei der Verschmelzung einer börsennotierten Aktiengesellschaft auf eine andere, jedoch nicht börsennotierte Aktiengesellschaft sieht das UmwG einen Anspruch auf Barabfindung grundsätzlich nicht vor. § 29 Abs. 1 UmwG ist auf den *going private merger* jedoch analog anzuwenden. Will man sich dem nicht anschließen und hält die Voraussetzungen für eine Analogie für nicht gegeben, so wäre aus den oben unter Ziffer B.III genannten Gründen den Aktionären ein Fungibilitätsausgleich für die aufgrund der nicht vorhandenen Börsennotierung deutlich geringere Fungibilität der Aktien der aufnehmenden Gesellschaft zu zahlen. Diesbezüglich kommt sowohl ein Fungibilitätsausgleich in bar als auch über eine Verbesserung des Verschmelzungsverhältnisses in Betracht.
Die Verschmelzung einer börsennotierten Aktiengesellschaft auf eine andere Rechtsform als der Aktiengesellschaft oder der KGaA stellt unter Börsenrückzugsgesichtspunkten dagegen keine Besonderheiten dar.

---

[494] Vgl. auch *Halm* (Fn. 63), 1163.
[495] Beachte allerdings die formwechselnde Umwandlung der börsennotierten *Schwab Versand AG* in eine GmbH. Vgl. dazu LG Hanau 5 O 149/99 (Fn. 312), 422 ff.

G. Die Aufspaltung

Erstmals wurde vor kurzem auch das umwandlungsrechtliche Spaltungsrecht für das kalte Delisting instrumentalisiert. Aus kartellrechtlichen Gründen wurde im Frühjahr 2001 im Zusammenhang mit der Fusion *RWE AG - VEW AG* einerseits und *VEBA AG - VIAG AG* andererseits die börsennotierte *rhenag Rheinische Energie AG (rhenag)* in zwei neu gegründete Gesellschaften, *rhenag Rheinische Energie AG (rhenag neu)* und die *Thüga Beteiligungen AG (ThüBet)* aufgespalten. *rhenag* war eine gemeinsame Tochter des *RWE-Konzerns* und des *E.ON Konzerns*. Der Anteil der außenstehender Aktionäre betrug ca. 4,6 %. Die Durchführung der Abwicklung war unspektakulär und unproblematisch, da *RWE* und *E.ON* den außenstehenden Aktionären im Vorfeld ein derart attraktives, freiwilliges Barabfindungsangebot gemacht hatten, dass Anfechtungsklagen gegen den Aufspaltungsbeschluss nicht erhoben worden sind.

I. Grundlagen

Die Spaltung von Aktiengesellschaften ist im Dritten Buch des UmwG geregelt. § 123 UmwG nennt drei verschiedene Arten der Spaltung: die Aufspaltung (§ 123 Abs. 1 UmwG), die Abspaltung (§ 123 Abs. 2 UmwG) und die Ausgliederung (§ 123 Abs. 3 UmwG). Instrument des kalten Delistings kann dabei nur die Aufspaltung sein, da nur hier die börsennotierte Aktiengesellschaft nach Durchführung der Spaltung erlischt.
Das UmwG definiert die Aufspaltung als die Übertragung des gesamten Vermögens eines (übertragenden) Rechtsträgers durch gleichzeitige Übertragung der Vermögensteile jeweils als Gesamtheit auf andere (übernehmende) Rechtsträger, wodurch der übertragende Rechtsträger ohne Liquidation erlischt. Vergleichbar dem Verschmelzungsrecht differenziert das Gesetz zwischen der Spaltung zur Aufnahme auf andere schon bestehende Rechtsträger (§ 123 Abs. 1 Nr. 1 UmwG) und der Spaltung zur Neugründung auf andere, durch die Aufspaltung neu gegründete Rechtsträger (§ 123 Abs. 1 Nr. 2 UmwG). Gem. § 123 Abs. 4 UmwG ist auch eine Kombination beider Formen möglich.
Als Ausgleich erhalten die Anteilsinhaber des übertragenden Rechtsträgers Anteile an den übernehmenden Rechtsträgern, und zwar regelmäßig in dem Verhältnis, das ihren Beteiligungen an dem übertragenden Rechtsträger entspricht. Soll von diesem Grundsatz abgewichen werden, müssen dem alle Anteilsinhaber des betroffenen Rechtsträgers zustimmen, § 128 Satz 1 UmwG.

II. Anwendbarkeit des Verschmelzungsrechts

Die Aufspaltung stellt das umwandlungsrechtliche Gegenstück zur Verschmelzung dar. Folgerichtig sind auf die Aufspaltung ganz überwiegend die Vorschriften des Verschmelzungsrechts anzuwenden, § 125 UmwG. Auf die oben unter Ziffer F dargelegten Ausführungen und Ergebnisse kann daher vollinhaltlich verwiesen werden. Auch hinsichtlich der formellen und verfahrensrechtlichen Aspekte ergeben sich im Vergleich zum Verschmelzungsrecht keine wesentlichen Abweichungen.

III. Ergebnis

Wie bei der Verschmelzung sieht das UmwG auch bei der Aufspaltung einer börsennotierten Aktiengesellschaft in zwei oder mehr nicht börsennotierte Aktiengesellschaften grundsätzlich keinen Anspruch auf Barabfindung vor. Die §§ 29 Abs. 1, 125 UmwG sind auf die Aufspaltung jedoch analog anzuwenden. Will man sich dem nicht anschließen und hält die Voraussetzungen für eine Analogie für nicht gegeben, so wäre aus den oben unter Ziffer B.III genannten Gründen den Aktionären ein Fungibilitätsausgleich für die aufgrund der nicht vorhandenen Börsennotierung deutlich geringere Fungibilität der Aktien der aufnehmenden Gesellschaft zu zahlen. Diesbezüglich kommt sowohl ein Fungibilitätsausgleich in bar als auch über eine Verbesserung des Aufspaltungsverhältnisses in Betracht.

Im Übrigen stellt die Aufspaltung einer börsennotierten Aktiengesellschaft in zwei oder mehr Gesellschaften einer anderen Rechtsform als der Aktiengesellschaft oder der KGaA unter Börsenrückzugsgesichtspunkten keine Besonderheiten dar.

H. DIE MEHRHEITSEINGLIEDERUNG

Auch die Mehrheitseingliederung wurde zum Zwecke des Börsenrückzug bisher nur vereinzelt bemüht. Bekanntester Fall eines letztlich allerdings gescheiterten Börsenrückzugsversuchs über das aktienrechtliche Eingliederungsverfahren ist der der börsennotierten *Michael Weinig AG*, deren Hauptversammlung im August 2000 die Eingliederung in die nicht börsennotierte *Weinig International AG* beschlossen hatte. Der Eingliederungsbericht des Vorstands der *Michael Weinig AG* nannte dabei ausdrücklich als eines der Ziele der Eingliederung, "die Börsennotierung der *Michael Weinig AG* zu beenden"[496]. Ein Barabfindungsangebot war mit der Eingliederung nicht verbunden. Aus diesem Grund erklärte das *LG Mosbach* den Eingliederungsbeschluss der *Michael Weinig AG* schließlich rechtskräftig für nichtig, weil es sich nach Ansicht der Gerichts bei der *Weinig International AG* um eine abhängige Gesellschaft iSd. § 17 AktG handelte, sodass es gem. § 320 b Abs. 1 Satz 3 AktG des zusätzlichen Angebots einer Barabfindung an die außenstehenden Aktionäre bedurft hätte[497].
Erfolgreich vollzogen haben ihren Börsenrückzug über das Eingliederungsverfahren dagegen die schon erwähnte *Computer 2000 AG*, die durch Eingliederungsbeschluss von April 1999 in die nicht börsennotierte *Tech Data Germany AG* eingegliedert wurde, und die *GAH Anlagentechnik AG*, deren Hauptversammlung bereits im September 1998 die Eingliederung in die *GAH Beteiligungs AG* beschlossen hatte. Anders als *Weinig* boten jedoch sowohl Tech Data als auch GAH den betroffenen Minderheitsaktionären eine Barabfindung an: Tech Data freiwillig und GAH, weil es sich bei der *GAH Beteiligungs AG* (unstreitig) um eine abhängige Gesellschaft handelte. Aus diesem Grund verliefen die Börsenrückzuge beider Unternehmen deutlich unspektakulärer als bei Weinig. Aufsehen erregte jedoch im Januar 2001 ein im Rahmen eines Spruchverfahrens geschlossener Vergleich, der den ehemaligen Minderheitsaktionären von *Computer 2000*, die sich für die Abfindung in Aktien entschieden hatten, einen ausdrücklich als solchen bezeichneten „Ausgleich für die fehlende Börsennotierung" der Aktien der *Tech Data Germany AG* zusprach.

I. Grundlagen

Die Eingliederung stellt die intensivste Form der Konzerneinbeziehung einer Gesellschaft dar. Sie ermöglicht es der herrschenden Gesellschaft (Hauptgesellschaft), die eingegliederte Gesellschaft wie eine unselbständige Betriebsabteilung zu führen. In ihrer Wirkung steht sie zwischen Beherrschungsvertrag und Verschmelzung. Im Vergleich zum Beherrschungsvertrag erlaubt die Eingliederung in noch weitergehendem Umfang Weisungen gegenüber der eingegliederten Gesellschaft und einen Zugriff auf deren Vermögen. Ein weiterer Vorteil der Eingliederung ist aus Unternehmenssicht, dass etwaige außenstehende Aktionäre der eingegliederten Gesellschaft durch die Eingliederung automatisch gegen Abfindung ausscheiden. Der wesentliche Unterschied zur Verschmelzung liegt darin, dass die eingegliederte Gesellschaft als rechtlich selbständige Einheit erhalten bleibt. Auch wird als Vorteil der Eingliederung hervorgehoben, dass sie – anders als die Verschmelzung – relativ leicht rückgängig ge-

---

[496] Vgl. Seite 14 des Eingliederungsberichts der *Michael Weinig AG*.
[497] Vgl. *LG Mosbach* KfH O 56/00 vom 28.12.2000, Die AG 2001, 206 ff.

macht werden kann[498]. Die Eingliederung begründet – sofern die eingegliederte Gesellschaft nicht schon vorher abhängig ist – ein Abhängigkeitsverhältnis iSd. § 17 AktG und die unwiderlegliche Vermutung, dass zwischen den beiden Gesellschaften ein Konzern besteht[499].

Das Gesetz regelt zwei Formen der Eingliederung: Die Eingliederung einer 100 %-igen Tochtergesellschaft (§ 319 AktG) und die Eingliederung einer mindestens 95 %-igen Tochtergesellschaft (§ 320 AktG). Bei einer niedrigeren Beteiligung als 95 % ist eine Eingliederung nicht möglich. Nicht berücksichtigt bei der Berechnung der 95 - Beteiligungsschwelle werden Aktienoptionsrechte und Wandelschuldverschreibungen[500], sofern diese noch nicht ausgeübt wurden[501].
Gem. § 319 Abs. 1 Satz 1 AktG kann die Hauptversammlung einer Aktiengesellschaft die Eingliederung in eine andere Aktiengesellschaft mit Sitz im Inland (Hauptgesellschaft) beschließen, wenn sich alle Aktien der Gesellschaft in der Hand der zukünftigen Hauptgesellschaft befinden. Gem. § 320 Abs. 1 Satz 1 AktG kann die Hauptversammlung die Eingliederung auch dann beschließen, wenn die Aktien der Gesellschaft, auf die zusammen fünfundneunzig vom Hundert des Grundkapitals entfallen, in der Hand der zukünftigen Hauptgesellschaft befinden. Zwar bedarf es anders als bei der Verschmelzung bei der Eingliederung keines Eingliederungsvertrags[502]; zur Wirksamkeit der Eingliederung ist allerdings der Beschluss der zukünftigen Hauptgesellschaft erforderlich.[503]. Der Eingliederungsbeschluss bedarf dabei keiner sachlichen Rechtfertigung[504].
Mit Eintragung der Eingliederung in das Handelsregister gehen gem. § 320 a Satz 1 AktG alle Aktien, die sich nicht in der Hand der Hauptgesellschaft befinden, auf diese über. Die ausgeschiedenen Aktionäre der eingegliederten Gesellschaft haben dafür Anspruch auf eine angemessene Abfindung, § 320 b Abs. 1 AktG. Als Abfindung sind ihnen grundsätzlich Aktien der Hauptgesellschaft zu gewähren. Nur für den Fall, dass die Hauptgesellschaft ihrerseits eine abhängige Gesellschaft iSd. § 17 AktG ist, sieht das Gesetz nach Wahl der Aktionäre auch einen Anspruch auf Barabfindung vor, § 320 b Abs. 1 Satz 3 AktG.

II. Auswirkungen der Eingliederung auf die Börsenzulassung

Anders als bei Formwechsel, *going private merger* und Aufspaltung erlischt die Börsenzulassung einer eingegliederten Gesellschaft nicht ohne Zutun der Börsenzulassungsstelle, da die Gesellschaft auch nach dem Wirksamwerden der Eingliederung

---

498 Vgl. ausführlich zu all dem auch die Ausführungen bei *Krieger* in Münch. Hdb. GesR IV, § 73 Rn. 1.
499 *Krieger* in Münch. Hdb. GesR IV, § 73 Rn. 5.
500 Vgl. zum Schicksal derartiger Aktienbezugsrechte ausführlich unten Ziffer I.III. Diese Frage soll aufgrund ihrer größeren Bedeutung im Zusammenhang mit dem Squeeze-out dort erörtert werden.
501 *Grunewald* in MünchKomm/AktG, § 319 Rn. 4, § 320 Rn. 3.; *Habersack* in Emmerich/Habersack, Konzernrecht, § 320 b Rn. 8; *DAV-Handelsrechtsausschuss*, Stellungnahme zum RefE des WÜG, NZG 2001, 420, 431; vgl. auch BGH II ZR 117/97 vom 2.2.1998, ZIP 1998, 560 . („Siemens-Nixdorf"), der die Frage der Zurechnung im Zusammenhang mit Überlegungen zu der Frage, was mit solchen Rechten bei einer Eingliederung geschieht, nicht einmal erwähnt hat.
502 *Krieger* in Münch. Hdb. GesR IV, § 73 Rn. 4.
503 *Krieger* in Münch. Hdb. GesR IV, § 73 Rn. 10.
504 *Grunewald* in MünchKomm/AktG, § 320 Rn. 8; *Krieger* in Münch. Hdb. GesR IV, § 73 Rn. 15; *Hüffer*, AktG, § 320 b Rn. 8; LG Mosbach KfH O 56/00 (Fn. 497), 209 f.

noch in der Rechtsform der Aktiengesellschaft existiert. Da sich jedoch alle Anteile an der eingegliederten Gesellschaft in der Hand der Hauptgesellschaft befinden, findet ein Börsenhandel nicht mehr statt.

Obwohl die Eingliederung gem. § 327 Abs. 1 Nr. 3 AktG endet, wenn sich nicht mehr alle Aktien der eingegliederten Gesellschaft in der Hand der Hauptgesellschaft befinden und die Übertragung der Aktien rechtlich uneingeschränkt möglich ist, die Voraussetzungen für einen Börsenhandel also theoretisch jederzeit wieder entstehen können, wird in der Literatur zum Teil vertreten, dass auch bei der Eingliederung einer börsennotierten Aktiengesellschaft ein Fall des § 43 Abs. 2 VwVfG vorliege und sich die Zulassung der Aktien zum Börsenhandel von selbst erledige[505].

Zumindest die Zulassungsstelle der Frankfurter Wertpapierbörse vertritt demgegenüber jedoch eine andere Rechtsauffassung. Danach liege bei einer Eingliederung kein Fall des § 43 Abs. 2 VwVfG vor. Vielmehr werde die Börsennotierung in solchen Fällen zunächst gem. § 38 Abs. 1 Nr. 2 BörsG eingestellt[506] und anschließend gem. § 38 Abs. 3 BörsG[507] widerrufen. Ein Antrag des betroffenen Unternehmens sei nicht erforderlich[508]. Solle die Börsennotiz zu einem späteren Zeitpunkt wieder aufgenommen werden, müsse eine neue Zulassung beantragt werden.

Da im Ergebnis somit beide Auffassungen zum selben Ziel, nämlich dem Wegfall der Börsenzulassung führen und sich signifikante Unterschiede nicht ergeben, kann auf eine weitere Vertiefung dieser Frage hier verzichtet werden.

III. Rechtliche Möglichkeiten des Fungibilitätsausgleichs

Angesichts der fehlenden gesetzlichen Barabfindungspflicht bei einem Börsenrückzug über die Mehrheitseingliederung ist aus den unter Ziffer B.III genannten Gründen auch den von einer Eingliederung betroffenen Minderheitsaktionären ein Ausgleich für die fehlende Handelbarkeit der Aktien der Hauptgesellschaft an einem organisierten Börsenplatz zu zahlen. Wie bei der Verschmelzung kommen insofern auch bei der Eingliederung grundsätzlich zwei Wege in Betracht: Der Fungibilitätsausgleich über das Umtauschverhältnis und der Barausgleich.

---

[505] So *Groß*, Delisting (Fn. 8), 150.

[506] Die Einstellung der Börsennotierung kann durch die Geschäftsführung der Börse dann vorgenommen werden, wenn ein ordnungsgemäßer Börsenhandel nicht mehr gewährleistet erscheint. Voraussetzung für die Einstellung der Notiz ist eine hohe Wahrscheinlichkeit dafür, dass unter den gegebenen Umständen für längere Zeit ein ordnungsgemäßer Börsenhandel nicht stattfinden kann, vgl. *Schwark*, BörsG, § 43 Rn. 9.

[507] Gem. § 38 Abs. 3 BörsG kann die Zulassungsstelle die Zulassung zum amtlichen Markt widerrufen, wenn ein ordnungsgemäßer Börsenhandel auf Dauer nicht mehr gewährleistet ist und die Geschäftsführung zuvor die Notierung im amtlichen Handel eingestellt hat. Der Sache nach kommt der Widerruf in Frage, wenn die Umstände, die zur Einstellung geführt haben, die Zulassungsstelle zu der Überzeugung gelangen lassen, dass ein Handel im amtlichen Markt auch in späterer Zeit nicht mehr möglich sein wird. Die Entscheidung über den Widerruf ist dabei eine Ermessensentscheidung, vgl. *Schwark*, BörsG (Fn. 506), § 43 Rn. 13.

[508] Vgl. auch *Ph. Baums*, Ausschluss (Fn. 28), Seite 164, der im Zusammenhang mit dem insofern vergleichbaren Squeeze-out von einer Ermessensreduzierung auf null spricht mit der Folge, dass die Zulassungsstelle verpflichtet sei, die *Notierung* einzustellen. Unklar ist dabei allerdings, ob sich *Ph. Baums* des bestehenden Unterschieds zwischen der Notierung einer Aktie und ihrer Zulassung zum Börsenhandel bewusst war.

1. Fungibilitätsausgleich über das Umtauschverhältnis

Bezüglich der Zulässigkeit eines Fungibilitätsausgleichs über das Umtauschverhältnis kann vollinhaltlich auf die entsprechenden Ausführungen zum *going private merger* (oben Ziffer F.IV.1) verwiesen werden. Die Konstellation bei der Verschmelzung unterscheidet sich insofern nicht von derjenigen bei der Eingliederung. Auch bei letzterer kann demnach ein Fungibilitätsausgleich über das Umtauschverhältnis vorgenommen werden.

2. Fungibilitätsausgleich durch bare Zuzahlung

Fraglich ist indes, ob entsprechend dem zuvor unter Ziffer F.IV.2 gefundenen Ergebnis auch ein Fungibilitätsausgleich im Wege der Barzuzahlung zulässig wäre. Einer inhaltlichen Übertragung des dort gefundenen Ergebnisses könnten die sich vom Verschmelzungsrecht unterscheidenden Vorschriften des Eingliederungsrechts entgegenstehen.

Anders als § 68 Abs. 3 UmwG lässt § 320 b Abs. 1 Satz 4 AktG bare Zuzahlungen nur zum Ausgleich von Aktienspitzen zu. Eine Vorschrift vergleichbar § 15 UmwG, nach der im Spruchverfahren erreichte Verbesserungen des Umtauschverhältnisses (nur) in bar auszugleichen sind, fehlt im Eingliederungsrecht ebenfalls. Stellt sich im Spruchverfahren heraus, dass das von der Hauptgesellschaft angebotene Aktienumtauschverhältnis zu niedrig bemessen war, so muss dieses Umtauschverhältnis angepasst werden. Einen Barausgleich sieht das Gesetz nicht vor. Barfungibilitätsausgleichszahlungen könnten somit gegen das „Wesen der Mehrheitseingliederung" verstoßen. Darüber hinaus kann wie bei der Verschmelzung auch bei der Eingliederung nicht ohne weiteres davon ausgegangen werden, dass das speziellere Eingliederungsrecht die allgemeinen aktienrechtlichen Kapitalschutzvorschriften generell verdrängt. Einer derartigen Annahme steht § 71 Abs. 1 Nr. 3 AktG entgegen, der für den Fall einer anzubietenden Abfindung nach § 320 b Abs. 1 Satz 3 AktG eine Ausnahme von dem Grundsatz des Verbots des Erwerbs eigener Aktien macht. Würde das Eingliederungsrecht die allgemeinen aktienrechtlichen Kapitalerhaltungsvorschriften generell verdrängen, bedürfte es des § 71 Abs. 1 Nr. 3 AktG nicht. In Ermanglung von den §§ 15, 68 Abs. 3 UmwG vergleichbaren Regelungen, die Ausnahmevorschriften zu § 57 Abs. 1 AktG darstellen, würden Barfungibilitätsausgleichszahlungen daher auch gegen das aktienrechtliche Einlagenrückgewährverbot verstoßen.

Die Zulässigkeit von Barfungibilitätsausgleichszahlungen bei der Eingliederung könnte sich somit allenfalls aus einer analogen Anwendung der entsprechenden verschmelzungsrechtlichen Vorschriften ergeben.

a) Planwidrige Regelungslücke

Zwar ist die Frage der Zulässigkeit von Barzuzahlungen zum Zwecke des Fungibilitätsausgleichs nicht geregelt; einer Analogie zu den entsprechenden Vorschriften des Verschmelzungsrechts könnte jedoch entgegenstehen, dass der Gesetzgeber bare Zuzahlungen bewusst nur zum Ausgleich von Spitzenbeträgen zulassen, sie im Übrigen aber ausschließen wollte. Von einer *planwidrigen* Regelungslücke könnte demnach nicht ausgegangen werden.

Für eine derartige Auffassung spricht ohne Zweifel der Wortlaut des § 320 b Abs. 1 Satz 4 AktG, der den Schluss nahe legt, der Gesetzgeber habe die Möglichkeiten barer Zuzahlungen bewusst auf den Ausgleich von Aktienspitzen beschränken wollen. Vom Wortlaut des § 320 b Abs. 1 Satz 4 AktG abgesehen, lässt sich die Annahme einer bewussten Nichtaufnahme von Barfungibilitätsausgleichszahlungen in § 320 b Abs. 1 Satz 4 AktG jedoch kaum überzeugend begründen. Sie würde voraussetzen, dass der Gesetzgeber die Möglichkeit einer Instrumentalisierung der Eingliederung zum Zwecke eines Börsenrückzugs erkannt und sich trotz dieser Kenntnis gegen die Zulassung von Barzuzahlungen zum Fungibilitätsausgleichs entschieden hat. Hiervon kann jedoch kaum ausgegangen werden. Wie oben schon mehrfach erwähnt, wurde das kalte Delisting als solches erstmals Mitte der 90er Jahre praktiziert. Der erste bekannt gewordene Fall eines Börsenrückzugs über die aktienrechtliche Mehrheitseingliederung stammt sogar erst aus dem Jahr 1998. Angesichts dessen kann dem Gesetzgeber jedoch kaum unterstellt werden, er habe schon Anfang der 60er Jahre bei der Schaffung der Vorgängervorschrift des heutigen § 320 b Abs. 1 Satz 4 AktG, dem damaligen § 320 Abs. 5 Satz 4 AktG aF, die Möglichkeit einer Instrumentalisierung des Eingliederungsverfahrens zum Zwecke des Rückzugs von der Börse bedacht und gleichwohl die Zulässigkeit barer Zuzahlungen auf den Ausgleich von Aktienspitzen begrenzt.
Im Übrigen spricht auch ein weiteres Argument gegen die Annahme einer bewussten Nichtregelung. Wie oben festgestellt, ist der bei einem Börsenrückzug vorzunehmende Fungibilitätsausgleich letztlich Ausdruck der Anerkennung eines wirtschaftlichen Wertes der Börsennotierung einer Aktie. Diese Anerkennung konnte sich jedoch in Deutschland erst Ende der 90er Jahre und damit lange nach Schaffung des § 320 b Abs. 1 Satz 4 AktG durchsetzen. Auch aus diesem Grund kann kaum davon ausgegangen werden, der Gesetzgeber habe sich bewusst gegen die Möglichkeit von Barfungibilitätsausgleichszahlungen bei der Eingliederung in eine nicht börsennotierte Hauptgesellschaft entscheiden wollen.

Eine planwidrige Regelungslücke ist nach alledem zu bejahen.

b) Vergleichbare, gesetzlich geregelte Konstellation

Wirft man zunächst einen Blick auf die kapitalaufbringungs- und kapitalerhaltungsrechtlichen Aspekte bei Verschmelzung und Eingliederung, so zeigt sich, dass diesbezüglich zumindest keinerlei Gründe *gegen* eine analoge Anwendung der die Barzuzahlungen betreffenden verschmelzungsrechtlichen Vorschriften sprechen.
Zwar entstünden durch eine analoge Anwendung dieser Vorschriften gewisse Gefahren für das Eigenkapital der Hauptgesellschaft, weil durch Barfungibilitätsausgleichszahlungen Kapital aus der Gesellschaft abfließt, ohne dass die Gesellschaft dafür eine Gegenleistung erhält. Bei der Verschmelzung bestehen jedoch ungleich höhere Gefahren für das Kapital der aufnehmenden Gesellschaft, da das UmwG der Festsetzung von Barnachzahlungen im Rahmen eines Spruchverfahrens der Höhe nach keinerlei Grenze gesetzt hat. Sowohl in Rechtsprechung als auch in Literatur wurden daher die möglichen weitreichenden Konsequenzen für die Eigenkapitalbasis und mögliche Ertragseinbußen der aufnehmenden Gesellschaft angesprochen[509]. Nach teil-

---

[509] Vgl. *Seetzen* (Fn. 430), 566; vgl. auch BGH BLw 13/93 vom 29.11.1996, WM 1997, 890, 892, der im Zusammenhang mit Barzuzahlungsansprüchen auf mögliche Ertragseinbußen hinweist, wenn sich

weise vertretener Ansicht soll selbst eine eventuelle Gefährdung des Grundkapitals keine Auswirkung auf die Höhe der geschuldeten Zuzahlungen haben[510]. Die Kritik gipfelte in einem Beitrag von *Philipp*, der 1999 der Frage nachging, ob die Verschmelzung von Aktiengesellschaften nach dem neuen Umwandlungsrecht überhaupt noch „vertretbar“ sei[511].
Aufgrund der Mehrheitsverhältnisse bei einer Eingliederung, bei der sich maximal Aktien mit einer Beteiligung am Grundkapital iHv. 5 % noch in den Händen von abzufindenden Minderheitsaktionären befinden können, sind die Gefahren für Kapital und Ertrag der Hauptgesellschaft naturgemäß wesentlich geringer[512]. Dies gilt unabhängig davon, ob Barfungibilitätsausgleichszahlungen analog § 15 UmwG erst im Spruchverfahren oder analog § 68 Abs. 3 UmwG bereits im Eingliederungsvertrag festgesetzt werden. Lässt das UmwG demnach Barnachzahlungen und Barzuzahlungen an die Aktionäre der übertragenden Gesellschaften trotz der möglichen erheblichen Gefahren für das Kapital der Gesellschaft zu, so müsste dies unter kapitalschutzrechtlichen Aspekten *erst recht* bei der Eingliederung gelten[513].

Für eine analoge Anwendung der verschmelzungsrechtlichen Vorschriften spricht im Übrigen die schon im Zusammenhang mit der Erörterung der Frage der Übertragung der *DAT/Altana*-Grundsätze auf umwandlungsrechtliche Verschmelzungen angesprochene Ähnlichkeit zwischen der Verschmelzung von voneinander abhängigen Aktiengesellschaften und der Mehrheitseingliederung. Der Gesetzgeber selbst trug dieser Ähnlichkeit deutlich dadurch Rechnung, dass er im Zusammenhang mit der Ermittlung der angemessenen Abfindung der durch eine Eingliederung betroffenen Aktionäre auf das Verhältnis verweist, „in dem bei einer Verschmelzung für eine Aktie der Gesellschaft Aktien der Hauptgesellschaft zu gewähren“ wären. Sowohl bei der Verschmelzung als auch bei der Eingliederung verlieren die Aktionäre der übertragenden/einzugliedernden Gesellschaft qua Gesetz ihre Rechtsstellung als Aktionär „ihrer“ Gesellschaft und erhalten statt dessen Aktien an der aufnehmenden Gesellschaft bzw. an der Hauptgesellschaft. In beiden Fällen wird der Zusammenschluss durch einen beherrschenden Mehrheitsaktionär betrieben. Liegen die Voraussetzungen einer Eingliederung vor, liegen stets auch die Voraussetzungen einer Verschmelzung vor. Mathematisch ausgedrückt stellt die Eingliederung eine „Teilmenge“ der Verschmelzung dar. Eine Ungleichbehandlung von Verschmelzung und Eingliederung in bezug

---

die Gesellschaft die für die Erfüllung des Zuzahlungsanspruchs notwendige Liquidität nur durch Fremdfinanzierung beschaffen kann.

[510] *Grunewald* in Geßler/Hefermehl/Eckardt/Kropff, AktG, § 352 c Rn. 25.

[511] *Philipp* (Fn. 418), 264, 269, der die Eröffnung grenzenloser barer Zuzahlungen als aktienrechtlichen „Sündenfall“ bezeichnet; vgl. auch *Maier-Reimer* (Fn. 429), 563 ff., der sich aufgrund der möglichen erheblichen finanziellen Belastungen für die aufnehmende Gesellschaft abweichend von § 15 UmwG auch für die Zulässigkeit einer "Zuzahlung" in *Aktien* der aufnehmenden Gesellschaft ausspricht.

[512] Zur Verdeutlichung folgendes Beispiel: Gesellschaft A wird auf Gesellschaft B verschmolzen. B hielt vor der Verschmelzung keine Aktien an A. Für A wurde im Verschmelzungsvertrag ein Wert von € 10 Mrd. angesetzt. Im Spruchverfahren wurde jedoch ein Wert von € 11 Mrd. ermittelt, sodass das Vermögen von B mit Barnachzahlungsansprüchen von € 1 Mrd. belastet wird.
Würde A dagegen in B eingegliedert und hielt B zuvor genau Aktien iHv. 95 % am Grundkapital von A, so würde das Vermögen von B lediglich mit Barnachzahlungsansprüchen von € 50 Mio. belastet.

[513] Vgl. nochmals *Philipp* (Fn. 418), 270, der die Durchführung einer Verschmelzung im Wesentlichen nur dann für vertretbar hält, wenn bei Konzernverschmelzungen nur noch wenige außenstehende Aktionäre vorhanden sind.

auf die Zulässigkeit von Fungibilitätsausgleichszahlungen wäre daher kaum zu rechtfertigen. Ebenso wie Barfungibilitätsausgleichszahlungen dem „Wesen der Verschmelzung" in optimaler Weise Rechnung tragen, würde durch eine Analogie auch dem „Wesen der Mehrheitseingliederung" in optimaler Weise Rechnung getragen. Ein gegen eine Analogie sprechender sachlicher Grund ist dagegen nicht ersichtlich[514].

c) Zwischenergebnis

Die Voraussetzungen für eine analoge Anwendung der verschmelzungsrechtlichen Vorschriften der §§ 15, 5 Abs. 1 Nr. 3, 68 Abs. 3 UmwG insoweit, als diesen ein Ausnahmecharakter zu § 57 Abs. 1 AktG zukommt, liegen demnach vor. Wie beim *going private merger* ist es auch bei der *going private*-Eingliederung zulässig, den Fungibilitätsausgleich für die Aktionäre der börsennotierten Gesellschaft im Wege einer Barzuzahlung vorzunehmen. Werden diese Barzuzahlungen bereits mit dem Eingliederungsbeschluss festgesetzt, sind die Grenzen des § 68 Abs. 3 UmwG zu beachten.

IV. Anspruch auf Barabfindung?

Wie schon erwähnt, sieht das AktG einen Anspruch auf Barabfindung nur für den Fall vor, dass die börsennotierte Aktiengesellschaft in eine abhängige Hauptgesellschaft eingegliedert wird, § 320 b Abs. 1 Satz 3 AktG[515]. Ein Rechtsanspruch auf eine Barabfindung ließe sich *de lege lata* somit ebenso wie beim *going private merger* nur durch eine Analogie begründen.

1. Planwidrige Regelungslücke

Bezüglich der Frage des Bestehens einer planwidrigen Regelungslücke kann im Wesentlichen auf die oben unter Ziffer F.V.2 dargelegten Ausführungen zur Frage einer analogen Anwendung des § 29 Abs. 1 UmwG verwiesen werden. Mit den dort angeführten Argumenten, die für die Eingliederung entsprechend gelten, ist das Vorliegen einer planwidrigen Regelungslücke zu bejahen[516].

2. Vergleichbare, gesetzlich geregelte Konstellation

Der historische Gesetzgeber von 1965 begründete seinerzeit das den von einer Mehrheitseingliederung betroffenen Aktionären in § 320 Abs. 5 Satz 3 AktG aF, der Vorgängervorschrift des heutigen § 320 b Abs. 1 Satz 3 AktG, eingeräumte Wahlrecht zwischen den Aktien an einer abhängigen Hauptgesellschaft und einer Barabfindung damit, dass diese nicht gezwungen werden sollten, „wiederum Aktionäre einer abhängigen Gesellschaft zu werden"[517].

---

[514] Vgl. auch die Ausführungen von *J. Vetter*, Ausgleich von Spitzen(beträgen), Die AG 1997, 6, 12, der allgemein die Ungleichbehandlung des Aktientausches bei der Verschmelzung einerseits und bei Beherrschungs- und Gewinnabführungsverträgen sowie bei der Eingliederung andererseits für „kaum nachvollziehbar" hält.

[515] Unzutreffend daher *v. Braunschweig* (Fn. 8), 168, wonach die Aktionäre der eingegliederten Gesellschaft stets ein Wahlrecht zwischen einer Barabfindung und der Gewährung von Aktien des herrschenden Unternehmens haben.

[516] Anders jüngst ausdrücklich *de Vries* (Fn. 45), Seite 136 f.: „Eine Ausdehnung des zwingenden Barabfindungsangebots auf weitere Fälle [....] widerspräche dem Willen des Gesetzgebers, der in der klaren Ausdifferenzierung des § 320 b Abs. 1 Satz 2 und 3 AktG seinen Ausdruck gefunden hat."

[517] So der Regierungsentwurf zum AktG bei *Kropff*, Aktiengesetz, Seite 425.

Zu untersuchen ist demnach, ob die Mitgliedschaft eines Aktionärs in einer abhängigen mit der in einer nicht börsennotierten Aktiengesellschaft vergleichbar ist, ob mit anderen Worten der mit der Eingliederung verbundene – zwangsweise – Eintritt in eine nicht börsennotierte Aktiengesellschaft eine ebenso nachteilige Veränderung oder Beeinträchtigung der Aktionärsrechte mit sich bringt wie der Eintritt in eine abhängige Gesellschaft.

§ 320 b Abs. 1 Satz 3 AktG soll vor den Gefahren schützen, die den Aktionären durch eine Beherrschung der Gesellschaft von außen drohen. Sie sollen geschützt werden vor möglichen Interessenskonflikten des Mehrheitsaktionärs[518], die die „ernste Besorgnis" begründen, dieser „könnte um ihretwillen seinen Einfluss zum Nachteil der Gesellschaft geltend machen"[519].
Gefahren wie diese drohen den Minderheitsaktionären durch eine Eingliederung in eine zwar nicht börsennotierte, im Übrigen aber unabhängige Hauptgesellschaft kaum. Solange die Voraussetzungen des § 17 AktG nicht erfüllt sind, vermag eine fehlende Börsenzulassung die Gefahr einer Einflussnahme durch einen Großaktionär kaum zu begründen. Insofern kommt diese vom Gesetzgeber bei der Schaffung des § 320 b Abs. 1 Satz 3 AktG fokussierte Gefahr allein als Anknüpfungspunkt für eine analoge Anwendung auf die Eingliederung in eine zwar unabhängige, jedoch nicht börsennotierte Hauptgesellschaft kaum in Betracht.

Spiegelbildlich zu den Gefahren der Einflussnahme eines Mehrheitsaktionärs könnte ein weiterer Nachteil der Mitgliedschaft in einer abhängigen Gesellschaft jedoch auch in den eigenen verringerten Einflussmöglichkeiten eines (Minderheits)Aktionärs bestehen. In den Anmerkungen zum Übernahmekodex der Börsensachverständigenkommission beim Bundesministerium der Finanzen, der zwischenzeitlich durch das WpÜG abgelöst worden ist, heißt es in diesem Zusammenhang zur Begründung für die Statuierung eines Pflichtangebots an die Minderheitsaktionäre, *das Stimmrecht eines Minderheitsaktionärs habe nicht mehr den bisherigen Wert*, wenn ein Aktionär mehr als 50 % an der Gesellschaft erworben habe. In einem solchen Fall könne der Minderheitsaktionär auch zusammen mit anderen Mitaktionären keinen wesentlichen Einfluss mehr auf die Gesellschaft ausüben[520].
Diesen Ausführungen zum Wert des eigenen Stimmrechts in einer abhängigen Gesellschaft wird man zwar zustimmen müssen; nicht außer Betracht gelassen werden darf aber auch, dass Aktionäre, die sich an Gesellschaften beteiligen, bei denen die Voraussetzungen für eine Mehrheitseingliederung gegeben sind (oder ihre schon zu-

---

[518] Ableiten lässt sich diese *ratio* des § 320 b Abs. 1 Satz 3 AktG aus den Gesetzesmaterialien zum Unternehmensbegriff der §§ 16 ff. AktG. Die Verpflichtung zum Angebot einer Barabfindung gem. § 320 b Abs. 1 Satz 3 AktG besteht nämlich nur in den Fällen, in denen eine Gesellschaft durch ein *Unternehmen* beherrscht wird. Bei einem „normalen" Großaktionär, dessen wirtschaftliche Tätigkeit sich auf die eine von ihm beherrschte Gesellschaft beschränkt, ging der Gesetzgeber dagegen davon aus, dass dieser das Interesse „seiner", von ihm beherrschten Gesellschaft im Regelfall als sein eigenes betrachten oder jedenfalls keine ihm zuwiderlaufenden Sonderinteressen verfolgen würde. Er hielt aus diesem Grund die allgemeinen aktienrechtlichen Vorschriften zum Minderheitenschutz für ausreichend und einen zusätzlichen Schutz durch ein Barabfindungsangebot nicht für notwendig.

[519] BGH II ZR 123/76 vom 13.10.1977, BGHZ 69, 334, 336 f., mit weiteren Ausführungen auch zum Unternehmensbegriff.

[520] Anmerkungen zum Übernahmekodex der Börsensachverständigenkommission, herausgegeben von der Übernahmekommission im Juli 1996, abrufbar unter www.kodex.de, Seite 2.

vor erworbene Beteiligung nicht nach Eintritt dieser Voraussetzungen, jedoch vor Durchführung der Eingliederung veräußert haben), in aller Regel *keine* unternehmerischen Interessen an der Gesellschaft haben, sondern in ihrer Beteiligung nur eine Kapitalanlage erblicken[521]. Hieraus folgt zum einen, dass die eigenen geringeren Einflussmöglichkeiten in einer abhängigen Gesellschaft für die von einer Eingliederung betroffenen Aktionäre regelmäßig eine eher untergeordnete Rolle spielen werden, da für diese – neudeutsch ausgedrückt – die Performance der Aktie als Kapitalanlage im Vordergrund steht. Hieraus folgt weitergehend aber auch, dass bei dem Vergleich der Mitgliedschaft in einer abhängigen Aktiengesellschaft mit der in einer unabhängigen, dafür aber nicht börsennotierten Aktiengesellschaft zuvorderst auf die eher kapitalanlagespezifischen Aspekte abzustellen ist, die zwar der Gesetzgeber seinerzeit kaum bedacht haben wird, die für den von einer Eingliederung betroffenen Kleinanlegeraktionär heute jedoch im Vordergrund stehen.

Diesbezüglich ließe sich zunächst argumentieren, durch die Abhängigkeit einer Aktiengesellschaft verringere sich der sog. *free float*, also derjenige Teil der zum Börsenhandel zugelassenen Aktien, der tatsächlich auch über die Börse gehandelt wird und nicht fest in der Hand eines Großaktionärs liegt. Ist der Handel in einer Aktie illiquide, führt dies regelmäßig dazu, dass sich große, institutionelle Investoren[522] für derartige Unternehmen nicht interessieren, weil sie für ein Engagement nicht die erforderliche Liquidität aufweisen[523]. Solches, auf mangelnde Liquidität zurückzuführendes Desinteresse großer institutioneller Investoren wiederum führt regelmäßig dazu, dass das betroffene Unternehmen auch von Seiten der Wertpapieranalysten nur wenig Aufmerksamkeit erfährt, da sich der Aufwand der Untersuchung für diese häufig nicht rechnet. Dieser Mangel an professionell erstellten Unternehmensanalysen kann schließlich wiederum dazu führen, dass sich gerade Kleinanleger über ein Unternehmen nur eingeschränkt informieren können. Insofern kann ihre Abhängigkeit eine börsennotierten Aktiengesellschaft letztlich tatsächlich zu einem im Vergleich zu einer unabhängigen Gesellschaft weniger attraktiven Investment machen. Gerade in bezug auf diese eingeschränkten Informationsmöglichkeiten wären die Folgen der Abhängigkeit einer Aktiengesellschaft auch mit den Folgen eines Börsenrückzugs zu vergleichen.
Zu bedenken ist allerdings, dass dieses gerade beschriebene Problem einer für institutionelle Investoren zu geringen Liquidität nicht nur auf der Abhängigkeit einer Gesellschaft beruhen muss. Vor allem am Neuen Markt sind zahlreiche Unternehmen notiert, deren geringe Marktkapitalisierung sie für institutionelle Investoren uninteres-

---

521 Ähnlich auch *Wilsing* (zitiert von *Hamprecht/Schwarzer*, „Einladung zum Betrug", Die Telebörse, Heft 04/2002, Seite 23), der im Zusammenhang mit der neuen Squeeze-out-Regelung von „Zwergen-Investments, mit denen aktienrechtlich nichts mehr zu bewegen" sei, spricht.

522 Als institutionelle Investoren gelten alle Kapitalsammelstellen wie Investmentfonds, Pensionskassen oder größere Vermögensverwalter (vgl. FAZ vom 2.5.2002, Seite 29).

523 Vgl. auch die Ausführungen von *Dunzendorfer* (Fn. 4), Seite 8, der darauf hinweist, dass bei fehlender Liquidität auch „noch so gute Fundamentaldaten die institutionellen Investoren nicht dazu bewegen [könnten,] ihr Geld in Papiere aus den hinteren Reihen zu stecken". Im Handelsblatt vom 21.5.2001, Seite 1, heißt es zur Begründung für erwartete „massive Umschichtungen" an den Kapitalmärkten nach einer Umstellung des Morgan Stanley Capital International Index, dass „Fondsmanager, die ihre Investitionen an den Börsenbarometern ausrichten, Aktien mit niedrigem Streubesitz abstoßen und im Gegenzug Werte mit hohem Free Float zukaufen müssen". Vgl. auch *Schnell*, Am Neuen Markt werden die schlimmsten Befürchtungen wahr, Handelsblatt vom 18.4.2000, Seite 9, der von einer Mindestliquidität iHv. € 50 Mio. ausgeht, damit ein Unternehmen für „Großanleger" interessant wird.

sant macht, ohne dass dies zwingend mit der Abhängigkeit von einem Großaktionär zu tun hat. Auf der anderen Seite gibt es zahlreiche abhängige Aktiengesellschaften, bei denen trotz ihrer Abhängigkeit und des im Verhältnis zum Gesamtkapital der Gesellschaft relativ geringen *free floats* ausreichende Liquidität und damit die Voraussetzung für ein Investment institutioneller Investoren vorhanden ist[524]. Zwischen der Abhängigkeit einer Gesellschaft und dem Vorhandensein ausreichender Liquidität besteht daher kein derart zwingender Ursachenzusammenhang, der es rechtfertigen würde, abweichend vom Regelfall des Eingliederungsrechts eine Pflicht zur Barabfindung zu statuieren.

Denken ließe sich jedoch an einen anderen, unter Kapitalanlagegesichtspunkten bedeutsamen Nachteil der Mitgliedschaft in einer abhängigen Aktiengesellschaft. So hat *Lieb* im Zusammenhang mit Überlegungen zu einer analogen Anwendung des § 305 AktG auf den (qualifizierten) faktischen Konzern angeführt, der Ausstieg aus einer konzernierten (und damit auch) abhängigen Aktiengesellschaft durch einen Verkauf der Aktien über die Börse zu einem angemessenen Marktpreis sei nur eingeschränkt möglich, da das Funktionieren der Preisbildung an der Börse in diesen Fällen nicht mehr ausreichend gewährleistet sei[525]. Angesichts dessen, dass der Hauptnachteil eines Börsenrückzugs der erschwerte Ausstieg aus der Gesellschaft durch Verkauf der Aktien ist, könnte die Mitgliedschaft in einer abhängigen auch unter diesem Gesichtspunkt mit der in einer nicht börsennotierten Aktiengesellschaft vergleichbar sein.
Der These *Liebs* wird man jedoch zunächst die *DAT/Altana*-Entscheidung des *BVerfG* entgegenhalten müssen. Dort hatte das *BVerfG* bekanntermaßen ausgerechnet eine Konstellation, bei der sich nur noch ein verschwindend geringer Teil der vorhandenen Aktien nicht fest in der Hand eines Großaktionärs befand und damit für den Börsenhandel zur Verfügung stand, zum Anlass für die Feststellung genommen, der Börsenkurs einer Aktie spiegele regelmäßig ihren Verkehrswert und damit den „wahren" Wert des Unternehmens wider[526]. Zwar erwachsen die Entscheidungsgründe des Urteils nicht in Rechtskraft und lösen rechtlich nicht die Bindungswirkung des § 31 BVerfGG aus. *DAT/Altana* stellt jedoch ein Faktum dar, das aus dem Bewertungs- und Abfindungsrecht zumindest auf absehbare Zeit nicht mehr wegzudenken ist. Es dürfte aus diesem Grund schwer fallen, ein Gericht von der Gestörtheit der Preisbildung an der Börse bei abhängigen Gesellschaften und damit von der Inkorrektheit der tragenden Überlegung der *DAT/Altana*-Entscheidung zu überzeugen.
Auch aus anderen Gründen ist die Argumentation *Liebs* jedoch zumindest in dieser Allgemeinheit nur bedingt überzeugend. Denn nur wenn die Abhängigkeit einer Aktiengesellschaft mit einer entsprechenden Kapitalbeteiligung des sie beherrschenden Aktionärs verbunden ist, wird man – abhängig von der Höhe der Kapitalbeteiligung – überhaupt von der grundsätzlichen Möglichkeit einer Störung der Preisbildung an der Börse ausgehen können. Die Abhängigkeit einer Aktiengesellschaft ist jedoch nicht zwingend mit der Existenz einer entsprechenden Kapitalbeteiligung verbunden. Der gem. § 17 AktG einzig notwendige *beherrschende Einfluss* kann vielmehr auch auf

[524] Beispielhaft erwähnt werden kann hier die *T-Online International AG*, bei der der Anteil der frei am Markt handelbaren Aktien nur ca. 18 % beträgt, wobei die Deutsche Telekom insgesamt 73,5 % an der Gesellschaft hält. Trotzdem gilt T-Online aufgrund seiner Marktkapitalisierung mittlerweile als ein Kandidat für die Aufnahme in den DAX (Handelsblatt vom 3.12.2002, Seite 1).
[525] *Lieb*, Abfindungsansprüche, Festschrift Lutter, 1151, 1159.
[526] BVerfG 1 BvR 1619/94 (Fn. 12), 1696.

andere Weise vermittelt werden[527]. Nur beispielhaft sei in diesem Zusammenhang die *Volkswagen AG* erwähnt, die – vom *BGH* rechtskräftig festgestellt – abhängiges Unternehmen des Bundeslands Niedersachsen ist, obwohl Niedersachsens Kapitalbeteiligung nur etwa 20 % des Grundkapitals der Gesellschaft beträgt[528]. Trotz des Bestehens eines Abhängigkeitsverhältnisses iSd. § 17 AktG wird man jedoch kaum ernsthaft von einer gestörten Börsenpreisbildung bei der Volkswagen-Aktie ausgehen können[529]. Auch mit der Argumentation *Liebs* wird man die Vergleichbarkeit der Mitgliedschaft in einer abhängigen mit der in einer nicht börsennotierten Gesellschaft daher kaum rechtfertigen können.

Es bleibt damit letztlich nur ein anlagespezifischer Aspekt, unter dem die Mitgliedschaft in einer abhängigen Aktiengesellschaft im Vergleich zu einer unabhängigen weniger attraktiv ist: Abhängige Gesellschaften sind vor einer sog. „feindlichen Übernahme", dh. einer Übernahme ohne oder gegen den Willen ihrer Verwaltung[530], wesentlich besser geschützt als unabhängige Gesellschaften. Entsprechend können bei abhängigen Unternehmen keine sog. Übernahmefantasien aufkommen, die sich positiv auf den Börsenkurs auswirken[531]. Ein Investor wird sich bei der Wahl zwischen zwei identischen Unternehmen, von denen nur eines dank seiner Abhängigkeit „übernahmefest" ist, regelmäßig für die unabhängige Gesellschaft entscheiden[532], hat er doch bei dieser eine zusätzliche Renditechance. Zumindest unter diesem – anlagespezifischen – Gesichtspunkt sind abhängige Gesellschaften für Anleger somit weniger interessant als unabhängige Gesellschaften.

Es bleibt damit zu klären, ob aufgrund dieser festgestellten Nachteile der Mitgliedschaft in einer abhängigen Aktiengesellschaft – der Gefahr der Einflussnahme eines Großaktionärs in Verbindung mit dem Fehlen von Übernahmefantasien – die Mitgliedschaft in einer abhängigen mit derjenigen in einer unabhängigen, aber nicht börsennotierten Aktiengesellschaft vergleichbar ist und damit die Voraussetzung für eine analoge Anwendung des § 320 b Abs. 1 Satz 3 AktG vorliegen.

Letztlich fallen Vergleiche dieser Art ähnlich schwer wie der Vergleich der Vor- und Nachteile verschiedener Gesellschaftsformen im Zusammenhang mit der Frage der

---

[527] Vgl. dazu im einzelnen *Hüffer*, AktG, § 17 Rn. 4 ff.

[528] BGH II ZB 3/96 vom 17.3.1997, Die AG 1997, 374, 376.

[529] Ganz ähnliches gilt für die *Deutsche Telekom AG*. Selbst nach der Übernahme der amerikanischen *Voicestream* beträgt die Beteiligung des Bundes an der Telekom noch ca. 48 %.

[530] Vgl. *Schanz*, Feindliche Übernahmen (Fn. 55), 338.

[531] Als Beispiel für die Auswirkungen von Übernahmefantasien sei hier auf die Entwicklung der Aktie der *Commerzbank AG* dienen. Zunächst trieben zu Beginn des Jahres 2000 immer wieder aufkommende Übernahmegerüchte den Aktienkurs auf ein Jahreshoch von € 44,10. Finanzinvestoren um die sog. „Cobra-Gruppe" hatten ein größeres Aktienpaket erworben und boten dieses in aller Öffentlichkeit einem Kaufinteressenten an. Zur Abwehr einer drohenden feindlichen Übernahme bewegte der Commerzbank-Vorstand zwei „strategische Partner" der Bank dazu, ihre zuvor schon vorhandene Beteiligung an der *Commerzbank* aufzustocken. Nachdem sich herauskristallisierte, dass sich ein Übernahmeinteressent für die *Commerzbank* nicht finden würde, verebbte die Übernahmefantasie. Investmentbanken rieten zum Verkauf der Aktie. Da nun „jegliche Übernahmefantasie verpufft" sei, „verdiene die Aktie keinen spekulativen Aufschlag mehr" (vgl. FAZ vom 6.9.2000, Seite 32). Der Kurs der Commerzbank-Aktie verlor daraufhin in der Folgezeit über ein Drittel seines vorherigen Werts.

[532] In dieser Richtung auch *Lieb* (Fn. 525), 1157.

analogen Anwendung des § 29 Abs. 1 Satz 1 UmwG auf den *going private merger*. Der Vergleich der drohenden Gefahren der Einflussnahme eines Großaktionärs sowie eine reduzierte Renditeerwartung aufgrund fehlender Übernahmefantasien einerseits mit den Nachteilen einer fehlenden Börsennotierung, vor allem der eingeschränkten Fungibilität andererseits, erinnert recht deutlich an den sprichwörtlichen „Vergleich von Äpfeln und Birnen".

Wirft man jedoch einen Blick auf das Anlageverhalten der hier im Mittelpunkt stehenden Gruppe der Kleinanlegeraktionäre in der jüngeren Vergangenheit, so scheint die analoge Anwendung des § 320 b Abs. 1 Satz 3 AktG fast schon zwingend. Diesbezüglich ist nämlich festzustellen, dass bisher keine Fälle bekannt geworden sind, in denen die Abhängigkeit einer Aktiengesellschaft einen Kleinanleger von einem Investment in einem Unternehmen abgehalten hat[533]. Ausschlaggebend für eine Investitionsentscheidung sind vielmehr die Zukunftsperspektiven eines Unternehmens. Vermögen diese zu überzeugen, wird die mögliche Abhängigkeit der Gesellschaft regelmäßig nicht vor einer Investition abzuschrecken. Dies zeigt sich deutlichst an den zahlreichen Börsengängen von Tochtergesellschaften börsennotierter Aktiengesellschaften der letzten Jahre[534], die teilweise so erfolgreich waren, dass sie zum Anlass genommen wurden, ein an das gesetzliche Bezugsrecht bei Kapitalerhöhungen (§ 186 AktG) angelehntes Vorerwerbsrecht für die Aktionäre der Muttergesellschaften zu fordern[535]. Die mit der Abhängigkeit einer Aktiengesellschaft verbundenen Gefahren, die der Gesetzgeber in den 60er Jahren für so erheblich befand, dass er den von einer Eingliederung betroffenen Aktionären die Mitgliedschaft in einer abhängigen Hauptgesellschaft nicht gegen ihren Willen zumuten wollte, halten einen Anleger somit regelmäßig nicht davon ab, Aktionär einer abhängigen Aktiengesellschaft zu werden.

Ein ähnlicher *„run"* auf nicht börsennotierte Aktiengesellschaften ist dagegen nicht festzustellen. Im Gegenteil: Wie schon vielfach erwähnt, werden Börsenrückzüge von den betroffenen Minderheitsaktionären als in höchstem Maße belastend empfunden. Aktionärsschützer haben gerade im Zusammenhang mit der hier in Frage stehenden Eingliederung wiederholt von „kalter Enteignung" und ähnlichem gesprochen[536]. Zwar sind derartige Äußerungen stets mit der gebotenen Zurückhaltung zu bewerten; sie indizieren jedoch die Bedeutung, die einem Börsenrückzug durch die betroffenen Aktionäre zugemessen wird. Die Börsennotierung einer Aktiengesellschaft und nicht ihre Unabhängigkeit ist – obwohl kein rechtliches Wesensmerkmal – für den Anleger aus wirtschaftlicher Sicht das ausschlaggebende Kriterium[537]. Wenn demnach schon bei der Eingliederung in eine zwar abhängige, dafür aber börsennotierte Aktiengesellschaft den ehemaligen Minderheitsaktionären der eingegliederten Gesellschaft eine Mitgliedschaft gegen ihren Willen nicht zugemutet werden soll, so muss dies *erst recht* bei der Eingliederung in eine zwar nicht abhängige, dafür aber nicht börsennotierte

---

[533] Empirische Untersuchungen zu dieser Frage wurden bisher – soweit ersichtlich – allerdings nicht angestellt.

[534] Nur beispielhaft genannt seien hier die Börsengänge der *Infineon AG* und der *Epcos AG* (beide Tochtergesellschaften der *Siemens AG*), der *T-Online International AG* (als Tochter der *Deutschen Telekom AG*) sowie die *Comdirect AG* (als Tochter der *Commerzbank AG*). Vgl. dazu und zu weiteren Beispielen *Lutter*, Börsenverkauf von Tochtergesellschaften, Die AG 2000, 342 ff.

[535] *Lutter*, Börsenverkauf von Tochtergesellschaften (Fn. 534), 342 ff.

[536] Vgl. nochmals Die Telebörse, Heft 36/2000, Seite 17.

[537] Ähnlich auch das LG München I 5 HKO 10580/99 (Fn. 74), 2019.

Aktiengesellschaft gelten, wenn eine Zwangsmitgliedschaft in letzterer von den betroffenen Aktionären als erheblich belastender empfunden wird.

3. Zwischenergebnis

Die Voraussetzungen einer analogen Anwendung des § 320 b Abs. 1 Satz 3 AktG auf die Fälle der Eingliederung in eine nicht börsennotierte Hauptgesellschaft sind demnach erfüllt. Ebenso wie bei einer Eingliederung in eine abhängige Hauptgesellschaft steht den von einer Eingliederung in eine nicht börsennotierte Aktiengesellschaft betroffenen Minderheitsaktionären alternativ zu dem Anspruch auf (nicht börsennotierte) Aktien auch ein Anspruch auf Barabfindung zu[538].

V. Formelle und verfahrensrechtliche Aspekte

Ebenso wie für Formwechsel, Verschmelzung und Aufspaltung hat der Gesetzgeber auch für die Eingliederung von den normalen aktienrechtlichen Vorschriften abweichende Regelungen normiert, die denjenigen bei der Verschmelzung gleichen. Insofern kann auf die dort unter Ziffer F.VI dargelegten Ausführungen im Wesentlichen verwiesen werden. Unterschiede bestehen jedoch vor allem hinsichtlich der die Anfechtbarkeit des Eingliederungsbeschlusses betreffenden Vorschriften.

1. Berichts-, Informations- und Prüfungspflichten

Wie bei Formwechsel, Verschmelzung und Aufspaltung ist der Vorstand der zukünftigen Hauptgesellschaft zusätzlich zu den normalen aktienrechtlichen Auskunfts- und Informationspflichten gem. §§ 320 Abs. 1 Satz 3, 319 Abs. 3 Nr. 3 AktG verpflichtet, einen ausführlichen schriftlichen Bericht zu erstatten, der es den Aktionären ermöglichen soll, das geplante Eingliederungsvorhaben auf seine Plausibilität hin zu überprüfen. Insbesondere sind dort auch Art und Höhe der angebotenen Abfindung rechtlich und wirtschaftlich zu erläutern[539], § 320 Abs. 4 Satz 2 AktG.

Gem. § 320 Abs. 3 ist die Eingliederung durch einen sachverständigen Eingliederungsprüfer zu prüfen. Im Mittelpunkt dieser Prüfung steht dabei wiederum die Angemessenheit der Abfindung[540]. Darüber hinaus wird zum Teil vertreten, auch der Eingliederungsbericht des Vorstands sei Gegenstand der Prüfungspflicht[541]. Ebenso wie bei Formwechsel und Verschmelzung ist schließlich auch der Eingliederungsbericht zusammen mit dem Prüfungsbericht, den Jahresabschlüssen und den Lagebe-

---

[538] Im Ergebnis wiederum auch *Schindler* (Fn. 45), Seite 216 f., und *Kleppe* (Fn. 27), Seite 195 ff., der bei jedem Börsenrückzug von einem „typisierten Austritts- und Abfindungsrecht" der Aktionäre analog §§ 29, 207 UmwG ausgeht; ebenso *Timm*, Die AG als Konzernspitze, Seite 34, der allgemein bei Satzungsänderungen, nach denen es „keinen funktionierenden Kapitalmarkt mehr für die Anteile geben sollte", einen Abfindungsanspruch, diesen allerdings gestützt auf eine Analogie zu § 305 AktG, annimmt. Dagegen hat sich die Regierungskommission Corporate Governance auch *de lege ferenda* gegen einen Barabfindungsanspruch ausgesprochen, Rn. 167 (Seite 186 f.). Eine Barabfindungspflicht würde zu einer erheblichen Liquiditätsbelastung führen, die nicht börsennotierte – häufig kleinere – Gesellschaften gegenüber börsennotierten Gesellschaften benachteiligen könnte.

[539] Vgl. *Grunewald* in MünchKomm/AktG, § 319 Rn. 14, auch zu den einzelnen Berichtsbestandteilen.

[540] *Krieger* in Münch. Hdb. GesR IV, § 73 Rn. 31; *Grunewald* in MünchKomm/AktG, § 320 Rn. 12.

[541] So etwa *Hüffer*, AktG, § 320 Rn. 12; LG Berlin 93 O 126/95 vom 13.11.1995, Die AG 1996, 230, 232; *Habersack* in Emmerich/Habersack, Konzernrecht, § 320 Rn. 15.

richten der beteiligten Gesellschaften in den Geschäftsräumen zur Einsicht auszulegen und den Aktionären auf Anfrage zuzusenden, §§ 320 Abs. 4, 319 Abs. 3 AktG.

2. Rechtsschutz

Auch die den durch die Eingliederung betroffenen Aktionären offenstehenden Rechtsschutzmöglichkeiten entsprechen vom Grundsatz her denjenigen bei Formwechsel, Verschmelzung und Aufspaltung (vgl. die §§ 320 b Abs. 2 und 3, 306, 319 Abs. 6 AktG).

Allerdings unterscheidet sich das Eingliederungsrecht in einem vor allem für die Praxis sehr wesentlichen Punkt von den Vorschriften des UmwG: Zwar kann auch hier die Anfechtung des Eingliederungsbeschlusses nicht auf § 243 Abs. 2 AktG oder darauf gestützt werden, dass die von der Hauptgesellschaft angebotene Abfindung nicht angemessen ist, § 320 b Abs. 2 Satz 1 AktG. Anders als die §§ 207, 32 UmwG schließt § 320 b Abs. 2 Satz 1 AktG die Anfechtung des Eingliederungsbeschlusses jedoch nicht aus, wenn die anzubietende Abfindung überhaupt nicht oder nicht ordnungsgemäß angeboten wurde. Vielmehr eröffnet § 320 b Abs. 2 Satz 3 AktG die Möglichkeit zur Einleitung eines Spruchverfahrens in diesen Fällen ausdrücklich erst dann, wenn eine hierauf gestützte Anfechtungsklage innerhalb der Anfechtungsfrist nicht erhoben oder zurückgenommen oder rechtskräftig abgewiesen worden[542] ist[543].

VI. Ergebnis

Wie bei Verschmelzung und Aufspaltung sieht das AktG bei der Eingliederung einer börsennotierten Aktiengesellschaft in eine nicht börsennotierte Hauptgesellschaft einen Anspruch auf Barabfindung grundsätzlich nicht vor. § 320 b Abs. 1 Satz 3 AktG ist in diesem Fall jedoch analog anzuwenden. Will man sich dem nicht anschließen und hält die Voraussetzungen für eine Analogie für nicht gegeben, so wäre aus den oben unter Ziffer B.III genannten Gründen den Aktionären ein Fungibilitätsausgleich für die aufgrund der nicht vorhandenen Börsennotierung deutlich geringere Fungibilität der Aktien der aufnehmenden Gesellschaft zu zahlen. Diesbezüglich kommt sowohl ein Fungibilitätsausgleich in bar als auch über eine Verbesserung des Verschmelzungsverhältnisses in Betracht.

---

[542] Auf dieser Grundlage hatte wie schon erwähnt zuletzt das *LG Mosbach* (KfH O 56/00 (Fn. 497), 206 ff.) im Dezember 2000 den Eingliederungsbeschluss der *Michael Weinig AG* für nichtig erklärt, weil es die Hauptgesellschaft für eine abhängige hielt, sodass den Minderheitsaktionären gem. § 320 b Abs. 1 Satz 3 AktG neben einer Abfindung in Aktien auch eine Barabfindung hätte angeboten werden müssen, was jedoch nicht geschehen war. Die Abfindung war daher „nicht ordnungsgemäß" angeboten worden. Enthielte § 320 b Abs. 3 AktG eine den §§ 207, 32 UmwG vergleichbare Vorschrift, so hätte das LG Mosbach die gegen den Eingliederungsbeschluss gerichteten Anfechtungsklagen abweisen und in das Spruchverfahren verweisen müssen.

[543] Vgl. zu der Frage, ob die oben unter Ziffer C.VII.2 dargestellte neue Rechtsprechung des BGH zur Frage der Anfechtbarkeit von Umwandlungsbeschlüssen wegen sog. abfindungswertbezogener Informationsmängel auch auf die Mehrheitseingliederung übertragbar ist, ausführlich die Ausführungen bei *Wilsing/Kruse*, Abfindungswertbezogene Informationsmängel, DB 2002, 1539 ff. Aus den dort genannten Gründen ist die MEZ/Aqua Butzke-Rechtsprechung trotz des unterschiedlichen Wortlauts der den Anfechtungsausschluss regelnden Vorschriften auch auf die Mehrheitseingliederung zu übertragen.

In formell-rechtlicher Hinsicht sind die eingliederungsrechtlichen Vorschriften denjenigen des UmwG weitgehend vergleichbar. Eine Ausnahme besteht lediglich insofern, als dass bei der Eingliederung – anders als bei Formwechsel, Verschmelzung und Aufspaltung – eine Anfechtung des Hauptversammlungsbeschlusses auch dann möglich ist, wenn die gem. § 320 b Abs. 1 AktG anzubietende Abfindung gar nicht oder nicht ordnungsgemäß angeboten worden ist.

I. DER SQUEEZE-OUT

Mit der Schaffung einer Regelung zum zwangsweisen Ausschluss von Minderheitsaktionären gegen Barabfindung durch Einfügung der §§ 327 a ff. in das AktG ist der Gesetzgeber einer von der Praxis lange erhobenen Forderung nachgekommen. Wie groß das Interesse und das Bedürfnis nach der neuen Regelung gewesen ist, lässt sich an der bemerkenswert großen Anzahl von Firmen ablesen, die bereits unmittelbar nach Inkrafttreten des WpÜG im Januar 2002 die Durchführung eines Squeeze-out angekündigt haben[544]. Zwar bestand mit der Mehrheitseingliederung bereits eine vom Ansatz her vergleichbare Regelung. Die neue Squeeze-out-Regelung stellt jedoch deutlich geringere Voraussetzungen an die Zulässigkeit des Zwangsausschlusses als die Eingliederung. So ist ein Squeeze-out zwar ebenso wie eine Mehrheitseingliederung nur dann zulässig, wenn sich mindestens 95 % der Anteile am Grundkapital der Gesellschaft in der Hand eines (Haupt)Aktionärs befinden. Anders als bei der Eingliederung muss es sich bei dem den Squeeze-out betreibenden Hauptaktionär jedoch nicht um eine Aktiengesellschaft mit Sitz im Inland handeln, sodass auch andere Rechtsformen und sogar Privatpersonen, vor allem aber auch ausländische Aktiengesellschaften als Hauptaktionär einen Squeeze-out durchführen können. Als nachteilhaft wurde bei der Eingliederung vielfach auch empfunden, dass den außenstehenden Aktionären grundsätzlich eine Abfindung in Aktien der Hauptgesellschaft und nur in Ausnahmefällen auch eine Barabfindung anzubieten ist, wobei selbst in letzterem Fall den Aktionären die Wahl zwischen der Abfindung in Aktien und der Abfindung in bar obliegt (§ 320 b Abs. 1 Satz 2 AktG)[545].

I. Grundlagen

Die gesamte Squeeze-out-Regelung ist konzeptionell stark an das Eingliederungsrecht angelehnt worden. Gem. § 327 a AktG kann die Hauptversammlung einer Aktiengesellschaft oder KGaA auf Verlangen eines Aktionärs, dem direkt oder indirekt Aktien iHv. mindestens 95 % des Grundkapitals gehören (Hauptaktionär), die Übertragung der Aktien der übrigen Aktionäre (Minderheitsaktionäre) auf den Hauptaktionär gegen Gewährung einer angemessenen Barabfindung beschließen. Dieser Übertragungsbeschluss bedarf dabei keiner materiellen Rechtfertigung[546]. Die Höhe der Barabfindung wird vom Hauptaktionär festgelegt. Sie muss die Verhältnisse der Gesellschaft im Zeitpunkt der Beschlussfassung ihrer Hauptversammlung berücksichtigen.

---

[544] Die Deutsche Bank hat in einer Studie insgesamt 42 Firmen aufgelistet, die zu mindestens 95 % von einem Großaktionär dominiert werden und die damit als potentielle Kandidaten für die Durchführung eines Squeeze-out in Betracht kommen. Vgl. ausführlich *Koenen*, Erste Kleinanleger fliegen raus, Handelsblatt vom 3.1.2002, Seite 11.

[545] Vgl. auch *Sieger/Hasselbach* (Fn. 62), 124, wonach durch den Grundsatz der Abfindung in Aktien das Problem der Aktionärsminderheiten regelmäßig nur auf höhere Konzernebenen verlagert wird.

[546] Vgl. nur *Krieger*, Squeeze-out (Fn. 105), 55; *Grunewald*, Squeeze-out-Regelung, ZIP 2002, 18, 21; *Bolte*, Umgehungstatbestände?, DB 2001, 2587, 2588; *Hasselbach* in KölnKomm/WpÜG, § 327 a AktG Rn. 49; *Grzimek* in Geibel/Süßmann, WpÜG, Art. 7 § 327 f AktG Rn. 10; *A. Hamann* (Fn. 190), Seite 162 ff.; *Krause*, Übernahmerecht, NJW 2002, 705, 715; *Halasz/Kloster*, Umgehungstatbestände, DB 2002, 1253, 1256; *Gesmann-Nuissl*, Squeeze-out-Regeln, WM 2002, 1205, 1210; beschränkend auf börsennotierte Gesellschaften *Kiem*, Squeeze-out, RWS-Forum 2001, 329, 339 f.; *Sieger/Hasselbach* (Fn. 62), 143; *E. Vetter*, Ausschluss der Minderheitsaktionäre, Die AG 2002, 176, 186; vgl. im Übrigen oben die Ausführungen unter Ziffer C.V.

Zum Zwecke der Ermittlung der angemessenen Abfindung hat der Vorstand dem Hauptaktionär alle dafür notwendigen Unterlagen zur Verfügung zu stellen und Auskünfte zu erteilen, § 327 b Abs. 1 Satz 1 und 2 AktG. Zu seiner Wirksamkeit bedarf der Übertragungsbeschluss der Eintragung in das Handelsregister. Mit der Eintragung gehen alle Aktien der Minderheitsaktionäre auf den Hauptaktionär über, § 327 e Abs. 3 AktG.

II. Auswirkungen des Squeeze-out auf die Börsenzulassung

Wie bei der Eingliederung hat auch der Zwangsausschluss von Minderheitsaktionären nach den §§ 327 a ff. AktG keinerlei direkte Auswirkungen auf die Börsenzulassung. Da ein Squeeze-out jedoch ebenso wie die Mehrheitseingliederung dazu führt, dass sich sämtliche Aktien in der Hand eines einzigen Aktionärs vereinigen und ein Börsenhandel nicht mehr stattfindet, verfahren die Zulassungsstellen der einzelnen Börsen wie bei der Eingliederung und widerrufen die Börsenzulassung von Amts wegen. Insofern kann vollständig auf die oben zur Eingliederung (vgl. Ziffer H.II) gemachten Ausführungen verwiesen werden.

III. Schicksal und Bedeutung bedingter Aktienbezugsrechte

Zu den wichtigsten Fragen, die derzeit im Zusammenhang mit der neuen Squeeze-out-Regelung diskutiert werden, gehört die nach Bedeutung und Schicksal von Aktienoptionsrechten und Wandelschuldverschreibungen, die ihrem Inhaber einen bedingten „Aktienverschaffungsanspruch" vermitteln. Nach angelsächsischem Vorbild haben in der Vergangenheit auch zahlreiche deutsche, vor allem auch viele der am Neuen Markt notierten Gesellschaften, Aktienoptions- und Mitarbeiterbeteiligungsprogramme für ihre Führungskräfte aufgelegt. Soll bei solchen Unternehmen insbesondere nach einer Mehrheitsübernahme ein Squeeze-out durchgeführt werden, stellen sich zwei Fragen: Zum einen könnte die Existenz solcher Programme einem Squeeze-out grundsätzlich entgegenstehen, sodass ein Zwangsausschluss der Minderheitsaktionäre nach den §§ 327 a ff. AktG erst nach dem Auslaufen der Aktienoptionsprogramme durchgeführt werden könnte. Bejahte man die Zulässigkeit, stellte sich zum anderen die Frage, wie sich die Durchführung eines Squeeze-out rechtlich auf bedingte Aktienbezugsrechte auswirkt.

1. Grundlagen

Aktienoptionen *(stock options)* und die in der Praxis weniger bedeutsamen Wandelschuldverschreibungen (§ 221 AktG) haben gemeinsam, dass sie ihren Inhabern unter bestimmten (Erfolgs-)Voraussetzungen in bestimmten (Ausübungs-)Zeiträumen (vgl. § 193 Abs. 2 Nr. 4 AktG) einen (bedingten) Anspruch auf „Verschaffung von Aktien" vermitteln. Zur Erfüllung dieses Aktienverschaffungsanspruchs wird dabei regelmäßig eine bedingte Kapitalerhöhung gem. §§ 192 ff. AktG durchgeführt[547].

[547] Möglich ist auch eine Bedienung aus zuvor zurückgekauften eigenen Aktien, § 71 Abs. 1 Nr. 2 bzw. Nr. 8 AktG (vgl. dazu ausführlich *Roschmann/Erwe* in Harrer/Aktienoptionsprogramme, Rn. 188 ff.). Die Praxis macht von dieser Möglichkeit indes nur sehr zurückhaltend Gebrauch.
Die folgenden Ausführungen beziehen sich in erster Linie auf solche Optionsrechte, die durch ein bedingtes Kapital unterlegt sind; sie gelten jedoch sinngemäß auch für die Fälle, in denen ihre Bedienung durch zuvor zurückgekaufte eigene Aktien erfolgen soll.

Treten die Bezugsvoraussetzungen ein, hat der Bezugsrechtsinhaber das Recht, eine vereinbarte Menge von Aktien zu einem bestimmten, vorher festgelegten Preis zu beziehen. Macht er von diesem Recht Gebrauch, bedarf es zur Ausübung einer schriftlichen Bezugserklärung, die die gleiche Wirkung wie eine Zeichnungserklärung hat, und in der insbesondere die Menge der zu beziehenden Aktien anzugeben ist (§ 198 Abs. 1 AktG). Mit der Ausgabe der Aktien durch den Vorstand (§ 199 AktG) ist gem. § 200 AktG das Grundkapital erhöht. Die gem. § 201 AktG notwendige Anmeldung zum Handelsregister hat lediglich deklaratorische Bedeutung[548].

2. Stand der Diskussion

Weitgehende Einigkeit besteht in der Literatur noch hinsichtlich der Frage, ob bedingte Aktienbezugsrechte bei der Berechnung der für einen Squeeze-out nach § 327 a Abs. 1 AktG notwendigen Beteiligung am Grundkapital der Gesellschaft einzubeziehen sind oder nicht. Die ganz herrschende Meinung vertritt insofern den Standpunkt, dass noch nicht ausgeübte Bezugsrechte bei der Berechnung der 95 %-Beteiligungsschwelle unberücksichtigt bleiben müssen[549]. Nur vereinzelt und ohne Begründung wird hier angenommen, dass auch noch nicht ausgeübte Aktienbezugsrechte bei der Ermittlung der Grundkapitalziffer einzubeziehen sind[550].

Deutlich umstrittener ist dagegen die Frage nach den rechtlichen Auswirkungen eines Squeeze-out auf Aktienoptionsrechte und Wandelschuldverschreibungen.
Der *BGH* beschied diese Frage Ende der 90er Jahre im Zusammenhang mit einer Mehrheitseingliederung dahingehend, dass jedenfalls solche Rechte, die einen bedingten Bezugsrechtsanspruch auf Aktien vermitteln, „die sich auf nicht mehr als 5 % des Grundkapitals beziehen", bei einer späteren Ausübung des Optionsrechts entsprechend §§ 320 a, 320 b Abs. 1 AktG erlöschen und sich in einen äquivalenten Abfindungsanspruch gegen die Hauptgesellschaft umwandelten[551]. Nach dem gesetzgeberischen Willen solle eine Eingliederung nicht daran scheitern, dass es noch Minderheitsaktionäre gebe. Aus diesem Grund sei das Modell der Mehrheitseingliederung unter Abfindung der Minderheitsaktionäre in Aktien der Hauptgesellschaft wegen der vergleichbaren Interessenskonflikte auf Optionsrechte entsprechend anwendbar. Dabei sei es unerheblich, ob den Optionsrechten ein mitgliedschaftsähnlicher Charakter beizumessen sei oder nicht; jedenfalls fehle es nämlich an einer „inneren Berechtigung", dem Optionsrecht auf Erwerb einer aktienrechtlichen Mitgliedschaft einen größeren Bestandsschutz einzuräumen als der aktienrechtlichen Mitgliedschaft selbst. Zudem habe der Optionsrechtsinhaber regelmäßig kein anerkennenswertes Interesse am Erwerb von Aktien der eingegliederten Gesellschaft, die er alsbald wieder verlie-

---

548 *Hüffer*, AktG, § 201 Rn. 2

549 *Grunewald*, Squeeze-out-Regelung (Fn. 546), 18; *Krieger*, Squeeze-out (Fn. 105), 61; *Ehricke/Roth* (Fn. 105), 1122; *Steinmeyer/Häger*, WpÜG, § 327 a AktG Rn. 24; *Ph. Baums*, Ausschluss (Fn. 28), Seite 152 ff.; *DAV-Handelsrechtsauschuss*, Stellungnahme zum RefE des WÜG, NZG 2001, 420, 431; wohl auch *Fleischer*, Squeeze out (Fn. 130), 776, der insofern aber nur von Bezugsrechten des Hauptaktionärs spricht; der BGH (II ZR 117/97 (Fn. 501), 560 f.) hat im Zusammenhang mit Überlegungen zu der Frage, was mit Options- und Wandlungsrechten bei einer Eingliederung geschieht, die Frage ihrer Berücksichtigung bei der Berechnung der Grundkapitalziffer noch nicht einmal in Erwägung gezogen.

550 *Sieger/Hasselbach* (Fn. 62), 137 und 158; *Hasselbach* in KölnKomm/WpÜG, § 327 a AktG Rn. 34.

551 BGH II ZR 117/97 (Fn. 501), 560 f.

ren würde. Wirtschaftlich seien solche Aktien weitgehend entwertet, da deren Gewinnpotential durch die Hauptgesellschaft beliebig gesteuert werden könne, ein Handel in diesen Aktien nicht mehr stattfinde und allenfalls noch ihre Veräußerung auf privater Ebene bis zu einer erneuten Eingliederung in Betracht käme. Ein dennoch geäußertes Verlangen des Optionsrechtsinhabers auf Erwerb von Aktien der eingegliederten Gesellschaft sei in aller Regel mit der grob eigennützigen Erwartung verbunden, dass sich die Gesellschaft zu einer Leistung an ihn bereit finden werde, auf die er keinen Anspruch habe und die er nach Treu und Glauben auch nicht von ihr verlangen könne[552].
Die Frage, was mit bedingten Aktienbezugsrechten geschehen solle, die sich auf mehr als 5 % des Grundkapitals beziehen, hat der *BGH* mangels Entscheidungsrelevanz im vorliegenden Fall offengelassen. Nach Angaben des Vorsitzenden Richters am zuständigen II. Zivilsenat *Röhricht* habe der *BGH* bei 5 % aber die im Urteil nicht ausgesprochene Grenze gesehen, bis zu der bestehende bedingte Aktienbezugsrechte einer Mehrheitseingliederung nicht entgegenstehen[553].

Zum Teil wird in der Literatur gefordert, diese zur Mehrheitseingliederung ergangene Entscheidung auf den Squeeze-out zu übertragen. Dem entsprechend wird vertreten, dass sich die Bezugsrechte mit Wirksamwerden des Squeeze-out ebenso wie die Aktienrechte in einen Barabfindungsanspruch umwandelten[554].
Dagegen wird vorgebracht, die Mehrheitseingliederung sei trotz dogmatischer „Verwandtschaft“ mit dem Squeeze-out nicht zu vergleichen. Durch die Ausübung von Bezugsrechten auf Aktien einer eingegliederten Gesellschaft werde die Eingliederung gem. § 327 AktG beendet; dies könne zu Vermögenseinbußen führen, da alle Rechtsgeschäfte rückabgewickelt werden müssten. Anders liege es jedoch bei einem Ausschluss nach §§ 327 a ff. AktG: Probleme, die bei der Eingliederung vorlägen, seien hier ausgeschlossen. Zudem überstiegen auch die Kosten einer Eingliederung aufgrund „des sehr komplizierten Vorgehens in der eingegliederten Gesellschaft und (zusätzlich) der Hauptgesellschaft die Kosten eines einfachen Beschlusses nach den §§ 327 a ff. AktG bei weitem“[555]. Aus diesem Grund sollen bestehende Aktienoptionsrechte und Wandelschuldverschreibungen durch einen Squeeze-out zunächst nicht berührt werden und bei ihrer Ausübung weiterhin ein Bezugsrecht auf Aktien der betroffenen Gesellschaft vermitteln. Für den Fall, dass nach Auslaufen und gegebenenfalls nach Ausübung aller Bezugsrechte nicht mehr als 5 % des Grundkapitals in der Hand von Minderheitsaktionären liege, könne der Hauptaktionär – wenn er dies wolle – einen erneuten Übertragungsbeschluss nach § 327 a Abs. 1 AktG fassen und dadurch die neuen Mitaktionäre wieder ausschließen. Befänden sich dagegen Aktien mit einer Beteiligung iHv. mehr als 5 % am Grundkapital in der Hand der „neuen“ Minder-

[552] BGH II ZR 117/97 (Fn. 501), 561.
[553] *Röhricht* in Gesellschaftsrecht in der Diskussion, Seite 10.
[554] So etwa *Krieger*, Squeeze-out (Fn. 105), 61, und *DAV-Handelsrechtsausschuss*, Stellungnahme zum RefE des WÜG, NZG 2001, 420, 431, die beide ausdrücklich offen lassen, wie bei Bezugsrechten auf Aktien mit einer Beteiligung am Grundkapital der Gesellschaft iHv. mehr als 5 % zu verfahren ist; im Ergebnis auch – jedoch ohne Bezugnahme auf BGH II ZR 117/97 – *Ehricke/Roth* (Fn. 105), 1122, und *Halm* (Fn. 63), 1165, die zudem nicht nach der Menge der ausgegebenen Bezugsrechte differenzieren. Ausdrücklich – wenn auch in der Begründung wenig nachvollziehbar – für eine Übertragung auch bei Überschreiten der 5 %-Grenze *Vossius*, Squeeze-out, ZIP 2002, 511, 513.
[555] *Ph. Baums*, Ausschluss (Fn. 28), Seite 156.

heitsaktionäre, sei der ehemalige Alleinaktionär kein Hauptaktionär iSd. § 327 a Abs. 1 AktG und könne daher als „einfacher“ Mehrheitsaktionär einen zweiten Squeeze-out (zunächst) nicht durchführen[556].

3. Eigener Ansatz

Die Frage nach Bedeutung und Schicksal von Aktienoptionsrechten und den in der Praxis zu vernachlässigenden Wandelschuldverschreibungen bei einem Squeeze-out ist bisher kaum überzeugend beantwortet worden. Hauptgrund dafür ist, dass die typische Ausgestaltung der im Mittelpunkt der Diskussion stehenden Aktienoptionsprogramme vielfach nicht hinreichend berücksichtigt wird.

Zutreffend ist zunächst, dass noch nicht ausgeübte Aktienoptionsrechte und Wandelschuldverschreibungen bei der Berechnung der für einen Zwangsausschluss der Minderheitsaktionäre notwendigen Grundkapitalbeteiligung des Hauptaktionärs außer Betracht zu bleiben haben.
Das Grundkapital ist bei einer bedingten Kapitalerhöhung gem. § 200 AktG erst mit der Ausgabe der Bezugsaktien erhöht. Einer Berücksichtigung noch nicht ausgegebener Aktien stünde daher der Wortlaut des § 327 a Abs. 1 AktG entgegen. Allenfalls scheint es vertretbar, schon ausgeübte, aber noch nicht (durch die Ausgabe der Bezugsaktien (§ 199 AktG)) bediente Options- und Wandlungsrechte bei der Berechnung der Beteiligungsschwelle zu berücksichtigen, da hier bereits feststeht, um welchen Betrag das Grundkapital der Gesellschaft durch die Ausgabe der neuen Aktien erhöht wird und wie sich das Beteiligungsverhältnis von Mehrheits- und Minderheitsaktionären danach darstellt.
Anders verhält es sich jedoch bei noch nicht ausgeübten Options- und Wandlungsrechten. Hier muss eine Berücksichtigung von vornherein daran scheitern, dass zum für den Squeeze-out maßgeblichen Zeitpunkt noch gar nicht bekannt ist, ob und gegebenenfalls um welchen Betrag das Grundkapital bei einer möglichen späteren Ausübung des Bezugsrechts zu erhöhen ist. Denn weder steht fest, ob im festgelegten Ausübungszeitraum die (Bezugs)Bedingungen eintreten werden, unter denen die Options- bzw. Wandlungsrechte überhaupt ausgeübt werden können. Selbst bei unterstelltem Bedingungseintritt wäre jedoch unklar, ob die Options- und Wandlungsrechtsinhaber von ihrem Bezugsrecht auch Gebrauch machen werden. Es ist aus diesem Grund schon rein praktisch gar nicht möglich, noch nicht ausgeübte Aktienbezugsrechte bei der Ermittlung der 95 %-Beteiligungsschwelle zu berücksichtigen.

Festzustellen ist weiterhin, dass es in den allermeisten Fällen aus tatsächlichen Gründen nicht in Betracht kommt, Aktienoptionsrechte und Wandelschuldverschreibungen von einem Squeeze-out zunächst unberührt zu lassen und den Bezugsberechtigten bei einer späteren Ausübung seines Bezugs- oder Wandlungsrechts entweder in bar

---

[556] So *Ph. Baums*, Ausschluss (Fn. 28), Seite 157 ff.; *Steinmeyer/Häger*, WpÜG, § 327 f AktG Rn. 33; im Ergebnis auch *Schüppen*, Übernahmegesetz, Die Wpg. 2001, 958, 975 f.
Differenzierend *Grunewald*, Squeeze-out-Regelung (Fn. 546), 18; *A. Hamann* (Fn. 190), Seite 193 ff.; *Angerer*, Squeeze-out, BKR 2002, 260, 266; und *Fleischer*, Squeeze out (Fn. 130), 777, wonach die Bezugsberechtigten nur bei Ausübung von Bezugsrechten, die sich auf weniger als 5 % am Grundkapital beziehen, mit einem Barausgleich zu entschädigen seien, der Aktienverschaffungsanspruch aber fortbestehe, wenn sich die ausgeübten Bezugsrechte auf mehr als 5 % am Grundkapital beziehen.

abzufinden oder die Aktien auszugeben und anschließend gegebenenfalls einen zweiten Squeeze-out durchzuführen.
Zwar ist es jedenfalls vom Grundsatz her zutreffend, dass ein Hauptaktionär nicht im selben Maße wie die Hauptgesellschaft bei einer Eingliederung schutzbedürftig ist[557], wenn es darum geht, den Erhalt seiner Alleinaktionärsstellung zu sichern. Denn anders als die Beendigung einer Eingliederung ist die „Beendigung eines Squeeze-out" nicht mit unmittelbaren rechtlichen Konsequenzen verbunden[558]. Insofern würden einer „Beendigung des Squeeze-out" durch die Ausgabe von Aktien bei einer späteren Ausübung bestehender Aktienoptionsrechte und Wandelschuldverschreibungen nicht die gleichen Bedenken entgegenstehen wie bei einer Eingliederung.
Dennoch ist die vorgeschlagene Vorgehensweise in den meisten Fällen praktisch kaum durchführbar. Grund dafür ist, dass in den allermeisten Aktienoptionsprogrammen die Erfolgsziele, bei deren Eintritt eine Ausübung des bedingten Aktienbezugsrechts überhaupt erst möglich ist (vgl. § 193 Abs. 1 Nr. 4 AktG), in irgendeiner Form an die Entwicklung des Aktienkurses der Gesellschaft[559] geknüpft sind[560]. Da – wie oben unter Ziffer I.II dargelegt – die Börsenzulassung der Gesellschaft bei einem Squeeze-out jedoch widerrufen wird, findet ein Börsenhandel nicht mehr statt, der Börsenkurs als Gradmesser fällt damit weg. Es ist damit nicht mehr möglich zu bestimmen, ob die bei Abschluss des Aktienoptionsprogramms vorausgesetzte Entwicklung des Unternehmens eingetreten ist und eine Ausübung des Bezugsrechts rechtfertigen würde[561]. Der Vorschlag, bedingte Aktienbezugsrechte von einem Squeeze-out unberührt zu lassen, mag daher zwar in der Theorie zu sach- und interessengerechten Ergebnissen führen, praktisch ist er jedoch kaum umsetzbar[562].

Mit Blick darauf bestehen hinsichtlich der Behandlung von Aktienoptionsrechten und Wandelschuldverschreibungen bei einem Squeeze-out grundsätzlich nur zwei Mög-

---

557 Anders insofern ausdrücklich *Krieger*, Squeeze-out (Fn. 105), 61.

558 Die Rechtsfolgen einer Eingliederung sind in den §§ 322 bis 326 AktG geregelt. Betroffen sind Fragen der Haftung, der Gewinn- und Verlustübernahme sowie der Leitungsmacht. Dem vergleichbare Rechtsfolgen sind mit einem Squeeze-out nicht verbunden.

559 Regelmäßig wird dabei als Ausübungsbedingung das Erreichen eines absoluten Aktienkurses bestimmt. Möglich ist jedoch auch die Festlegung eines relativen Erfolgsziels, beispielsweise durch den Vergleich der Entwicklung der eigenen Aktie mit einem Aktien- oder Branchenindex, vgl. *Roschmann/Erwe* in Harrer/Aktienoptionsprogramme, Rn. 211 f. Vgl. ausführlich auch *Weiß*, Aktienoptionspläne, Seite 116 ff., mit zahlreichen Nachweisen zur praktischen Ausgestaltung von Aktienoptionsplänen. Vgl. schließlich auch BayObLG 3Z BR 154/02 vom 14.8.2002, ZIP 2002, 1845 ff., wonach sogar die Anknüpfung an einen gesunkenen Aktienkurs ein zulässiges Erfolgsziel darstellen kann.

560 Die Anknüpfung an die Entwicklung des Aktienkurses ist allerdings rechtlich nicht zwingend. Zwar sah der RegE zum KonTraG, im Rahmen dessen § 193 AktG erheblichen Veränderungen unterzogen wurde, statt der Formulierung „Erfolgsziel" noch das Wort „Kursziel" vor (vgl. ZIP 1997, 2059, 2067). Auf Empfehlung des Rechtsausschusses des Deutschen Bundestags wurde jedoch später die jetzige Formulierung Erfolgsziel gewählt, um „die Vielgestaltigkeit von Aktienoptionsprogrammen" zu berücksichtigen" (vgl. ZIP 1998, 487, 488).

561 Zwar ließe sich grundsätzlich an eine Anpassung des Vertrags nach den Grundsätzen des Wegfalls der Geschäftsgrundlage denken. In der Praxis dürfte dies jedoch mit erheblichen Schwierigkeiten verbunden sein; vor allem in den Fällen, in denen das Bezugsrecht nicht an eine absolute, sondern an die relative Entwicklung des Unternehmens im Vergleich zu einem Aktien- oder Branchenindex geknüpft ist, dürfte eine Anpassung der Ausübungsbedingungen mangels vergleichbarer Ausübungskriterien kaum möglich sein.

562 Vgl. dazu auch *A. Hamann* (Fn. 190), Seite 192.

lichkeiten: Entweder stehen die bedingten Bezugsrechte dem Zwangsausschluss von Minderheitsaktionären nach den §§ 327 ff. AktG schon grundsätzlich entgegen, sodass ein Squeeze-out gegebenenfalls erst nach ihrem Auslaufen durchgeführt werden könnte[563]. Oder aber sie gehen ebenso wie die Aktien der Minderheitsaktionäre mit der Eintragung des Squeeze-out in das Handelsregister auf den Hauptaktionär über und sind zum Ausgleich in bar zu entschädigen.

Es stellt sich damit die Frage, ob die Voraussetzungen einer analogen Anwendung der §§ 327 a Abs. 1, 327 e Abs. 3 AktG vorliegen, sodass bei einem Squeeze-out auch eventuell bestehende bedingte Aktienbezugsrechte gegen eine Barabfindung auf den Hauptaktionär übergehen.

Da das Schicksal von Aktienoptions- und Wandlungsrechten im Gesetz nicht geregelt ist, liegt eine entsprechende Regelungslücke vor. Auch gibt es keinerlei Indizien dafür, dass der Gesetzgeber eine bewusste Entscheidung dahingehend treffen wollte, dass von den Wirkungen des § 327 e Abs. 3 AktG nur die nicht in der Hand des Hauptaktionärs liegenden Aktien, nicht aber eventuell bestehende Aktienoptions- oder Wandlungsrechte betroffen sein sollten[564].

Fraglich ist damit lediglich, ob auch eine vergleichbare, gesetzlich geregelte Situation vorliegt. Der *BGH* weist in seiner zum Eingliederungsrecht ergangenen Entscheidung zurecht darauf hin, dass die Durchführung einer Mehrheitseingliederung an einem be-

---

[563] Nicht entgegen stünde einem Squeeze-out allerdings § 192 Abs. 4 AktG, wonach Beschlüsse der Hauptversammlung nichtig sind, die dem Beschluss über das bedingte Kapital entgegenstehen. Zwar kann nach dem Wegfall der Börsennotierung als (zwingende) Folge eines Squeeze-out und dem dadurch bewirkten, nun nicht mehr möglichen Eintritt der festgelegten Erfolgsziele die Bedingung, unter der die Kapitalerhöhung steht, nicht mehr eintreten, sodass ein Squeeze-out-Beschluss zumindest dem Wortlaut nach gegen § 192 Abs. 4 AktG verstoßen würde.

§ 192 Abs. 4 AktG gilt jedoch als „ungenau gefasst" (vgl. *Lutter* in KölnKomm/AktG, § 192 Rn. 32) und wird allgemein dahingehend ausgelegt, dass er nur solche Hauptversammlungsbeschlüsse erfasst, die das Bezugs- oder Wandlungsrecht entweder in seinem rechtlichen Bestand oder in seiner rechtlichen Durchsetzbarkeit beeinträchtigen würden (vgl. *Hüffer*, AktG, § 192 Rn. 27; *Lutter* in KölnKomm/AktG, § 192 Rn. 33; *Bungeroth* in Geßler/Hefermehl/Eckardt/Kropff, § 192 Rn. 59). Dagegen soll sich die Vorschrift nicht auch auf solche Beschlüsse erstrecken, die - wie eine Übertragungsbeschluss nach § 327 a AktG - das bedingte Aktienbezugsrecht nur *mittelbar* beeinträchtigen, ohne den rechtlichen Bestand der bedingten Kapitalerhöhung in Frage zu stellen (*Bungeroth* in Geßler/Hefermehl/Eckardt/Kropff, § 192 Rn. 59). Diese einschränkende Auslegung wird damit begründet, dass die Rechte aus einer bedingten Kapitalerhöhung nicht zu einer Blockade der Entscheidungsfreiheit der Gesellschaft hinsichtlich ihrer „statusrelevanten Grundlagen" führen dürfen (*Martens,* Optionsrechte bei Eingliederung, Die AG 1992, 209, 211). Der unveränderte Fortbestand würde die mit einem Squeeze-out verbundene Statusänderung während der Laufzeit der Optionsprogramme blockieren und damit die Entscheidungsfreiheit der Gesellschaft in einer wesentlichen Hinsicht einschränken. Ein derart weitreichender Eingriff in die Entscheidungsautonomie wird jedoch als unverhältnismäßig und auch vom Gesetzgeber offensichtlich nicht beabsichtigt betrachtet (so zutreffend auch *Martens*, aaO, 211, im Zusammenhang mit Überlegungen zu Schicksal und Bedeutung von Optionsrechten bei einer Mehrheitseingliederung). Unstrittig ist deshalb auch, dass § 192 Abs. 4 AktG selbst einem Hauptversammlungsbeschluss über die Auflösung der Gesellschaft (§ 262 Abs. 1 Nr. 2 AktG) nicht entgegenstehen würde (vgl. *Hüffer*, AktG, § 192 Rn. 27; *Lutter* in KölnKomm/AktG, § 192 Rn. 37; *Bungeroth* in Geßler/Hefermehl/Eckardt/Kropff, § 192 Rn. 63; *Krieger* in Münch. Hdb. GesR IV, § 57 Rn. 30).

[564] Den Gesetzesmaterialien zum WpÜG ist zu dieser Frage nichts zu entnehmen. Vgl. aber die Stellungnahme des *DAV-Handelsrechtsausschusses* zum RefE des WÜG, NZG 2001, 420, 431, wo es heißt: „Es spricht viel dafür, dass die Anwendung der Ausschließungsregeln auf bestehende Optionsrechte keiner ausdrücklichen Regelung bedarf, sondern nach den Leitlinien der BGH-Entscheidung durch eine analoge Anwendung bewältigt werden kann."

stehenden Aktienoptionsprogramm scheitern zu lassen, im Ergebnis bedeuten würde, dem Recht auf Erwerb einer aktienrechtlichen Mitgliedschaft einen größeren Bestandsschutz einzuräumen als der aktienrechtlichen Mitgliedschaft selbst[565]. Wenn also durch einen Squeeze-out schon ein Aktionär seine aktienrechtliche Mitgliedschaft verlieren kann, muss dies *erst recht* für den Inhaber einer Option auf den Erwerb einer aktienrechtlichen Mitgliedschaft gelten, vor allem wenn die Ausübung dieses Rechts unter einer aufschiebenden Bedingung steht. Es erscheint unangemessen wenn nicht sogar sinnwidrig, dem Anwärter auf Erwerb einer Mitgliedschaft eine stärkere rechtliche Stellung einzuräumen als dem Vollrechtsinhaber. Angesichts der nur vorhandenen Alternativen, bei existierenden Aktienoptions- und Wandlungsrechten entweder gar keinen Squeeze-out durchzuführen oder in analoger Anwendung der §§ 327 a Abs. 1, 327 e Abs. 3 AktG nicht nur den Minderheitsaktionären, sondern auch den Bezugsrechtsinhabern ihre aktienrechtliche Position zu entziehen, würde die Ablehnung einer Analogie aber zu genau diesem – sinnwidrigen – Ergebnis führen.

Eine solche Analogie würde auch die berechtigten Interessen der Inhaber der bedingten Aktienbezugsrechte nicht unangemessen benachteiligen.
Dies gilt zunächst uneingeschränkt für solche Inhaber von Wandelschuldverschreibungen, die ihre bedingten Aktienbezugsrechte nicht im Rahmen eines Mitarbeiterbeteiligungsprogramms, sondern ausschließlich als Kapitalanlage über den Kapitalmarkt erworben haben. Derartige Bezugsberechtigte haben keinerlei mitgliedschaftliche oder sonstige Interessen an der Gesellschaft, die über ihre Eigenschaft als Kapitalanlage hinausgehen. Ihren damit allein bestehenden Vermögensinteressen wird durch eine angemessene Abfindung für ihre Wandlungsrechte entsprechend § 327 a Abs. 1 AktG in ausreichendem Maße genüge getan.

Anders kann es sich dagegen bei solchen Inhabern von Aktienoptionen und Wandelschuldverschreibungen verhalten, die ihre bedingten Bezugsrechte im Rahmen eines Mitarbeiterbeteiligungsprogramms erworben haben. Derartige Bezugsrechtsinhaber haben als Mitarbeiter naturgemäß ein „engeres" Verhältnis zu „ihrem" Unternehmen und damit auch ein über das Interesse an einer Kapitalanlage hinausgehendes Interesse an den ihnen zustehenden bedingten Bezugsrechten. Ein Zwangsentzug dieser Rechte im Rahmen eines Squeeze-out träfe sie daher härter als einen reinen Kapitalanleger.
Zu berücksichtigen ist allerdings, dass auch die Mitarbeiter des die Bezugsrechte ausgebenden Unternehmens die Aktienoptions- und Wandlungsrechte grundsätzlich nur als Bestandteil ihrer Vergütung und damit letztlich als Gegenleistung für die von ihnen geleistete Arbeit erhalten. Bei Mitarbeiterbeteiligungsprogrammen steht daher weniger der Aktienverschaffungs-, sondern der Vergütungseffekt im Vordergrund. Der Weg über die Beteiligung am Unternehmen dient dabei vor allem der Mitarbeitermotivation und der langfristigen Bindung an die Gesellschaft[566], da auf diese Weise das Interesse der Bezugsrechtsinhaber am wirtschaftlichen Erfolg der Gesellschaft gesteigert wird. Angesichts dieses im Vordergrund stehenden Vergütungseffekts erscheint

[565] BGH II ZR 177/97 (Fn. 501), 561.
[566] Weiterhin dienen Mitarbeiterbeteiligungsprogramme auch der Flexibilisierung von Personalkosten und der Verbesserung der Finanzierungssituation des Unternehmens. Vgl. dazu ausführlich *von Rosen/Leven* in Harrer/Aktienoptionsprogramme, Rn. 3.

eine analoge Anwendung der §§ 327 a Abs. 1, 327 e Abs. 3 AktG und damit der Zwangsentzug ihrer Bezugsrechte gegen Barabfindung jedoch auch im Hinblick auf die Interessen der Mitarbeiter-Bezugsrechtsinhaber nicht unangemessen[567].

Zu klären bleibt damit noch, ob eine analoge Anwendung der §§ 327 a Abs. 1, 327 e Abs. 3 AktG auf die Fälle zu beschränken ist, in denen sich die Aktienoptions- und Wandlungsrechte auf nicht mehr als 5 % des Grundkapitals beziehen.
Hierfür würde sprechen, dass der Gesetzgeber bei einer 5 %-igen Grundkapitalbeteiligung der Minderheitsaktionäre die Grenze für die Zulässigkeit eines Squeeze-out gezogen hat. Im Ergebnis ist eine derartige Beschränkung jedoch kaum überzeugend zu begründen. Denn allein daraus, dass die Gesellschaft Aktienoptions- und Wandlungsrechte *ausgegeben* hat, die sich im Falle der unterstellten Ausübung aller Bezugsrechte auf mehr als 5 % des Grundkapitals beziehen, kann noch nicht geschlossen werden, dass diese Bezugsrechte später auch tatsächlich allesamt in dieser Höhe *ausgeübt* werden (können) und das Grundkapital tatsächlich auch um 5 % (oder mehr) erhöht wird. Bei Optionsprogrammen mit einer mehrjährigen Laufzeit wird in vielen Fällen zum Zeitpunkt eines Squeeze-out noch nicht einmal ansatzweise abzusehen sein, ob und wie viele Bezugsrechtsinhaber von ihrem Bezugsrecht Gebrauch machen (können). Insofern besteht dasselbe Hindernis, wie es auch gegen die Berücksichtigung bedingter Aktienbezugsrechte bei der Berechnung der Grundkapitalbeteiligung des Hauptaktionärs spricht[568]. Zurecht wurde mit Blick hierauf auch darauf hingewiesen, dass es widersprüchlich erscheint, bedingte Bezugsrechte zwar bei der Berechnung der Grundkapitalbeteiligung des Hauptaktionärs außer Acht zu lassen, gleichzeitig aber eine Beschränkung der Zulässigkeit eines Squeeze-out vornehmen zu wollen, wenn sich die ausgegebenen Bezugsrechte auf mehr als 5 % des Grundkapitals beziehen[569]. Konsequenterweise müsste man – hielte man einen Squeeze-out für unzulässig, wenn sich die ausgegebenen bedingten Aktienbezugsrechte auf mehr als 5 % des Grundkapitals beziehen – dies auch dann annehmen, wenn sich Bezugsrechte nur zusammen mit den ausstehenden Aktien auf mehr als 5 % des Grundkapitals beziehen[570]. Allein die theoretische Möglichkeit, dass sich bei einer voll-

---

567 Ähnlich auch *A. Hamann* (Fn. 190), Seite 188.

568 Beispielhaft sei hier nur auf den Aktienoptionsplan der DaimlerChrysler AG verwiesen, der eine Laufzeit von insgesamt zehn Jahren hat. Die in den Jahren 2000 und 2001 ausgegebenen Aktienoptionen sind angesichts des Kursverfalls (auch) der Daimler-Aktie mehr oder weniger wertlos, da zum gegenwärtigen Zeitpunkt aus realistischerweise kaum zu erwarten ist, dass der bei der Ausgabe der Optionen festgesetzte Ausübungskurs bis zum Ablauf des Aktienoptionsprogramms erreicht werden kann, was eine Ausübung der Option jedoch erst ermöglichen würde. Selbst bei den 2002 ausgegebenen Optionen, die bereits auf Grundlage eines deutlich niedrigeren Aktienkurses ausgegeben wurden, herrscht insofern noch eine erhebliche Ungewissheit (vgl. dazu ausführlich *Jocham/Koenen*, Vergütungsmodelle, Handelsblatt vom 27.1.2003, Seite 14).
Trotzdem wären diese Aktienoptionen nach der herrschenden Meinung bei der Berechnung der Grundkapitalziffer des Hauptaktionärs zu berücksichtigen, sofern sie sich auf mehr als 5 % des Grundkapitals beziehen.

569 So zur Eingliederung *Grunewald* in MünchKomm/AktG, § 319 Rn. 4; dieses Problem der Unbestimmbarkeit der Ausübung bedingter Optionsrechte stellt im Übrigen auch ein erhebliches Argument gegen die Bilanzierung von Aktienoptionsprogrammen dar (vgl. dazu etwa *Strenger*, Keine Luftnummer auf Verdacht buchen, Handelsblatt vom 7.10.2002, Seite 8).

570 Derart konsequent jedoch nur *Sieger/Hasselbach* (Fn. 62), 137 und 158, und *Hasselbach* in KölnKomm/WpÜG, § 327 e AktG Rn. 23. Vgl. aber auch die Ausführungen von *A. Hamann* (Fn. 190), Seite 195 ff., der diese Problematik als – soweit ersichtlich – bisher einziger problematisiert hat. Seiner

ständigen Ausübung aller ausgegebenen Options- und Wandlungsrechte das Grundkapital um mehr als 5 % erhöhen würde, sollte einem Squeeze-out daher kaum entgegenstehen.

Sinnvoller erscheint dagegen eine Beschränkung der Zulässigkeit des Zwangsausschlusses von Minderheitsaktionären nach den §§ 327 a ff. AktG bei existierenden Aktienoptions- und Wandlungsrechten unter dem Gesichtspunkt des *venire contra factum proprium*. Die Zulässigkeit eines Squeeze-out sollte grundsätzlich auf solche Fälle beschränkt werden, in denen der Squeeze-out im Anschluss an eine Übernahme der Aktienmehrheit der Gesellschaft durchgeführt wird. Denn eine Gesellschaft, die erst Aktienoptions- und Bezugsrechte ausgibt, sie anschließend mit Hilfe der §§ 327 a ff. AktG aber wieder einzieht, setzt sich grundsätzlich in Widerspruch zu ihrem vorherigen Verhalten[571].
Auf Grundlage eines derartigen Argumentationsansatzes läge ein Verhaltenswiderspruch hier nur dann nicht vor, wenn sich die Geschäftsgrundlage, auf Basis derer die Aktienoptions- und Bezugsrechte ursprünglich ausgegeben worden sind, grundlegend geändert haben. Von einer solchen Änderung wird man insbesondere nach einer erfolgten Mehrheitsübernahme ausgehen müssen. Die Einfügung der Squeeze-out-Regelung in das AktG ist vor allem im Zusammenhang mit der aus § 35 WpÜG folgenden Pflicht eines Aktionärs zu betrachten, bei Erlangung der Kontrolle über eine Aktiengesellschaft ein Pflichtübernahmeangebot an die übrigen Aktionäre abgeben zu müssen[572]. Wer künftig verpflichtet ist, bei Überschreitung einer bestimmten Schwelle ein Angebot auf Übernahme aller Anteile an einer Gesellschaft abzugeben, soll auch die Möglichkeit haben, Kleinstbeteiligungen abzufinden, um damit tatsächlich die Position als alleiniger Anteilseigner zu erreichen. Es liegt jedoch auf der Hand, dass der Übernehmer in solchen Fällen grundsätzlich auch die Möglichkeit haben muss, die Inhaber von Aktienoptionen und Wandelanleihen zwangsweise abzufinden[573].

Die §§ 327 a Abs. 1, 327 e Abs. 3 AktG sind daher auf bestehende Aktienoptions- und Wandlungsrechte bei einem Squeeze-out analog anwendbar. Dem entsprechend steht den betroffenen Bezugsrechtsinhabern analog § 327 a Abs. 1 AktG nach Eintra-

---

Meinung nach ist der Fall, in dem sich die bedingten Aktienbezugsrechte auf mehr als 5 % des Grundkapitals beziehen, nicht mit dem gleichzusetzen, in dem sich die bedingten Bezugsrechte nur zusammen mit den Aktien der Minderheitsaktionäre auf mehr als 5 % des Grundkapitals beziehen. Während in ersterem Fall die Bezugsrechte bei einem Squeeze-out nicht erlöschen, sondern bestehen bleiben sollen, würden sie sich in letzterem Fall analog §§ 327 a Abs. 1, 327 e Abs. 3 AktG in einen Barabfindungsanspruch umwandeln, da den Bezugsrechtsinhabern nur in diesem Fall das – objektive – Interesse daran fehle, ihre Bezugsrechte nach einem Squeeze-out noch auszuüben.

[571] Ähnlich begründen auch *A. Hamann* (Fn. 190), Seite 194, und *Ph. Baums*, Ausschluss (Fn. 28), Seite 1847, ihren Standpunkt, wonach Aktienbezugsrechte, die sich auf mehr als 5 % des Grundkapitals beziehen, bei einem Squeeze-out unberührt bleiben sollen: Ein Mehrheitsaktionär, der ein entsprechendes Volumen an bedingten Aktienbezugsrechten ausgegeben habe, habe sich dauerhaft seiner Möglichkeit begeben, sämtliche Anteile der Gesellschaft in seiner Hand zu vereinen.

[572] Vgl. dazu Seite 75 des Allgemeinen Teils der Begründung zum RefE.

[573] Für die Zukunft würde eine derartige Einschränkung demnach bedeuten, dass Aktienoptions- und Wandlungsrechte der Durchführung eines Squeeze-out nur dann nicht entgegenstehen, wenn der Squeeze-out im Anschluss an ein Übernahmeangebot nach dem WpÜG erfolgen soll. Für die Vergangenheit müsste man sich dagegen mit der Feststellung der Mehrheitsübernahme begnügen. Insbesondere kann die Zulässigkeit eines Squeeze-out nicht davon abhängig gemacht werden, ob ein Übernahmeangebot auf Basis des rechtlich unverbindlichen Übernahmekodex abgegeben worden ist.

gung des Übertragungsbeschlusses ein Anspruch auf angemessene Barabfindung zu[574], und zwar gegen den Hauptaktionär[575]. Wie die Höhe der Barabfindung der Minderheitsaktionäre wird die Höhe der Abfindung der Bezugsrechtsinhaber analog § 327 b Abs. 1 AktG vom Hauptaktionär festgelegt. Konsequenterweise ist auch ihre Angemessenheit entsprechend § 327 c Abs. 2 Satz 2 AktG durch sachverständige Prüfer zu prüfen.

Umstritten ist, welchen Betrag die ihre Optionsrechte analog §§ 327 a Abs. 1, 327 e Abs. 3 AktG verlierenden Bezugsrechtsinhaber als Abfindung verlangen können. Vereinzelt wird vertreten, die Inhaber von Aktienoptions- und Wandlungsrechten müssten die auch den Minderheitsaktionären zustehende volle Barabfindung erhalten, die gegebenenfalls nur um eine von ihnen bei Ausübung des Umtausch- oder Bezugsrechts zu erbringende Bar- oder Sachleistung zu mindern sei. Es gehe nicht um eine Abfindung für den Verlust der Option, sondern um eine Betrachtung, als ob das Optionsrecht im Zeitpunkt des Wirksamwerdens des Übertragungsbeschlusses ausgeübt worden wäre[576].
Diese Betrachtung vermag jedoch kaum zu überzeugen. Steht den ausscheidenden Aktionären gem. § 327 b Abs. 1 Satz 1 AktG eine Barabfindung für den Verlust ihres Mitgliedschaftsrechts zu, bei deren Berechnung die Verhältnisse der Gesellschaft zum Zeitpunkt der Beschlussfassung der Hauptversammlung zu berücksichtigen sind, so muss auch dies als Konsequenz der Analogie entsprechend für die Optionsrechtsinhaber gelten. Sie haben demnach nur Anspruch auf eine Abfindung, die dem Wert ihrer Optionsrechte entspricht und die nach anerkannten Bewertungsverfahren[577] zu ermitteln ist. Warum es nicht um eine Abfindung für den Verlust der Option gehen soll, sondern um „eine Betrachtung, als ob das Optionsrecht im Zeitpunkt der Wirksamkeit des Übertragungsbeschlusses ausgeübt worden wäre", ist nicht ersichtlich. Letzteres mag angehen, wenn die Bezugsrechte zum Zeitpunkt des Squeeze-out schon ausge-

---

574 Zum Teil wird in der Literatur versucht, dieses Ergebnis auch durch Heranziehung des Rechtsgedankens des § 23 UmwG zu untermauern, wonach bei einer Verschmelzung den Inhabern von Sonderrechten in dem übertragenden Rechtsträger, die kein Stimmrecht gewähren, gleichwertige Rechte in dem übernehmenden Rechtsträger zu gewähren sind (*A. Hamann* (Fn. 190), Seite 192).
Zwar können auch bedingte Aktienbezugsrechte Sonderrechte iSd. § 23 UmwG darstellen (*Marsch-Barner* in Kallmeyer/UmwG, § 23 Rn. 5); eine derartige Argumentation vermag jedoch aus zweierlei Gründen kaum zu überzeugen: Zum einen stellt eine Barabfindung kaum ein gleichwertiges Recht für ein bedingtes Aktienbezugsrecht dar. Zum anderen ist der Squeeze-out – anders als die Mehrheitseingliederung – typologisch kaum mit einer Verschmelzung zu vergleichen, da die Minderheitsaktionäre hier – anders als bei Verschmelzung und Eingliederung – ihre Gesellschafterstellung vollständig verlieren und am Vermögen ihrer bisherigen Gesellschaft in keiner Weise beteiligt bleiben. Mit § 23 UmwG ließe sich das hier vertretene Ergebnis daher allenfalls bei der Mehrheitseingliederung begründen (kritisch schon dazu *H. F. Müller*, Anmerkung zu BGH II ZR 117/97, WuB II A. § 320 AktG 1.99 (Seite 435)); seine Heranziehung auch beim Squeeze-out vermag dagegen dogmatisch kaum zu überzeugen.

575 Der Hauptaktionär kann sich gegebenenfalls nach Durchführung des Squeeze-out mit der Gesellschaft auf eine Aufhebung der zugrundeliegenden Aktienbezugsverträge einigen. Dieser Weg scheint zwar unnötig kompliziert; ein direkter Übergang der Aktienbezugsrechte auf die Gesellschaft und damit korrespondierend auch ein Abfindungsanspruch gegen die Gesellschaft wäre rechtsdogmatisch jedoch weder durch eine Analogie noch auf andere Weise zu begründen.

576 *Vossius* (Fn. 554), 513.

577 Beispielhaft sei hier nur das Black-Scholes-Modell als das wohl bekannteste Optionspreisberechnungsverfahren erwähnt.

übt worden sind, denn in diesen Fällen wäre die Abwicklung der Aktienausgabe nicht vielmehr als eine Formsache. In allen anderen Fällen kommt dagegen nur eine Abfindung zum Optionswert in Betracht.

4. Zwischenergebnis

Die §§ 327 a ff. AktG, insbesondere die §§ 327 a Abs. 1, 327 e Abs. 3 AktG sind damit bei einem Squeeze-out auf eventuell bestehende Aktienoptionsrechte und Wandelschuldverschreibungen grundsätzlich analog anzuwenden und zwar dergestalt, dass die bedingten Aktienbezugsrechte schon mit der Eintragung des Squeeze-out in das Handelsregister auf den Hauptaktionär übergehen. Hierbei ist es gleichgültig, auf wie viele Anteile am Grundkapital sich diese Bezugsrechte beziehen. Zum Ausgleich für den Verlust ihrer bedingten Aktienbezugsrechte steht den Inhabern analog § 327 b Abs. 1 AktG ein Anspruch auf Zahlung einer vom Hauptaktionär festzulegenden Barabfindung zu, deren Höhe mit Hilfe anerkannter Options-Bewertungsverfahren zu ermitteln ist und die der Kontrolle durch sachverständige Prüfer zugänglich ist[578].

IV. Zulässigkeit von Aktionärsvereinbarungen zum Erreichen der 95 %-Beteiligungsschwelle?

Schon im Vorfeld des Inkrafttretens des WpÜG wurde in der Literatur die Frage diskutiert, nach welchen Kriterien die 95 %-Beteiligungsschwelle des § 327 a Abs. 1 Satz 1 AktG zu berechnen ist. Gesetzlich geregelt ist insofern lediglich, dass gem. § 327 a Abs. 2 AktG die Zurechnungsnormen des § 16 Abs. 2 und 4 AktG zur Anwendung gelangen. Umstritten ist dagegen, ob der Tatbestand des § 327 a Abs. 1 Satz 1 AktG auch dann erfüllt ist, wenn zwei oder mehr Aktionäre ihre Anteile in einer Holding zusammengelegt oder auf einen Treuhänder übertragen haben, oder ob in derartigen Vereinbarungen eine unzulässige Umgehung des § 327 a Abs. 1 AktG liegt[579].

Wirft man zunächst einen Blick auf ähnliche Konstellationen im Zusammenhang mit der Mehrheitseingliederung, so ist festzustellen, dass entsprechende Vereinbarungen in der Vergangenheit von der Rechtsprechung toleriert und nicht als Umgehung der Tatbestandsvoraussetzungen des § 320 Abs. 1 Satz 1 AktG ausgelegt wurden[580]. Vielmehr wurde allein die formale Rechtsinhaberschaft als ausreichend erachtet.

---

578 In Ergebnis und Begründung wie hier *Wilsing/Kruse*, Bedingte Aktienbezugsrechte, ZIP 2002, 1465 ff.

579 So im Ergebnis *Ph. Baums*, Ausschluss nach §§ 327 a ff. AktG (Fn. 290), 1845 f.; *Angerer* (Fn. 556), 267; ähnlich auch *Grzimek* in Geibel/Süßmann, WpÜG, Art. 7 § 327 f AktG Rn. 12. Differenzierend *Fleischer* (Fn. 130), 778, wonach eine Zusammenführung der Anteile einzig zum Zwecke des Squeeze-out unzulässig, im Übrigen aber zulässig sei.

580 Vgl. diesbezüglich nur die schon angesprochene Entscheidung des LG Mosbach KfH O 56/00 (Fn. 497), 206 ff., im Fall des gescheiterten Börsenrückzugs der *Michael Weinig AG*. Obwohl das Gericht selbst davon ausging, dass die Aktionäre der als Hauptgesellschaft fungierenden *Weinig International AG* ihre Anteile in dieser „gepoolt" hatten, hat es daraus lediglich gefolgert, dass es sich bei *Weinig International* um eine abhängige Gesellschaft handelt, nicht aber dass eine unzulässige Umgehung der Tatbestandsvoraussetzungen des § 320 Abs. 1 Satz 1 AktG bzw. des § 320 b Abs. 1 Satz 3 AktG vorliegt. Zwar hätte es im Fall Weinig keinen Unterschied gemacht, wenn das LG Mosbach die Aufhebung des Eingliederungsbeschlusses anstatt auf die nicht ordnungsgemäß angebotene Barabfindung auf eine unzulässige Umgehung gestützt hätte, da in beiden Fällen § 320 b Abs. 1 Satz 3 AktG – direkt oder analog – anzuwenden gewesen wäre. Beim Squeeze-out kann dies jedoch anders sein, da allein

Für die Zulässigkeit derartiger Vereinbarungen könnte im Übrigen der Zweck der Squeeze-out-Regelung sprechen, dem Mehrheitsaktionär ein Mittel an die Hand zu geben, um Kleinstbeteiligungen zu beseitigen, die die Gesellschaft und damit den mit ihr verfolgten Zweck stören, behindern oder erschweren. Hierzu heißt es wörtlich in der Begründung des RefE zum WpÜG,

> „dass es ökonomisch keinen Sinn mache, sehr kleine Minderheiten in Aktiengesellschaften zu belassen. Die Beteiligung von Minderheitsaktionären stelle einen erheblichen – kostspieligen – Formalaufwand dar, der sich aus der Beachtung zwingender minderheitsschützender Normen ergebe. Dieser Aufwand bleibe im Wesentlichen derselbe, auch wenn neben dem Mehrheitsaktionär nur ein Rest an Splitterbesitz vorhanden sei. Die Praxis zeige, dass Kleinstbeteiligungen oftmals missbraucht würden, um den Mehrheitsaktionär bei der Unternehmensführung zu behindern und ihn zu finanziellen Zugeständnissen zu veranlassen. Eine Behinderung könne insbesondere durch Anfechtung von Hauptversammlungsbeschlüssen erfolgen. Daher ließen sich gegen den Willen einzelner Kleinaktionäre auch notwendige Umstrukturierungen oft nicht oder nur mit großer zeitlicher Verzögerung durchsetzen“[581].

Dieser durch „sehr kleine Minderheiten“ in Aktiengesellschaften verursachte Aufwand sowie die damit verbundenen Belastungen und Verzögerungen besteht indes weitestgehend unabhängig davon, ob *ein* (Haupt)Aktionär die Geschicke der Gesellschaft bestimmt oder zwei oder mehr einvernehmlich handelnde Aktionäre, die zusammen Aktien mit einer Beteiligung am Grundkapital iHv. 95 % halten und ihre Aktien in einer Holding gebündelt haben[582]. Selbst wenn diese Aktionäre nach Durchführung eines Squeeze-out ihre Aktien wieder auf sich selbst übertragen, sind die aktienrechtlichen Minderheitsschutzvorschriften zwar grundsätzlich weiter anzuwenden; möglich und wahrscheinlich ist jedoch ein weitgehender Verzicht auf ihre Einhaltung durch die verbleibenden Aktionäre, sodass sich der Formalaufwand im Vergleich zu einer Publikumsaktiengesellschaft deutlich reduziert. In diesem Zusammenhang ist auch zu bedenken, dass ein großer Teil der Minderheitsschutzvorschriften Folgepflicht der Börsenzulassung ist[583]. Mit dem Wegfall der Börsenzulassung nach einem Squeeze-out würde sich daher auch insofern eine deutliche Einschränkung des – kostspieligen – Formalaufwands ergeben. Umgekehrt macht es im Übrigen auch aus Sicht der durch einen Squeeze-out ausgeschlossenen Kleinstaktionäre, deren Beteiligung ohnehin lediglich den Charakter einer Kapitalanlage hat, keinerlei Unterschied, ob an ihrer ehemaligen Gesellschaft nach Durchführung des Squeeze-out nur noch einer oder mehrere Aktionäre beteiligt sind.

Für eine eher formale Betrachtungsweise der Hauptaktionärsstellung spricht weiterhin auch, dass Sinn und Zweck der Squeeze-out-Regelung nicht sein kann zu gewährleisten, dass die einen Squeeze-out durchführende Gesellschaft langfristig nur über einen einzigen Aktionär verfügt. Dies zeigt sich schon daran, dass es einem Hauptaktionär nach Durchführung eines Squeeze-out unbenommen ist, im Zuge einer Kapitalerhöhung oder durch Abgabe eigener Aktien neue Aktionäre in die Gesellschaft auf-

---

die bloße Abhängigkeit des Hauptaktionärs die Aufhebung eines Übertragungsbeschlusses nicht rechtfertigen würde.

[581] Vgl. Seite 75 des Allgemeinen Teils des RefE zum WpÜG.

[582] Ähnlich *K. Mertens*, Auskauf von Minderheitsaktionären, Die AG 2002, 377, 380.

[583] Vgl. dazu ausführlich oben Ziffer A.III.

zunehmen. Sofern hier vereinzelt etwas anderes vertreten wird[584], kann dem nicht gefolgt werden. Anzeichen für eine wie auch immer geartete diesbezügliche Restriktion sind weder dem Gesetz noch den Gesetzesmaterialien zu entnehmen. Es stellt sich auch die Frage nach dem wirtschaftlichen Sinn, den es machen sollte, dem Hauptaktionär eine Wiederaufteilung seines Aktienbesitzes zu versagen[585].

Darüber hinaus ist auch kein sachlicher Grund erkennbar, zumindest solche Holdinggesellschaften, die zum Zwecke einer langfristigen Koordinierung des Aktionärsverhaltens und nicht eigens zum Zweck der Durchführung eines Squeeze-out gegründet worden sind, anders als einen Einzelaktionär zu behandeln[586]. Beispielhaft erwähnt sei hier die *Metro Vermögensverwaltungs GmbH & Co KG*, die über 56 % aller Aktien der *Metro AG* hält und in der Teile der Metro-Gründerfamilien ihre Aktien zum Zwecke der langfristigen gemeinsamen Beteiligungsverwaltung zusammengelegt haben[587]. Einer solchen Gesellschaft wäre bei entsprechender Beteiligung die Hauptaktionärseigenschaft wohl kaum zu versagen.
Einzig zum Zweck der Durchführung eines Squeeze-out erfolgte Zusammenschlüsse von mehreren Großaktionären stellen sich dagegen deutlich problematischer dar. Der Gedanke an eine unzulässige Umgehung der gesetzgeberischen Entscheidung, derzufolge nur *ein* Hauptaktionär seine Mitaktionäre auch gegen ihren Willen aus der gemeinsamen Gesellschaft ausschließen können soll, liegt in der Tat nahe. Zum Teil wurde diesbezüglich auch vertreten, derartige Poolingvereinbarungen widersprächen dem dem gesamten Korporationsrecht zugrundeliegenden Prinzip, wonach es für den Ausschluss von Mitgesellschaftern durch die anderen Gesellschafter eines in der Person des Auszuschließenden liegenden wichtigen Grundes bedürfe[588].
Selbst wenn man dem folgen wollte, wird man Schwierigkeiten haben, Kriterien für eine Abgrenzung zu finden[589]. Wie lange muss eine Holdinggesellschaft oder ein Treuhänder die Aktien halten, bevor die Durchführung eines Squeeze-out zulässig ist? Wie lange müssen sich die Aktien gegebenenfalls sogar anschließend noch in einer Hand befinden? Hier zu ziehenden Grenzen – wo immer sie verlaufen – wird zwangsläufig der Charakter von Willkür anhaften. Selbst wenn eine akzeptable Grenzziehung aber gelingen sollte, werden sich Probleme im Hinblick auf Darlegungs- und Beweislast ergeben. Wie substantiiert muss ein Anfechtungskläger vortragen? Wem obliegt die Beweislast?[590] Hier einzelfallabhängig zu entscheiden[591], hieße letzt-

---

[584] *Ph. Baums*, Ausschluss (Fn. 28), Seite 145; *ders.*, Ausschluss nach §§ 327 a ff. AktG (Fn. 290), 1845 f.
[585] Ebenso *Krieger*, Squeeze-out (Fn. 105), 62; *A. Hamann* (Fn. 190), Seite 181 f.; vgl. auch *Fuhrmann/Simon*, Ausschluss von Minderheitsaktionären, WM 2002, 1211, 1214.
[586] Ebenso *Bolte* (Fn. 546), 2589; grundsätzlich auch *Krause* (Fn. 546), 715, und *Halasz/ Kloster* (Fn. 546), 1254; dies räumt auch *Ph. Baums*, Ausschluss nach §§ 327 a ff. AktG (Fn. 290), 1846, ein: „Eine Holdinggesellschaft, die *dauerhaft* mit dem Halten und Verwalten von Anteilen betraut ist, ist selbst Hauptaktionär im Sinne der § 327 a ff."; *ders.*, Ausschluss (Fn. 28), Seite 142.
[587] Die *Metro Vermögensverwaltungs GmbH & Co KG* entstand Anfang 2001 im Zuge einer Umstrukturierung des Metro-Konzerns und einer Neuordnung der Beteiligungsverwaltung der drei Metro-Gründerfamilien Beisheim, Haniel und Schmidt-Ruthenbeck, die heute je ein Drittel an der Gesellschaft halten. Zuvor lagen die Metro AG-Anteile über viele Jahre hinweg bei der Schweizer *Metro Holding AG*.
[588] *Bolte* (Fn. 546), 2589 f.
[589] Schwierigkeiten bei der Grenzziehung räumt auch *Ph. Baums*, Ausschluss nach §§ 327 a ff. AktG (Fn. 290), 1846, ein.
[590] Nach *Fleischer* (Fn. 130), 778, soll die Beweislast den Minderheitsaktionären obliegen.

lich, vor allem denjenigen „räuberischen" Aktionären, die Hauptgrund für die Schaffung der Squeeze-out-Regelung waren, noch ein letztes Mal die Möglichkeit zu geben, „den Mehrheitsaktionär bei der Unternehmensführung zu behindern und ihn zu finanziellen Zugeständnissen zu veranlassen". Vor allem mit Blick auf die praktischen Abgrenzungsschwierigkeiten dürfte daher vieles dafür sprechen, wie bei der Eingliederung auch beim Squeeze-out nur auf die formale Rechtsinhaberschaft des Hauptaktionärs abzustellen[592].

V. Formelle und verfahrensrechtliche Aspekte

Auch in formeller und verfahrensrechtlicher Hinsicht ist die Squeeze-out-Regelung konzeptionell dem Eingliederungsrecht nachgebildet, was indes – wie in der Literatur zurecht kritisiert wurde – zu gewissen Ungereimtheiten führt.

1. Berichts-, Informations- und Prüfungspflichten

Anders als bei der Eingliederung hat der Hauptaktionär – und nicht der Vorstand – außer in dem Fall, dass alle Aktionäre darauf verzichten, der Hauptversammlung einen schriftlichen Bericht zu erstatten, in dem die Voraussetzungen für die Übertragung dargelegt und die Angemessenheit der Barabfindung erläutert und begründet werden. Die Angemessenheit der Barabfindung ist durch einen oder mehrere sachverständige Prüfer zu prüfen, § 327 c Abs. 2 AktG. Anders als bei der Eingliederung und anderen vergleichbaren Fällen werden die Prüfer jedoch zwingend – und nicht nur fakultativ – vom Gericht bestellt. Prüfungsbericht und Bericht des Hauptaktionärs sind ebenso wie der Entwurf des Übertragungsbeschlusses und die Jahresabschlüsse der letzten drei Geschäftsjahre von der Einberufung der Hauptversammlung an in den Geschäftsräumen der Gesellschaft zur Einsicht auszulegen und den Aktionären auf Verlangen in Kopie zuzusenden, § 327 c Abs. 3 und 4 AktG.
Als nicht unproblematisch stellt sich in diesem Zusammenhang das Auseinanderfallen von Berichterstattung und Auskunftserteilung in der Hauptversammlung dar. Während „Schuldner" des Berichts der Hauptaktionär ist, trifft die Pflicht zur Auskunftserteilung nach § 131 AktG den Vorstand. Da das Frage- und Auskunftsrecht jedoch letztlich auf dem schriftlichen Bericht aufbaut, kann es hier zu nicht unerheblichen Unstimmigkeiten kommen, weil der Vorstand – sofern er vom Hauptaktionär keine über den Bericht hinausgehenden Informationen erhält, wozu dieser nicht verpflichtet ist – zur Auskunftserteilung gar nicht in der Lage ist. Zwar räumt § 327 d Satz 2 AktG dem Vorstand die Möglichkeit ein, den Entwurf des Übertragungsbeschlusses und die Bemessung der Höhe der Abfindung zu Beginn der Verhandlung mündlich zu erläutern[593], zur Auskunftserteilung zwingen kann er ihn jedoch nicht.

---

[591] So *Bolte* (Fn. 546), 2589 f.

[592] So im Ergebnis auch *Krieger,* Squeeze-out (Fn. 105), 62. Noch weitergehender *K. Mertens* (Fn. 582), 382, wonach die Durchführung eines Squeeze-out sogar von einem Konsortium betrieben werden könne, das sich zu einer dauerhaften gemeinschaftlichen Leitung der Gesellschaft zusammengeschlossen habe, formal jedoch nicht Hauptaktionär sei. Umgekehrt soll jedoch einer einzig zur Durchführung eines Squeeze-out gebildeten Holding keine Hauptaktionärseigenschaft zukommen.

[593] Zu recht weisen *Sieger/Hasselbach* (Fn. 62), 155 f., darauf hin, dass die Regelung des § 327 d Satz 2 AktG schon insoweit misslungen ist, als dass die Hauptversammlung regelmäßig nicht vom Vorstand, sondern vom Aufsichtsratsvorsitzenden geleitet wird und somit allenfalls dieser dem Hauptaktionär Gelegenheit zur Erläuterung geben kann.

Ob hier tatsächlich „eine empfindliche Lücke" im Hinblick auf die Auskunfts- und Informationsrechte der Minderheitsaktionäre klafft[594], wird die Zukunft zeigen. Zu recht wurde hiergegen eingewandt, dass es beim Squeeze-out – anders als bei anderen Strukturmaßnahmen – nicht um die Erläuterung eines Vorhabens und seiner Zweckmäßigkeit, sondern nur um die angemessene Abfindung geht. Wenn dazu ein schriftlicher Bericht des Hauptaktionärs vorliegt, bedarf es einer nochmaligen mündlichen Berichterstattung in der Hauptversammlung nicht zwingend. Im Übrigen sollte der Vorstand zur Beantwortung von Fragen der Bewertung ohne weiteres selbst in der Lage sein, geht es doch schließlich um das von ihm geführte Unternehmen[595].

2. Rechtsschutz

Die den Rechtsschutz der betroffenen Aktionäre regelnden Vorschriften hat der Gesetzgeber bei der Schaffung der §§ 327 a ff. AktG vollständig aus dem Eingliederungsrecht übernommen. Aus diesem Grund kann auf die entsprechenden Ausführungen zur Mehrheitseingliederung verwiesen werden[596].

VI. Ergebnis

Die neue Squeeze-out-Regelung hat einen weiteren Schub für Börsenrückzugstransaktionen gebracht. Es ist zu erwarten, dass sie künftig zum mit weitem Abstand meistgebrauchten Modell des kalten Delistings avancieren wird. Sofern ein Mehrheitsaktionär über die erforderliche 95 %-Beteiligung verfügt, gibt es kaum einen Grund, statt eines Squeeze-out eines der anderen Modelle des kalten Delisting zu bevorzugen.

Die starke Anlehnung der §§ 327 a ff. AktG an das Eingliederungsrecht macht dem Rechtsanwender die neue Regelung seltsam vertraut, führt jedoch stellenweise zu Ungereimtheiten. In rechtlicher Hinsicht wird vor allem die Frage interessant sein, ob die Rechtsprechung hinsichtlich der 95 %-Beteiligungsschwelle des § 327 a Abs. 1 AktG ähnlich großzügig ist wie bisher bei der Mehrheitseingliederung.

Da im Übrigen ein Squeeze-out bei börsennotierten Aktiengesellschaften stets auch zu einem Rückzug von der Börse führt, bestehen unter Börsenrückzugsaspekten keinerlei Besonderheiten.

---

594 Vgl. ausführlich *Kiem* (Fn. 546), 341 f.

595 Ebenso *Krieger*, Squeeze-out (Fn. 105), 60.

596 Vgl. zu der Frage, ob die oben unter Ziffer C.VII.2 dargestellte neue Rechtsprechung des BGH zur Frage der Anfechtbarkeit von Umwandlungsbeschlüssen wegen sog. abfindungswertbezogener Informationsmängel auch auf den Squeeze-out übertragbar ist, ausführlich die Ausführungen bei *Wilsing/Kruse*, Abfindungswertbezogene Informationsmängel (Fn. 543), 1539 ff. Aus den dort genannten Gründen ist die MEZ/Aqua Butzke-Rechtsprechung trotz des unterschiedlichen Wortlauts der den Anfechtungsausschluss regelnden Vorschriften auch auf den Squeeze-out zu übertragen.

J. DIE ÜBERTRAGENDE AUFLÖSUNG („ASSET SALE")

Ein letztes zur Verfügung stehendes Modell des kalten Delistings steht schließlich mit der übertragenden Auflösung zur Verfügung. Die übertragende Auflösung bot in der Vergangenheit bereits mehrfach Anlass zu teilweise wegweisenden höchstinstanzlichen Entscheidungen. Bekanntester Präzedenzfall ist der Fall *Bosch/Moto Meter*, der erst vom *BVerfG* entschieden wurde[597]. Auch der *Linotype*-Entscheidung des *BGH* lag eine übertragende Auflösung zugrunde[598].

I. Grundlagen

Mit dem Begriff der "übertragenden Auflösung" wird im Anschluss an *Lutter/Drygala* die Konstellation bezeichnet, dass eine Aktiengesellschaft zunächst ihr gesamtes Gesellschaftsvermögen auf ihren Mehrheitsaktionär überträgt und anschließend liquidiert wird. Der Begriff der Übertragung des gesamten Vermögens ist dabei allerdings nicht wörtlich zu nehmen; § 179 a AktG greift vielmehr auch dann ein, wenn nur unwesentliches Vermögen bei der Gesellschaft zurückbleibt[599]. Das Vermögen der Gesellschaft, auf das es dem Mehrheitsaktionär bei seinem Vorgehen ankommt, besteht dabei im Wesentlichen aus dem von der Gesellschaft geführten Unternehmen und wird regelmäßig als Ganzes durch Unternehmenskaufvertrag veräußert.

Negativ darf die Vermögensübertragung zudem nicht unter die Vorschriften des UmwG fallen. Es darf also keine Verschmelzung (§§ 2, 60 ff. UmwG), kein Sonderfall der Vermögensübertragung iSd. §§ 174 ff., 178 ff. UmwG und keine übertragende Umwandlung (Formwechsel) iSd. §§ 190 ff., 226 ff. UmwG vorliegen. Aufgrund der Vergleichbarkeit zwischen übertragender Auflösung und der (umwandlungsrechtlichen) Verschmelzung auf den die Gesellschaft beherrschenden Großaktionär wird die übertragende Auflösung in Abgrenzung zu letzterem auch als „wirtschaftliche Umwandlung" bezeichnet[600].

Die übertragende Auflösung vollzieht sich in mehreren Schritten. Die Aktionäre der übertragenden Gesellschaft müssen dabei zweimal mitwirken. Erforderlich ist gem. § 179 a Abs. 1 AktG zunächst der Abschluss eines Übertragungsvertrags, durch den sich die übertragende Gesellschaft zur Übertragung ihres gesamten Gesellschaftsvermögens verpflichtet. Dieser Übertragungsvertrag bedarf zu seiner Wirksamkeit der Zustimmung der Hauptversammlung, wobei gem. §§ 179 Abs. 2, 179 a Abs. 1 Satz 1 AktG eine satzungsändernde Mehrheit erforderlich ist[601]. Die Erfüllung der dadurch begründeten Verpflichtungen erfolgt durch Einzelübertragungen, die jedoch auch

[597] BVerfG 1 BvR 68/95 und 1 BvR 147/97 (Fn. 13), 2011 ff.

[598] BGH II ZR 75/87 (Fn. 211), 443 ff.

[599] BGH II ZR 174/80 vom 25.2.1982, BGHZ 83, 122, 128 („Holzmüller"); *Kraft* in KölnKomm/AktG, § 361 Rn. 9; *Kropff* in Geßler/Hefermehl/Eckardt/Kropff, AktG, § 361 Rn. 14, der danach differenzieren will, ob die Gesellschaft mit dem zurückbehaltenen Betriebsvermögen noch in der Lage ist, ihre in der Satzung festgelegten Unternehmensziele weiter zu verfolgen; zur Abgrenzung des wesentlichen von unwesentlichem Vermögen vgl. im Übrigen *H. J. Mertens*, Übertragung des gesamten Vermögens, Festschrift Zöllner, 385 ff., sowie die Nachweise bei *Hüffer*, AktG, § 179 a Rn. 5.

[600] Vgl. nur *Kallmeyer*, Verfahrensvorschriften des UmwG, Festschrift Lutter, 1245, 1246; und *Lutter* in Lutter/UmwG, Einl. Rn. 39 ff.

[601] Die Zustimmung der Hauptversammlung kann dem Abschluss des Übertragungsvertrags dabei sowohl als Einwilligung vorausgehen als auch als Genehmigung nachfolgen, vgl. *Hüffer*, AktG, § 179 a Rn. 13.

ohne Zustimmung der Hauptversammlung wirksam sind[602]. Vor allem diese Pflicht zur Einzelübertragung macht die übertragende Auflösung unter steuerlichen Gesichtspunkten im Vergleich zu einer Verschmelzung nach dem UmwG höchst unattraktiv, weil gem. § 1 Abs. 1 Satz 1 UmwStG für umwandlungsrechtliche Verschmelzungen die Vorteile des UmwStG gelten[603].
Nach Abwicklung der Übertragung muss die Hauptversammlung gem. § 262 Abs. 1 Nr. 2 AktG in einem zweiten Beschluss die Auflösung der Gesellschaft beschließen. Als Folge der Abwicklung wird das verbleibende Vermögen, das dann im Wesentlichen nur noch aus der für das Vermögen erbrachten Gegenleistung besteht, an die Aktionäre ausgeschüttet.

In der Vergangenheit standen vor allem zwei Fragen im Mittelpunkt gerichtlicher Auseinandersetzungen: Zum einen, ob die übertragende Auflösung eine unzulässige Umgehung der Minderheitenschutzvorschriften des UmwG darstellt, zum anderen, inwieweit die Durchführung einer übertragenden Auflösung zu einem Verstoß gegen die gesellschaftliche Treuepflicht des Mehrheitsaktionärs führt. Beide Fragen können jedoch heute als ausdiskutiert betrachtet werden, nachdem die Gerichte in ständiger Rechtsprechung sowohl das Vorliegen einer Umgehung als auch das eines grundsätzlichen Verstoßes gegen die gesellschaftliche Treuepflicht verneint haben[604]. Sie sollen daher hier nicht weiter erörtert werden.

II. Auswirkungen der übertragenden Auflösung auf die Börsenzulassung

Bis zum Abschluss des Liquidationsverfahrens besteht die übertragende Aktiengesellschaft als Rechtssubjekt und juristische Person fort. Erst nach Beendigung des Liquidationsverfahrens hört die übertragende Gesellschaft auf zu existieren, vgl. § 273 AktG. Wie bei Formwechsel, Verschmelzung und Aufspaltung erledigt sich die Zulassung zum Börsenhandel mit der Löschung der Gesellschaft im Handelsregister gem. § 43 Abs. 2 VwVfG von selbst. Zwischen Erlöschen von Gesellschaft und Börsenzulassung und der tatsächlichen Einstellung des Börsenhandels noch abgewickelte Transaktionen müssen bereicherungsrechtlich rückabgewickelt werden.

III. Anspruch auf Barabfindung?

Vor allem zu Beginn der Diskussion über die Zulässigkeit der übertragenden Auflösung wurden durch klagende Minderheitsaktionäre auf Grundlage entsprechender Äußerungen in der Literatur verschiedentlich Barabfindungsansprüche vor den Gerichten geltend gemacht. Da das AktG derartige Ansprüche unmittelbar nicht vorsieht, wurde versucht, Barabfindungsansprüche mit Hilfe eine Analogie zu § 29 Abs. 1 UmwG und anderer aktienrechtlicher Vorschriften zu begründen[605].

---

602 *Hüffer*, AktG, § 179 a Rn. 18; LG Mainz 4 O 189/97 vom 8.6.1998, Die AG 1998, 538.

603 Zu nennen ist hier insbesondere die steuerwirksame Aufdeckung stiller Reserven.

604 Vgl. zu beidem insbesondere *Lutter/Drygala* (Fn. 16), 191 ff., *Peters* (Fn. 62), 804 ff.; *Friedrich*, Auflösung einer Kapitalgesellschaft, BB 1994, 89, 90; und *Wolf*, Minderheitenausschluss qua übertragender Auflösung, ZIP 2002, 153 ff.

605 Vgl. insbesondere BayObLG 3Z BR 37/98 vom 17.9.1998, ZIP 1998, 2002 ff.; OLG Stuttgart 8 W 43/93 vom 4.12.1996, ZIP 1997, 362 f.; *Dreher/Neumann*, Anmerkung zu OLG Stuttgart 8 W 43/93, EWiR 1997, 197, 198; jüngst auch *Kleppe* (Fn. 27), 195 ff., der von einem generellen Anspruch auf Barabfindung beim Börsenrückzug ausgeht.

Derartige Überlegungen konnten sich in Rechtsprechung und Literatur jedoch zurecht nicht durchsetzen[606]. Eine Analogie zu § 29 Abs. 1 UmwG (oder möglicherweise auch zu anderen umwandlungs- oder aktienrechtlichen Vorschriften) kann mangels entsprechender Regelungslücke nicht in Betracht kommen. Wie schon mehrfach erwähnt, liegt den Regelungen über Austrittsrechte und Barabfindungsansprüche im AktG und UmwG der Gedanke zugrunde, dass den Aktionären einer Aktiengesellschaft bei wesentlichen Strukturänderungen, die eine nachteilige Veränderung oder Beeinträchtigung ihrer Rechte mit sich bringen, die Lösung von der Gesellschaft gestattet sein muss[607]. Angesichts dessen, dass die Aktionäre der betroffenen Gesellschaft jedoch schon „zwangsweise" von ihrer Gesellschaft gelöst werden, indem diese nach der Übertragung ihres gesamten Gesellschaftsvermögens aufgelöst und der Liquidationserlös unter den Aktionären verteilt wird, bedarf es einer zusätzlichen „Lösungsmöglichkeit" nicht.

Etwas anderes ergibt sich auch nicht unter dem Aspekt, dass eine Barabfindung nicht nur der Möglichkeit zum freiwilligen oder zwangsweisen Ausstieg aus der gemeinsamen Gesellschaft dient, sondern darüber hinaus auch dem Ausstieg zu einem angemessenen Preis[608]. Voraussetzung ist lediglich, dass – wie vom *BVerfG* gefordert[609] – sichergestellt wird, dass die den Umfang des zu verteilenden Liquidationserlöses letztlich bestimmende, vom Großaktionär für die Übertragung des gesamten Gesellschaftsvermögens zu erbringende Gegenleistung den tatsächlichen Wert des Vermögens widerspiegelt, dass es sich also um eine angemessene Gegenleistung handelt. Ist dies gewährleistet[610], so ist auch sicher gestellt, dass die Aktionäre als Liquidationserlös einen den Verhältnissen der Gesellschaft entsprechenden Betrag erhalten, dass also die Trennung von der Gesellschaft zu angemessenen Konditionen erfolgt.

An eine Regelungslücke ließe sich heute allenfalls noch mit Blick auf *DAT/Altana* denken. Denn durch die Verteilung des Liquidationserlöses wird selbst dann, wenn die Angemessenheit der vom Großaktionär für die Übertragung des gesamten Gesellschaftsvermögens zu erbringenden Gegenleistung sichergestellt ist, der Tatsache noch nicht Rechnung getragen, dass es sich bei der betroffenen Gesellschaft um eine börsennotierte Aktiengesellschaft handelt. Insofern ließe sich argumentieren, dass es einer Analogie zu § 29 Abs. 1 UmwG oder einer anderen aktien- oder umwandlungsrechtlichen Vorschrift aus dem Grund bedürfe, weil nur auf diese Weise sichergestellt werden könne, dass der von einer übertragenden Auflösung betroffene Aktionär das erhält, „was seine gesellschaftliche Beteiligung an dem arbeitenden Unternehmen wert ist", nämlich eine Abfindung zum Verkehrswert, der – wie das *BVerfG* meint – dem Börsenwert regelmäßig entspricht[611].
Diesbezüglich wird man allerdings zunächst einwenden müssen, dass das *BVerfG* selbst bei der übertragenden Auflösung eine Abfindung zum Verkehrswert nicht verlangt. Vielmehr hat es in seiner mehr als ein Jahr nach *DAT/Altana* ergangenen

---

[606] Vgl. nur BayObLG 3Z BR 37/98 (Fn. 605), 2004 f.; zustimmend *Sosnitza*, Anmerkung zu BayObLG 3Z BR 37/98, NZG 1998, 1003; *Dreher/Neumann* (Fn. 605), 198.
[607] *Schwark/Geiser* (Fn. 21), 764, unter Verweis auf *Decher* in Lutter/UmwG, § 207 Rn. 3.
[608] Vgl. dazu auch die Ausführungen oben Ziffer C.IV.
[609] BVerfG 1 BvR 68/95 und 1 BvR 147/97 (Fn. 13), 2011 ff.
[610] Vgl. zur Frage, wie dies gewährleistet werden kann, sogleich die nachfolgende Ziffer J.V.2.
[611] Vgl. BVerfG 1 BvR 1619/94 (Fn. 12), 1694.

Bosch/Moto Meter-Entscheidung lediglich gefordert, dass die Angemessenheit der vom Großaktionär für die Übertragung des gesamten Gesellschaftsvermögens zu erbringende Gegenleistung sicherzustellen ist, nicht aber, dass auch der Börsenwert der Gesellschaft bei der Verteilung des Liquidationserlöses zu berücksichtigen ist[612]. Zum anderen kann der Börsennotierung und dem dadurch erhöhten wirtschaftlichen Wert der Aktien der aufzulösenden Gesellschaft auch auf andere Weise Rechnung getragen werden, nämlich durch einen Fungibilitätsausgleich[613]. Auch unter dem Blickwinkel von *DAT/Altana* lässt sich mithin die für eine Analogie erforderliche Regelungslücke nicht begründen.

Gegen dieses Ergebnis lassen sich schließlich auch keine steuerlichen Erwägungen anführen[614]. Zwar bringt die Verteilung des Liquidationserlöses im Vergleich zu einer Barabfindung ohne Zweifel in nicht unerheblichem Maße steuerliche Nachteile für die Minderheitsaktionäre mit sich[615]. Die unterschiedliche steuerliche Behandlung zweier aus Minderheitsaktionärssicht wirtschaftlich gleich gelagerter Vorgänge wie einer Barabfindung im Rahmen einer Verschmelzung oder eines Squeeze-out und der Verteilung des Liquidationserlöses im Anschluss an eine übertragende Auflösung kann jedoch kein zulässiges Argument im Rahmen der Diskussion über das Bestehen oder Nichtbestehen eines zivilrechtlichen Anspruchs sein. Wenn der Gesetzgeber seiner grundgesetzlichen Pflicht, gleich gelagerte Sachverhalte auch gleich zu behandeln, bisweilen nicht in der gebotenen Weise nachkommt, muss die steuerliche Gleichbehandlung im Verhältnis Aktionär – Finanzverwaltung „erkämpft" werden[616]. Es geht je-

---

[612] Vgl. BVerfG 1 BvR 68/95 und 1 BvR 147/97 (Fn. 13), 2011 ff.

[613] Vgl. dazu nochmals ausführlich oben Ziffer B.III.

[614] So aber jüngst *Kleppe* (Fn. 27), Seite 194.

[615] Hauptgrund hierfür ist, dass sie von der Steuerfreistellung eines gegebenenfalls anfallenden Veräußerungsgewinns bei Überschreiten der einjährigen Spekulationsfrist des § 23 Abs. 1 Nr. 2 EStG nicht profitieren können.

[616] Dass die Finanzverwaltung entsprechenden Argumenten nicht gänzlich verschlossen gegenüber steht, zeigt sich am Beispiel des Formwechsels einer Aktiengesellschaft in eine (AG/GmbH & Co) KG. Mit Eintragung des Formwechsels in das Handelsregister werden alle Aktionäre zunächst zu Kommanditisten der Gesellschaft, unabhängig davon ob sie Widerspruch zu Protokoll gegeben haben und die angebotene Barabfindung annehmen wollen oder nicht. Erst nach Abschluss eines möglichen Spruchverfahrens haben dissentierende Gesellschafter die Möglichkeit, aus der (Kommandit)Gesellschaft auszuscheiden (vgl. § 209 UmwG). Ein typischer Kleinaktionär, der nicht wesentlich iSd. § 17 EStG an der Gesellschaft beteiligt ist, erleidet dadurch erhebliche steuerliche Nachteile. Die Annahme des Barabfindungsangebots stellt steuerrechtlich die Veräußerung eines Mitunternehmeranteils dar und führt gem. § 16 EStG zu steuerpflichtigen Einkünften in Höhe eines eventuellen Veräußerungsgewinns, die gem. § 34 EStG zu versteuern sind. Als Aktionär einer Aktiengesellschaft hätte er einen eventuellen Veräußerungsgewinn dagegen steuerfrei vereinnahmen können, sofern er die Beteiligung an der Gesellschaft mehr als ein Jahr gehalten hat (vgl. § 23 Abs. 1 Nr. 2 EStG). Hinzu kommt, dass gem. § 4 Abs. 4 UmwStG die ursprünglichen Anschaffungskosten der Aktien steuerlich untergehen und insofern nur der auf dem Kapitalkonto ausgewiesene Nennwert angesetzt wird, der regelmäßig deutlich unter den tatsächlichen Anschaffungskosten liegt.
Diesen steuerlichen Nachteil der gem. § 207 UmwG beim Formwechsel anzubietenden Barabfindung veranlasste viele Minderheitsaktionäre einer formwechselnden Aktiengesellschaft dazu, noch vor dem Wirksamwerden des Formwechsel aus der Gesellschaft auszuscheiden und zwar oftmals zu einem Preis, der deutlich unter dem „wahren" Wert der Gesellschaft lag. Diesem Problem hat die Finanzverwaltung 1998 mit dem sog. UmwSt-Erlass abgeholfen (vgl. Tz. 02.10). Steuerlich macht es seitdem keinen Unterschied mehr, ob ein Aktionär seine Aktien noch vor dem Wirksamwerden des Formwechsels veräußert oder ob er erst danach gegen Barabfindung aus der Gesellschaft austritt.

doch kaum an, unter Verweis auf steuerliche Nachteile der Verteilung des Liquidationserlöses eine zivilrechtliche Regelungslücke zu konstruieren, um auf diese Weise einer Analogie zu § 29 Abs. 1 UmwG (oder einer anderen umwandlungs- oder aktienrechtlichen Vorschrift) den Weg zu bereiten.

Auch unter Berücksichtigung der jüngsten Entwicklung in Rechtsprechung und Gesetzgebung besteht demnach im Recht der übertragenden Auflösung keine planwidrige Regelungslücke, die eine Analogie zu aktien- oder umwandlungsrechtlichen Barabfindungsansprüchen ermöglichen würde. Den von einer übertragenden Auflösung betroffenen Minderheitsaktionären könnte daher allenfalls *de lege ferenda* einen gesetzlichen Anspruch auf Barabfindung zustehen.

IV. Anspruch auf Fungibilitätsausgleich

Statt dessen steht den von einer übertragenden Auflösung betroffenen Minderheitsaktionären aus den oben unter Ziffer B.III dargelegten Gründen jedoch ein Anspruch auf Fungibilitätsausgleich zu, da allein durch die Verteilung des Liquidationserlöses der Tatsache, dass es sich bei der betroffenen Gesellschaft um eine börsennotierte Aktiengesellschaft handelt, noch nicht Rechnung getragen wird. Da die Gesellschaft aufgelöst wird und die Minderheitsaktionäre im Rahmen der Verteilung des Liquidationserlöses lediglich Bargeld erhalten, kommt hier – anders als bei der Mehrheitseingliederung und der Verschmelzung – lediglich ein Barfungibilitätsausgleich in Betracht.

V. Formelle und verfahrensrechtliche Aspekte

Anders als bei den bisher vorgestellten Modellen des kalten Delistings sind im Zusammenhang mit der übertragenden Auflösung in erster Linie formelle bzw. verfahrensrechtliche Aspekte problematisch. Dazu gehört vor allem die Frage, wie sichergestellt werden kann, dass die von einer übertragenden Auflösung betroffenen Minderheitsaktionäre einen dem Wert ihrer Beteiligung entsprechenden Anteil am Liquidationserlös erhalten. Hierbei handelt es sich letztlich um eine Frage des Umfangs der Berichts-, Informations- und Prüfungspflichten sowie der gerichtlichen Überprüfbarkeit der vom Großaktionär für die Übertragung des gesamten Gesellschaftsvermögens zu erbringenden Gegenleistung.

1. Grundlagen

Das AktG sieht keine den Vorschriften zu formwechselnder Umwandlung, Verschmelzung, Aufspaltung, Mehrheitseingliederung und Squeeze-out vergleichbaren Berichts,- Informations- und Prüfungspflichten im Vorfeld der Beschlussfassung durch die Hauptversammlung vor. Neben den allgemeinen aktienrechtlichen Vorschriften verlangt § 179 a Abs. 2 AktG lediglich, dass der Verpflichtungsvertrag von der Einberufung der über ihn entscheidenden Hauptversammlung in den Geschäftsräumen und in der Hauptversammlung selbst auszulegen und dass jedem Aktionär auf Verlangen eine Abschrift zu erteilen ist. Angaben über die Preisfindung bzw. die Bewertung des zu übertragenden Gesellschaftsvermögens enthalten derartige Verträge jedoch üblicherweise nicht[617].

Auch eine Verpflichtung des Vorstands zur Erstellung eines „Übertragungsberichts" vergleichbar dem Umwandlungs,- Verschmelzungs- oder Eingliederungsbericht besteht nicht. Schließlich schreibt das Gesetz auch keine einer Verschmelzungs- oder Eingliederungsprüfung vergleichbaren Prüfung der Angemessenheit der Übertragungskonditionen durch einen Sachverständigen vor.

In prozessualer Hinsicht unterscheidet sich die übertragende Auflösung von den übrigen Modellen des kalten Delistings dadurch, dass den Rechtsschutz suchenden Aktionären ausschließlich die aktienrechtliche Anfechtungs- bzw. Nichtigkeitsklage (§§ 243 ff. AktG) zur Verfügung steht, nicht aber ein Spruchverfahren, im Rahmen dessen lediglich die Bewertung der vom Großaktionär für die Übertragung des gesamten Gesellschaftsvermögens zu erbringende Gegenleistung überprüft werden kann. Selbst solche Aktionäre, die nur diese vom Großaktionär zu erbringende Gegenleistung für zu niedrig halten und deswegen eine gerichtliche Überprüfung anstreben, die Durchführung der übertragenden Auflösung im Übrigen aber akzeptieren wollen, sind nach dem Gesetzeswortlaut daher gezwungen, den Übertragungsbeschluss der Hauptversammlung als solchen anzugreifen.

2. Analoge Anwendung der §§ 327 c, 327 f AktG?

Da der durch das AktG bereitgestellte Schutz für die von einer übertragenden Auflösung betroffenen Aktionäre somit nicht dem Niveau vergleichbarer Maßnahmen entspricht und ganz überwiegend als unzureichend empfunden wird, wurde in Rechtsprechung und Literatur in den vergangenen Jahren und Jahrzehnten über die Möglichkeiten einer analogen Anwendung vor allem verschmelzungsrechtlicher Vorschriften nachgedacht[618].

Zur Begründung wurde vor allem auf die schon angesprochene wirtschaftliche Ähnlichkeit von übertragender Auflösung und umwandlungsrechtlicher Verschmelzung hingewiesen[619]. Wie bei der Verschmelzung ist letzten Endes der Mehrheitsaktionär zumindest wirtschaftlicher Alleineigentümer des Gesellschaftsvermögens. Dabei ist es aus Sicht der betroffenen Aktionäre der übertragenden Gesellschaft ohne Bedeutung, ob der Eigentumsübergang am Gesellschaftsvermögen rechtstechnisch im Wege der Gesamtrechtsnachfolge wie bei der Verschmelzung oder im Wege der Einzelrechtsnachfolge wie bei der übertragenden Auflösung vollzogen wird[620]. Das *BayObLG* ging aufgrund dieser Ähnlichkeiten sogar so weit, die Verschmelzung auf den Mehrheitsaktionär und die übertragende Auflösung als „nahezu austauschbare Vorgänge" zu bezeichnen[621].

Allerdings hat das *BayObLG* einen wesentlichen Unterschied zwischen übertragender Auflösung und umwandlungsrechtlicher Verschmelzung verkannt: Denn wenn auch in beiden Fällen am Ende der (ehemalige) Mehrheitsgesellschafter Alleineigentümer des

---

[617] *Lutter/Drygala* (Fn. 16), 199, die die Preisangabe allein daher als „nichtssagend" bezeichnen.

[618] Für eine Analogie zu den Vorschriften des Verschmelzungsrechts sprachen sich in jüngerer Zeit vor allem *Lutter/Drygala* (Fn. 16), 207 ff., und *Lutter/Leinekugel*, Planmäßige Unterschiede im Minderheitenschutz?, ZIP 1999, 261 ff., aus; ebenso *Emmerich*, Besprechung der Festschrift für Kropff, Die AG 1998, 151, 152.

[619] Vgl. auch *Lutter/Leinekugel* (Fn. 618), 262.

[620] Ebenso *Kallmeyer*, Verfahrensvorschriften des UmwG (Fn. 600), 1248.

[621] BayObLG 3Z BR 37/98 (Fn. 605), 2004.

Gesellschaftsvermögens ist, unterscheiden sich übertragende Auflösung und Verschmelzung doch darin, dass die Aktionäre der übertragenden Gesellschaft nach einer Verschmelzung immer noch – wenn auch in verringertem Maße und nur mittel bar – am Gesellschaftsvermögen ihrer nun verschmolzenen Gesellschaft beteiligt sind. Dagegen werden sie durch die übertragende Auflösung vollständig von dem Gesellschaftsvermögen der übertragenden Gesellschaft getrennt. Die übertragende Auflösung hat damit anders als die Verschmelzung auch einen (Zwangs)Ausschlusseffekt. Dieser aus Minderheitsaktionärssicht im Vordergrund stehende Ausschlusseffekt macht die übertragende Auflösung jedoch (heute) eher mit dem Squeeze-out als mit der Verschmelzung auf den Mehrheitsaktionär vergleichbar. Zwar besteht nach einem Squeeze-out die bisherige Gesellschaft als solche fort, wohingegen sie nach Durchführung einer übertragenden Auflösung nicht mehr existiert. Ein unterschiedliches Schutzbedürfnis der ausscheidenden Aktionäre vermag dies jedoch kaum zu rechtfertigen. Insofern wird man – will man in der Terminologie des *BayObLG* verbleiben – aus Minderheitsaktionärssicht heute eher Squeeze-out und übertragende Auflösung als „nahezu austauschbare Vorgänge" bezeichnen können[622]. Nach Inkrafttreten des WpÜG kommt daher vor allem eine analoge Anwendung der die Berichts-, Informations- und Prüfungspflichten sowie den Rechtschutz beim Squeeze-out regelnden §§ 327 c, 327 f AktG in Betracht als eine Analogie zu verschmelzungsrechtlichen Vorschriften.

a) Regelungsbedarf

Selbstverständlich reicht jedoch auch bei der übertragenden Auflösung die aus Minderheitsaktionärssicht bestehende bloße Vergleichbarkeit mit dem Squeeze-out als Grundlage für eine Analogie bei der übertragenden Auflösung nicht aus; vielmehr bedarf es wiederum zunächst einer planwidrigen Regelungslücke. Zwar sieht das AktG weder dem § 327 c AktG entsprechende Informations- und Berichtspflichten des Hauptaktionärs noch die Überprüfung der Angemessenheit der vom Mehrheitsaktionär für die Übertragung des gesamten Gesellschaftsvermögens zu erbringenden Gegenleistung durch sachverständige Prüfer geschweige denn die Durchführung eines Spruchverfahrens zur Überprüfung der Angemessenheit vor. Die Annahme einer Regelungslücke würde jedoch zunächst voraussetzen, dass bei der übertragenden Auflösung tatsächlich auch ein vergleichbarer Regelungsbedarf besteht[623]. Diesbezüglich muss zwischen den Informations- und Berichtspflichten des Vorstands bzw. des Hauptaktionärs, der Überprüfung der Angemessenheit der Gegenleistung durch sachverständige Prüfer und der Frage des Rechtsschutzes differenziert werden. Da es sich hierbei jedoch um einander ergänzende Maßnahmen handelt, besteht insofern eine gewisse Wechselwirkung.

---

622 Vgl. auch *Bauer*, Anmerkung zu BVerfG 1 BvR 68/95 und 1 BvR 147/97, NZG 2000, 1214, 1215, der die übertragende Auflösung aus diesem Grund auch als eine indirekte Variante des Squeeze-out bezeichnet, und *Hanau*, Bestandsschutz, NZG 2002, 1040, 1042, wonach es sich „in der Sache [beim Squeeze-out] um nichts anderes als um eine Vereinfachung" der übertragenden Auflösung handele.

623 *Aha*, Einzel- oder Gesamtrechtsnachfolge?, Die AG 1997, 345, 356, unter Verweis auf *Heinrichs* in Palandt, Einl. Rn. 47; ähnlich auch *Priester* (Fn. 453), 192, in bezug auf eine analoge Anwendung des Spaltungsrechts; vgl. schließlich auch *Larenz/Canaris*, Methodenlehre, Seite 192.

(1) Informations- und Berichtspflichten

Wie schon mehrfach erwähnt, besteht der Zweck von Informations- und Berichtspflichten im Vorfeld der Beschlussfassung in der Hauptversammlung in zweierlei: Zum einen sollen sie den Aktionären eine abgewogene Entscheidung über die geplante Maßnahme ermöglichen. Zum anderen – und dies steht vorliegend im Vordergrund – sind sie aber auch Ausgangspunkt für eine mögliche spätere gerichtliche Überprüfung[624].
Grundsätzlich wird man daher von den allgemeinen aktienrechtlichen Vorschriften abweichende besondere Informations- und Berichtspflichten von Vorstand und Aufsichtsrat dann für erforderlich halten müssen, wenn die Komplexität eines Sachverhalts Vorabinformationen für die außenstehenden Aktionäre erforderlich macht, diese also nur dann eine sachgerechte Entscheidung treffen können, wenn sie im Vorfeld der Hauptversammlung ausreichend Zeit zur Meinungsbildung gehabt haben. Ist dagegen die Bekanntmachung des anstehenden Beschlusses im Rahmen der Einladung zur Hauptversammlung (§ 124 AktG) bereits eindeutig und selbsterklärend, bedarf es einer zusätzlichen Information der Aktionäre nicht[625].

Es liegt auf der Hand, dass eine bloße Bekanntmachung des Übertragungsbeschlusses kaum ausreichen kann, die Aktionäre in dem Maße über die Konditionen der übertragenden Auflösung zu informieren, dass sie über diese in der beschlussfassenden Hauptversammlung sachgerecht entscheiden können. Andererseits erscheint auch eine Informations- und Berichtspflicht vergleichbar dem Verschmelzungsbericht (§ 8 UmwG)[626], wie sie vor allem vor Inkrafttreten des WpÜG erwogen wurde, als zu weitgehend. Umfangreiche Angaben über die wirtschaftlichen Auswirkungen der übertragenden Auflösung, die vor allem bei dem das von der Gesellschaft geführte Unternehmen erwerbenden Großaktionär eintreten, sind angesichts dessen, dass die Minderheitsaktionäre der übertragenden Gesellschaft nicht Mitglied in dieser Gesellschaft werden, schlicht entbehrlich[627]. Vielmehr sind die einzigen Informationen, die die Aktionäre für ihre Entscheidung für oder wider die übertragende Auflösung sowie im Hinblick auf eine mögliche spätere gerichtliche Überprüfung benötigen, solche über die Konditionen der Übertragung des Gesellschaftsvermögens. Ihr Informationsbedürfnis reduziert sich daher – ähnlich wie beim Squeeze-out – auf die Angemessenheit der Übertragungsbedingungen, da diese letztlich den Umfang des zu verteilenden Liquidationserlöses bestimmen. Ausreichend ist daher, die bei der Festsetzung der Gegenleistung verwendeten Bewertungsgrundsätze anzugeben und deren Anwendung im konkreten Fall rechnerisch nachvollziehbar und verständlicher Weise so dar-

---

[624] Vgl. OLG München 7 U 6019/99 (Fn. 136), 747, unter Verweis auf BGH II ZR 55/81 vom 19.4.1982, DB 1982, 1313, 1314.

[625] Vgl. die Ausführungen des OLG München 7 U 6019/99 (Fn. 136), 748, in der Berufungsentscheidung Macrotron zu der Frage derartiger Berichts- und Informationspflichten im Vorfeld des Hauptversammlungsbeschlusses über die Einleitung eines börsenrechtlichen Delistingverfahrens.

[626] Vgl. *Lutter* in Lutter/UmwG, § 8 Rn. 14 ff.

[627] Anders aber *Lutter/Drygala* (Fn. 16), 214, die einen Verschmelzungsbericht analog § 8 UmwG verlangen.

zustellen, dass sich die Aktionäre zumindest ein fundiertes Plausibilitätsurteil erlauben können[628].

Diesbezüglicher Regelungsbedarf bei der übertragenden Auflösung kann jedoch kaum mit dem Hinweis auf das Auskunftsrecht in der Hauptversammlung gem. § 131 AktG verneint werden[629]. Ohne Informationen über die Einzelheiten der Übertragung fehlt den Minderheitsaktionären jeglicher Anknüpfungspunkt für eine sinnvolle Fragestellung im Rahmen der Hauptversammlung.

Nicht außer Acht gelassen werden darf in diesem Zusammenhang zudem, dass sich eine gewisse Informationspflicht des Vorstands auch aus anderen Grundsätzen ergibt. In Ergänzung seiner zu Beginn der 80er Jahre ergangenen *Holzmüller*-Entscheidung[630] hat der *BGH* kürzlich entschieden, dass der Vorstand verpflichtet ist, der Hauptversammlung die Informationen zu geben, die sie für eine sachgerechte Willensbildung benötigt, wenn er in einer Geschäftsführungsangelegenheit die Entscheidung der Hauptversammlung verlangt[631]. In der Praxis sind die Unternehmensleitungen – dieser Entscheidung vorauseilend – schon seit einiger Zeit dazu übergegangen, ihre Aktionäre in sogenannten „Holzmüllerberichten" über die wesentlichen Umstände der zur entscheidenden Strukturmaßnahme zu informieren. Es liegt jedoch auf der Hand, dass die Informationspflichten bei Entscheidungen, die der Vorstand der Hauptversammlung nach den *Holzmüller*-Grundsätzen überträgt, nicht weitergehen kann, als bei solchen Entscheidungen, die der Hauptversammlung schon qua Gesetz obliegen. Ebenso eindeutig stellt die Höhe der vom Großaktionär für die Übertragung des gesamten Gesellschaftsvermögens zu erbringenden Gegenleistung die wesentlichste Information dar, die die (Minderheits)Aktionäre bei einer übertragenden Auflösung für eine sachgerechte Entscheidung benötigen. Auch unter diesem Blickwinkel besteht daher im Hinblick auf die Informations- und Berichtspflichten ein gewisses Regelungsbedürfnis.

Berücksichtigt man zudem die Tatsache, dass den Rechtsschutz gegen eine zu niedrig festgesetzte Barabfindung begehrenden Aktionären einzig die allgemeine aktienrechtliche Anfechtungs- und Nichtigkeitsklage, nicht jedoch das Spruchverfahren zur Verfügung steht, besteht ein im Vergleich zum Squeeze-out sogar eher noch gesteigertes Informationsbedürfnis der Aktionäre. Denn wie schon dargestellt, unterscheiden sich Spruchverfahren und Anfechtungsklage vor allem in zwei Punkten voneinander: Zum einen gilt nur im Spruchverfahren vom Grundsatz her der Amtsermittlungsgrundsatz. Im Anfechtungsverfahren sind klagende Aktionäre dagegen grundsätzlich nach allgemeinen zivilprozessualen Regeln zu einem substantiierten Vortrag

---

628 *Sieger/Hasselbach* (Fn. 62), 153; *Henze*, Übertragende Auflösung, Festschrift Peltzer, 181, 193 f.; vgl. im Übrigen BGH II ZR 206/88 (Fn. 491), 302 ff.; *Habersack* in Emmerich/Habersack, Konzernrecht, § 293 a Rn. 19 ff.; *Krieger* in Münch. Hdb. GesR IV, § 70 Rn. 29 f.; *Hüffer*, AktG, § 293 a Rn. 15.

629 So aber wohl BayObLG 3Z BR 37/98 (Fn. 605), 2005; und *Windbichler*, Kurzkommentar zu BayObLG 3Z BR 37/98, EWiR 1998, 1057.

630 In seiner wegweisenden Holzmüller-Entscheidung (II ZR 174/80 (Fn. 599), 122 ff.) hatte der BGH entschieden, dass der Vorstand abweichend von § 119 Abs. 2 AktG verpflichtet ist, solche Entscheidungen der Hauptversammlung zu überlassen, von denen er „vernünftigerweise nicht annehmen kann, er dürfe [sie] in ausschließlich eigener Verantwortung treffen, ohne die Hauptversammlung zu befragen."

631 BGH II ZR 124/99 vom 15.1.2001, BGHZ 146, 288 ff. („Altana/Milupa").

verpflichtet[632]. Zu einem solchen sind diese aber nur dann in der Lage, wenn sie die Angemessenheit der Gegenleistung anhand der ihnen zur Verfügung gestellten Informationen überprüfen bzw. die Bewertungsgrundlagen nachvollziehen können[633]. Hinzu kommt, dass die klagenden Aktionäre im Anfechtungsprozess anders als im Spruchverfahren nach allgemeinen zivilprozessualen Grundsätzen (§ 91 ZPO) regelmäßig das Kostenrisiko tragen[634]. Die Erhebung einer Anfechtungsklage will aus diesem Grund wesentlich gründlicher überlegt sein als ein Antrag auf Einleitung des Spruchverfahrens. Die Aktionäre sind daher in größerem Maße darauf angewiesen, die Erfolgsaussichten einer Anfechtungsklage beurteilen zu können. Informationen über die Bewertung des zu übertragenden Gesellschaftsvermögens sind daher nach alledem unverzichtbar; ein entsprechender, dem Squeeze-out vergleichbarer Regelungsbedarf ist daher zu bejahen.

(2) Prüfungspflichten

Eng verbunden mit der Frage nach dem Informationsbedürfnis bezüglich der Angemessenheit der vom Großaktionär für die Übertragung des gesamten Gesellschaftsvermögens zu erbringenden Gegenleistung ist die Frage nach der Notwendigkeit einer Überprüfung der Angemessenheit durch unabhängige, sachverständige Prüfer.

Die übertragende Auflösung ist ebenso wie die Verschmelzung durch Aufnahme auf den Mehrheitsgesellschafter, die Mehrheitseingliederung und auch der Squeeze-out gekennzeichnet durch einen Interessengegensatz zwischen dem das Gesellschaftsvermögen mittelbar oder unmittelbar übernehmenden Mehrheitsaktionär und den Minderheitsaktionären. Während der Mehrheitsaktionär naturgemäß daran interessiert ist, eine möglichst geringe Gegenleistung an die übertragende Gesellschaft erbringen zu müssen, sind die Minderheitsgesellschafter an einer möglichst hohen Gegenleistung interessiert. Wie bei der Verschmelzung auf den Großaktionär, der Eingliederung und dem Squeeze-out fehlt es hier an der Richtigkeitsgewähr der formal zwischen Vorstand (und Aufsichtsrat) und dem übernehmenden Mehrheitsaktionär ausgehandelten Gegenleistung für die Übertragung des Gesellschaftsvermögens[635]. Die Überprüfung der Angemessenheit der vom Großaktionär für die Übertragung des gesamten Gesellschaftsvermögens zu erbringenden Gegenleistung durch einen unabhängigen, sachverständigen Prüfer scheint daher aus diesem Grunde zumindest auf den ersten Blick unverzichtbar.

---

[632] Aufgrund des Fehlens eines solchen substantiierten Vortrags lehnte das OLG Stuttgart 10 U 48/93 vom 21.12.1993, ZIP 1995, 1515, 1521, den Antrag der Anfechtungskläger auf Einholung eines Sachverständigengutachtens zum Beweis dafür ab, dass der Unternehmenswert der *Moto Meter AG* über dem von der *Bosch GmbH* als Gegenleistung für die Übertragung des gesamten Gesellschaftsvermögens gezahlten Kaufpreis gelegen habe.

[633] Anders wohl *Kallmeyer*, Verfahrensvorschriften des UmwG (Fn. 600), 1253 f., der es nicht für erforderlich hält, dass die Aktionäre durch den Bericht in die Lage versetzt werden, die Bewertungsgrundlagen nachzuvollziehen.

[634] Vgl. zu Erleichterungen und zur Verhinderung einer untragbaren Kostenlast für klagende Aktionäre *Semler* in Münch. Hdb. GesR IV, § 41 Rn. 79 ff.

[635] *Henze*, Übertragende Auflösung (Fn. 628), 183; *Lutter/Drygala* (Fn. 16), 203; ähnlich *Kallmeyer*, Verfahrensvorschriften des UmwG (Fn. 600), 1254; *E. Vetter*, Ausschluss der Minderheitsaktionäre (Fn. 546), 180, der von einer „Art In-sich-Geschäft" des Großaktionärs spricht.

Hiergegen lässt sich auch kaum vorbringen, bei der übertragenden Auflösung sei keine formalisierte Prüfung analog § 9 UmwG bzw. §§ 293 b, 320 Abs. 3, 327 c Abs. 2 AktG erforderlich, weil diese nur in den Fällen vorgeschrieben sei, in denen der Hauptversammlungsbeschluss „organisationsrechtliche Außenwirkung" habe und mit einer konstitutiven Eintragung im Handelsregister verbunden sei. Nur in diesen Fällen mache die umfassende Pflichtprüfung, verbunden mit einem formalisierten Prüfungsbericht Sinn, weil das Registergericht nur die Einhaltung der formalen Anforderungen überprüfen könne, nicht dagegen die materielle Rechtmäßigkeit[636].
Zweck der Angemessenheitsprüfung kann es jedoch nicht sein, außerhalb der Gesellschaft stehende Dritte zu schützen. Ebenso wenig sieht das Gesetz deshalb eine Prüfung vor, weil Formwechsel, Verschmelzung, Eingliederung und Unternehmensverträge zu ihrer Wirksamkeit der Eintragung in das Handelsregister bedürfen. Grund für die Angemessenheitsprüfung durch sachverständige Gutachter ist vielmehr – und zwar ausschließlich – der Schutz der betroffenen Minderheitsaktionäre[637]. Anders wäre es kaum erklärlich, warum bei der Verschmelzung eine Verschmelzungsprüfung dann nicht erforderlich ist, wenn sich alle Anteile des übertragenden Rechtsträgers in der Hand des aufnehmenden Rechtsträgers befinden (§ 9 Abs. 2 UmwG). Auch schreibt das AktG nur bei der Mehrheitseingliederung eine Eingliederungsprüfung vor (§ 320 Abs. 3 AktG), nicht aber bei der Eingliederung nach § 319 AktG, obwohl der Hauptversammlungsbeschluss in beiden Fällen „organisationsrechtliche Außenwirkung" hat und mit einer konstitutiven Eintragung in das Handelsregister verbunden ist.

Schließlich vermag es auch nicht zu überzeugen, den für eine Analogiebildung notwendigen Regelungsbedarf unter Verweis darauf zu verneinen, die Korrektheit der Preisbildung werde dadurch gewährleistet, dass die Minderheitsaktionäre sich am Wettbewerb um den Erwerb des von der Gesellschaft geführten Unternehmens beteiligen könnten[638]. Derartige Gedanken wurden zurecht als „lebensfremd" bezeichnet[639]. Die Möglichkeiten eines Minderheitsaktionärs, in Konkurrenz zum Großaktionär um den Erwerb des Gesellschaftsvermögens zu treten, besteht in der allergrößten Vielzahl der aktienrechtlichen Fälle nur auf dem Papier und bietet daher keinen hinreichenden Minderheitenschutz. Dem kann man auch nicht entgegenhalten, es komme lediglich auf die rechtliche, nicht auf die tatsächliche Möglichkeit zum Erwerb an[640], geht es hier doch um die Abwägung, ob die Selbstkontrolle durch Rechtsgeschäft eine gerichtliche Kontrolle der Angemessenheit der vom Großaktionär für die Übertragung des gesamten Gesellschaftsvermögens zu erbringenden Gegenleistung entbehrlich macht oder nicht. Einen Selbstschutz durch rechtsgeschäftliche Vereinbarung kann man aber nur dann für ausreichend erklären, wenn er zumindest in der Mehrzahl der Fälle auch tatsächlich funktioniert[641]. Hiervon kann allerdings angesichts der finanziellen Größenordnungen, deren es zum Erwerb des gesamten Gesellschaftsvermögens börsennotierter Aktiengesellschaften regelmäßig bedarf und über die die Minderheitsaktionäre in der Regel nicht verfügen, keine Rede sein.

---

[636] So aber *Kallmeyer*, Verfahrensvorschriften des UmwG (Fn. 600), 1256.
[637] Nach BGH II ZR 206/88 (Fn. 491), 303, ist dieser Zweck der Prüfung „offensichtlich".
[638] So aber *Henze*, Auflösung, ZIP 1995, 1473, 1478; in dieser Richtung auch OLG Stuttgart 10 U 48/93 (Fn. 632), 1519.
[639] *Windbichler* (Fn. 629), 1058.
[640] So aber BGH II ZR 75/87 (Fn. 211), 445.
[641] So zurecht *Lutter/Drygala* (Fn. 16), 205.

Zweifel an Sinn und Zweck einer sachverständigen Angemessenheitsprüfung durch unabhängige Bewertungsprüfer und damit an entsprechendem Regelungsbedarf und der Notwendigkeit einer Analogie könnten sich allerdings mit Blick auf die Ergebnisse der Spruchverfahren ergeben[642], werden dort doch die auf Basis unabhängiger Bewertungsgutachten ermittelten Abfindungsansprüche in einer Vielzahl von Fällen durch die Gerichte nach oben korrigiert, und zwar regelmäßig auf Grundlage eines neuen, vom Gericht in Auftrag gegebenen Sachverständigengutachten.
Hauptursache dieser teils erheblichen Abweichungen der auf Basis der ermittelten Unternehmenswerte errechneten Abfindungen sind die Unsicherheiten, mit denen eine Unternehmensbewertung stets behaftet ist, weil Prognosen über die zukünftige Unternehmensentwicklung naturgemäß unsicher sind[643]. Vor allem die Ertragswertmethode mit ihren zahlreichen Abwandlungen gesteht den Prüfern bei der Bewertung einen beachtlichen Ermessensspielraum zu. Dies führt in der Praxis dazu, dass selbst gleiche Faktoren von verschiedenen Gutachtern häufig verschieden bewertet und gewichtet werden[644].
Hinzu kommt, dass die als Bewertungsgutachter auftretenden Wirtschaftsprüfer regelmäßig durch die dem Mehrheitsaktionär nahestehende Unternehmensleitung und nicht durch eine unabhängige Instanz beauftragt werden. Es liegt daher auf der Hand, dass die mit der Unternehmensbewertung beauftragten Prüfer die ihnen zustehenden Bewertungsspielräume eher zugunsten der zur Abfindung verpflichteten Unternehmen als ihren – unmittelbaren – Auftraggebern ausnutzen als zugunsten der abfindungsberechtigten Minderheitsaktionäre[645]. Mit Blick darauf fasste das *BayObLG* seine Erfahrungen mit Unternehmenswertgutachten einmal mit den Worten zusammen, das herrschende Unternehmen könne allein durch die Auswahl des Sachverständigen maßgeblichen Einfluss auf die Bestimmung der Höhe der Abfindung nehmen[646].
Die Bestätigung der Angemessenheit einer Abfindung bzw. – bezogen auf den vorliegend zu untersuchenden Fall der übertragenden Auflösung – der für die Übertragung des gesamten Gesellschaftsvermögens zu erbringenden Gegenleistung durch formal unparteiische (§ 323 Abs. 1 Satz 1 HGB)[647] Bewertungsgutachter bedeutet daher nicht, dass die Abfindung bzw. Gegenleistung tatsächlich auch angemessen sind. Mit Blick auf diese Praxis ließe sich demnach behaupten, dass eine Angemessenheitsprüfung entbehrlich sei, da mit ihr ohnehin nicht die vom Gesetzgeber beabsichtigte

---

642 Ähnlich auch *Lutter/Drygala* (Fn. 16), 206 f. Eine empirische Untersuchung des Zeitraums von 1980 bis 1992 hat ergeben, dass in mehr als 40 % der in Frage kommenden Fälle Spruchverfahren eingeleitet worden waren und dass diese Verfahren den Gesellschaftern eine durchschnittliche Aufbesserung ihrer Abfindung um ca. 48 % gebracht hatten (vgl. dazu ausführlich *Dörfler/Gahler/Unterstraßer/Wirichs*, Wertermittlung, BB 1994, 156, 159 f.

643 Vgl. auch *Emmerich/Sonnenschein/Habersack*, Konzernrecht, § 22 III 3 (Seite 338).

644 BayObLG 3 Z BR 159/94 vom 29.9.1998, Die AG 1999, 43, 45; *Lutter/Drygala* (Fn. 16), 206 f., nennen in diesem Zusammenhang vor allem zu erwartende Abschreibungen und Reinvestitionen sowie die Festlegung des Risikozuschlags im Kapitalisierungszinsfuß.

645 Vgl. insofern auch die betriebswirtschaftliche, empirische Untersuchung von *Hecker*, Unternehmensübernahmen und Konzernrecht, Seite 418 ff., wonach die ganz überwiegend mit der Erstellung von Unternehmensbewertungsgutachten beauftragten Wirtschaftsprüfer Anreize hätten, tendenziell zu Lasten der Minderheitsaktionäre zu handeln und damit den Interessen der Mehrheitsaktionäre an niedrigen Abfindungen nachzukommen.

646 BayObLG 3 Z BR 159/94 (Fn. 644), 45.

647 § 323 Abs. 1 Satz 1 HGB gilt entsprechend auch bei allen anderen gesetzlich angeordneten Prüfungen (vgl. die Nachweise bei *Budde/Hense* in Beck'scher Bilanz-Kommentar, § 323 Rn. 4).

Richtigkeitsgewähr verbunden ist[648]. Folgerichtig müsste man entsprechenden Regelungsbedarf bei der übertragenden Auflösung verneinen.
Allerdings würde eine obligatorische Überprüfung der Angemessenheit der Gegenleistung zumindest garantieren, dass die Übertragung des Gesellschaftsvermögens an den Großaktionär nicht zu auch unter Berücksichtigung aller Bewertungsspielräume unhaltbar niedrigen Bedingungen erfolgt. Zumindest insofern ist demnach ein gewisser, wenn auch eher geringer Regelungsbedarf vorhanden. Darüber hinaus ist auch zu berücksichtigen, dass der Gesetzgeber auf die Problematik einer gewissen Befangenheit vom Unternehmen selbst bestellter Sachverständiger reagiert hat und beim Squeeze-out – abweichend von vergleichbaren umwandlungs- und aktienrechtlichen Vorschriften – eine obligatorische Bestellung des Sachverständigen durch ein Gericht und nicht durch den Hauptaktionär angeordnet hat (§ 327 c Abs. 2 Satz 3 AktG)[649]. Geht man einmal davon aus, dass die Bestellung der Bewertungsprüfer durch ein Gericht zu neutraleren Bewertungsgutachten als in der Vergangenheit führt[650], so ließe sich auch insofern entsprechender Regelungsbedarf bei der übertragenden Auflösung nicht mit dem Argument der Nutzlosigkeit solcher Bewertungsgutachten entkräften.

Letztlich ist auch zu berücksichtigen, dass Vorstand und Aufsichtsrat der übertragenden Gesellschaft im Zuge der Vorbereitung und Durchführung einer übertragenden Auflösung regelmäßig ohnehin ein Unternehmenswertgutachten einholen werden, schon um das Risiko einer persönlichen Haftung zu vermeiden (§§ 93, 116 AktG). Insofern wird man die Frage nach den Analogievoraussetzungen diesbezüglich etwas großzügiger beantworten können als im Regelfall.

Entsprechender Regelungsbedarf ist daher nach alledem zu bejahen.

(3) Rechtsschutz

Die Frage nach den Voraussetzungen einer Analogie zu den Vorschriften über das Spruchverfahren wurde zunächst vor allem im Zusammenhang mit der oben schon behandelten Frage nach dem Bestehen eines Barabfindungsanspruchs analog § 29 UmwG behandelt[651]. Da nach hier vertretener Ansicht den von einer übertragenden Auflösung betroffenen Aktionären ein Barabfindungsanspruch analog § 29 UmwG oder einer anderen aktien- oder umwandlungsrechtlichen Vorschrift nicht zusteht, bleibt nur die Frage zu klären, ob die Angemessenheit der vom Großaktionär für die Übertragung des gesamten Gesellschaftsvermögens zu erbringenden Gegenleistung

---

[648] Vgl. auch *Lutter/Bezzenberger*, Reform des Spruchverfahrens, Die AG 2000, 433, 439, die sich aus diesem Grund im Zusammenhang mit Reformüberlegungen zum Spruchverfahren dafür aussprechen, die Bestellung der Prüfer künftig in allen Fällen nicht mehr in die Hände des zur Abfindung Verpflichteten, sondern in die des für ein sich möglicherweise anschließendes Spruchverfahren zuständigen Gerichts zu legen.
[649] Eine Übertragung dieser Regelung auf alle vergleichbaren umwandlungs- und aktienrechtlichen Fälle sieht im Übrigen auch Art. 2 des im November 2002 vorgelegten RegE eines Gesetzes zur Neuordnung des gesellschaftsrechtlichen Spruchverfahrens (Spruchverfahrensneuordnungsgesetz) vor.
[650] Vgl. allerdings auch *Grzimek* in Geibel/Süßmann, WpÜG, Art. 7 § 327 c AktG Rn. 18, der diesbezüglich wohl nicht zu Unrecht zurückhaltend ist und darauf hinweist, dass die Gerichte dem Vorschlag des Hauptaktionärs, einen bestimmten Prüfer zu bestellen, in der Regel folgen werden.
[651] Vgl. etwa BGH II ZR 150/80 (Fn. 307), 174.

statt im Rahmen eines Anfechtungsprozesses nicht im Rahmen eines Spruchverfahren überprüft werden kann[652].

Zwar lässt sich die Notwendigkeit eines Spruchverfahrens nach den vorhergehenden Ausführungen keinesfalls ohne weiteres damit verneinen, die Minderheitsinteressen würden im Falle einer Vermögensübertragung auf den Mehrheitsaktionär nicht unverhältnismäßig beeinträchtigt, weil § 179 a AktG insofern den erforderlichen Minderheitenschutz sicherstelle[653]. Auch scheitert eine Analogie nicht daran, dass die Vorschriften über das Spruchverfahren schon vom Grundsatz her nicht analogiefähig sind[654]. Zurecht wird eine diesbezügliche analoge Anwendung des § 306 AktG bei der übertragenden Auflösung mangels Regelungslücke jedoch ganz überwiegend abgelehnt[655]. Entscheidend ist, dass die Rechtsordnung hinreichende Schutzvorkehrungen für die Überprüfung der Gegenleistung vorsieht und eine Analogie aus diesem Grund mangels planwidriger Regelungslücke nicht in Betracht kommt.

Zwar brächte eine Analogie und damit eine Überprüfung der Angemessenheit der vom Großaktionär für die Übertragung des gesamten Gesellschaftsvermögens zu erbringenden Gegenleistung im Spruchverfahren statt im Anfechtungsverfahren Vorteile für alle Beteiligten mit sich[656]: Aktionären, die die Gegenleistung für unangemessen niedrig halten und sie gerichtlich überprüfen lassen wollen, wären (regelmäßig) nicht mit dem Kostenrisiko belastet und würden zudem von den Erleichterungen der Amtsermittlung profitieren. Für den Mehrheitsaktionär hätte die Überprüfung der Angemessenheit der von ihm für die Übertragung des gesamten Gesellschaftsvermögens zu erbringenden Gegenleistung im Spruchverfahren den Vorteil, dass eine vom Gericht festgestellte unangemessene Gegenleistung nicht zur Aufhebung der Hauptversammlungsbeschlüsse und gegebenenfalls zur Rückabwicklung der Übertragungsgeschäfte, sondern lediglich zu einer Anpassung der Gegenleistung führen würde[657].

Eine auf derartige Zweckmäßigkeitserwägungen gestützte Analogie, wie sie der *BGH* jüngst im Zusammenhang mit dem börsenrechtlichen Delistingverfahren beschlossen

---

652 Dafür etwa *Timm*, „Hoesch"-Urteil, JZ 1982, 403, 407; offen gelassen bei BGH II ZR 150/80 (Fn. 307), 174.

653 So aber *Selzner*, Anmerkung zu OLG Stuttgart 8 W 43/93, WiB 1997, 585.

654 BGH II ZR 133/01 (Fn. 14), 18; BayObLG 3Z BR 37/98 (Fn. 605), 2004; anders aber *Lutter/Drygala* (Fn. 16), 199.

655 Anders – soweit ersichtlich – nur *Kleppe* (Fn. 27), Seite 222 ff., und *Rühland*, Zukunft der übertragenden Auflösung, WM 2002, 1957, 1965, wobei letzterer allerdings für den Fall, dass der Gesetzgeber diesen Punkt bei der geplanten Reformierung des Spruchverfahrens unverändert lassen sollte, von einer dann bewussten gesetzgeberischen Entscheidung gegen das Spruchverfahren ausgeht.

656 Ebenso *Lutter/Leinekugel* (Fn. 618), 266.

657 So zutreffend BGH II ZR 133/01 (Fn. 14), 17; vgl. auch *Bauer* (Fn. 622), 1215, der mit Blick darauf eine Analogie zum Spruchverfahren aus rechtspolitischen Erwägungen ablehnt. Durch eine Überprüfung der vom Mehrheitsaktionär für die Übertragung des gesamten Gesellschaftsvermögens zu erbringenden Gegenleistung im Spruchverfahren würde die übertragende Auflösung möglicherweise so attraktiv werden, dass der Mehrheitsaktionär versucht sein könnte, selbst nach Einführung des Squeeze-out weiterhin die übertragende Auflösung vorzuziehen. Es stelle deshalb eine nachvollziehbare und auch mit Art. 3 Abs. 1 GG vereinbare Entscheidung des Gesetzgebers dar, dem Mehrheitsaktionär die Sicherheit eines Spruchverfahrens nur zu gönnen, wenn er sich an die ausführlich geregelten Verfahren der Eingliederung, Verschmelzung und des Squeeze-out halte.

hat[658], würde die Grenzen zulässiger richterlicher Rechtsfortbildung jedoch überschreiten. Die Rechtsordnung stellt mit dem Anfechtungsverfahren eine Möglichkeit zur gerichtlichen Kontrolle der Angemessenheit der vom Großaktionär für die Übertragung des gesamten Gesellschaftsvermögens zu erbringenden Gegenleistung zur Verfügung[659]. Auch der fehlende Amtsermittlungsgrundsatz sowie das höhere Kostenrisiko im Anfechtungsklageverfahren rechtfertigen keine Anwendung des Spruchverfahrens[660]. Unter der Voraussetzung, dass den Minderheitsaktionären die erforderlichen Informationen zur Überprüfung der Angemessenheit der vom Großaktionär für die Übertragung des gesamten Gesellschaftsvermögens zu erbringenden Gegenleistung zur Verfügung gestellt werden, sind die Aktionäre zu einem substantiierten Klagevortrag grundsätzlich in der Lage, eventuell noch bestehenden Informationslücken lässt sich im Übrigen durch Beweiserleichterungen begegnen[661]. Das höhere Kostenrisiko schließlich kann durch die Streitwertregelung des § 247 Abs. 2 AktG und die Möglichkeit abgemildert werden, Prozesskostenhilfe in Anspruch zu nehmen[662].

Der für eine Rechtsanalogie zwingend notwendige Regelungsbedarf bezüglich einer Überprüfung der vom Großaktionär für die Übertragung des gesamten Gesellschaftsvermögens zu erbringenden Gegenleistung im Spruchverfahren ist nach alledem nicht vorhanden. Zwar wäre die Einführung eines Spruchverfahrens bei der übertragenden Auflösung rechtspolitisch wünschenswert; eine derartige Maßnahme müsste jedoch mangels gesetzlicher Regelungslücke vom Gesetzgeber selbst getroffen werden.

(4) Zwischenergebnis

Als Zwischenergebnis bleibt damit festzuhalten, dass ein bei der übertragenden Auflösung dem Squeeze-out vergleichbarer Regelungsbedarf im Hinblick auf die dem Hauptaktionär obliegenden Informations- und Berichtspflichten sowie auf die Überprüfung der Angemessenheit der vom Großaktionär für die Übertragung des gesamten Gesellschaftsvermögens zu erbringenden Gegenleistung durch einen unabhängigen sachverständigen Gutachter besteht.

b) Planmäßige Nichtregelung?

Steht damit fest, dass bezüglich der Berichts- und Informationspflichten sowie der Überprüfung der Angemessenheit der für die Übertragung des gesamten Gesellschaftsvermögens vom Großaktionär zu erbringenden Gegenleistung durch unabhängige sachverständige Prüfer bei der übertragenden Auflösung ein dem Squeeze-out vergleichbarer Regelungsbedarf besteht, stellt sich im Anschluss daran die Frage, ob auch eine für eine Analogie notwendige planwidrige Regelungslücke vorliegt, ob also der Gesetzgeber bei Erlas des Gesetzes einen bestimmten Umstand nicht oder nicht richtig in seine Willensbildung aufgenommen hat, oder eine Regelungslücke später entstanden ist[663].

---

[658] BGH II ZR 133/01 (Fn. 14), 17 f.; vgl. auch oben Ziffer C.VII.2.
[659] Ebenso BayObLG 3Z BR 37/98 (Fn. 605), 2004; OLG Stuttgart 8 W 43/93 (Fn. 605), 363; *Bauer* (Fn. 622), 1215.
[660] Ebenso BayObLG 3Z BR 37/98 (Fn. 605), 2004; *Bauer* (Fn. 622), 1215.
[661] BayObLG 3Z BR 37/98 (Fn. 605), 2005; ähnlich auch BGH II ZR 75/87 (Fn. 211), 447.
[662] So auch *Henze*, Übertragende Auflösung (Fn. 628), 191.
[663] *Brox*, BGB/Allgemeiner Teil, Rn. 64; vgl. ausführlich *Larenz/Canaris*, Methodenlehre, Seite 191 ff.

Gegen das Vorliegen einer planwidrigen Regelungslücke wird vorgebracht, § 179 a AktG sei hinsichtlich der Informations- und Prüfungsvorschriften zugunsten der Aktionäre bewusst enger gefasst worden als für Maßnahmen nach dem UmwG. Auch der Wortlaut des § 179 a AktG grenze ausdrücklich von der Anwendbarkeit des UmwG ab[664]. Daneben wird angeführt, der Gesetzgeber habe durch die Neuregelung des § 179 a AktG im Zusammenhang mit dem UmwBerG gezeigt, in welchem Umfang der Schutz der Minderheit gegen einen potentiellen Missbrauch wirtschaftlicher Macht durch die Mehrheit gewährt werden soll, als er für den Fall der Veräußerung des Gesellschaftsvermögens nicht – wie im Regelfall des § 179 a AktG – an einen gesellschaftsfremden Dritten, sondern an den Mehrheitsgesellschafter keine Sonderregelung getroffen habe, obwohl ihm diese Problematik bekannt gewesen sei[665]. Zwar könne nicht ausgeschlossen werden, dass sich bei der Festsetzung der Vertragsbedingungen, insbesondere des Kaufpreises, die Interessen des Mehrheitsgesellschafters einseitig durchgesetzt haben, da die Richtigkeitsgewähr gegensätzlicher Interessen zweier unabhängiger Vertragspartner fehle. Darin liege jedoch allenfalls ein „Fehler in rechtspolitischer Sicht"[666]. Andere gehen schließlich davon aus, der Gesetzgeber habe bei der Neufassung des UmwG nur der im Gesetzgebungsverfahren erhobenen Forderung Rechnung getragen, im Rahmen eines auf bestimmte Umwandlungsfälle bezogenen Gesetzes keine verbindlichen Vorentscheidungen über Fragen zu treffen, die weit über das UmwG hinaus reichten und deren Erhellung durch Rechtsprechung und Literatur sich noch in der Anfangsphase befinde[667]. Er habe erkannt, dass er noch nicht auf einen verlässlichen Konsens zurückgreifen könne, den er zum Gegenstand einer Regelung hätte machen können. Aus dieser Enthaltsamkeit könne jedoch nicht abgeleitet werden, dass jede Lücke, die sich bei der Behandlung strukturändernder Maßnahmen nach herkömmlichen Recht ergeben sollte, plangemäß sei und damit einer Analogie entgegenstehe[668].

Dem wird im Ergebnis kaum zu folgen sein. So erscheint bereits zweifelhaft, ob der Gesetzgeber durch die Neuschaffung des § 179 a AktG, der dem alten § 361 AktG weitgehend nachgebildet wurde, eine abschließende Regelung treffen wollte, die einer Analogie mangels Regelungslücke entgegenstehen würde.
Gesetzliches Leitbild bei der Schaffung des § 179 a AktG wie schon des § 361 AktG aF war ohne Zweifel und weitgehend unbestritten die Übertragung des Gesellschaftsvermögens auf einen gesellschaftsexternen Dritten[669]. Beim Verkauf des Gesellschaftsvermögens an einen an der Gesellschaft nicht (oder nur unwesentlich) beteiligten Dritten, der keinerlei Einfluss auf Vorstand und Aufsichtsrat hat, bedarf es jedoch derlei Minderheitenschutzinstrumente wie Bericht-, Informations- und Prüfungs-

---

[664] Vgl. *Bungert*, Umwandlungsgesetz (Fn. 440), 369.
[665] Vgl. BayObLG 3Z BR 37/98 (Fn. 605), 2004; *Peters* (Fn. 62), 804; ähnlich auch *Sosnitza* (Fn. 606), 1003.
[666] Vgl. BayObLG 3Z BR 37/98 (Fn. 605), 2004.
[667] *Reichert* (Fn. 441), 36; im Ergebnis auch *Henze*, Übertragende Auflösung (Fn. 628), 186.
[668] *Reichert* (Fn. 441), 36.
[669] *Lutter/Leinekugel* (Fn. 618), 265, unter Verweis auf LG Karlsruhe O 43/97 KfH I vom 6.11.1997, ZIP 1998, 385, 389; ähnlich jüngst auch BVerfG 1 BvR 68/95 und 1 BvR 147/97 (Fn. 13), 2012 f.; *Bauer* (Fn. 622), 1214; *Kleppe* (Fn. 27), Seite 224; *Rühland* (Fn. 655), 1963, ähnlich auch *Wiedemann*, Minderheitenrechte ernstgenommen, ZGR 1999, 857, 865; zweifelnd jüngst aber *Wolf* (Fn. 604), 154: „In der Praxis ist der Verkauf an den völligen „Extraneus" wohl eher die Ausnahme und es scheint sei jeher die Übertragung auf einen am Unternehmen bereits Beteiligten im Vordergrund zu stehen."

pflichten nicht. Die unterschiedlichen Interessen des Erwerbers einerseits und der Gesellschaft andererseits bieten grundsätzlich eine ausreichende Richtigkeitsgewähr dafür, dass keine Seite hinsichtlich der Übertragungskonditionen übervorteilt wird. Dem entsprechend bedarf es auch keiner über die normalen aktienrechtlichen Anforderungen hinausgehenden Instrumente zum Minderheitenschutz, weil die Interessen eines eventuell vorhandenen Mehrheitsaktionärs und der Minderheitsaktionäre gleichlaufend sind. § 179 a Abs. 3 AktG gewinnt erst in der Variante als übertragende Auflösung Umwandlungs- und vor allem Squeeze-out-Charakter; nur hier tritt der Verkaufscharakter des Vorgangs in den Hintergrund und wird von einem potentiellen Mehrheits/Minderheitskonflikt beim Preisbildungsprozess überlagert[670]. Aus diesem Grund wird man davon ausgehen können, dass der Gesetzgeber zumindest bei der Schaffung des § 361 AktG die Möglichkeit einer Instrumentalisierung dieser Vorschrift zum Zwecke des Squeeze-out nicht bedacht hat.
Allerdings wird man in der Tat annehmen müssen, dass dem Gesetzgeber die Instrumentalisierung des § 179 a AktG für die übertragende Auflösung bekannt gewesen sein muss[671]. Insofern ließe sich grundsätzlich argumentieren, dass die Nichtaufnahme der umwandlungsrechtlichen Schutzinstrumente der Angemessenheitsprüfung und des formalisierten Berichts im Zuge der Neuordnung des Umwandlungsrechts als beredtes Schweigen des Gesetzgebers zu verstehen sei, weswegen eine Analogie mangels Regelungslücke nicht in Betracht kommen könne.
Zurecht wird allerdings darauf hingewiesen, dass sich den Gesetzesmaterialien nichts für eine derartige Annahme entnehmen lässt[672]. Im Gegenteil: Der Wortlaut der Gesetzesbegründung lässt eher vermuten, dass dem Gesetzgeber im Hinblick auf die Problematik der Übertragung des Vermögens an den Mehrheitsaktionär das Problembewusstsein fehlte. Wörtlich heißt es dazu in der Begründung zum Entwurf des UmwBerG:

> „§ 361 AktG ist im Recht der Umwandlung ein Fremdkörper, weil er weder einen Vermögensübergang im Wege der Gesamtrechtsnachfolge oder Sonderrechtsnachfolge noch einen Wechsel der Rechtsform regelt, sondern nur die schuldrechtliche Verpflichtung zur Übertragung des gesamten Gesellschaftsvermögens betrifft. Sein wesentlicher Zweck ist, die Zuständigkeit der Hauptversammlung für den Fall zu begründen, dass sich die wirtschaftliche Struktur des Unternehmens der Aktiengesellschaft ändert, ohne dass die Zuständigkeit der Hauptversammlung schon aus anderen Gründen, etwa durch das Erfordernis einer Satzungsänderung infolge Veränderung des Unternehmensgegenstandes, gegeben ist.
> Bei der Bereinigung des Umwandlungsrechts soll dieser Tatsache Rechnung getragen werden."[673]

[670] *Lutter/Leinekugel* (Fn. 618), 263 f.; *Trölitzsch*, Aktuelle Tendenzen, DStR 1999, 764, 765.
[671] Es scheint kaum vorstellbar, dass beispielsweise die nur wenige Jahre vor Verabschiedung des UmwBerG ergangene Linotype-Entscheidung (BGH II ZR 75/87 (Fn. 266), 443 ff.), der ebenfalls eine übertragende Auflösung zugrunde lag, den Referenten in den für die Umwandlungsrechtsreform zuständigen Ministerien unbekannt gewesen sein soll. Ähnlich auch *Henze*, Übertragende Auflösung (Fn. 628), 189.
[672] Vgl. *Lutter/Leinekugel* (Fn. 618), 264 f.; ebenso auch BVerfG 1 BvR 68/95 und 1 BvR 147/97 (Fn. 13), 2013, in bezug auf eine mögliche analoge Anwendung des § 306 AktG.
[673] Bt.-Drucks. 12/6699, Seite 177.

Vor allem der letzte Satz deutet darauf hin, dass der Gesetzgeber die Regelung des § 361 AktG mit der Neuschaffung des § 179 a AktG unter Vornahme einiger durch die Umstrukturierung des Umwandlungsrechts notwendiger Wortlautänderungen gewissermaßen nur an die richtige Stelle im AktG rücken wollte, ohne diese aber materiell überdacht zu haben[674]. Auch wird man kaum annehmen können, der Gesetzgeber habe bei der übertragenden Auflösung den Minderheitenschutz auf eine Zustimmungspflicht der Hauptversammlung beschränken wollen. Der Hauptversammlungsbeschluss ist aufgrund der Mehrheitsverhältnisse bei einer übertragenden Auflösung trotz der erforderlichen satzungsändernden Mehrheit regelmäßig nur Formsache und bringt in der Praxis keinerlei zusätzlichen Minderheitenschutz. Solcher ließe sich allenfalls dann erreichen, wenn der Übertragungsbeschluss der Hauptversammlung nach § 179 a Abs. 3 AktG einer sachlichen Rechtfertigung bedürfte. Man wird dem Gesetzgeber jedoch kaum unterstellen können, er habe einerseits durch den Ausbau vor allem der umwandlungsrechtlichen Berichts- und Informationspflichten den Minderheitenschutz im Anwendungsbereich des UmwG ausbauen, im selben Zug aber andererseits eine Regelung ausdrücklich anerkennen wollen, die einer umwandlungsrechtlichen Verschmelzung im Ergebnis zwar sehr nahe kommt, aber keinerlei Minderheitenschutzvorschriften vorsieht[675].

Eine Absage an einen ergänzenden Minderheitenschutz für den Sonderfall der übertragenden Auflösung kann somit auch den Materialien zum UmwBerG nicht entnommen werden. Ob das Verhältnis zwischen der Vermögensübertragung nach § 179 a AktG und dem UmwG vergleichbar demjenigen im Konzernrecht für die Rechtsformen Aktiengesellschaft und GmbH ist[676], kann hier dahingestellt bleiben. Ausschlaggebend ist, dass dem Gesetz und den Gesetzgebungsmaterialien Anzeichen für eine planmäßige Nichtregelung der Berichts-, Informations- und Prüfungspflichten nicht zu entnehmen ist. Allein daraus, dass dem Gesetzgeber ein Problem bekannt gewesen sein muss, er es aber bei Änderung der betroffenen Vorschrift nicht gelöst hat, kann nicht zwingend auf einen bewusste Verzicht auf eine gesetzliche Regelung geschlossen werden. Für eine derartige Annahme hat der Gesetzgeber in der Vergangenheit vielfach zu „schlampig“ gearbeitet, als dass sich aus einem vermeintlichen gesetzgeberischen Schweigen ohne weiteres der Schluss ziehen ließe, der Gesetzgeber habe bei einer Novellierung sämtliche bekannten Probleme bedacht[677].

Eine andere Beurteilung der Frage der Regelungslücke ergäbe sich im Übrigen auch dann nicht, wenn man annehmen wollte, der Gesetzgeber habe bei der Neufassung des UmwG die Problematik einer Instrumentalisierung des § 179 a Abs. 3 AktG für die übertragende Auflösung zwar erkannt, habe mangels eines verlässlichen Konsenses jedoch keine verbindlichen Entscheidungen über die Frage der Übertragbarkeit umwandlungsrechtlicher Minderheitenschutzinstrumente treffen wollen. Ein derartiges bewusstes Offenlassen strittiger Fragen durch den Gesetzgeber (welches an sich

---

674 Ebenso *Lutter/Leinekugel* (Fn. 618), 265; ähnlich *Kleppe* (Fn. 27), Seite 225.

675 Ähnlich *Wiedemann*, Minderheitenrechte ernstgenommen (Fn. 669), 865, und *Rühland* (Fn. 655), 1965.

676 So *Lutter/Leinekugel* (Fn. 618), 265.

677 Vgl. nochmals *Steinbeis* (Fn. 285), Seite 11, der – konkret bezogen auf das Arbeitsrecht – vor allem auf die vielen handwerklichen Fehler in den jüngeren Gesetzesreformen hinweist, die weit mehr als nur ein „gesetzesästhetisches Problem“ darstellten.

schon fragwürdig erscheint) könnte nur als Einladung zur Rechtsfortbildung und damit auch als Einladung zur Analogiebildung verstanden werden[678]. Ansonsten wäre das gesetzgeberische Schweigen nicht als bewusstes Offenlassen, sondern als bewusstes Nichtregeln auszulegen.

Selbst wenn man jedoch von einer ursprünglich abschließenden Regelung des Rechts der übertragenden Auflösung durch den Gesetzgeber ausgehen wollte, scheint fraglich, ob nicht jedenfalls seit der *Bosch/Moto Meter*-Entscheidung[679] des *BVerfG* von einer Regelungslücke ausgegangen werden muss.
Schon in seiner *Feldmühle*-Entscheidung hatte das *BVerfG* klargestellt, dass Voraussetzung für die Zulässigkeit der gesetzgeberischen Entscheidung ist, der Mehrheit in einer Aktiengesellschaft das Recht zu verleihen, eine Minderheit aus der gemeinsamen Gesellschaft auszuschließen, dass die berechtigten Interessen der zum Ausscheiden gezwungenen Minderheit gewahrt werden. Dazu gehöre auch, dass ihr *wirksame Rechtsbehelfe* gegen einen Missbrauch wirtschaftlicher Macht zur Verfügung stünden[680]. Diese Aussage wurde in *DAT/Altana*[681] und *Bosch/Moto Meter*[682] bestätigt. Da den von einer übertragenden Auflösung betroffenen, Rechtsschutz begehrenden Minderheitsaktionären aber – wie oben bereits festgestellt – nur die aktienrechtliche Anfechtungs- bzw. Nichtigkeitsklage zur Verfügung steht, in deren Rahmen von ihnen zumindest ein deutlich substantiierterer Vortrag als im Spruchverfahren mit seinem Amtsermittlungsgrundsatz verlangt wird, steht ihnen ein wirksamer Rechtsbehelf in Gestalt dieser Klage nur dann zur Verfügung, wenn ihnen zuvor die Möglichkeit eröffnet wird, die Angemessenheit der Gegenleistung zu überprüfen. Die Angemessenheit kann jedoch nur dann überprüft werden, wenn den Aktionären die der Bewertung zugrundeliegenden Informationen zur Verfügung gestellt werden.
Selbst wenn man demnach annehmen wollte, der Gesetzgeber habe mit der Neufassung des § 179 a AktG ursprünglich bewusst eine abschließende Regelung treffen wollen, so spricht viel für die Annahme, dass der Gesetzgeber unter dem Eindruck von *Bosch/Moto Meter* heute eine andere Entscheidung treffen würde. Die Durchführung einer übertragenden Auflösung allein unter Beachtung der allgemeinen aktienrechtlichen Regelungen sowie der §§ 179, 179 a AktG, die eine Wertkontrolle der vom Großaktionär für die Übertragung des gesamten Gesellschaftsvermögens zu erbringenden Gegenleistung nicht ermöglichen, wäre verfassungswidrig[683]. Es ist vor diesem Hintergrund kaum anzunehmen, dass der Gesetzgeber – selbst wenn er ursprünglich eine abschließende Regelung der übertragenden Auflösung treffen wollte – Einwände gegen eine analoge Anwendung solcher aktien- oder umwandlungsrechtlicher Vorschriften erheben würde, die die vom *BVerfG* geforderte Wertkontrolle ermöglichten.

---

678 Im Ergebnis ähnlich auch *Henze*, Übertragende Auflösung (Fn. 628), 189.
679 BVerfG 1 BvR 68/95 und 1 BvR 147/97 (Fn. 13), 2012.
680 BVerfG 1 BvL 16/60 (Fn. 115), 283.
681 BVerfG 1 BvR 1613/94 (Fn. 12), 1694.
682 BVerfG 1 BvR 68/95 und 1 BvR 147/97 (Fn. 13), 2012.
683 Vgl. BVerfG 1 BvR 68/95 und 1 BvR 147/97 (Fn. 13), 2013: „Sollten die Gerichte sich allerdings aus aktienrechtlichen Gründen an einer Wertkontrolle des vom Großaktionär gezahlten Kaufpreises gehindert sehen, haben sie die „übertragende Auflösung" [....] auf eine Anfechtungsklage hin zu unterbinden, weil andernfalls die schutzwürdigen Eigentumsbelange des Minderheitsaktionäre nicht hinreichend gewahrt wären."

Eine planwidrige Regelungslücke und damit Raum für eine Analogie ist daher nach alledem zu bejahen.

c) Vergleichbare, gesetzlich geregelte Situation

Letzte Voraussetzung für eine Analogie ist schließlich das Vorliegen einer vergleichbaren, gesetzlich geregelten Situation. Eine solche liegt mit der neuen Squeeze-out-Regelung und konkret § 327 c AktG vor. Squeeze-out und übertragende Auflösung sind in den für die Frage einer Analogie wesentlichen Punkten nicht nur vergleichbar, sondern *identisch*: In beiden Fällen werden die Minderheitsaktionäre durch ein eigennütziges Betreiben des Mehrheitsaktionärs aus der gemeinsamen Gesellschaft ausgeschlossen. In beiden Fällen ist der Mehrheitsaktionär letzten Endes zumindest wirtschaftlicher Alleineigentümer des Gesellschaftsvermögens. In beiden Fällen besteht ein Interessengegensatz zwischen Mehrheits- und Minderheitsaktionären hinsichtlich der Bewertung des Gesellschaftsvermögens, die letztlich Grundlage für die Höhe der Barabfindung bzw. des zu verteilenden Liquidationserlöses ist. In beiden Fällen sind die Minderheitsaktionäre aus diesem Grund auf präventiven und repressiven Schutz vor einer Übervorteilung durch den Großaktionär angewiesen. Die Tatsache, dass die betroffene Gesellschaft beim Squeeze-out fortbesteht, während sie bei der übertragenden Auflösung erlischt, ist aus Minderheitsaktionärssicht dagegen unbeachtlich und vermag ein unterschiedliches Schutzbedürfnis der Minderheitsaktionäre nicht zu rechtfertigen.

3. Zwischenergebnis

Die Voraussetzungen einer analogen Anwendung des § 327 c AktG auf die übertragende Auflösung liegen damit sämtlich vor. Entsprechend dem § 327 c Abs. 2 Satz 1 AktG hat der Mehrheitsaktionär der Hauptversammlung einen schriftlichen Bericht zu erstatten, in dem die Angemessenheit der von ihm für die Übertragung des gesamten Gesellschaftsvermögens zu erbringenden Gegenleistung erläutert und begründet wird. Entsprechend § 327 c Abs. 2 Satz 2 bis 3 AktG ist die Angemessenheit durch einen oder mehrere sachverständige Prüfer zu prüfen; diese werden entsprechend § 327 c Abs. 2 Satz 3 AktG auf Antrag des Mehrheitsaktionärs vom Gericht bestellt. Entsprechend § 327 c Abs. 3 AktG sind von der Einberufung der Hauptversammlung an der Entwurf des Übertragungsvertrags zwischen Gesellschaft und Mehrheitsaktionär, die Jahresabschlüsse und Lageberichte für die letzten drei Geschäftsjahre, der entsprechend § 327 c Abs. 1 Satz 1 AktG zu erstattende Bericht des Mehrheitsaktionärs sowie der entsprechend § 327 c Abs. 2 Satz 2 bis 4 AktG zu erstellende Prüfungsbericht in den Geschäftsräumen der Gesellschaft auszulegen. Entsprechend § 327 c Abs. 4 AktG ist schließlich jedem Aktionär unverzüglich und kostenlos eine Abschrift dieser Unterlagen zu erteilen.

VI. Zulässigkeit der übertragenden Auflösung nach Inkrafttreten der §§ 327 a-f AktG?

Die große Ähnlichkeit von Squeeze-out und übertragender Auflösung führt zu einer weiteren Frage, nämlich der, ob die übertragende Auflösung auch nach Einfügung der §§ 327 a ff. in das AktG Squeeze-out-Regelung noch uneingeschränkt zulässig ist. Einschränkungen hinsichtlich der Zulässigkeit könnten sich unter dem Gesichtspunkt der unzulässigen Umgehung der §§ 327 a-f AktG ergeben. Während ein Squeeze-out nur dann möglich ist, wenn sich Aktien mit einer Beteiligung von mindestens 95 % am Grundkapital der betroffenen Gesellschaft in der Hand des (Haupt)Aktionärs befinden, ließe sich mit der übertragenden Auflösung, die lediglich einen mit satzungsändernder Mehrheit getroffenen Hauptversammlungsbeschluss, nicht aber eine bestimmte Kapitalbeteiligung des Großaktionärs voraussetzt, auch eine deutlich größere Aktionärsminderheit aus der gemeinsamen Gesellschaft ausschließen[684]. Ein Ansatzpunkt für eine mögliche unzulässige Umgehung wäre damit gegeben.

Es stellt sich damit die Frage, ob den §§ 327 a ff. AktG Ausschließlichkeitswirkung in dem Sinne zukommt, dass der Zwangsausschluss von Minderheitsaktionären durch einen (Haupt)Aktionär nur dann möglich sein soll, wenn dieser Aktien mit einer Beteiligung am Grundkapital der Gesellschaft iHv. mindestens 95 % hält.

1. Stand der Diskussion

Die Frage einer möglichen unzulässigen Umgehung der Tatbestandsvoraussetzungen des Squeeze-out durch die übertragende Auflösung in solchen Fällen, in denen Minderheitsaktionäre Aktien iHv. mehr als 5 % am Grundkapital der betroffenen Gesellschaft halten, wird in der Literatur unterschiedlich beantwortet.

Zum Teil wird angeführt, der Gesetzgeber habe mit den Regeln der §§ 327 a ff. AktG nur einen zusätzlichen vereinfachenden Weg für den Zwangsausschluss einer Aktionärsminderheit zur Verfügung stellen wollen, ohne dass die Zulässigkeit des „herkömmlichen" Verfahrens der Einzelrechtsübertragung der Vermögensgüter auf einen neuen Rechtsträger eingeschränkt werden sollte[685]. Gegen das Vorliegen einer unzulässigen Umgehung spreche auch, dass Squeeze-out und übertragende Auflösung erhebliche Unterschiede aufwiesen. Die übertragende Auflösung verlange eine Liquidation der Gesellschaft, die mit verfahrenstechnischen und zeitlichen (§ 272 AktG) Schwierigkeiten verbunden sei. Steuerlich führe die Veräußerung des Gesellschaftsvermögens nach § 179 a AktG unter Umständen zur Aufdeckung stiller Reserven. Außerdem sei weder dem Gesetzestext noch der Gesetzesbegründung zu §§ 327 a ff. AktG zu entnehmen, dass die übrigen Regelungen des AktG (§§ 179 a und 262 AktG) nunmehr einschränkend auszulegen seien[686].

Schon vor Inkrafttreten des WpÜG wurden unabhängig von der jetzigen Squeeze-out-Regelung vereinzelt Überlegungen zur Zulässigkeit des Ausschlusses einer Aktionärsminderheit angestellt, die größer als 5 % ist. So wird angeführt, der Squeeze-out einer mehr als nur unerheblich beteiligten Gesellschaftergruppe stelle nach dem heutigen Stand des Minderheitenschutzes einen Anachronismus dar; er sei daher unzulässig, wenn eine Minderheit von über 5 % vorhanden wäre[687]. Die Wertung des § 320

[684] Entgegen *Lutter/Leinekugel* (Fn. 618), 263, ist es angesichts der niedrigen durchschnittlichen Hauptversammlungspräsenzzahlen sogar möglich, eine Minderheit, die *mehr* als 25 % des Grundkapitals der Gesellschaft hält, mittels der übertragenden Auflösung aus der Gesellschaft auszuschließen.
[685] *Wolf* (Fn. 604), 154; *Fleischer*, Squeeze out (Fn. 130), 789; im Ergebnis – allerdings ohne Begründung – auch *Schwichtenberg* (Fn. 37), 2078: „Gleichwohl ist davon auszugehen, dass die übertragende Auflösung auch nach Einführung einer Squeeze-out-Regelung durch das WpÜG ihre Bedeutung behalten wird, da sie als einzige den Squeeze-out einer Minderheit ermöglicht, die mit bis zu 25 % am Grundkapital der Gesellschaft beteiligt ist."
[686] *Grzimek* in Geibel/Süßmann, WpÜG, Art. 7 § 327 f AktG Rn. 9.
[687] *Lutter/Leinekugel* (Fn. 618), 263.

Abs. 1 AktG iVm. der Beseitigung der letzten Möglichkeit der Mehrheitsumwandlung nach §§ 11 Nr. 2, 24 Abs. 2 Nr. 2 UmwG aF lasse erkennen, dass die Rechtsordnung das Interesse der Mehrheit, sich von der Minderheit zu trennen, nur dann anerkenne, wenn es sich bei dieser um einen aus Gesellschaftssicht eher unbedeutenden Rest freier Aktionäre handelt[688]. Auch sei zu berücksichtigen, dass die Minderheitsaktionäre bei einem Ausschluss im Wege der Mehrheitseingliederung in jedem Fall Aktien der Hauptgesellschaft angeboten erhielten, sodass sie zumindest indirekt ihrer bisherigen Gesellschaft und deren künftiger Entwicklung verbunden blieben. Da dies beim Squeeze-out jedoch nicht der Fall sei, liege es sogar näher, für einen Squeeze-out eine über 95 % liegende Schwelle für den Anteilsbesitz des (Haupt)Aktionärs zu fordern, als die Schwelle auf unter 95 % zu reduzieren[689]. Schließlich wird angeführt, bei einer über 5 % liegenden Minderheitsbeteiligung dürfte die mitgliedschaftliche Komponente des Anteilseigentums über eine bloße Kapitalanlage hinausgehen. Es sei deshalb fraglich, ob das *BVerfG* auch den Ausschluss einer größeren Minderheit als zulässig ansehen würde[690].

2. Eigener Ansatz

Zwar erscheint durchaus fraglich, ob mit den vorzitierten Argumenten die Unzulässigkeit einer übertragenden Auflösung begründet werden kann, wenn der übernehmende Großaktionär nicht Aktien mit einer Beteiligung am Grundkapital der Gesellschaft von mindestens 95 % hält. Im Ergebnis ist der ablehnenden Ansicht allerdings zuzustimmen.

Wenig überzeugend ist zunächst, Gedanken an eine niedrigere Beteiligungsschwelle vor dem Hintergrund des heutigen Standes des Minderheitenschutzes als Anachronismus abzutun. Die Einfügung der Squeeze-out-Regelung in das AktG ist vor allem im Zusammenhang mit der aus § 35 WpÜG folgenden Pflicht eines Aktionärs zu betrachten, bei Erlangung der Kontrolle über eine Aktiengesellschaft ein Pflichtübernahmeangebot an die übrigen Aktionäre abgeben zu müssen[691]. Da jedoch auch bei einem angemessenen Angebotspreis nicht ohne weiteres davon ausgegangen werden kann, dass bis auf eine Minderheit, die zusammen Aktien mit einer Beteiligung am

---

688 *Lutter* in Lutter/UmwG, Einl. Rn. 39.

689 *E. Vetter*, Squeeze-out in Deutschland, ZIP 2000, 1817, 1819.

690 *Bauer* (Fn. 622), 1214; ähnlich *Rühland* (Fn. 655), 1961 f., der in Ansehung der 5 %-Beteiligungsschwelle von einem „ausgewogenen Kompromiss" zwischen dem Rationalisierungsinteresse der Mehrheit und dem Interesse der Minderheitsaktionäre am Schutz ihres Aktieneigentums spricht. Vgl. jedoch auch *Hanau* (Fn. 622), 1043, wonach keinesfalls ausgeschlossen werden könne, dass selbst eine unter 5 % liegende Beteiligung unternehmerischen Charakter habe. Vielmehr sei eine solche jedenfalls bei Beteiligungen, die von Unternehmen gehalten werden, regelmäßig sogar zu vermuten, könne es sich dabei doch um ein strategisches Investment handeln, das im Hinblick auf unmittelbare Gestaltungsbefugnisse zwar nur symbolischen Charakter habe, den Einfluss aber auf informellem Wege sichere: Denn dem Vernehmen nach werde auf Unternehmen, die eine Splitterbeteiligung halten, durchaus Rücksicht genommen.

691 Vgl. Seite 75 des Allgemeinen Teils der Begründung zum RefE: „Wer künftig verpflichtet ist, bei Überschreitung einer bestimmten Schwelle ein Angebot auf Übernahme aller Anteile an einer Gesellschaft abzugeben, soll auch die Möglichkeit haben, Kleinstbeteiligungen abzufinden, um damit tatsächlich die Position als alleiniger Anteilseigner zu erreichen." Vgl. auch *Grzimek* in Geibel/Süßmann, WpÜG, Art. 7 § 327 a AktG Rn. 24, der den Squeeze-out als „Spiegelbild" der Verpflichtung zur Abgabe eines Übernahmeangebots bezeichnet.

Grundkapital der Gesellschaft von nicht mehr als 5 % hält, alle Aktionäre das Übernahmeangebot annehmen, wird der Mehrheitsaktionär nach Ablauf der Angebotsfrist in vielen Fällen zwar mehr als 75 %, nicht jedoch die für einen Squeeze-out erforderlichen 95 % des Grundkapitals der Gesellschaft halten. Er kann dann zwar in der Hauptversammlung alleine über die Geschicke der Gesellschaft bestimmen, ist jedoch trotzdem zur Rücksichtnahme auf die Mitaktionäre und zur Beachtung der Minderheitsschutzvorschriften mit allen damit verbundenen Konsequenzen verpflichtet. In Konstellationen wie diesen ist nicht ohne weiteres erkennbar, warum die Zulässigkeit eines Squeeze-out davon abhängen soll, wie viele Aktionäre ein Pflichtübernahmeangebot angenommen haben oder nicht[692].
Weiterhin kann gegen die (weitere) uneingeschränkte Zulässigkeit der übertragenden Auflösung kaum vorgebracht werden, bei einer mehr als 5 %-igen Beteiligung gehe die mitgliedschaftliche Komponente des Aktieneigentums über eine bloße Kapitalanlage hinaus[693]. Zum einen setzt diese Annahme voraus, dass die sich nicht in der Hand des Mehrheitsaktionärs befindenden Aktien in der Hand *eines* Minderheitsaktionärs vereinigen und nicht auf eine Vielzahl „kleinerer" Minderheitsaktionäre verteilt sind. Selbst wenn man jedoch von dem Extremfall ausgehen wollte, dass der Mehrheitsaktionär nach einem Übernahmeangebot 75,1 % der stimmberechtigten Aktien und ein Minderheitsaktionär die restlichen 24,9 % hielte, hätte die Beteiligung des Minderheitsaktionärs nicht mehr als Kapitalanlagecharakter. Seine Einflussmöglichkeiten auf die Geschicke der Gesellschaft wären gleich null, sein Stimmrecht in der Hauptversammlung wäre faktisch wertlos, eventuell vorhandene unternehmerische Interessen könnte er damit nicht durchsetzen[694]. Warum die Beteiligung eines solchermaßen beteiligten Aktionärs trotzdem mehr als nur Kapitalanlagecharakter haben soll, ist nicht ersichtlich.
Schließlich sind auch keine bedeutenden Minderheitenrechte mit der 5 %-Beteiligungsschwelle verbunden. Sofern das AktG derartige Rechte an eine Mindestkapitalbeteiligung knüpft, fordert es hier zumeist mindestens 10 % (vgl. etwa §§ 142 Abs. 2 Satz 1, 147 Abs. 1 Satz 1 AktG)[695]. Dies spricht dafür, die übertragende Auflösung zumindest insoweit zuzulassen, als der Großaktionär Aktien mit einer Beteiligung am Grundkapital der Gesellschaft iHv. mindestens 90 % hält[696].

Letztlich können diese Überlegungen jedoch dahin stehen, weil die Entscheidung des Gesetzgebers bezüglich der Mindestbeteiligung des Hauptaktionärs als Voraussetzung für den Zwangsausschluss einer Aktionärsminderheit eindeutig ist. Aus § 327 a Abs. 1 AktG ergibt sich unzweifelhaft, dass ein Mehrheitsaktionär einzig dann berechtigt sein soll, eine Aktionärsminderheit gegen ihren Willen aus der gemeinsamen Ge-

---

[692] In diese Richtung auch *Kallmeyer*, Ausschluss von Minderheitsaktionären, Die AG 2000, 59 f.
[693] So aber *Hanau* (Fn. 622), 1043, und tendenziell auch *Sieger/Hasselbach* (Fn. 62), 131.
[694] Ähnlich *Wolf*, (Fn. 604), 156 ff.
[695] Lediglich die in der Praxis eher unbedeutenden Rechte zur Einberufung der Hauptversammlung (§ 122 Abs. 1 Satz 1 AktG), auf Bekanntmachung eines Beschlussgegenstandes in der Hauptversammlung (§ 122 Abs. 2 AktG), zur Anfechtung des Gewinnverwendungsbeschlusses (§ 254 Abs. 2 Satz 3 AktG), auf Bestellung eines Sonderprüfers (§ 258 Abs. 2 Satz 3 AktG), auf gerichtliche Entscheidung über die abschließenden Feststellungen eines Sonderprüfers (§ 260 Abs. 1 Satz 1 AktG) und auf gerichtliche Bestellung eines Abwicklers bei der Auflösung der Gesellschaft (§ 265 Abs. 3 Satz 1 AktG) knüpft das Gesetz an einen Anteilsbesitz von 5 % am Grundkapital der Gesellschaft.
[696] Vgl. auch *Kallmeyer*, Ausschluss von Minderheitsaktionären (Fn. 692), 59 f.

sellschaft auszuschließen, wenn er Anteile mit einer Beteiligung am Grundkapital der Gesellschaft von mindestens 95 % hält. Das in § 327 Abs. 1 Satz 1 AktG verlangte Mehrheitserfordernis ist das Ergebnis einer gesetzgeberischen Abwägung der Interessen der Minderheitsaktionäre gegen diejenigen des Mehrheitsaktionärs[697]. Entsprechende Forderungen nach einer niedrigeren Beteiligungsschwelle konnten sich nicht durchsetzen[698]. Mag man diese gesetzgeberische Entscheidung mit guten Gründen kritisieren; nichtsdestotrotz ist sie verbindlich und muss beachtet werden. Der zwangsweise Ausschluss einer Aktionärsminderheit gegen Barabfindung oder – wie bei der Mehrheitseingliederung – gegen Aktien ist nur dann zulässig, wenn der den Ausschluss betreibende Großaktionär mindestens Aktien mit einer Beteiligung von 95 % am Grundkapital der gemeinsamen Gesellschaft hält.

Für die (weitere) uneingeschränkte Zulässigkeit der übertragenden Auflösung kann schließlich auch nicht angeführt werden, sie weise gegenüber dem Squeeze-out erhebliche Unterschiede auf und sei mit diesem nicht vergleichbar. Insbesondere kann auch kaum vorgebracht werden, die übertragende Auflösung habe neben ihrer Funktion als Instrument zum zwangsweisen Ausschluss einer Aktionärsminderheit noch eine andere Funktion wie etwa eine Verschmelzungsfunktion, sodass ihre Zulässigkeit nicht ausschließlich an den künftigen §§ 327 a ff. AktG, sondern auch an den entsprechenden Vorschriften des Verschmelzungsrechts, insbesondere also § 65 Abs. 1 Satz 1 UmwG zu messen sei.
Weder die verfahrenstechnischen und zeitlichen Schwierigkeiten bei der Durchführung einer übertragenden Auflösung noch die mit ihr verbundenen steuerlichen Nachteile vermögen eine andere Beurteilung zu rechtfertigen. Im Gegenteil: Gerade diese massiven Nachteile der übertragenden Auflösung machen deutlich, dass sich ein Mehrheitsaktionär in der Praxis der übertragenden Auflösung künftig nicht deshalb bedienen wird, um auf diese Weise „zwei Fliegen – nämlich Squeeze-out *und* Verschmelzung – mit einer Klappe zu schlagen“[699]. Vielmehr gäbe es nach Inkrafttreten des WpÜG für die Durchführung einer übertragenden Auflösung nur noch ein Motiv, nämlich um mit ihrer Hilfe auch eine größere Minderheit als 5 % aus einer Aktiengesellschaft auszuschließen[700]. Ein anderer vernünftiger Grund ist schlicht nicht ersichtlich.
Die weitere uneingeschränkte Zulassung der übertragenden Auflösung verstieße somit gegen die eindeutige und in Kenntnis aller Fakten getroffene gesetzgeberische

[697] So wörtlich auch OLG Hamm 15 W 291/93 vom 8.12.1993, Die AG 1994, 376, 378, zur vergleichbaren Situation bei der Mehrheitseingliederung.
[698] So beispielsweise *Kallmeyer*, Ausschluss von Minderheitsaktionären (Fn. 692), 59 f., der für eine 90 %-Beteiligungsschwelle plädierte.
[699] Aus diesem Grund sind im Übrigen auch die rechtspolitischen Einwände *Bauers* ((Fn. 622), 1215) gegen ein Spruchverfahren bei der übertragenden Auflösung nicht überzeugend. Die vor allem steuerlichen Nachteile der übertragenden Auflösung sind derart gravierend, dass selbst bei einer Analogie zum Spruchverfahren keine Gefahr bestünde, dass die „übertragende Auflösung für Mehrheitsaktionäre möglicherweise so attraktiv [erscheint], dass sie versucht sein könnten, [auch] nach Einführung einer direkten Squeeze-out-Regelung weiterhin die übertragende Auflösung vorzuziehen.“
[700] Ähnlich – wenngleich noch nicht konkret bezogen auf die §§ 327 a ff. AktG – auch *Wiedemann*, Minderheitenrechte ernstgenommen (Fn. 669), 861; tendenziell so auch *Fleischer*, Anmerkung zu BVerfG 1 BvR 68/95 und 1 BvR 147/97, DNotZ 2000, 876, 879, der davon ausgeht, dass die übertragende Auflösung nach Inkrafttreten der Squeeze-out-Regelung als Umgehungsstrategie an Reiz verlieren werde.

Entscheidung, den einem (Haupt)Aktionär den zwangsweisen Ausschluss einer Aktionärsminderheit nur dann zu gestatten, wenn er Aktien mit einer Beteiligung am Grundkapital iHv. mindestens 95 % hält. Die Durchführung einer übertragenden Auflösung für den Fall, dass die Voraussetzungen eines Squeeze-out nicht vorliegen, würde daher eine unzulässige Umgehung der Tatbestandsvoraussetzungen des § 327 a Abs. 1 AktG darstellen und wäre aus diesem Grund rechtswidrig.

VII. Ergebnis

Die Zulässigkeit der übertragenden Auflösung hat nach Inkrafttreten des WpÜG und der Einfügung der §§ 327 a ff. in das AktG eine deutliche Einschränkung erfahren. Seit Jahresbeginn 2002 ist ihre Durchführung nur noch unter der Voraussetzung zulässig, dass ein Mehrheitsaktionär Aktien iHv. mindestens 95 % vom Grundkapital der Gesellschaft hält. Der Zwangsausschluss einer größeren Minderheitsaktionärsgruppe stellte eine unzulässige Umgehung des § 327 Abs. 1 Satz 1 AktG dar und wäre rechtswidrig. Da unter diesen Voraussetzungen jedoch stets auch die Durchführung eines Squeeze-out möglich wäre, der sich im Vergleich zur übertragenden Auflösung nicht zuletzt unter steuerlichen Aspekten deutlich vorteilhafter darstellt, ist zu erwarten, dass die übertragende Auflösung in erheblichem Maße an Bedeutung verlieren wird.

Sollte sie gleichwohl noch praktiziert werden, ist zur Sicherstellung der Angemessenheit der vom Großaktionär für die Übertragung des gesamten Gesellschaftsvermögens zu erbringenden Gegenleistung der aus dem Squeeze-out-Recht stammende § 327 c AktG analog anzuwenden. Auf diese Weise wird den Forderungen des *BVerfG* in *Bosch/Moto Meter* nach einer Wertkontrolle in ausreichendem Maße nachgekommen. Ein zusätzlicher Barabfindungsanspruch der betroffenen Minderheitsaktionäre in entsprechender Anwendung aktien- oder umwandlungsrechtlicher Vorschriften kommt dagegen mangels Regelungslücke nicht in Betracht. Statt dessen steht den Minderheitsaktionären jedoch ein Anspruch auf (Bar)Fungibilitätsausgleich zu.

K. Zusammenfassung und Ausblick

- Die Bedeutung des kalten Delistings wird auch nach Schaffung der börsenrechtlichen Delistingverfahrens durch die Einfügung des § 38 Abs. 4 (zuvor § 43 Abs. 4) in das BörsG kaum schwinden. Zwar ist durch die vor kurzem ergangene *Macrotron*-Entscheidung des *BGH* ein erheblicher Teil der die Attraktivität des börsenrechtlichen Delistings bislang hemmenden Rechtsunsicherheit beseitigt worden, sodass anzunehmen ist, dass das börsenrechtliche Zulassungswiderrufsverfahren künftig von größerem Interesse für rückzugswillige Unternehmen sein wird. Da jedoch mit einem Börsenrückzug vielfach ohnehin Umstrukturierungen der Gesellschaft einhergehen, hat das kalte Delisting nach wie vor den Vorteil, dass sich mit ihm oftmals "zwei Fliegen mit einer Klappe" schlagen lassen.

  Die Bearbeitung hat im Übrigen gezeigt, dass das kalte Delisting das Adjektiv „kalt" vielfach nicht verdient, ist es doch (zumindest bisher) im Hinblick auf den Anlegerschutz dem börsenrechtlichen Delisting in vielerlei Hinsicht deutlich überlegen.

- An der grundsätzlichen Zulässigkeit des kalten Delistings hat sich auch durch die Einfügung des Börsenzulassungswiderrufsverfahrens in § 38 Abs. 4 BörsG nichts geändert: Weder stellt das kalte Delisting eine unzulässige Umgehung der Anlegerschutzvorschriften des BörsG und der Börsenordnungen dar, noch verstößt ein das kalte Delisting betreibender (Mehrheits)Aktionär gegen seine gesellschaftliche Treuepflicht.

- Der Rückzug von der Börse bedarf keiner materiellen Rechtfertigung; die Entscheidung der Hauptversammlung für einen Börsenrückzug trägt ihre Legitimation in sich. Aus diesem Grund ist eine Börsenrückzugsentscheidung keiner gerichtlichen Inhaltskontrolle zu unterziehen. Auch die Zulassungsstellen dürfen bei ihrer Entscheidung über Anträge auf Widerruf der Börsenzulassung keine über die Angemessenheitsprüfung des Aktienkaufangebots hinausgehenden Kriterien berücksichtigen. Unerheblich ist insbesondere die Größe des nach Ablauf der Angebotsfrist noch vorhandenen *free floats*.

- Die besondere Verkehrsfähigkeit zum Börsenhandel zugelassener Aktien hat einen eigenständigen wirtschaftlichen Wert, der Bestandteil des Aktieneigentums und durch die grundgesetzliche Eigentumsgarantie des Art. 14 GG geschützt ist. Wird das Aktieneigentum durch den Eingriff eines Mehrheitsaktionärs entwertet, indem die Fungibilität börsennotierter Aktien durch einen Börsenrückzug eingeschränkt wird, ist dieser Wertverlust grundsätzlich in Form eines Fungibilitätsausgleichs zu entschädigen.

- Diese grundsätzliche Entschädigungspflicht entfällt jedoch in den Fällen, in denen den von einem Börsenrückzug betroffenen Aktionären aufgrund eines gesetzlichen Barabfindungsanspruchs die Möglichkeit zur Desinvestition geboten wird. Da bei der Bestimmung der Höhe der Barabfindung der Börsenkurs der Aktie des seinen Börsenrückzug betreibenden Unternehmens nicht außer Acht gelassen werden darf und regelmäßig die Untergrenze der Barabfindung darstellt, wird der besonderen Verkehrsfähigkeit börsennotierter Aktien bereits in ausreichendem Maße Rechnung getragen, sodass es eines zusätzlichen Fungibilitätsausgleichs nicht bedarf.

- Ein Anspruch auf Barabfindung steht in analoger Anwendung des § 29 Abs. 1 (§ 125) UmwG dabei auch den von einem *going private merger* und den von einer *going private*-Aufspaltung betroffenen Aktionären zu. Ein echtes umwandlungsrechtliches Analogieverbot, welches einer analogen Anwendung entgegenstehen könnte, gibt es dabei nicht.
  In entsprechender Anwendung des § 320 b Abs. 1 Satz 3 AktG steht weiterhin auch den von einer *going private*-Eingliederung betroffenen Aktionären ein Barabfindungsanspruch zu. Dagegen kommt ein Barabfindungsanspruch für die von einer übertragenden Auflösung betroffenen Minderheitsaktionäre nicht in Betracht. Nur hier besteht daher im Ergebnis tatsächlich ein Anspruch auf Fungibilitätsausgleich.

- Hilfsweise könnte der Fungibilitätsausgleich bei Verschmelzung, Aufspaltung und Eingliederung sowohl in Form einer Barzuzahlung als auch durch eine Verbesserung des Verschmelzungs,- Aufspaltungs- bzw. Eingliederungsverhältnisses vorgenommen werden. Bei der übertragenden Auflösung kommt dagegen nur eine Barzahlung in Betracht.

- Bei einem Squeeze-out gehen nicht nur die Aktien der Minderheitsaktionäre auf den Hauptaktionär über, sondern auch eventuell bestehende Aktienoptions- und Wandlungsrechte, die einen bedingten Bezugsrechtsanspruch auf Aktien der Gesellschaft vermitteln; die §§ 327 a Abs. 1, 327 e Abs. 3 AktG sind insofern analog anzuwenden. Hierbei ist ohne Bedeutung, auf welchen Anteil am Grundkapital der Gesellschaft die Options- und Wandlungsrechte sich beziehen.

- Bei der übertragenden Auflösung ist der Forderung des *BVerfG* in seiner *Bosch/Moto Meter*-Entscheidung nach einer Wertkontrolle der vom Großaktionär für die Übertragung des gesamten Gesellschaftsvermögens zu erbringenden Gegenleistung durch eine analoge Anwendung des § 327 c AktG nachzukommen. Ebenso wie beim Squeeze-out sind die Aktionäre demnach in einem schriftlichen Bericht des (Haupt)Aktionärs über die Berechnung der von diesem für die Übertragung des gesamten Gesellschaftsvermögens zu erbringenden Gegenleistung zu informieren. Darüber hinaus ist die Angemessenheit der Gegenleistung von einem gerichtlich bestellten Sachverständigen zu überprüfen.

- Eine gerichtliche Überprüfung der Angemessenheit ist jedoch nur im Rahmen der Anfechtungsklage möglich. Eine analoge Anwendung auch des § 327 f AktG kommt mangels Regelungslücke nicht in Betracht.

- Seit Inkrafttreten der §§ 327 a ff. AktG ist die übertragende Auflösung nur noch unter der Voraussetzung zulässig, dass dem Großaktionär Aktien der Gesellschaft in Höhe von 95 % am Grundkapital der Gesellschaft gehören. Die Durchführung einer übertragenden Auflösung bei einer niedrigeren Mehrheit würde eine unzulässige Umgehung der Voraussetzungen eines Squeeze-out darstellen und wäre daher unzulässig.

Die Bedeutung des *going private* wird nach den zahlreichen Börsengängen der vergangenen Jahre weiter zunehmen. Die Entwicklung zeigt, dass insbesondere Unternehmen des Neuen Marktes nach einer Mehrheitsübernahme den Rückzug von der Börse antreten. Das zu Jahresbeginn in Kraft getretene WpÜG, das schon ab einer Beteiligung von nur 30 % am Grundkapital der Gesellschaft zur Abgabe eines obligatorischen Übernahmeangebots an die außenstehenden Aktionäre verpflichtet, wird diese Tendenz noch verstärken.

Unter den verschiedenen Modellen des kalten Delistings wird die neue Squeeze-out-Regelung eine herausragende Rolle einnehmen. Sofern die beteiligungsmäßigen Voraussetzungen erfüllt sind, gibt es für ein Unternehmen in der Regel keinen Grund, einem der anderen Modelle des kalten Delistings den Vorzug vor einem Squeeze-out zu geben. Insbesondere der vermeintliche Vorteil, bei Mehrheitseingliederung und Verschmelzung auf eine andere Aktiengesellschaft keine Barabfindung anbieten zu müssen, erweist sich nach dem Ergebnis dieser Bearbeitung als tatsächlich nicht existent. Es ist aus diesem Grunde zu erwarten, dass die Mehrheitseingliederung in Börsenrückszugskonstellationen (aber auch in allen anderen Fällen) neben dem Squeeze-out künftig keinerlei Rolle mehr spielen wird. Ausschlaggebend dafür dürfte neben den strengeren Anforderungen, die das Eingliederungsrecht an die Person des Hauptaktionärs stellt, vor allem die Tatsache sein, dass die Durchführung einer Mehrheitseingliederung anders als die eines Squeeze-out aufgrund des Grundsatzes der Abfindung (zumindest auch) in Aktien (§ 320 b Abs. 1 Satz 2 AktG) immer die schwierige und vor allem auch kostenintensive Bewertung *zweier* Unternehmen erfordert.

Zumindest vorerst nur ein Nischendasein werden Formwechsel, Verschmelzung und Aufspaltung als diejenigen Modelle des kalten Delistings fristen, die keine bestimmte Kapitalbeteiligung des den Börsenrückzug betreibenden Mehrheitsaktionärs, sondern lediglich einen mit satzungsändernder Mehrheit gefassten Hauptversammlungsbeschluss erfordern. Zum Teil allerdings sagen Investmentbanker eine Entwicklung des *going private*-Marktes hin zu solchen Gesellschaften voraus, die nicht über eine konzentrierte Aktionärsstruktur, sondern über einen hohen Streubesitzanteil verfügen[701]. Sollte sich dies bewahrheiten, ist anzunehmen, dass auch die Bedeutung dieser drei Modelle (wieder) zunehmen wird.

Die künftige Bedeutung des börsenrechtlichen Delistingverfahrens ist schwer vorherzusagen. Zwar ist durch die vor kurzem ergangene *Macrotron*-Entscheidung des *BGH* ein erheblicher Teil der bis dato vorhandenen Rechtsunsicherheit beseitigt worden. Ob dies jedoch ausreicht, das börsenrechtliche Zulassungswiderrufsverfahren gegen-

---

[701] *Richard* in Hdb. Going Private, Seite 46 f.

über den verschiedenen Modellen des kalten Delistings wirklich konkurrenzfähiger zu machen, wird erst die Zukunft zeigen.

Literaturverzeichnis

Aha, Christof: Einzel- oder Gesamtrechtsnachfolge bei der Ausgliederung?, in: Die AG 1997, 345 ff. (zit.: *Aha*, Einzel- oder Gesamtrechtsnachfolge?)

Angerer, Lutz: Der Squeeze-out, in: BKR 2002, 260 ff. (zit.: *Angerer*, Squeeze-out)

Assmann, Hein-Dieter; Schneider, Uwe H.: Wertpapierhandelsgesetz Kommentar, 2. Auflage – Köln 1999 (zit.: *Bearbeiter* in Assmann/Uwe H. Schneider, WpHG)

Barz, Carl Hans; Brönner, Herbert; Klug, Ulrich; Mellerowicz, Konrad; Meyer-Landrut, Joachim; Schilling, Wolfgang; Wiedemann, Herbert; Würdinger, Hans: Aktiengesetz Großkommentar, Vierter Band (§§ 291 – 410), 3. Auflage – Berlin · New York 1975 (zit.: *Bearbeiter* in GroßKomm/AktG)

Barz, Carl Hans; Behrens, Peter; Goerdeler, Reinhard; Hohner, Georg; Kohlmann, Günter; Mertens, Hans-Joachim; Schilling, Wolfgang; Ulmer, Peter: Gesetz betreffend die Gesellschaften mit beschränkter Haftung (GmbHG), Dritter Band (§§ 53 – 85), 7. Auflage – Berlin · New York 1984 (zit.: *Bearbeiter* in Hachenburg/GmbHG)

Bauer, Patrick: Anmerkung zu BVerfG 1 BvR 68/95 und 1 BvR 147/97, in: NZG 2000, 1214 f. (zit.: *Bauer*, Anmerkung zu BVerfG 1 BvR 68/95 und 1 BvR 147/97)

Baums, Philipp: Ausschluss von Minderheitsaktionären, Frankfurt/M. · Berlin · Bern · Bruxelles · New York · Oxford · Wien 2001 (zit.: *Ph. Baums*, Ausschluss)

ders.: Der Ausschluss von Minderheitsaktionären nach §§ 327 a ff. AktG n.F., in: WM 2001, 1843 ff. (zit.: *Ph. Baums*, Ausschluss nach §§ 327 a ff. AktG)

Baums, Theodor (Hrsg.): Bericht der Regierungskommission Corporate Governance, Köln 2001 (zit.: Bericht der Regierungskommission Corporate Governance)

Bayer, Walter: 1000 Tage neues Umwandlungsrecht – eine Zwischenbilanz, in: ZIP 1997, 1613 ff. (zit.: *Bayer*, 1000 Tage neues Umwandlungsrecht)

Beermann, Marcel; Masucci, Axel: Motive und Umsetzung eines Going private, in: FB 2000, 705 ff. (zit.: *Beermann/Masucci*, Motive eines Going Private)

Behnke, Thorsten: Anmerkung zu BVerfG 1 BvR 1613/94, in: NZG 1999, 934 (zit.: *Behnke*, Anmerkung zu BVerfG 1 BvR 1613/94)

Bolte, Christian: Squeeze-out: Eröffnung neuer Umgehungstatbestände durch die §§ 327 a ff. AktG?, in: DB 2001, 2587 ff. (zit.: *Bolte*, Umgehungstatbestände?)

Braunschweig, Philipp von: Going Private und De-listing deutscher Aktiengesellschaften nach einem Mehrheitserwerb, in: M & A Review 4/99, 165 ff. (zit.: *v. Braunschweig*, Going Private nach Mehrheitserwerb)

Brox, Hans: Allgemeiner Teil des Bürgerlichen Gesetzbuchs, 25. Auflage – Köln . Berlin . Bonn . München 2001 (zit.: *Brox*, BGB/Allgemeiner Teil)

Budde, Wolfgang Dieter; Clemm, Hermann; Ellrott, Helmut; Förschle, Gerhart; Hoyos, Martin: Beck'scher Bilanz-Kommentar, 4. Auflage – München 1999 (zit.: *Bearbeiter* in Beck'scher Bilanz-Kommentar)

Bungert, Hartwin: Ausgliederung durch Einzelrechtsnachfolge und analoge Anwendung des Umwandlungsgesetzes, in: NZG 1998, 367 ff. (zit.: *Bungert*, Umwandlungsgesetz)

ders.: Delisting und Hauptversammlung, in: BB 2000, 53 ff. (zit.: *Bungert*, Delisting)

Bungert, Hartwin; Eckert, Jan: Unternehmensbewertung nach Börsenwert: Zivilgerichtliche Umsetzung der BVerfG-Rechtsprechung, in: BB 2000, 1845 ff. (zit.: *Bungert/Eckert*, Unternehmensbewertung nach Börsenwert)

Diekmann, Hans: Abfindungs- und Ausgleichsansprüche außenstehender oder ausgeschiedener Aktionäre, in: WuB 2000, II A. § 304 AktG 1.00 (Seite 53 ff.) (zit.: *Diekmann*, Abfindungs- und Ausgleichsansprüche)

Dörfler, Wolfgang; Gahler, Wolfgang; Unterstraßer, Stefan; Wirichs, Robert: Probleme bei der Wertermittlung von Abfindungsangeboten, in: BB 1994, 156 ff. (zit.: *Dörfler/Gahler/Unterstraßer/Wirichs*, Wertermittlung)

Dreier, Horst (Hrsg.): Grundgesetz Kommentar, Band II (Art. 20 – 82), Tübingen 1998, Band III (Art. 83 – 146), Tübingen 2000 (zit.: *Bearbeiter* in Dreier/GG)

Droege, Walter P. J.; Noe, Derrick: Der Rückzug von der Börse, in: FAZ vom 27.11.2000, Seite 32 (zit.: *Droege/Noe*, Rückzug von der Börse)

Dunzendorfer, Martin: Alarmsignal statt Randnotiz: der Schwund an Nebenwerten, in: Börsen-Zeitung vom 20.2.2001, Seite 8 (zit.: *Dunzendorfer*, Schwund an Nebenwerten)

Ehricke, Ulrich; Roth, Markus: Squeeze-out im geplanten deutschen Übernahmerecht, in: DStR 2001, 1120 ff. (zit.: *Ehricke/Roth*, Squeeze-out)

Emmerich, Volker; Habersack, Mathias: Aktien- und GmbH-Konzernrecht, 2. Auflage – München 2001 (zit.: *Bearbeiter* in Emmerich/Habersack, Konzernrecht)

Emmerich, Volker; Sonnenschein, Jürgen: Konzernrecht, 5. Auflage – München 1993 (zit.: *Emmerich/Sonnenschein*, Konzernrecht (5. Aufl.))

Emmerich, Volker; Sonnenschein, Jürgen; Habersack, Mathias: Konzernrecht, 7. Auflage – München 2001 (zit.: *Emmerich/Sonnenschein/Habersack*, Konzernrecht)

Erb, Günther: Der Börsenkurs als Untergrenze der Abfindung auch in Verschmelzungsfällen, in: DB 2001, 523 f. (zit.: *Erb*, Börsenkurs auch in Verschmelzungsfällen)

Even, Frank; Vera, Antonio: Die Techniken des Going Private in Deutschland, in: DStR 2002, 1315 ff. (zit.: *Even/Vera*, Going Private)

Fastrich, Lorenz: Richterliche Inhaltskontrolle im Privatrecht, München 1992 (zit.: *Fastrich*, Inhaltskontrolle im Privatrecht)

Fleischer, Holger: Anmerkung zu BVerfG 1 BvR 68/95 und 1 BvR 147/97, in: DNotZ 2000, 876 ff. (zit.: *Fleischer*, Anmerkung zu BVerfG 1 BvR 68/95 und 1 BvR 147/97)

ders.: Das neue Recht des Squeeze out, in: ZGR 2002, 757 ff. (zit.: *Fleischer*, Squeeze out)

Fluck, Jürgen: Zum Verzicht des Begünstigten auf Rechte aus einem Verwaltungsakt am Beispiel der Börsenzulassung, in: WM 1995, 553 ff. (zit.: *Fluck*, Verzicht)

Flume, Werner: Die Rechtsprechung des II. Zivilsenats des BGH zur Treuepflicht des GmbH-Gesellschafters und des Aktionärs, in: ZIP 1995, 161 ff. (zit.: *Flume*, Treuepflicht des Aktionärs)

Friedrich, Christopher V.: Auflösung einer Kapitalgesellschaft und Übernahme des Unternehmens durch einen Gesellschafter, in: BB 1994, 89 ff. (zit.: *Friedrich*, Auflösung einer Kapitalgesellschaft)

Fuhrmann, Lambertus; Simon, Stephan: Der Ausschluss von Minderheitsaktionären, in: WM 2002, 1211 ff. (zit.: *Fuhrmann/Simon*, Ausschluss von Minderheitsaktionären)

Geibel, Stephan; Süßmann, Rainer (Hrsg.): Wertpapiererwerbs- und Übernahmegesetz, München 2002 (zit.: *Bearbeiter* in Geibel/Süßmann, WpÜG)

Gesellschaftsrechtliche Vereinigung (Hrsg.): Gesellschaftsrecht in der Diskussion, Band 1: Jahrestagung 1998 der Gesellschaftsrechtlichen Vereinigung, Köln 1999 (zit.: *Bearbeiter* in Gesellschaftsrecht in der Diskussion)

Gesmann-Nuissl, Dagmar: Die neuen Squeeze-out-Regeln im Aktiengesetz, in: WM 2002, 1205 ff. (zit.: *Gesmann-Nuissl*, Squeeze-out-Regeln)

Geßler, Ernst; Hefermehl, Wolfgang; Eckardt, Ulrich; Kropff, Bruno: Aktiengesetz, Band I (§§ 1 – 75), München 1984, Band IV (§§ 179 – 240), München 1994, Band VI (§§ 291 – 410), München 1994 (zit.: *Bearbeiter* in Geßler/Hefermehl/Eckardt/Kropff, AktG)

Godin, Freiherr von; Wilhelmi, Hans: Aktiengesetz, Band II (§§ 179 – 410), 4. Auflage – Berlin . New York 1971 (zit.: *Godin/Wilhelmi*, AktG)

Goutier, Klaus; Knopf, Rüdiger; Tulloch, Anthony: Kommentar zum Umwandlungsrecht, Heidelberg 1996 (zit.: *Bearbeiter* in Goutier/Knopf/Tulloch, UmwR)

Groß, Wolfgang: Zulassung von Wertpapieren zum Börsenhandel mit amtlicher Notierung, in: FB 1999, 24 ff. (zit.: *Groß*, Zulassung zum Börsenhandel)

Ders.: Rechtsprobleme des Delistings, in: ZHR 165 (2001), 141 ff. (zit.: *Groß*, Delisting)

Ders.: Kapitalmarktrecht, 2. Auflage – München 2002 (zit.: *Groß*, Kapitalmarktrecht)

Großfeld, Bernhard: Unternehmens- und Anteilsbewertung im Gesellschaftsrecht, 4. Auflage – Köln 2002 (zit.: *Großfeld*, Unternehmens- und Anteilsbewertung)

Grunewald, Barbara: Austrittsrechte als Folge von Mischverschmelzungen und Verfügungsbeschränkungen (§ 29 UmwG), in: Festschrift für Karlheinz Boujong, 175 ff. (zit.: *Grunewald*, Austrittsrechte nach § 29 UmwG)

Dies.: Das Recht zum Austritt aus der Aktiengesellschaft, in: Festschrift für Carsten Peter Claussen, 103 ff. (zit.: *Grunewald*, Austritt aus der Aktiengesellschaft)

Dies.: Die neue Squeeze-out-Regelung, in: ZIP 2002, 18 ff. (zit.: *Grunewald*, Squeeze-out-Regelung)

Grupp, Alexander: Börseneintritt und Börsenaustritt, Sternenfells . Berlin 1995 (zit.: *Grupp*, Börseneintritt und Börsenaustritt)

Halasz, Christian; Kloster, Lars: Nochmals: Squeeze-out – Eröffnung neuer Umgehungstatbestände durch die §§ 327 a ff. AktG?, in: DB 2002, 1253 ff. (zit.: *Halasz/Kloster*, Umgehungstatbestände)

Halm, Dirk: "Squeeze-Out" heute und morgen: Eine Bestandsaufnahme nach dem künftigen Übernahmerecht, in: NZG 2000, 1162 ff. (zit.: *Halm*, „Squeeze-Out“ heute und morgen)

Hamann, Axel: Minderheitenschutz beim Squeeze-out-Beschluss, Köln 2003 (zit.: *A. Hamann*, Squeeze-out)

Hamprecht, H.; Schwarzer, J.: „Einladung zum Betrug“, in: Die Telebörse, Heft 04/2002, Seite 22 f. (zit.: *Hamprecht/Schwarzer*, „Einladung zum Betrug“)

Hanau, Hans: Der Bestandsschutz der Mitgliedschaft anlässlich der Einführung des „Squeeze-out“ im Aktienrecht, in: NZG 2002, 1040 ff. (zit.: *Hanau*, Bestandsschutz)

Handelsrechtsausschuss des Deutschen Anwaltsvereins e.V.: Vorschläge zur Änderung des UmwG, in: NZG 2000, 802 ff. (zit.: *DAV-Handelsrechtsausschuss*, Vorschläge zur Änderung des UmwG)

Ders.: Stellungnahme zum Referentenentwurf für ein Gesetz zur Regelung von öffentlichen Angeboten zum Erwerb von Wertpapieren und von Unternehmensübernahmen (WÜG), in: NZG 2001, 420 ff. (zit.: *DAV-Handelsrechtsausschuss*, Stellungnahme zum RefE des WÜG)

Harbarth, Stephan: Kontrollerlangung und Pflichtangebot, in: ZIP 2002, 321 ff. (zit.: *Harbarth*, Kontrollerlangung und Pflichtangebot)

Harrer, Herbert (Hrsg.): Mitarbeiterbeteiligungen und Stock-Option-Pläne, München 2000 (zit.: *Bearbeiter* in Harrer/Stock-Option-Pläne)

Harrer, Herbert; Wilsing, Hans-Ulrich: Aktuelle Aspekte des Rückzugs von der Wertpapierbörse (sog. Delisting), in: DZWIR 2002, 485 ff. (zit.: *Harrer/Wilsing*, Delisting)

Hecker, Renate: Regulierung von Unternehmensübernahmen und Konzernrecht, Wiesbaden 2000 (zit.: *Hecker*, Unternehmensübernahmen und Konzernrecht)

Heckschen, Heribert: Die Entwicklung des Umwandlungsrechts aus Sicht der Rechtsprechung und Praxis, in: DB 1998, 1385 ff. (zit.: *Heckschen*, Entwicklung des Umwandlungsrechts)

Heidel, Thomas; Lochner, Daniel: Squeeze-out ohne hinreichenden Eigentumsschutz, in: DB 2001, 2031 ff. (zit.: *Heidel/Lochner*, Eigentumsschutz)

Hellwig, Hans-Jürgen: Möglichkeiten einer Börsenreform zur Stärkung des deutschen Kapitalmarktes, in: ZGR 1999, 781 ff. (zit.: *Hellwig*, Börsenreform)

Hellwig, Hans-Jürgen; Bormann, Michael: Die Abfindungsregeln beim Going Private – Der Gesetzgeber ist gefordert!, in: ZGR 2002, 465 ff. (zit.: *Hellwig/Bormann*, Abfindungsregeln)

Henze, Hartwig: Die „zweistufige“ Konzernverschmelzung, in: Die AG 1993, 341 ff. (zit.: *Henze*, Die „zweistufige“ Konzernverschmelzung)

Ders.: Auflösung einer Aktiengesellschaft und Erwerb ihres gesamten Vermögens durch den Mehrheitsgesellschafter, in: ZIP 1995, 1473 ff. (zit.: *Henze*, Auflösung)

DERS.: Die Berücksichtigung des Börsenkurses bei der Bemessung von Abfindung und variablem Ausgleich im Unternehmensvertragsrecht, in: Festschrift für Marcus Lutter, 1101 ff. (zit.: *Henze*, Berücksichtigung des Börsenkurses)

DERS.: Der Schlusspunkt des Bundesverfassungsgerichts unter den Streit um die „übertragende Auflösung", in: Festschrift für Martin Peltzer, 181 ff. (zit.: *Henze*, Übertragende Auflösung)

DERS.: Aspekte und Entwicklungstendenzen der aktienrechtlichen Anfechtungsklage in der Rechtsprechung des BGH, in: ZIP 2002, 97 ff. (zit.: *Henze*, Anfechtungsklage)

HILLE, HANS-EDUARD: Die Inhaltskontrolle der Gesellschaftsverträge von Publikums-Personengesellschaften, Köln 1986 (zit.: *Hille*, Inhaltskontrolle der Gesellschaftsverträge)

HOFER, JOACHIM; HEILMANN, DIRK HINRICH: Familienunternehmen greifen nach Börsenverlierern, in: Handelsblatt vom 20.9.2001, Seite 11 (zit.: *Hofer/Heilmann*, Familienunternehmen greifen nach Börsenverlierern)

HOFFMANN-BECKING, MICHAEL (HRSG.): Münchener Handbuch des Gesellschaftsrechts, Band 4 . Aktiengesellschaft, 2. Auflage – München 1999 (zit.: *Bearbeiter* in Münch. Hdb. GesR IV)

HOFFMANN-BECKING, MICHAEL: Der materielle Gesellschafterschutz: Abfindung und Spruchverfahren, in: ZGR 1990, 482 ff. (zit.: *Hoffmann-Becking*, Spruchverfahren)

DERS.: Rechtsschutz bei Informationsmängeln im Unternehmensvertrags- und Umwandlungsrecht, in: RWS-Forum 2001, 55 ff. (zit.: *Hoffmann-Becking*, Informationsmängel)

HOFMANN, JOSEF: Die Spielregeln sind noch nicht komplett, in: Handelsblatt vom 23.7.2001, Seite 2 (zit.: *Hofmann*, Spielregeln)

HOHN, NIKOLA: Going Private, Frankfurt/M. 2000 (zit.: *Hohn*, Going Private)

HOLZBORN, TIMO; SCHLÖßER, DANIEL: Systemwechsel beim going private, in: BKR 2002, 486 ff. (zit.: *Holzborn/Schlößer*, Systemwechsel)

HOPT, KLAUS J.: Konzernrecht für Europa, in: ZGR 1998, 672 ff. (zit.: *Hopt*, Konzernrecht)

HOPT, KLAUS J. (HRSG.): Baumbach/Hopt · Handelsgesetzbuch, 30. Auflage – München 2000 (zit.: *Baumbach/Hopt*, HGB)

HOPT, KLAUS J.; WIEDEMANN, HERBERT (HRSG.): Großkommentar zum AktG, 18. Lieferung (§§ 192 – 206), 4. Auflage – Berlin . New York 2001, 6. Lieferung (§§ 241 – 255), 4. Auflage – Berlin . New York 1996 (zit.: *Bearbeiter* in GroßKomm/AktG)

HÜFFER, UWE: Aktiengesetz, 5. Auflage – München 2002 (zit.: *Hüffer*, AktG)

HÜTTEMANN, RAINER: Börsenkurs und Unternehmensbewertung, in: ZGR 2001, 455 ff. (zit.: *Hüttemann*, Börsenkurs und Unternehmensbewertung)

IHRIG, HANS-CHRISTOPH: Verschmelzung und Spaltung ohne Gewährung neuer Anteile?, in: ZHR 160 (1996), 317 ff. (zit.: *Ihrig*, Verschmelzung ohne neue Anteile?)

INDERBITZIN, MICHAEL: Going Private und dem Going Private ähnliche Sachverhalte, Zürich 1993 (zit.: *Inderbitzin*, Going Private)

Institut der Wirtschaftsprüfer in Deutschland e.V. (Hrsg.): Wirtschaftsprüfer-Handbuch · Band II, 11. Auflage - Düsseldorf 1998 (zit.: *Bearbeiter* in Wirtschaftsprüfer-Handbuch)

ders.: IDW Standard: Grundsätze zur Durchführung von Unternehmensbewertungen, in: Die Wpg. 2000, 825 ff. (zit.: IDW Standard)

Jocham, Andrea; Koenen, Jens: Immer mehr Unternehmen prüfen Vergütungsmodelle für Spitzenkräfte, in: Handelsblatt vom 27.1.2003, Seite 14 (zit.: *Jocham/Koenen*, Vergütungsmodelle)

Jung, Hartmuth: Mehr als 50 Kandidaten für ein Going Private, in: Börsen-Zeitung vom 14.3.2001, Seite 10 (zit.: *Jung*, Mehr als 50 Kandidaten für ein Going Private)

Kallmeyer, Harald (Hrsg.): Umwandlungsgesetz, 2. Auflage – Köln 2001 (zit.: *Bearbeiter* in Kallmeyer/UmwG)

Kallmeyer, Harald: Anwendung von Verfahrensvorschriften des Umwandlungsgesetzes auf Ausgliederungen nach Holzmüller, Zusammenschlüsse nach der Pooling-of-interests-Methode und die sog. übertragende Auflösung, in: Festschrift für Marcus Lutter, 1245 ff. (zit.: *Kallmeyer*, Verfahrensvorschriften des UmwG)

ders.: Ausschluss von Minderheitsaktionären, in: Die AG 2000, 59 ff. (zit.: *Kallmeyer*, Ausschluss von Minderheitsaktionären)

Kemper, Oliver; Schiereck, Dirk: Going Privates in Deutschland, in: WISU 2002, Seite 88 ff. und 217 ff. (zit.: *Kemper/Schiereck*, Going Privates)

Kiem, Roger: Kurzkommentar zu LG München I 5 HKO 10580/99, in: EWiR 2000, 75 f. (zit.: *Kiem*, Kurzkommentar zu LG München I 5 HKO 10580/99)

ders.: Das neue Übernahmegesetz: „Squeeze-out“, in: RWS-Forum 2001, 329 ff. (zit.: *Kiem*, Squeeze-out)

Kießling, Erik: Der Rechtsformwechsel zwischen Personengesellschaften, in: WM 1999, 2391 ff. (zit.: *Kießling*, Rechtsformwechsel)

Kleindiek, Detlef: "Going Private" und Anlegerschutz, in: Festschrift für Gerold Bezzenberger, 653 ff. (zit.: *Kleindiek*, Going Private und Anlegerschutz)

Klenke, Hilmar: Der Rückzug mehrfach notierter Unternehmen von den deutschen Regionalbörsen, in: WM 1995, 1089 ff. (zit.: *Klenke*, Rückzug von Regionalbörsen)

Kleppe, Martin: Anlegerschutz beim Rückzug eines Unternehmens von der Börse, Köln 2002 (zit.: *Kleppe*, Anlegerschutz beim Rückzug von der Börse)

Köhler, Peter: Wenn die Börsennotiz zur Last wird, in: Handelsblatt vom 9.10.2000, Seite 39 (zit.: *Köhler*, Wenn die Börsennotiz zur Last wird)

Koenen, Jens: Erste Kleinanleger fliegen raus, in: Handelsblatt vom 3.1.2002, Seite 11 (zit.: *Koenen*, Erste Kleinanleger fliegen raus)

Kossmann, Alfred: Ausschluss („Freeze-out“) von Aktionären gegen Barabfindung, in: NZG 1999, 1198 ff. (zit.: *Kossmann*, Ausschluss von Aktionären)

Krause, Hartmut: Das neue Übernahmerecht, in: NJW 2002, 705 ff. (zit.: *Krause*, Übernahmerecht)

Krieger, Gerd: Squeeze-out nach neuem Recht: Überblick und Zweifelsfragen, in: BB 2002, 53 ff. (zit.: *Krieger*, Squeeze-out nach neuem Recht)

KROPFF, BRUNO: Aktiengesetz, Düsseldorf 1965 (zit.: *Kropff*, Aktiengesetz)

KROPFF, BRUNO; SEMLER, JOHANNES (HRSG.): Münchener Kommentar zum Aktiengesetz, Band 1 (§§ 1 – 53), 2. Auflage – München 2000, Band 7 (§§ 222 – 277), 2. Auflage – München 2001, Band 8 (§§ 278 – 328), 2. Auflage – München 2000 (zit.: *Bearbeiter* in MünchKomm/AktG)

KRUSE, TOBIAS: Gerichtliche Kontrolle des obligatorischen Aktienkaufangebots beim börsenrechtlichen Delistingverfahren?, in: BB 2000, 2271 ff. (zit.: *Kruse*, Gerichtliche Kontrolle)

KÜCK, MARLENE: Delisting, in: ZInsO 2001, 649 ff. (zit.: *Kück*, Delisting)

KÜMPEL, SIEGFRIED: Amtlicher Markt und Freiverkehr an der Börse aus rechtlicher Sicht, in: WM 1985, Sonderbeilage 5, 1 ff. (zit.: *Kümpel*, Amtlicher Markt)

LAND, VOLKER; HASSELBACH, KAI: "Going Private" und "Squeeze-out" nach deutschem Aktien-, Börsen- und Übernahmerecht, in: DB 2000, 557 ff. (zit.: *Land/Hasselbach*, Going Private und Squeeze-out)

LARENZ, KARL; CANARIS, CLAUS-WILHELM: Methodenlehre der Rechtswissenschaft, 3. Auflage – Berlin . Heidelberg . New York 1995 (zit.: *Larenz/Canaris*, Methodenlehre)

LEINEKUGEL, ROLF: Die Ausstrahlungswirkungen des Umwandlungsgesetzes, Köln · Berlin · Bonn · München 2000 (zit.: *Leinekugel*, Ausstrahlungswirkungen)

LIEB, MANFRED: Abfindungsansprüche im (qualifizierten?) faktischen Konzern, in: Festschrift für Marcus Lutter, 1151 ff. (zit.: *Lieb*, Abfindungsansprüche)

LIEBRICH, SILVIA: Immer mehr Aschenputtel sind ihre Rolle leid, in: Süddeutsche Zeitung vom 25.8.2000, Seite 26 (zit.: *Liebrich*, Aschenputtel sind ihre Rolle leid)

LIESE, STEFAN: Erläuterung zu BGH II ZR 75/87 („Linotype"), in: JA 1988, 621 ff. (zit.: *Liese*, Erläuterung zu BGH II ZR 75/87)

LUTTER, MARCUS: Zur inhaltlichen Begründung von Mehrheitsentscheidungen – Besprechung der Entscheidung BGH WM 1980, 378 –, in: ZGR 1981, 171 ff. (zit.. *Lutter*, Begründung von Mehrheitsentscheidungen)

DERS.: Die Treuepflicht des Aktionärs, in: ZHR 153 (1989), 446 ff. (zit.: *Lutter*, Die Treuepflicht des Aktionärs)

DERS.: Gesellschaftsrecht und Kapitalmarkt, in: Festschrift für Wolfgang Zöllner, 363 ff. (zit.: *Lutter*, Gesellschaftsrecht und Kapitalmarkt)

DERS.: Das Vor-Erwerbsrecht/Bezugsrecht der Aktionäre beim Verkauf von Tochtergesellschaften über die Börse, in: Die AG 2000, 342 ff. (zit.: *Lutter*, Börsenverkauf von Tochtergesellschaften)

LUTTER, MARCUS (HRSG.): Kölner Umwandlungsrechtstage: Verschmelzung, Spaltung, Formwechsel nach neuem Umwandlungsrecht und Umwandlungssteuerrecht, Köln 1995 (zit.: *Verfasser* in Lutter, Kölner Umwandlungsrechtstage)

DERS.: Umwandlungsgesetz . Kommentar, Band I (§§ 1 – 151), 2. Auflage – Köln 2000, Band II (§§ 152 – 325), 2. Auflage – Köln 2000 (zit.: *Bearbeiter* in Lutter/UmwG)

LUTTER, MARCUS; BEZZENBERGER, TILMAN: Für eine Reform des Spruchverfahrens im Aktien- und Umwandlungsrecht, in: Die AG 2000, 433 ff. (zit.: *Lutter/Bezzenberger*, Reform des Spruchverfahrens)

LUTTER, MARCUS; DRYGALA, TIM: Die übertragende Auflösung: Liquidation der Aktiengesellschaft oder Liquidation des Minderheitenschutzes?, in: Festschrift für Bruno Kropff, 191 ff. (zit.: *Lutter/Drygala*, Übertragende Auflösung)

LUTTER, MARCUS; HOMMELHOFF, PETER: GmbH-Gesetz, 13. Auflage – Köln 1991 (zit.: *Lutter/Hommelhoff*, GmbHG)

LUTTER, MARCUS; LEINEKUGEL, ROLF: Planmäßige Unterschiede im umwandlungsrechtlichen Minderheitenschutz?, in: ZIP 1999, 261 ff. (zit.: *Lutter/Leinekugel*, Planmäßige Unterschiede im Minderheitenschutz?)

MAIER-REIMER, GEORG: Verbesserung des Umtauschverhältnisses im Spruchverfahren, in: ZHR 164 (2000), 563 ff. (zit.: *Maier-Reimer*, Verbesserung des Umtauschverhältnisses)

MAISCH, MICHAEL: Porsche gibt Platz im MDAX auf, in: Handelsblatt vom 5.6.2001, Seite 15 (zit.: *Maisch*, Porsche gibt Platz im MDAX auf)

MARTENS, KLAUS-PETER: Der Ausschluss des Bezugsrechts: BGHZ 33, S. 175, in: Festschrift für Robert Fischer, 437 ff. (zit.: *Martens*, Der Ausschluss des Bezugsrechts)

DERS.: Die rechtliche Behandlung von Options- und Wandlungsrechten anlässlich der Eingliederung der verpflichteten Gesellschaft, in: Die AG 1992, 209 ff. (zit.: *Martens*, Optionsrechte bei Eingliederung)

MARTINIUS, PHILIP; SCHIFFER, JACK: Anmerkung zu LG München I 5 HKO 10580/99, in: DB 1999, 2460 ff. (zit.: *Martinius/Schiffer*, Anmerkung zu LG München I 5 HKO 10580/99)

MERTENS, HANS-JOACHIM: Die Übertragung des ganzen Vermögens ist die Übertragung des (so gut wie ganzen) Vermögens, in: Festschrift für Wolfgang Zöllner, 385 ff. (zit.: *H. J. Mertens*, Übertragung des ganzen Vermögens)

MERTENS, KAI: Der Auskauf von Minderheitsaktionären in gemeinschaftlich beherrschten Unternehmen, in: Die AG 2002, 377 ff. (zit.: *K. Mertens*, Auskauf von Minderheitsaktionären)

MEWES, HANS: Anlegerschutz beim Rückzug von der Börse nicht gesichert, in: FAZ vom 18.8.2000, Seite 36 (zit.: *Mewes*, Anlegerschutz beim Rückzug von der Börse)

MEYER-LANDRUT, ANDREAS; KIEM, ROGER: Der Formwechsel einer Publikumsaktiengesellschaft, in: WM 1997, 1361 ff. und 1413 ff. (zit.: *Meyer-Landrut/Kiem*, Formwechsel einer Publikumsaktiengesellschaft)

MOSER, ULRICH; PRÜHER, MARKUS: Vorteilhaftigkeit von Squeeze-outs am deutschen Markt, in: FB 2002, 361 ff. (zit.: *Moser/Prüher*, Vorteilhaftigkeit von Squeeze-outs)

MOXTER, ADOLF: Grundsätze ordnungsgemäßer Unternehmensbewertung, 2. Auflage – Wiesbaden 1983 (*Moxter*, Unternehmensbewertung)

MÜLBERT, PETER O.: Aktiengesellschaft, Unternehmensgruppe und Kapitalmarkt, München 1995 (zit.: *Mülbert*, Aktiengesellschaft)

DERS.: Rechtsprobleme des Delistings, in: ZHR 165 (2001), 104 ff. (zit.: *Mülbert*, Delisting)

MÜLLER, H.F.: Anmerkung zu BGH II ZR 117/97, in: WuB 1999, II A. § 320 AktG 1.99 (Seite 435 f.) (zit.: *Müller*, Anmerkung zu BGH II ZR 117/97)

MÜNSTERMANN, HANS: Wert und Bewertung der Unternehmen, 3. Auflage – Wiesbaden 1970 (zit.: *Münstermann*, Bewertung der Unternehmen)

MUTTER, STEFAN: Kurzkommentar zu OLG München 7 U 6019/99, in: EWiR 2001, 459 f. (zit.: *Mutter*, Kurzkommentar zu OLG München 7 U 6019/99)

NEYE, HANS-WERNER: Umwandlungsgesetz . Umwandlungssteuergesetz, 2. Auflage – Köln 1995 (zit.: *Neye*, UmwG . UmwStG)

DERS.: Kurzkommentar zu BVerfG 1 BvR 1613/94, in: EWiR 1999, 751 ff. (zit.: *Neye*, Kurzkommentar zu BVerfG 1 BvR 1613/94)

OHNE AUTOR: Börsen Rückzugsinteresse contra Vertrauensschutz, in: ZfgK 2000, 506 (zit.: *C. St.*, Rückzugsinteresse contra Vertrauensschutz)

OHNE AUTOR: Immer mehr Unternehmen planen den Rückzug von der Börse, in: FAZ vom 14.3.2001, Seite 33 (zit.: FAZ vom 14.3.2001)

OHNE AUTOR: Deutscher Aktienmarkt verliert an Gewicht, in: Handelsblatt vom 21.5.2001, Seite 1 (zit.: Handelsblatt vom 21.5.2001)

OHNE AUTOR: Radikalkur für den Aktienmarkt, in: Handelsblatt vom 27./28.9.2002, Seite 1 (zit.: Handelsblatt vom 27./28.9.2002)

OHNE AUTOR: Kaum noch institutionelle Anleger auf dem Neuen Markt, in: FAZ vom 2.5.2002, Seite 29 (zit.: FAZ vom 2.5.2002, Seite 29)

OHNE AUTOR: T-Online wird nach zweitem Börsengang Dax-Kandidat, in: Handelsblatt vom 2.12.2002, Seite 1 (zit.: Handelsblatt vom 2.12.2002, Seite 1)

PALANDT: Bürgerliches Gesetzbuch, 62. Auflage – München 2003 (zit.: *Bearbeiter* in Palandt)

PETERS, TORSTEN: Übertragung von Gesellschaftsvermögen und „Freezeout" – Konfliktpotential im Minderheitenschutz, in: BB 1999, 801 ff. (zit.: *Peters*, Übertragung von Gesellschaftsvermögen)

PETZEL, ALBRECHT: Ansprüche der Minderheitsaktionäre bei Unternehmensverbindung und Umwandlung, Göttingen 1967 (zit.: *Petzel*, Ansprüche bei Unternehmensverbindung)

PHILIPP, WOLFGANG: Ist die Verschmelzung von Aktiengesellschaften nach dem neuen Umwandlungsrecht noch vertretbar?, in: Die AG 1998, 264 ff. (zit.: *Philipp*, Ist die Verschmelzung von Aktiengesellschaften noch vertretbar?)

PILTZ, DETLEV J.: Die Unternehmensbewertung in der Rechtsprechung, 3. Auflage – Düsseldorf 1994 (zit.: *Piltz*, Unternehmensbewertung)

DERS.: Unternehmensbewertung und Börsenkurs im aktienrechtlichen Spruchstellenverfahren, in: ZGR 2001, 185 ff. (zit.: *Piltz*, Unternehmensbewertung und Börsenkurs)

PLANK, B.; KRÖGER, C.; KOENEN, J.: Kleinaktionären droht der Rausschmiss, in: Handelsblatt vom 10.9.2001, Seite 11 (zit.: *Plank/Kröger/Koenen*, Kleinaktionären droht der Rausschmiss)

Pluskat, Sorika: Going Private durch reguläres Delisting, in: WM 2002, 833 ff. (zit.: *Pluskat*, Reguläres Delisting)

Pötzsch, Thorsten: Das Dritte Finanzmarktförderungsgesetz, in: WM 1998, 949 ff. (zit.: *Pötzsch*, Das Dritte Finanzmarktförderungsgesetz)

Priester, Hans-Joachim: Die klassische Ausgliederung – ein Opfer des Umwandlungsgesetzes 1994?, in: ZHR 163 (1999), 187 ff. (zit.: *Priester*, Ausgliederung)

Radtke, Michael: Delisting, Rückzug aus dem amtlichen Handel oder dem geregelten Markt auf Wunsch des Emittenten aus kapitalmarktrechtlicher Sicht, Frankfurt/M. 1998 (zit.: *Radtke*, Delisting aus kapitalmarktrechtlicher Sicht)

Raiser, Thomas: Recht der Kapitalgesellschaften, 2. Auflage – München 1991 (zit.: *Raiser*, Recht der Kapitalgesellschaften)

Rebmann, Kurt; Säcker, Franz-Jürgen (Hrsg.): Münchener Kommentar zum Bürgerlichen Gesetzbuch, Band 1 · Allgemeiner Teil (§§ 1 – 240), 3. Auflage – München 1993, Band 6 · Sachenrecht (§§ 854 – 1296), 3. Auflage – München 1997 (zit.: *Bearbeiter* in MünchKomm/BGB)

Redeker, Konrad; von Oertzen, Hans-Joachim; Redeker, Martin: Verwaltungsgerichtsordnung, 13. Auflage – Stuttgart · Berlin · Köln 2000 (zit.: *Redeker/v. Oertzen*, VwGO)

Reichert, Jochem: Ausstrahlungswirkungen der Ausgliederungsvoraussetzungen nach UmwG auf andere Strukturänderungen, in: ZHR Beiheft 68, 25 ff. (zit.: *Reichert*, Ausstrahlungswirkungen)

Renner, Wolfgang G.; Schiffer, Jack: Anmerkung zu VG Frankfurt/M. 9 E 2285/01 (V), in: DB 2002, 1990 f. (zit.: *Renner/Schiffer*, Anmerkung zu VG Frankfurt/M. 9 E 2285/01 (V))

Reuter, Alexander: Börsenkurs und Unternehmenswertvergleich aus Eignersicht, in: DB 2001, 2483 ff. (zit.: *Reuter*, Börsenkurs und Unternehmenswertvergleich)

Riegger, Bodo: Der Börsenkurs als Untergrenze der Abfindung?, in: DB 1999, 1889 ff. (zit.: *Riegger*, Börsenkurs als Untergrenze der Abfindung?)

Riegger, Bodo; Weipert, Lutz (Hrsg.): Münchener Handbuch des Gesellschaftsrechts, Band 2 . Kommanditgesellschaft . Stille Gesellschaft, München 1991 (zit.: *Bearbeiter* in Münch. Hdb. GesR II)

Richard, Jörg; Weinheimer, Stefan: Der Weg zurück: Going private, in: BB 1999, 1613 ff. (zit.: *Richard/Weinheimer*, Going private)

Richard, Jörg; Weinheimer, Stefan (Hrsg.): Handbuch Going Private, Heidelberg 2002 (zit.: *Bearbeiter* in Hdb. Going Private)

Rodloff, Frank: Ungeschriebene sachliche Voraussetzungen der aktienrechtlichen Mehrheitseingliederung, Berlin 1991 (zit.: *Rodloff*, Mehrheitseingliederung)

Röhricht, Volker: Von Rechtswissenschaft und Rechtsprechung, in: ZGR 1999, 445 ff. (zit.: *Röhricht*, Rechtswissenschaft)

Rühland, Hans-Philipp: Die Zukunft der übertragenden Auflösung (§ 179a AktG), in: WM 2002, 1957 ff. (zit.: *Rühland*, Zukunft der übertragenden Auflösung)

Schäfer, Frank A. (Hrsg.): Wertpapierhandelsgesetz Börsengesetz Verkaufsprospektgesetz, Stuttgart · Berlin · Köln 1999 (zit.: *Bearbeiter* in Schäfer/WpHG)

Schanz, Kay-Michael: Börseneinführung, 2. Auflage – München 2002 (zit.: *Schanz*, Börseneinführung)

ders.: Feindliche Übernahmen und Strategien der Verteidigung, in: NZG 2000, 337 ff. (zit.: *Schanz*, Feindliche Übernahmen)

Schaub, Bernhard: Das Abfindungsangebot nach § 29 UmwG, in: NZG 1998, 626 ff. (zit.: *Schaub*, Das Abfindungsangebot nach § 29 UmwG)

Schiessl, Maximilian: Ist das deutsche Aktienrecht kapitalmarkttauglich?, in: Die AG 1999, 442 ff. (zit.: *Schiessl*, Ist das Aktienrecht kapitalmarkttauglich?)

Schindler, Hendrik: Das Austrittsrecht aus Kapitalgesellschaften, Köln 1999 (zit.: *Schindler*, Austrittsrecht aus Kapitalgesellschaften)

Schmalenbach, Eugen: Die Beteiligungsfinanzierung, 9. Auflage – Köln . Opladen 1966 (zit.: *Schmalenbach*, Die Beteiligungsfinanzierung)

Schmidt, Karsten: Gesellschaftsrecht, 4. Auflage – Köln . Berlin . Bonn . München 2002 (zit.: *K. Schmidt*, Gesellschaftsrecht)

ders.: Zum Analogieverbot des § 1 Abs. 2 UmwG – Denkanstöße gegen ein gesetzliches Denkverbot –, in: Festschrift für Bruno Kropff, 261 ff. (zit.: *K. Schmidt*, Analogieverbot)

Schmitt, Joachim; Hörtnagel, Robert; Stratz, Rolf-Christian: Umwandlungsgesetz · Umwandlungssteuergesetz, 3. Auflage – München 2001 (zit.: *Bearbeiter* in Schmitt/Hörtnagel/Stratz, UmwG/UmwStG)

Schnell, Christian: Am Neuen Markt werden die schlimmsten Befürchtungen wahr, in: Handelsblatt vom 18.4.2002, Seite 9 (zit.: *Schnell*, Am Neuen Markt werden die schlimmsten Befürchtungen wahr)

Schnorbus, York: Analogieverbot und Rechtsfortbildung im Umwandlungsrecht, in: DB 2001, 1654 ff. (zit.: *Schnorbus*, Analogieverbot im Umwandlungsrecht)

Schoch, Friedrich; Schmidt-Aßmann, Eberhard; Pietzner, Rainer (Hrsg.): Verwaltungsgerichtsordnung, Band I (Stand Januar 2002), München (zit.: *Bearbeiter* in Schoch/Schmidt-Aßmann, VwGO)

Schüppen, Matthias: Übernahmegesetz ante portas!, in: Die Wpg. 2001, 958 ff. (zit.: *Schüppen*, Übernahmegesetz)

Schwark, Eberhard: Börsengesetz Kommentar, 2. Auflage – München 1994 (zit.: *Schwark*, BörsG)

Schwark, Eberhard; Geiser, Frank: Delisting, in: ZHR 161 (1997), 739 ff. (zit.: *Schwark/Geiser*, Delisting)

Schwarz, Hans-Detlef: Das neue Umwandlungsrecht, in: DStR 1994, 1694 ff. (zit.: *Schwarz*, Das neue Umwandlungsrecht)

Schwichtenberg, Jörg: Going Private und Squeezeouts in Deutschland, in: DStR 2001, 2075 ff. (zit.: *Schwichtenberg*, Going Private und Squeezeouts)

Seetzen, Uwe: Spruchverfahren und Unternehmensbewertung im Wandel, in: WM 1999, 565 ff. (zit.: *Seetzen*, Spruchverfahren und Unternehmensbewertung)

Selzner, Harald: Anmerkung zu OLG Stuttgart 8 W 43/93, in: WiB 1997, 585 (zit.: *Selzner*, Anmerkung zu OLG Stuttgart 8 W 43/93)

Sieger, Jürgen J.; Hasselbach, Kai: Der Ausschluss von Minderheitsaktionären nach den neuen §§ 327 a ff. AktG, in: ZGR 2002, 120 ff. (zit.: *Sieger/Hasselbach*, Ausschluss von Minderheitsaktionären)

Sinewe, Patrick: Keine Anfechtungsklage gegen Umwandlungsbeschlüsse bei wertbezogenen Informationsmängeln, in: DB 2001, 690 f. (zit.: *Sinewe*, Anfechtungsklage bei Informationsmängeln)

Soergel, Hs. Th.; Bürgerliches Gesetzbuch, Band 2 · Allgemeiner Teil (§§ 104 – 240), Stuttgart · Berlin · Köln · Mainz 1999 (zit.: *Bearbeiter* in Soergel)

Sohbi, Hassan: Delisting und Going Private, in: Venture Capital 2001 – Jahrbuch für Beteiligungsfinanzierung, 103 ff. (zit.: *Sohbi*, Delisting und Going Private)

Sosnitza, Olaf: Anmerkung zu BayObLG 3Z BR 37/98, in: NZG 1998, 1003 (zit.: *Sosnitza*, Anmerkung zu BayObLG 3Z BR 37/98)

Steck, Kai-Uwe: „Going private" über das UmwG, in: Die AG 1998, 460 ff. (zit.: *Steck*, Going private über das UmwG)

Steinbeis, Maximilian: Rot-Grün macht das Arbeitsrecht zum Minenfeld, in: Handelsblatt vom 28.2.2002, Seite 11 (zit.: *Steinbeis*, Rot-Grün macht das Arbeitsrecht zum Minenfeld)

Steinmeyer, Roland; Häger, Michael: WpÜG, Berlin 2002 (zit.: *Steinmeyer/Häger*, WpÜG)

Streit, Georg: Delisting Light – Die Problematik der Vereinfachung des freiwilligen Rückzugs von der Frankfurter Wertpapierbörse, in: ZIP 2002, 1279 ff. (zit.: *Streit*, Delisting Light)

Strenger, Christian: Keine Luftnummer auf Verdacht buchen, in: Handelsblatt vom 7.10.2002, Seite 8 (zit.: *Strenger*, Keine Luftnummer auf Verdacht buchen)

Teichmann, Arndt: Die Gesetzesumgehung, Göttingen 1962 (zit.: *Teichmann*, Die Gesetzesumgehung)

Timm, Wolfram: Die Aktiengesellschaft als Konzernspitze, Köln · Berlin · Bonn · München 1980 (zit.: *Timm*, Die AG als Konzernspitze)

ders.: Zur Bedeutung des „Hoesch"-Urteils für die Fortentwicklung des Konzern- und Verschmelzungsrechts, in: JZ 1982, 403 ff. (zit.: *Timm*, „Hoesch"-Urteil)

ders.: Zur Sachkontrolle von Mehrheitsentscheidungen im Kapitalgesellschaftsrecht, in: ZGR 1987, 403 ff. (zit.: *Timm*, Sachkontrolle von Mehrheitsentscheidungen)

Trölitzsch, Thomas: Aktuelle Tendenzen im Umwandlungsrecht, in: DStR 1999, 764 ff. (zit.: *Trölitzsch*, Aktuelle Tendenzen)

Veil, Rüdiger: Umwandlung einer Aktiengesellschaft in eine Gesellschaft mit beschränkter Haftung, Berlin 1996 (zit.: *Veil*, Umwandlung einer Aktiengesellschaft)

Vetter, Eberhard: Anmerkung zu BVerfG 1 BvR 1613/94, in: Die AG 1999, 569 ff. (zit.: *E. Vetter*, Anmerkung zu BVerfG 1 BvR 1613/94)

DERS.: Die Entschädigung der Minderheitsaktionäre im Vertragskonzern erneut vor dem Bundesverfassungsgericht, in: ZIP 2000, 561 ff. (zit.: *E. Vetter*, Entschädigung im Vertragskonzern)

DERS.: Squeeze-out in Deutschland, in: ZIP 2000, 1817 ff. (zit.: *E. Vetter*, Squeeze-out in Deutschland)

DERS.: Squeeze-out – Der Ausschluss der Minderheitsaktionäre aus der Aktiengesellschaft nach den §§ 327 a – 327 f AktG, in: Die AG 2002, 176 ff. (zit.: *E. Vetter*, Ausschluss der Minderheitsaktionäre)

VETTER, JOCHEN: Zum Ausgleich von Spitzen(beträgen) bei der Abfindung in Aktien, in: Die AG 1997, 6 ff. (zit.: *J. Vetter*, Ausgleich von Spitzen(beträgen))

VOLLMER, LOTHAR; GRUPP, ALEXANDER: Der Schutz der Aktionäre beim Börseneintritt und Börsenaustritt, in: ZGR 1995, 459 ff. (zit.: *Vollmer/Grupp*, Börsenein- und Börsenaustritt)

VOSSIUS, OLIVER: Squeeze-out – Checklisten für Beschlussfassung und Durchführung, in: ZIP 2002, 511 ff. (zit.: *Vossius*, Squeeze-out)

DE VRIES, KOLJA: Delisting, Köln 2002 (zit.: *de Vries*, Delisting)

WEBER, MARTIN: Sanierung, Denotierung, Delisting, in: ZInsO 2001, 385 ff. (zit.: *Weber*, Sanierung, Denotierung, Delisting)

WEILER, LOTHAR; MEYER, INGO: Heranziehung des Börsenkurses zur Unternehmensbewertung bei Verschmelzungen, in: ZIP 2001, 2153 ff. (zit.: *Weiler/Meyer*, Unternehmensbewertung bei Verschmelzungen)

WEISHAUPT, GEORG: Abschied aus dem Börsenparadies, in: Handelsblatt vom 14.7.1999, Seite 12 (zit.: *Weishaupt*, Abschied aus dem Börsenparadies)

WEIß, DANIEL M.: Aktienoptionspläne für Führungskräfte, Köln 1999 (zit.: *Weiß*, Aktienoptionspläne)

WIDMANN, SIEGFRIED; MAYER, DIETER (HRSG.): Umwandlungsrecht, Bonn · Berlin (zit.: *Bearbeiter* in Widmann/Mayer, UmwR)

WIEDEMANN, HERBERT: Das Abfindungsrecht – ein gesellschaftsrechtlicher Interessenausgleich, in: ZGR 1978, 477 ff. (zit.: *Wiedemann*, Das Abfindungsrecht)

DERS.: Gesellschaftsrecht . Band I, München 1980 (zit.: *Wiedemann*, Gesellschaftsrecht)

DERS.: Rechtsethische Maßstäbe im Unternehmens- und Gesellschaftsrecht, in: ZGR 1980, 147 ff. (zit.: *Wiedemann*, Rechtsethische Maßstäbe)

DERS.: Minderheitenrechte ernstgenommen, in: ZGR 1999, 857 ff. (zit.: *Wiedemann*, Minderheitenrechte ernstgenommen)

WILM, DANIEL: Abfindung zum Börsenkurs – Konsequenzen der Entscheidung des BVerfG, in: NZG 2000, 234 ff. (zit.: *Wilm*, Abfindung zum Börsenkurs)

WILSING, HANS-ULRICH; KRUSE, TOBIAS: Maßgeblichkeit der Börsenkurse bei umwandlungsrechtlichen Verschmelzungen?, in: DStR 2001, 991 ff. (zit.: *Wilsing/Kruse*, Maßgeblichkeit der Börsenkurse bei Verschmelzungen?)

DIES.: Anfechtbarkeit von Squeeze-out- und Eingliederungsbeschlüssen wegen abfindungswertbezogener Informationsmängel?, in: DB 2002, 1539 ff. (zit.: *Wilsing/*

Kruse, Abfindungswertbezogene Informationsmängel)

DIES.: Zur Behandlung bedingter Aktienbezugsrechte beim Squeeze-out, in: ZIP 2002, 1465 ff. (zit.: *Wilsing/Kruse*, Bedingte Aktienbezugsrechte)

DIES.: Die Änderung des § 54 a BörsO/Ffm: Ein Schritt in die richtige Richtung?, in: NZG 2002, 807 ff. (zit.: *Wilsing/Kruse*, Änderung des § 54 a BörsO/Ffm)

DIES.: Kurzkommentar zu LG Frankfurt/M. 9 E 2285/01 (V), in: EWiR 2002, 953 f. (zit.: *Wilsing/Kruse*, Kurzkommentar zu LG Frankfurt/M. 9 E 2285/01 (V))

WINDBICHLER, CHRISTINE: Kurzkommentar zu BayObLG 3Z BR 37/98, in: EWiR 1998, 1057 ff. (zit.: *Windbichler*, Kurzkommentar zu BayObLG 3Z BR 37/98)

WINTER, MARTIN: Die Anteilsgewährung – zwingendes Prinzip des Verschmelzungsrechts?, in: Festschrift für Marcus Lutter, 1279 ff. (zit.: *M. Winter*, Anteilsgewährung)

WIRTH, GERHARD; ARNOLD, MICHAEL: Anlegerschutz beim Delisting von Aktiengesellschaften, in: ZIP 2000, 111 ff. (zit.: *Wirth/Arnold*, Anlegerschutz beim Delisting)

WOLF, MARTIN: Der Minderheitenausschluss qua „übertragender Auflösung" nach Einführung des Squeeze-Out gemäß §§ 327 a-f AktG, in: ZIP 2002, 153 ff. (zit.: *Wolf*, Minderheitenausschluss qua übertragender Auflösung)

ZETZSCHE, DIRK: Reguläres Delisting und deutsches Gesellschaftsrecht, in: NZG 2000, 1065 ff. (zit.: *Zetzsche*, Reguläres Delisting)

ZÖLLNER, WOLFGANG (HRSG.): Kölner Kommentar zum Aktiengesetz, Band 2 (§§ 148 – 290), Köln . Berlin . Bonn . München 1985, Band 5/1 (§§ 179 – 240), 2. Auflage – Köln . Berlin . Bonn . München 1989, Band 6 (§§ 291 – 328), 2. Auflage – Köln . Berlin . Bonn . München 1987, Band 7 (§§ 339 – 361), 2. Auflage – Köln . Berlin . Bonn . München 1990 (zit.: *Bearbeiter* in KölnKomm/AktG)

ZÖLLNER, WOLFGANG: Bemerkungen zu allgemeinen Fragen des Referentenentwurfs eines Umwandlungsgesetzes, in: ZGR 1993, 334 ff. (zit.: *Zöllner*, Referentenentwurf eines Umwandlungsgesetzes)

ZÖLLNER, WOLFGANG; NOACK, ULRICH (HRSG.): Kölner Kommentar zum WpÜG, Köln . Berlin . Bonn . München 2002 (zit.: *Bearbeiter* in KölnKomm/WpÜG)

Michael Thielbeer

Die Unternehmensplanung im Pflichtenkreis von Vorstand und Aufsichtsrat der Aktiengesellschaft

Ein Beitrag zur Konkretisierung gesellschaftsrechtlicher Verantwortlichkeiten im Lichte der Aktienrechtsreformen 1998

Frankfurt/M., Berlin, Bern, Bruxelles, New York, Oxford, Wien, 2002.
XXVI, 275 S.
Europäische Hochschulschriften: Reihe 2, Rechtswissenschaft. Bd. 3541
ISBN 3-631-39319-9 · br. € 45.50*

Jede spektakuläre Unternehmenskrise führt dazu, daß Vorstand und Aufsichtsrat als Verwaltungsorgane der Aktiengesellschaft zum Gegenstand öffentlicher Diskussion werden. Dies insbesondere, da in vielen Fällen eine Möglichkeit zum rechtzeitigen Gegensteuern bestanden hätte. In diesem Zusammenhang kommt der Unternehmensplanung als betriebswirtschaftlichem Führungsinstrument sehr große Bedeutung zu. In dieser Arbeit wird die Entwicklung des rechtlichen Rahmens für die unternehmerische Gestaltung in der Aktiengesellschaft aufgezeigt und die Stellung der Unternehmensplanung innerhalb dieses aktienrechtlichen Rahmens untersucht. Dabei stehen Ziele und Inhalte der Unternehmensplanung in betriebswirtschaftlicher Hinsicht sowie Bestehen und Reichweite einer Planungsverpflichtung in aktienrechtlicher Hinsicht zur Erörterung. Anschließend wird auf die rechtlichen und rechtstatsächlichen Probleme einer ordnungsgemäßen Überwachung der Unternehmensplanung durch den Aufsichtsrat eingegangen.

FSC
www.fsc.org
MIX
Papier | Fördert gute Waldnutzung
FSC® C083411

Kolibri 360 GmbH
Ferdinand-Jühlke-Straße 7
99095 Erfurt, Deutschland
produktsicherheit@kolibri360.de

Druck:
CPI Druckdienstleistungen GmbH
im Auftrag der
Kolibri 360 GmbH
Ferdinand-Jühlke-Str. 7
99095 Erfurt